Farhan Samanani

MITEINANDER

**Über das
Zusammenleben
in einer
gespaltenen Welt**

Aus dem Englischen
von Ulrike Kretschmer

Hanser Berlin

Die englische Originalausgabe erschien 2022 unter dem
Titel *How To Live With Each Other: An Anthropologist's Notes
on Sharing a Divided World* bei Profile Books Ltd. in London.

1. Auflage 2023

ISBN 978-3-446-27385-6
© Farhan Samanani, 2022
Alle Rechte der deutschen Ausgabe
© 2023 Hanser Berlin in der
Carl Hanser Verlag GmbH & Co. KG, München
Umschlaggestaltung: Anzinger und Rasp, München
Satz: Sandra Hacke, Dachau
Druck und Bindung: CPI books GmbH, Leck
Printed in Germany

Inhalt

Teil I: Stamm

Kapitel 1: Reisen 9
Kapitel 2: Nah und fern 41
Kapitel 3: Wir und sie 73

Teil II: Wurzeln

Kapitel 4: Wir, das Volk 107
Kapitel 5: Warten 144
Kapitel 6: Liebe und die Grenzen der Gleichheit 181

Teil III: Verflechten

Kapitel 7: Verzauberungen 211
Kapitel 8: Die Geschichte umschreiben 247
Kapitel 9: Neue Republiken 280

Anmerkungen 315
Literatur 338
Dank 365

Teil I
STAMM

Kapitel 1
REISEN

Wie können wir mit denen leben, die anders sind als wir? Diese Frage ist alt – und knifflig. Möglicherweise spiegelt sie das dringlichste Problem des einundzwanzigsten Jahrhunderts wider.[1] Seit einigen Jahren jagt eine Krise die nächste – sie alle sind durch Andersartigkeit bedingt. 2017 wird die junge Bürgerrechtsaktivistin Heather Heyer im US-amerikanischen Charlottesville von einem weißen Rassisten ermordet, während Sprechchöre »You will not replace us« (Ihr werdet uns nicht ersetzen) skandieren. Im Libanon und in der Türkei droht über 3,4 Millionen syrischen Geflüchteten, die seit 2011 in die beiden Länder strömten, die erneute Vertreibung, weil ihre Anwesenheit wachsenden Unmut erregt. 2019 bricht sich in Johannesburg die schwelende Feindseligkeit gegenüber Migrantinnen und Migranten in Ausschreitungen Bahn, die sich gegen von Einwanderern geführte Geschäfte und eine örtliche Moschee richten. 2015 erschießt Dylan Roof mehrere Besucher einer Kirche in South Carolina, die überwiegend von Schwarzen frequentiert wird. 2018 tut Robert Bowers es ihm in der Tree-of-Life-Synagoge in Pittsburgh gleich. 2019 tötet Brenton Tarrant einundfünfzig Menschen in einer Moschee im neuseeländischen Christchurch. Alle drei Attentäter, so stellt sich heraus, sind Mitglieder radikal-nationalistischer Bewegungen. 2018 werden in Polen in dem Versuch, das Land als bloßes Opfer darzustellen, Gesetze verabschiedet, mit denen man rigoros gegen jegliche Bezugnahme auf eine polnische Beteiligung am Holocaust vorgehen kann. In den vergangenen zehn Jahren sind zigtausend Geflüchtete im Mittelmeer ertrunken, während in den USA und in Frankreich fremdenfeindliche Gruppierungen Geld für Patrouillenschiffe sammeln, weil sie davon überzeugt sind, dass diejenigen, die sich auf ihrer Flucht über das Meer in Lebensgefahr begeben, die zivilisierte Welt bedrohen. Ganz offen verleihen sie ihrer Hoffnung Ausdruck, dass noch möglichst viele dieser Menschen im Wasser sterben.

Wir erzählen eine Geschichte: die Geschichte, dass Andersartigkeit stets eine Bedrohung in sich birgt. Ob sich diese Andersartigkeit nun auf die Hautfarbe, die Nationalität, die Religion, das politische Lager oder den kulturellen Hintergrund bezieht – die Geschichte, die wir erzählen, will uns weismachen, dass das Zusammenleben zwangsläufig bedrohlich ist, dass die Art, wie andere leben, möglicherweise unsere eigene untergräbt. Wir stellen uns Andersartigkeit als Gegensatz von Gewinnen und Verlieren vor: Gewinnen die anderen, verlieren wir. Wir erzählen diese Geschichte zwar nicht pausenlos, aber sie ist uralt und uns wohlvertraut, und sie hat sich im Laufe der Zeit in vielerlei Gestalten gezeigt. Sie haust in den Fundamenten der westlichen Demokratie, formt unsere Vorstellung von Staatsangehörigkeit, und die meisten Bürgerinnen und Bürger erzählen sie auf die eine oder andere Weise immer und immer wieder. Die einen vielleicht im Zusammenhang mit »Rasse« oder Migration, in der Annahme, Neuankömmlinge oder der wirtschaftliche Erfolg einer Minderheit gefährden die eigenen Interessen. Andere äußern sie vielleicht im Zusammenhang mit politischen Gegnern oder Andersgläubigen und nehmen an, die einzige Art, Menschen mit einer uns fremden Weltanschauung zu begegnen, sei Ablehnung und Widerstand.

Diese Erzählung ist ungeheuer mächtig – zum Teil weil sie so gut einstudiert ist. Wir wiederholen sie ständig, nicht nur in Worten, sondern auch in der Gestaltung unserer Städte, in den Regeln unserer Politik, in der Art und Weise, wie wir Informationen aufnehmen. Und obwohl ich von einer Geschichte, einer Erzählung spreche, bedeutet das nicht, dass sie irreal, dass sie fiktiv wäre. Im Gegenteil: Mit jedem neuen Erzählen wird sie wirklicher.

Die demokratische Welt ist derzeit in einem entscheidenden Umbruch begriffen. Einer groß angelegten Studie des Cambridge Centre for the Future of Democracy aus dem Jahr 2020 zufolge sind die meisten Einwohner demokratischer Staaten weltweit unzufrieden mit der Demokratie. In einer Vielzahl von Ländern, darunter Großbritannien, Südafrika,

Australien, Brasilien und die Vereinigten Staaten, hat der Glaube an die Demokratie einen noch nie dagewesenen Tiefstand erreicht.[2] Die Demokratien haben Schwierigkeiten im Umgang mit politischer Abweichung. In den einen nimmt die Polarisierung zu: Dort scheinen Konflikte immer unlösbarer, und die Wähler tendieren zu Extremen. In den anderen herrscht eine zunehmende Fragmentierung: Dort vervielfachen und vermischen sich Werte, Agenden und Gruppierungen.[3] Unter der Oberfläche der offiziellen Politik splittern Vorstellungen von Wahrheit sowie die Möglichkeiten von Konsens und Kooperation. Die einzelnen Gruppen entwickeln zunehmend eigene Gewohnheiten des Medienkonsums, der Interaktion und der Verbindung untereinander und unterscheiden sich immer tiefgreifender voneinander.[4] Selbst angesichts scheinbar globaler Ereignisse wie der Covid-19-Pandemie herrscht großflächig Uneinigkeit darüber, was wahr ist und was wir brauchen – über die Auslegung von Wissenschaft und Glaube, Fürsorge und Ausbeutung. Gepaart mit dem bröckelnden Vertrauen an die Demokratie und an das öffentliche Leben entwickeln die Unterschiede eine zunehmend explosive Eigendynamik. Antirassistische Bewegungen treffen auf erstarkende nationalistische Gruppierungen. Und beide wiederum geraten mit Politikerinnen und Politikern aneinander, die stur daran festhalten, dass es grundsätzlich nie ein Problem gegeben hat.[5]

Die Herausforderungen, vor die uns diese Umbrüche stellen, liegen auf der Hand. Weniger offensichtlich ist, wie es zu ihnen gekommen ist. Sind sie das unausweichliche Ergebnis einer immer vernetzteren und diverseren Welt? Oder sind sie letztlich das Ergebnis von Geschichten, die wir uns über uns selbst und die Welt erzählen?

Ich glaube, dass Letzteres der Fall ist. Entscheidend ist, wie wir uns Differenz vorstellen. Und in demokratischen Staaten herrscht seit Langem die Überzeugung vor – manchmal eher unterschwellig, manchmal ganz offenkundig –, dass Verschiedenheit und Andersartigkeit eine Bedrohung darstellen. So muss es aber nicht sein. Dieses Buch geht der Frage nach, wie die Geschichte, dass Andersartigkeit unweigerlich mit Konflikten einhergeht, entstanden ist. Wie sie von demokratischen Institutionen und durch die Alltagsgewohnheiten ihrer Bürgerinnen und Bürger immer wieder durchgespielt wird. Vor allem aber beschäftigt sich dieses Buch damit, wie es manchen Menschen gelingt, andere Geschichten über Verschiedenheit zu erzählen und so die demokratische Tradition von innen heraus radikal umzugestalten. In diesem Buch geht es um die Vergangenheit, die Gegenwart und die Zukunft – um eine alte, bekannte Geschichte, die wir laufend wiederholen, aber auch darum, wie wir diese Geschichte neu schreiben könnten.

*

Das erste Mal kam ich nach Kilburn, um dort eine »Pop-Up University« zu besuchen. Eine Gruppe von Künstlerinnen, Architektinnen und Akademikern war zusammengekommen, um in einer Reihe von Veranstaltungen die Geschichte, Struktur und Politik dieser geschäftigen Ecke im Nordwesten Londons zu erkunden. Die beteiligten Künstlerinnen und Künstler, so vermute ich, konnten der Versuchung, die Szene ein wenig auszugestalten, nicht widerstehen: In der Mitte des großen Gemeinschaftstischs, an dem sich das Publikum versammelt hatte, befand sich ein kleines Stillleben aus Büchern, Nippes und Schwarz-Weiß-Fotografien des Viertels – alles hübsch auf schwarzem Stoff arrangiert. In der Mitte des Stilllebens wiederum befand sich, ausgestellt wie die Bibel selbst, ein Klassiker der Architekturliteratur: *Eine Muster-Sprache*. Die Botschaft dieses Buchs und die der Vortragenden war eine ganz ähnliche: Orte definieren sich durch vertraute Muster – eine gewisse Anmutung der Läden und Häuser, bestimmte Gewerbe und Berufe, bestimmte Örtlichkeiten wie Parks, Kirchen oder Gemeindezentren, die die Menschen auf eine bestimmte Art und Weise zusammenführen. Eine Gemeinschaft zu bilden bedeutete, diese Muster zu erkennen, zu lernen, auf das Vertraute und Wesentliche zurückzugreifen, und die Elemente dann neu anzuordnen.

Nach dem Workshop spazierte ich etwas verblüfft die Kilburn High Road hinunter. Wenn es hier ein Muster gab, dann hatte ich Mühe, es zu erkennen. Die Schriftstellerin Zadie Smith ist ganz in der Nähe von Kilburn aufgewachsen, das Viertel diente ihr für mehrere ihrer Geschichten als Schauplatz und Inspiration. So beschreibt sie einen Spaziergang die High Road hinunter:

> Polnische Zeitung, türkische Zeitung, arabische, irische, französische, russische, spanische, Nachrichten aus aller Welt. Das (geklaute) Handy entsperren, abgepackte Batterien kaufen, abgepackte Feuerzeuge, abgepacktes Parfum, Sonnenbrillen, drei für fünf Pfund, ein lebensgroßer Porzellantiger, goldene Wasserhähne. Spielcasino! [...] Ghettoblaster, einfach so. Einsamer Italiener in Slippern, verirrt, auf der Suche nach Mayfair. Tausendundeine Möglichkeit der Vermummung: das schwarze Ganzkörperzelt, das Gesichtsgitter, der bedeckte Hinterkopf, Louis-Vuitton-Logo, Gucci-Logo, gelbe Spitze, an der Sonnenbrille befestigt, kaum vorhanden, gestreift, bonbonrosa; kombiniert mit Jogginganzügen, hautengen Jeans, Sommerkleidern, Blusen, Hemdchen, Hippieröcken, Schlaghosen. Kein Zusammenhang mit den Diskussionen in den Zeitungen, im Parlament. [...] Die Araber, die Israelis, die Russen, die Amerikaner: Hier sind sie vereint im möblierten Penthouse, in der Privatklinik. Wenn wir genug Geld hinblättern, wenn wir die Augen zukneifen, dann braucht es Kilburn gar nicht zu geben. Gratismahlzeiten. Englisch als Fremdsprache. Da ist die Schule, in der sie den Direktor erstochen haben. Da ist das Islamic Centre of England, gleich gegenüber vom Queen's Arms Pub. Da versucht mal zu vermitteln, ihr Schiedsrichter vom Dienst![6]

Die Kilburn High Road verläuft wie ein Rückgrat durchs Viertel, von Südosten nach Nordwesten; zu beiden Seiten zweigen Straßen ab und führen zu viktorianischen Reihensiedlungen, irrgartenähnlichen Sozialbauten oder imposanten Villen. Wie Smiths atemlose Beschreibung vermuten lässt, wimmelt es in Kilburn geradezu von Gegensätzen, die eine lange, vielschichtige Historie der Einwanderung und politischen Umbrüche widerspiegelt. Im späten neunzehnten Jahrhundert bot das Viertel irischen Familien, die der Hungersnot entkommen wollten, und Juden, die der

Verfolgung entkommen wollten, eine Zuflucht – Menschen, die andernorts unwillkommen waren. Nach dem Zweiten Weltkrieg kamen Einwanderer aus den damaligen und vormaligen britischen Kolonien dazu, da es Großbritannien erheblich an Arbeitskräften mangelte und vieles neu aufgebaut werden musste. Angesichts der Vorurteile und Feindseligkeit, die den Neuankömmlingen entgegengebracht wurde, wandten diese sich häufig an informelle, von früheren Einwanderern etablierte Netzwerke bereitwilliger Vermieter und Arbeitgeber, um in der Stadt Fuß zu fassen.[7] Dadurch lernten verschiedene Generationen von Einwanderern einander kennen, knüpften neue Verbindungen, erwarben ein neues Selbstverständnis, nahmen neue Lebensweisen an. Heute hat sich Kilburns Vielfältigkeit noch einmal gesteigert und zu dem entwickelt, was der Wissenschaftler Steven Vertovec »Superdiversität« nennt.[8] Ältere jüdische, irische und karibische Einwanderer wohnen Seite an Seite mit jüngeren Zugezogenen aus Afrika, der EU und Südamerika, die andere Religionen, Sprachen, Anschauungen und Hoffnungen mitbringen.[9] Kilburn ist nicht einfach nur ein Ort, wo die weiße britische Bevölkerung in der Minderheit ist. Es ist ein Ort, an dem keine einzelne Gruppe eine Vormachtstellung hat und wo selbst die Begrifflichkeiten, mit denen wir Diversität beschreiben, auszufransen scheinen.

Je mehr Migrationsgeschichten hier zusammenkommen, desto poröser werden vertraute Kategorien. Vielen, die nach dem Zweiten Weltkrieg nach Großbritannien kamen, hatte man in den Kolonialschulen und vonseiten der Behörden beigebracht, das Vereinigte Königreich als »Mutterland« zu sehen. Sie stellten sich das Migrieren teilweise als eine Art Heimkehr vor – eine Vorstellung, die durch die Tatsache gestützt wurde, dass sie als vollberechtigte britische Bürgerinnen und Bürger ins Land kamen. Als die *Empire Windrush* am 21. Juni 1948 mit den ersten Nachkriegseinwanderern aus Jamaika im Hafen einlief, titelte der Londoner *Evening Standard*: »WILLKOMMEN ZU HAUSE!«[10] An dieses Gefühl der Verbundenheit und Zugehörigkeit erinnern sich die älteren indischen und jamaikanischen Einwanderer in Kilburn noch heute mit nostalgischer Wehmut.

1962 aber hob Großbritannien die automatische britische Staatsbürgerschaft der meisten kolonialen und postkolonialen Einwanderer wieder auf und verbrachte die darauffolgenden Jahrzehnte damit, dem Prozess der Einwanderung immer größere Restriktionen aufzuerlegen. Ein Großteil derer, die nach 1962 nach Großbritannien kamen, fiel in die Kategorie des »Familiennachzugs«; sie fühlten sich häufig nicht Kilburn als Ganzem verbunden, sondern lediglich ihrem individuellen Platz innerhalb eines relativ eng gefassten Netzwerks der Familie und der Gemeinde.

1981 ermöglichte es die britische Regierung, Einwohnern mit Migrationshintergrund die britische Staatsbürgerschaft zu entziehen – auch wenn diese in Großbritannien geboren und aufgewachsen waren –, wenn ihre Anwesenheit als »dem Wohl der Allgemeinheit nicht zuträglich« eingestuft wurde.[11] Heute haben junge Leute in Kilburn, die Kinder oder Enkel von Einwanderern, Schwierigkeiten damit, genau zu benennen, was es für sie bedeutet, britisch zu sein. Sie fühlen sich in Kilburn, London, Großbritannien zu Hause, sind sich gleichzeitig aber auch der Tatsache bewusst, dass ihnen im Gegensatz zu ihren weißen britischen Nachbarn diese Wurzeln jederzeit geraubt werden können. Die vielschichtigen Hintergründe der Migration und Staatsbürgerschaft formen ganz eigene Zugehörigkeits- und Identitätsgefühle sowie unterschiedliche Lebensweisen. Sie machen es schwierig, über Diversität allein anhand von nationalen Ursprüngen zu reden, als bildeten alle aus der Karibik, aus Brasilien, aus China oder irgendeinem anderen Land Eingewanderten einheitliche, gleichgesinnte Gruppen.

Die hohe Diversität, die sich durch Kilburn zieht, ist aber nicht einfach ein Ergebnis der Migration. Kilburn ist von wohlhabenden Vierteln umgeben und deshalb ein Flickenteppich verschiedener Klassen, Professionen und Verhältnisse – von Geflüchteten bis zu Arbeitskräften im Einzelhandel, von finanzstarken Anlagebankiers bis zu prekär lebenden Künstlern. Immer neue Formen der Diversität tauchen auf, überschneiden einander und fallen in sich zusammen. Schulkinder erzählen sich Witze in einem Mix aus Hip-Hop-Englisch, Somali, jamaikanischem Patois, Arabisch und Cockney. Inmitten einer Großwohnsiedlung, die zu den ärmsten Großbritanniens zählt, finden sich in einer kleinen Sackgasse ehemalige Stallungen, die in moderne Eigenheime umgewandelt für über eine Million Pfund den Besitzer wechseln. In Straßen mit viktorianischen Reihenhäusern aus rotem Backstein leben einerseits reiche Privatbesitzer und andererseits Geflüchtete in umgebauten Wohnungen. In den Büros einer Wohltätigkeitsorganisation für lateinamerikanische Einwanderer treffen Tanzgruppen und Anti-Sparpolitik-Aktivisten aufeinander; in einem Gemeindezentrum mischen sich Heimunterrichtsfamilien mit Künstlern und trendigen jungen Muslimen. Eine anglikanische Kirche beherbergt in ihrem prächtigen Mittelschiff eine Post, ein Café und eine Kita.

Unser vernetzter Planet ist kein Kind der Gegenwart, sondern eines der Kolonialära. Nach einer Begutachtung der Kilburn High Road schrieb die berühmte Geografin Doreen Massey einst: »Es ist unmöglich – oder sollte es sein –, an die Kilburn High Road zu denken, ohne dabei gleichzeitig an die halbe Welt und einen beträchtlichen Teil britischer Imperialgeschichte zu denken.«[12] Es ist zwar nicht immer so offensichtlich wie in Kilburn, doch finden sich überall dort, wo Einwanderergemeinschaften in Europa Wurzeln geschlagen haben, auch Spuren der Kolonialgeschichte. Durch das gesamte neunzehnte und bis ins frühe zwanzigste Jahrhundert hinein erlebte Europa einen wahren Migrationsboom, als Europäer ihre Heimat verließen, um ihr Glück in kolonialisierten Ländern in ganz Süd- und Nordamerika, Afrika sowie Asien zu suchen. Viele andere wurden als Zwangsarbeiter und -arbeiterinnen deportiert. Zu Spitzenzeiten im frühen zwanzigsten Jahrhundert verließen jährlich annähernd 1,4 Millionen Menschen Europa.[13] Gemessen an der europäischen Gesamtbevölkerung lässt diese Abwanderung die Migration heutzutage winzig erscheinen; sie hat die Welt in tiefgreifender Weise geprägt.[14]

Damit verbunden war der Sklavenhandel. Zwischen 1450 und 1900 wurden 11,3 Millionen afrikanische Sklaven mit dem Schiff über den Atlantik nach Nord- sowie Südamerika und auf die Westindischen Inseln gebracht. Zwischen 800 und 1900 wurden weitere 7,2 Millionen Sklaven durch die Sahara transportiert, 2,4 Millionen über das Rote Meer verschifft und 2,9 Millionen aus Ost- nach Nordafrika, in den Nahen Osten oder nach Asien gebracht. Einen düsteren Höhepunkt erreichte der Sklavenhandel in den 1790er-Jahren, nachdem europäische Siedler ältere, von den Arabern beherrschte Sklavenhandelsrouten übernommen hatten. Mit zunehmender kolonialer Expansion und Gier stieg auch die globale Nachfrage nach Sklaven.[15] Andere Formen des Handels sowie der Zwangsarbeit spielten ebenfalls eine Rolle bei der Ent- und Neubesiedelung der Welt – so kamen somalische Seeleute ins viktorianische Cardiff, Schwarze Unterhaltungskünstler an den Hof Elisabeths I. und Inder sowie Chinesen als Arbeiter in die Karibik. Abgesehen von diesen weltumspannenden Bewegungen löste der Kolonialismus auch Migrationen anderer Art aus: Koloniale Eroberungszüge verwüsteten Städte und Dörfer, zogen auf europäischen Rivalitäten basierende Grenzen durch weit entfernte Kontinente und schufen neue Zentren der wirtschaftlichen Aktivität und Macht – was Migrationen in großem Ausmaß und eine Durchmischung in den Kolonialgebieten zur Folge hatte.

Diese Umwälzungen schufen neue Verbindungskanäle zwischen den Menschen und Kulturen in der gesamten kolonialisierten Welt und denen in Europa. Durch die Kreisläufe des Transports, der Kommunikation, der Finanzen, des Handels, der Bürokratie und Regierungsangelegenheiten sowie durch missionarische Bewegungen und den weltweiten Austausch von Waren entstand eine hochvernetzte Welt.

Nach dem Zweiten Weltkrieg wurde aus diesen Verbindungen das Fundament eines neuen Zeitalters der Migration. Während viele aus der Heimat vertriebene oder ums Überleben kämpfende Europäer nach Amerika auswanderten, versuchten die Einwohner kolonialer oder postkolonialer Länder in Europa ein besseres Leben zu finden. Ähnlich wie in Kilburn führte die Notwendigkeit eines Neuaufbaus ganzer Nationen, darunter Großbritannien und Frankreich, zu regelrechten Anwerbungskampagnen aus damaligen und vormaligen Kolonien. Menschen aus Vietnam und Nordafrika zogen nach Frankreich, Indonesier in die Niederlande und Inder, Pakistani sowie Einwohner des afrokaribischen Raums nach Großbritannien. In Ländern wie Westdeutschland und den

Niederlanden hatten der wirtschaftliche Aufschwung und gleichzeitige Mangel an Arbeitskräften in den 1960er-Jahren internationale Rekrutierungsprogramme zur Folge, die Gastarbeiter etwa aus der Türkei oder Marokko ins Land brachten. Von diesen Ausgangspunkten aus ist die Migration nach Europa ebenso wie die nach Nordamerika zunehmend diverser geworden. Seit 1960 ist der Anteil internationaler Migranten weltweit annähernd gleich geblieben, er liegt bei rund drei Prozent.[16] Heute stammen diese Menschen allerdings aus einer zunehmend diversen Bandbreite an Ländern und Regionen und haben ganz unterschiedliche Vorgeschichten.[17] In manchen Fällen sind einstige Kolonialländer und -metropolen, in denen zukünftige Migranten auf der fortwährenden Suche nach einem besseren Leben einige Monate oder Jahre lang Station machen, zu Drehkreuzen und Schmelztiegeln neuer Identitäten geworden. In anderen Fällen hat die Migration zu einem langsamen Wohlstandsanstieg in den Herkunftsländern beigetragen, da die Ausgewanderten ihren zu Hause gebliebenen Verwandten Geld schicken oder in ihr Heimatland zurückkehren und dort Häuser bauen oder Geschäfte gründen. Umgekehrt kann sich durch die wirtschaftliche Entwicklung ein immer breiteres Spektrum an Menschen die kostspielige Reise ins Ausland leisten. Zu guter Letzt haben, ebenso wie damals in den 1960er-Jahren, als europäische Staaten Verbindungen zu neuen Nationen knüpften, um besser an billige Arbeitskräfte heranzukommen, auch jüngere ökonomische Veränderungen wie der Zerfall der Sowjetunion, die rasante Industrialisierung Chinas und die Erweiterung der EU neue Zuwanderungsrouten eröffnet. Alles in allem haben diese Umwälzungen die Migration nicht beschleunigt, sie aber vielfältiger gemacht und insbesondere die Herkunft der Zuwanderer diversifiziert. So sehen sich die Menschen, die an Orten mit vielen niedergelassenen Zuwanderern leben, heute häufig mit einem immer vielschichtigeren Kaleidoskop an Unterschieden konfrontiert.

Derzeit ist die Welt beständigen Veränderungen unterworfen, und Orte wie Kilburn lassen erahnen, wie sie in Zukunft wohl aussehen wird. Um das Jahr 2045 herum wird es wahrscheinlich mehr nicht-weiße Amerikaner als weiße Amerikaner geben.[18] Selbst wenn Großbritannien strikte Zuwanderungsbeschränkungen durchsetzt, wird sich die nicht-weiße Bevölkerung des Landes zwischen 2016 und 2061 vermutlich verdoppelt haben und von 17,5 auf 35,6 Prozent gestiegen sein.[19] Möglicherweise werden sich diese Prognosen zwar nicht national bewahrheiten, auf große, global vernetzte Städte aber könnten sie durchaus zutreffen.[20] Unabhängig davon, wo wir leben, kommen wir durch das Internet sowie durch globalen Handel und globale Medien heute schon fast alle regelmäßig mit Andersartigkeit in Kontakt – mit anderen Kulturen, anderen Standpunkten, anderen religiösen Überzeugungen und anderen Arten zu leben. In der Folge scheinen sich die Einwohnerinnen und Einwohner, wer auch immer sie sind, immer weiter auseinanderzuleben oder zumindest immer stärker zu individualisieren. In ihrem 1984 veröffentlichten Buch *Eight London Households* ging die Anthropologin Sandra Wallman der Frage nach, wie Londoner Familien in den Achtzigern lebten. Sie fand heraus, dass die Haushalte, die sie untersuchte, durch ein starkes, in ihrer unmittelbaren Umgebung wurzelndes Gefühl der Identität und Zugehörigkeit zusammengehalten wurden. 2013 publizierte der deutsche Soziologe Jörg Dürrschmidt eine Aktualisierung von Wallmans Studie, in der kaum noch von gemeinsamen örtlichen Wurzeln die Rede war. Stattdessen kultivierten Dürrschmidts Londoner ein ausgeprägtes Gefühl persönlicher Identität. Sie griffen auf die diversen Angebote der Stadt zurück und gestalteten sich so einen höchst eigenen Lebensstil.[21]

An Orten wie Kilburn beeinflussen sich Unterschiede hinsichtlich Nationalität, Sprache, Einkommen, Lebensstil, Beruf, Generation, Geschlecht, Geschichte, Bildung, Klasse, Sexualität, sozialer Kreise, Ethnie und Religion alle gegenseitig. Und obwohl es diese überwältigende Diversität schwierig macht, ein gemeinsames Muster zu erkennen, bedeutet das nicht, dass Kilburn durch die Diversität auseinandergerissen würde. Nein, hier changiert die Andersartigkeit im Alltag der Menschen zwischen normal und seltsam, zwischen bereichernd und mühsam.

Einige Monate nach meinem ersten Besuch, ich lebte nun selbst in Kilburn, fand ich mich eines grauen Dezembernachmittags in einem Gartencenter wieder, wo ich mir meinen Weg zwischen Plastikweihnachtsbäumen hindurchbahnte. Ich war mit Paddy und Daisy dort, zwei alten Freunden, die beide mit Mitte zwanzig nach Kilburn gezogen waren – Paddy aus Irland und Daisy aus einem kleinen englischen Dorf. Daisy war inzwischen über neunzig, Paddy rüstige neunundsiebzig. Das Paar kannte sich seit Jahrzehnten, über einen Mieterbund, den Daisy für die Bewohnerinnen und Bewohner ihres Hochhauses mitgegründet hatte. Der nachmittägliche Ausflug war vom »Freundschaftsklub« einer örtlichen Kirche organisiert worden, den Daisy regelmäßig besuchte. Die Fahrt zum Gartencenter war eine Art jährliches Ritual, bei dem sich die Leute den Christbaumschmuck ansahen, ein paar Worte mit dem Weihnachtsmann wechselten und sich anschließend bei einer Tasse Tee oder Glühwein in einem Café niederließen. Paddy war nicht regelmäßig dabei, dieses Mal aber mitgekommen, um sich mit seiner alten Freundin zu treffen. Während Paddy und ich uns mit dem Schieben von Daisys Rollstuhl abwechselten und umsichtig um die vollgestopften Verkaufstische herumnavigierten, schwelgte Daisy in Erinnerungen, die Paddy hin und wieder mit einem Nicken kommentierte.

Als Daisy gemeinsam mit anderen den Mieterbund ins Leben rief, ging es ihr anfänglich nur darum, einige kleinere Renovierungen am Gebäude durchzusetzen. Schon bald aber kam ein wahrer Strom an Mieterinnen und Mietern zu ihr, die sie um Hilfe bei ihren Rechnungen, Reparaturen oder Familienstreitigkeiten baten. Die Leute kamen, um sich zu erkundigen, ob sie ihre Sozialwohnung tapezieren durften, und blieben, um Daisy nach ihrer Meinung bezüglich des Tapetenmusters zu fragen. Andere sprachen kaum Englisch und brauchten Hilfe mit ihrem Miet- oder Arbeitsvertrag – saßen aber bald weinend in Daisys Wohnzimmer und erzählten ihr davon, wie schwierig es war, sich an einem fremden Ort ein neues Leben aufzubauen. Und je mehr sich Paddy mit den Angelegenheiten des Mieterbunds beschäftigte, desto mehr wurde auch er Teil dieser Wohnzimmertherapie. Der Mieterbund war für diejenigen, die kaum andere Unterstützung hatten, zu einer Art Ersatzfamilie geworden.

Mit gelegentlichen Ergänzungen vonseiten Paddys erzählte Daisy mir von den Beziehungen, die sie zu ihren Nachbarn aufgebaut hatte, und von den Geschichten, die sie von ihnen hörte: von dem polnischen Handwerker, der den Mietern bei schnellen Reparaturen oder kleinen Veränderungen in ihrer Wohnung half, ohne dass die Hausverwaltung es mitbekam; von der Dame aus Pakistan, die ihre in London so heimisch gewordene Tochter nicht mehr verstand. Als Daisy nach London gezogen war, hatte sie sich selbst einsam und verängstigt gefühlt. Sie erkannte sich in den Geschichten ihrer Nachbarn wieder – verwirrt, verunsichert und doch entschlossen, zurechtzukommen. Dieses Gefühl kannte Paddy auch. Er war zu einer Zeit aus Irland nach London gekommen, als den Iren dort noch eine deutlich spürbare Feindseligkeit entgegengebracht wurde, als man sie noch mit Klischees wie faul, kriminell und unsauber abstempelte. Beiden hatte der Kontakt zu den Nachbarn erheblich dabei geholfen, sich in London allmählich zu Hause zu fühlen.

Schließlich jedoch hatten sich Daisy und Paddy aus dem Mieterbund zurückgezogen. Irgendwann war es ihnen einfach zu viel geworden. Schlimmer noch: Irgendetwas fehlte. Strengere Regeln hinsichtlich der Frage, wer Anrecht auf eine Sozialwohnung hatte und wer nicht, führten zu häufigeren Aus- und Umzügen. Die Nachbarn wechselten immer öfter. Die Neuankömmlinge stammten aus zunehmend vielfältigeren Herkunftsländern, was es schwieriger machte, Kontakt aufzunehmen und Gemeinsamkeiten zu finden. Den Bedarf an Hilfe, Mitgefühl und Zuwendung gab es noch immer – er war eher gestiegen als gesunken. Doch das Gefühl der Gemeinschaft, das dies einst hervorgebracht hatte, schien zu schwinden. Nun war die Arbeit im Mieterbund nicht mehr Ausdruck der nachbarschaftlichen Fürsorge, sondern eine kostenlose und anstrengende Dienstleistung.

Bis dahin hatte hauptsächlich Daisy gesprochen, nun begann Paddy, von seiner Arbeit als Gärtner zu erzählen. Er war für die Verwaltungsbehörde Greater London Authority tätig gewesen und hatte sich als Teil dieser Tätigkeit hin und wieder um die Bäume und Rabatten gekümmert, die einst die geschäftige Londoner Regent Street gesäumt hatten. Heute, so klagte er, waren die meisten der Pflanzen verschwunden. Und Paddy wusste auch, warum: Gegen Ende seiner Zeit als Gärtner waren sie von immer mehr Leuten beschädigt worden, Paddy war mit der Pflege der Pflanzen kaum mehr nachgekommen. Wenig hilfreich war auch gewesen, dass viele der größeren Geschäfte in der Regent Street von reichen ausländischen Investoren oder riesigen multinationalen Konzernen übernommen worden waren, die sich nicht mehr an der Gestaltung des öffentlichen Raums um sie herum beteiligen wollten. Paddy fasste die Entwicklung so zusammen: Der öffentliche Raum in London war ebenso wie sein und Daisys Mieterbund durch »all diese Immigranten« im Niedergang begriffen. »Kein Respekt vor nichts und niemandem!«, grummelte Paddy vor sich hin. Ginge es so weiter, davon war er überzeugt, würde es nicht mehr lange dauern, und London hätte überhaupt keine öffentlichen Plätze mehr. Hier runzelte Daisy die Stirn und deutete auf mich – den dunkelhäutigen, in Kanada geborenen Anthropologen, dessen Familiengeschichte sich im Schatten des Britischen Weltreichs über drei Kontinente hinweg erstreckte. »Er ist doch auch ein Immigrant!«, protestierte sie.

»Ach, du weißt schon, was ich meine«, erwiderte Paddy halb verärgert, halb amüsiert. »Doch nicht Leute wie ihn!«

*

Selbst für diejenigen, die sich für Offenheit einsetzen, kann ein von Diversität geprägtes Leben echte und gewichtige Herausforderungen bereithalten. Die Bemühungen von Geflüchteten und Zuwanderern, sich ein neues Zuhause aufzubauen, könnten mit den Rechten oder Ansprüchen einheimischer Gruppen oder niedergelassener Minderheiten in Konflikt geraten. Unter den einzelnen Gemeinschaften mag Unstimmigkeit über den Rang religiöser Werte im Schulsystem herrschen, Familien mögen, was Liebe und familiäre Pflichten angeht, verschiedener Meinung sein, Nachbarn mögen über verschiedene Vorstellungen von Geschlechterrollen und Sexualität streiten oder über unterschiedliche Sprachen stolpern. All das bringt oft die knifflige Aufgabe mit sich, zwischen widerstreitenden Sichtweisen, Werten, Hoffnungen und Ängsten abwägen zu müssen, was sich manchmal nicht einfach durch das Beharren auf Akzeptanz, Offenheit oder Gleichberechtigung lösen lässt.

Solche Herausforderungen sind mit übergreifenden Mustern verknüpft, die nahezulegen scheinen, dass Diversität eine Bedrohung für unsere Gesundheit, unser Gemeinwesen und sogar die Funktionsweisen der Demokratie darstellen könnte: Mancherorts scheint die Zunahme an ethnischer Diversität mit einem höheren Aufkommen an Stress und einem sinkenden Wohlbefinden verbunden zu sein, weil die Anwohner mit grundsätzlichen Veränderungen in ihrem alltäglichen Leben zu kämpfen haben.[22] Umfassender betrachtet gibt es bereits mehrere Belege dafür, dass die zunehmende ethnische Diversität zu einem abnehmenden sozialen Vertrauen und einem verminderten Einbringen in die Gemeinschaft[23] sowie zur mangelnden Bereitschaft der Bürgerinnen und Bürger beiträgt, gemeinschaftlich zu handeln und in öffentliche Güter zu investieren.[24]

Weniger Wohlbefinden sowie ein sinkendes Vertrauen in die Öffentlichkeit, eine geringere Beteiligung am Gemeindeleben und eine nachlassende Solidarität sind in ähnlicher Weise auch mit vielen anderen Formen von Diversität in Verbindung gebracht worden – von der Einkommensungleichheit bis zur Zersplitterung des Medienkonsums in zahllose Einzeldiskurse.[25] Die Demokratie braucht Staatsbürgerinnen und Staatsbürger, die darauf vertrauen, dass ihre Sichtweise und ihre Interessen vertreten werden. Minderheitengruppen in demokratischen Staaten aber haben eher ein *geringeres* Vertrauen in ihre Mitbürger[26], während sich mit zunehmender Diversität und auseinanderdriftenden Überzeugungen und Anschauungen sogar relativ große Mehrheitsgruppen immer häufiger als bedrängte Minderheiten sehen.[27]

Glauben wir der Geschichte, die erzählt, Andersartigkeit führe immer zu Konflikt, dann müssen wir uns in einer zunehmend diverseren Welt auf eine Zukunft voller Bedrohungen einstellen. Immer mehr bestimmen Ängste dieser Art die demokratische Politik im gesamten politischen Spektrum. Über den Großteil der vergangenen beiden Jahrzehnte hinweg hat die britische Öffentlichkeit die Immigration als drängendstes politisches Problem ausgewiesen[28], diesbezügliche Befürchtungen scheinen beim Brexit-Referendum 2016 eine entscheidende Rolle gespielt zu haben.[29] Und auch in anderen Demokratien, etwa in den Vereinigten Staaten, in Italien, in Deutschland und in Südafrika, gehört Migration zu den entscheidenden Themen.[30] Konservative lassen sich nostalgisch über den Verlust der nationalen Kultur und kollektiven Moral aus, selbst ernannte Gemäßigte sind angesichts der wachsenden »Gruppeninteressenpolitik« beunruhigt, und die eher links Orientierten beklagen das Nachlassen klassenbasierter Solidarität oder den kontinuierlichen Ausschluss von Minderheiten, die von dominanteren Gruppen beständig falsch dargestellt und verunglimpft werden. »Fake News«, »alternative Fakten« und politische Abspaltung machen Menschen aus vielen verschiedenen politischen Lagern Angst – nur dass sich niemand darauf einigen kann, wer denn von Anfang an die »wahren Fakten« hatte oder wie die Menschen wieder zusammenkommen sollten. All diese Ängste handeln auf ihre Weise mit einem Verständnis von Andersartigkeit, bei dem der Konflikt als beinahe unausweichliches Ergebnis des Zusammenlebens erachtet wird. Wenn wir das wirklich glauben, bleibt uns kaum etwas anderes übrig, als Mauern hochzuziehen und uns einzubunkern.

Allerdings gibt es eine Vielzahl von Anzeichen, dass dies vielleicht nicht die ganze Wahrheit ist. Es liegen beispielsweise Dutzende Studien zur Auswirkung von Diversität auf das Vertrauen vor. Die Ergebnisse variieren zwar von Studie zu Studie, doch entsteht insgesamt tatsächlich der Eindruck, dass sich Diversität negativ auf das Vertrauen auswirkt. Gleichzeitig hat sie aber nur einen sehr kleinen Anteil an diesem Vertrauensverlust – Diversität kann demnach nicht als Haupterklärung für das Gefühl des nachlassenden Gemeinschaftssinns oder das verminderte Vertrauen in die Demokratie angeführt werden.[31] Im Gegenteil: Von Ort zu Ort finden sich sogar zahlreiche Ausnahmen von der Regel, dort ist die zunehmende Diversität mit einem zunehmenden Vertrauen und einem Aufschwung an bürgerschaftlichem Engagement verknüpft. Diese Ausnahmen suggerieren, dass Diversität und Konflikt nicht *zwangsläufig* miteinander verbunden sein müssen. Nimmt man besonders diverse Gemeinden näher unter die Lupe, werden auf einmal Möglichkeiten sichtbar, wie Diversität das Leben bereichern kann, indem sie zu neuen Formen der Verständigung und Verbindung führt. Es kann also durchaus sein, dass unter all den Annahmen noch eine andere Geschichte schlummert – eine, die uns auf den ersten Blick vielleicht weniger vertraut ist, die uns jedoch immer vertrauter werden kann, wenn wir nur innehalten und zuhören.

*

Hier kommt mein Wissensgebiet, die Anthropologie, ins Spiel. Das Wort stammt aus dem Griechischen und setzt sich aus *anthrōpos*, Menschheit, und *logia*, Studium, zusammen. In ihrem weitesten Sinn ist die Anthropologie genau das: die Beschäftigung damit, was es bedeutet, ein Mensch zu sein. Keine leicht zu beantwortende Frage, so viel steht fest. Wirft man einen Blick auf die ungeheure Vielfalt menschlicher Gemeinschaften, wird augenblicklich klar, dass all diese unterschiedlichen Menschen ihr Menschsein auf enorm unterschiedliche Weise definieren und erleben. Deshalb steht im Zentrum der Anthropologie die Verpflichtung, diese Unterschiede ernst zu nehmen. Die Anthropologie beginnt mit dem Innehalten – zunächst lassen wir beiseite, was wir zu wissen glauben, um Platz zu schaffen für das Zuhören, das aufmerksame Anhören dessen, was andere uns erzählen.

Die Anthropologie ist ein weites Feld, und im Laufe der Zeit haben sich bestimmte Spezialgebiete herausgeschält. Die evolutionäre Anthropologie betrachtet die Menschheit über unsere lange gemeinsame Entwicklungsgeschichte hinweg und greift dabei vielfach auf Psychologie und Physiologie zurück, um herauszufinden, was uns von anderen Lebewesen unterscheidet. Die linguistische Anthropologie untersucht, wie die Menschen kommunizieren und wie die Sprache das Leben formt. Sie ist eng mit der soziokulturellen Anthropologie verwandt, die sich die menschliche Gesellschaft zum Gegenstand gemacht hat und fragt, welche Bedeutungen, Praktiken und Gefühle unseren Alltag sowie unsere reiche kulturelle Vielfalt ausmachen.

In diesem Buch sind alle drei Herangehensweisen vertreten, am meisten jedoch schöpfe ich aus meiner Ausbildung als soziokultureller Anthropologe. Das heißt, dass ich die Frage, wie wir mit Andersartigkeit leben, vor allem als eine kulturelle Angelegenheit verstehe, in die insbesondere die spezifischen Vorstellungen, Bräuche und Emotionen des Konglomerats Gesellschaft einfließen. Während sich viele anthropologische Studien mit weit entfernten Gesellschaften beschäftigen, basiert meine Arbeit auf meinem Leben und Forschen in Großbritannien. Ich habe zwischen 2014 und 2015 insgesamt sechzehn Monate in Kilburn gewohnt und dabei herauszufinden versucht, wie die Einwohner dort mit Unterschieden umgehen. Wie sind sie zusammengekommen? Wie haben sie kooperiert? Wenn es zu Konflikten kam, von welchen Unterschieden wurden diese dann ausgelöst? Und wie haben es Menschen aus unterschiedlichen sozialen Schichten geschafft, sich an einem Ort heimisch zu fühlen, der von beständigem Wandel und enormer Diversität geprägt ist?

Um all diese Fragen zu beantworten, habe ich Zeit mit Dutzenden von Gemeindeorganisationen verbracht und zahlreiche Einwohner von Kilburn in ihrem Alltag begleitet. Ich habe Interviews geführt, war bei Gemeindetreffen dabei, habe Festivals besucht und mich am Organisieren von Veranstaltungen und Projekten beteiligt. Ich habe mich Aktivistinnen angeschlossen, die gegen Zwangsräumungen, geringe Wahlbeteiligung und den Klimawandel kämpften. Ich blieb mit DJs des örtlichen Freien Radios bis in die Puppen auf, spielte Fußball und Xbox und versuchte mich am Krafttraining in Jugendklubs. Ich nahm an Gottesdiensten teil, wurde zu Geburtstagspartys eingeladen und half in der Suppenküche aus. Ich hing mit jungen Leuten auf der Straße ab und unterhielt mich vor den Schultoren mit ihren Eltern.

Die Erkenntnisse, die ich bezüglich dessen, was uns aktuell trennt, gewonnen habe, stammen in erster Linie aus meinem Einblick in das Leben von Kilburns diversen Bevölkerung. Dennoch bin ich an Kilburn nicht als einzigartigem Ort, sondern als Teil einer umfassenderen Geschichte von menschlicher Diversität und Demokratie interessiert. Und so webt dieses Buch Geschichten aus Kilburn und Geschichten aus aller Welt und allen Zeiten ineinander, um verschiedene Arten des Zusammenlebens mit all den Lektionen, die es vielleicht für uns bereithält, nachzuzeichnen. Auf diesen Reisen versuche ich, die Welt aus der Sicht des Anthropologen zu erkunden und greife dabei stets auf zwei Grundannahmen zurück: dass wir erstens in unserem Verständnis der Welt immer auf *irgendetwas* aufbauen und dass zweitens viel von dem, was wir in unserem eigenen Leben für selbstverständlich halten, als Produkt unserer Kultur identifiziert werden kann.

Um deutlich zu machen, wie man als Anthropologe denkt, können wir mit einer einfachen Frage beginnen: Welche Farbe hat ein Schnabeltier? Jeder, der schon einmal ein Schnabeltier gesehen hat, sollte die Antwort wissen: Es ist natürlich braun. Jedenfalls für das bloße menschliche Auge. Im Jahr 2020 fanden Wissenschaftler heraus, dass das Schnabeltier bei UV- oder Schwarzlicht in fluoreszierenden Schattierungen von Blau, Grün und Violett leuchtet. Diese Entdeckung stellt das Schnabeltier in eine Reihe mit zahlreichen anderen Arten, darunter Beutelratten, Frösche und Papageitaucher, deren Farbe unter UV-Licht ebenfalls völlig anders erscheint: Hier erstrahlen Gleithörnchen in neonpinkfarbenen Mustern, und Salamander verwandeln sich in Gurken- oder Limettengrün. Und während wir UV-Licht zwar nicht sehen können, können viele Tiere – vielleicht sogar die meisten – das sehr wohl. Wo wir nur ein langweiliges Braun sehen, sehen andere Lebewesen möglicherweise komplexe Muster, grelle Farben oder ein helles Leuchten.[32]

Der Anthropologe Gregory Bateson stellt die These auf, dass wir uns in der Welt zurechtfinden, indem wir uns auf bestimmte Unterschiede in ihr konzentrieren.[33] Am Beispiel des Schnabeltiers hieße das, dass wir so nah an sein Fell heranzoomen könnten, bis jede Strähne anders aussähe – eine von der Sonne ausgebleicht, eine andere dunkler, eine dicker, eine weitere zerfranst. Gleichermaßen können wir aber auch wegzoomen, sodass uns das Gesehene als etwas Einzelnes, Einheitliches erscheint: als Fell. Wir können das Schnabeltier als Individuum betrachten oder als Teil einer größeren Einheit, einer Gruppe, einer Spezies, eines Ökosystems etwa. Wir können zwischen vielen dieser Blickwinkel wechseln, wenngleich wir für das Heranzoomen an einzelne Fellsträhnen oder das Wegzoomen zu ganzen Ökosystemen zusätzliches Werkzeug oder spezielle Fähigkeiten benötigen würden – ein Mikroskop beispielsweise oder die Fähigkeit, Verhaltensmuster oder Artbestände zu berechnen. Entscheidend dabei ist jedoch, dass wir nur einen Blickwinkel auf einmal einnehmen können: Wir sehen entweder ein einheitliches Braun oder schalten das UV-Licht ein und sehen das Leuchten grüner und violetter Schattierungen. Wir können unsere Aufmerksamkeit auf das unterschiedliche Verhalten einzelner Lebewesen richten, uns ansehen, was sie zu einer Spezies vereint, oder sie als Teil größerer ökologischer Strukturen betrachten. Und jeder mögliche Blickwinkel erfordert es, bestimmte Aspekte hervorzuheben und andere beiseitezuschieben. Um die Welt zu begreifen, nehmen wir also immer einen ganz bestimmten, unvollständigen Standpunkt ein.

Einige Unterschiede sind unserer Biologie geschuldet. Wir sehen ein Braun und kein Neonblau, weil unsere Augen nun einmal so funktionieren, wie sie funktionieren. Anthropologen haben jedoch nachgewiesen, dass selbst unsere biologischen Fähigkeiten sich nicht unabhängig von unserer Kultur formen. Nicht in allen Sprachen wird beispielsweise zwischen Grün und Blau unterschieden, während in anderen ein sehr viel differenzierteres Vokabular zur Beschreibung von Grün- und Blauabstufungen vorhanden ist. Sprecher, deren Sprache nicht zwischen Blau und Grün unterscheidet, haben naturgemäß Schwierigkeiten damit, zwischen den beiden Farben zu differenzieren; diejenigen hingegen, die sich präziserer Kategorien bedienen, können subtile farbliche Unterschiede auch leichter benennen.[34] Wie bei anderen Tieren passen sich auch unsere Körper – die Funktionsweise unserer Augen etwa oder die Konstruktion unserer Stimmbänder – in spezifischer Weise an unsere Umgebung an. In weitaus größerem Ausmaß als bei anderen Tieren tut das bei uns aber eben auch die Kultur: Sie lenkt unsere Fähigkeit, die Welt wahrzunehmen und auf ganz bestimmte Art und Weise zu begreifen.

In der Anthropologie bedeutet Kultur all das, was unsere Wahrnehmung und unser Erleben der Welt formt. Kultur geht somit weit über die Sprache hinaus und umfasst auch körperliche Angewohnheiten sowie unsere physische Umgebung. Routinetätigkeiten wie beispielsweise das Schnitzen von Holz oder das Aufstellen von Tabellen und soziale Gewohnheiten wie das gezielte Ignorieren Fremder im Bus oder das Fragen nach dem Befinden der Familie eines Besuchers sind alle Teil der Kultur. Ebenso wie die Dinge um uns herum: die Holzschnitzwerkzeuge, die Busse, die Häuser, in denen wir leben. Wissenschaftlerinnen, Politiker, israelische Fabrikarbeiter, japanische Börsenhändler, promovierte Philosophinnen – sie alle besitzen eine jeweils eigene Kultur.

Die Kultur ist das systematische Unterscheiden – etwa zwischen Grün und Blau –, das uns mit der Welt in Einklang bringt. Für den Menschen steht die Kultur nicht *zwischen* ihm und der Natur, sie *ist* seine Natur. Das Gehirn eines Neugeborenen wiegt nur rund ein Viertel dessen, was es im erwachsenen Zustand wiegen wird – viel weniger als das der anderen, eng mit uns verwandten Primaten. Das bedeutet im Umkehrschluss, dass 75 Prozent der Entwicklung unseres Gehirns nach der Geburt stattfinden.[35] Unsere Fähigkeit, zu sehen, zu riechen, uns zu bewegen, zu sprechen, zu schmecken, zu denken und zu fühlen, unser Gleichgewichtssinn, unsere Empfindungs- sowie Empathiefähigkeit und vieles mehr können sich nur durch die Interaktion mit der Welt außerhalb von uns entfalten. Je nach spezifischer kultureller Umgebung entwickeln sich diese Fähigkeiten auf ganz bestimmte Weise. Es gibt schlicht kein Erleben der Welt, keine Art zu denken, das oder die nicht durch die Kultur vermittelt wäre.[36]

Auf individueller Ebene kann unsere Art zu sehen und zu verstehen durch das Ineinandergreifen, das Überlagern oder den Wechsel zwischen verschiedenen Kulturen geprägt sein. Wir haben die Kultur der Familie, der Schule, der Medien, unseres Arbeitsplatzes und der Gemeinde. Dieser Variantenreichtum bedeutet auch, dass eine gemeinsame Kultur niemals völlig einheitlich ist und sich laufend verändert.

Wenn wir Kultur ernst nehmen, verschafft uns dies einen anderen Bezug zur Welt. Die in Langkawi, Malaysia, tätige Anthropologin Janet Carsten schreibt über die dort vorherrschende Auffassung, Geschwister seien Menschen, die mit derselben Substanz gefüttert wurden. Dazu zählen Kinder, die von ein und derselben Frau auf die Welt gebracht wurden, aber auch die, die von derselben Frau gestillt wurden, und die, die im selben Haus aufgewachsen sind und mit Reis vom selben Herd gefüttert wurden. Blut, Milch und Reis – alles Substanzen, die Menschen zu Geschwistern machen können. Hier ist Verwandtschaft ein Prozess, der Füttern, Fürsorge und Verbundenheit beinhaltet.[37] Das ist nicht mehr oder weniger logisch als die westliche Auffassung, die Geschwisterschaft definiere sich rein über Geburt und Gene. Besteht man auf dieser Definition, muss man sich zum Beispiel die Frage gefallen lassen, warum gemeinsame Gene dann keine Garantie dafür sind, dass Geschwister füreinander sorgen oder sich ähnlich verhalten. In beiden Fällen handelt es sich schlicht um verschiedene Ansichten darüber, was Geschwisterschaft ist oder sein sollte. Es werden nur andere Unterschiede gemacht.

Die Erkenntnis, dass Kultur allgegenwärtig ist und so unser gesamtes Wissen und all unsere Erfahrungen prägt, hat zur Folge, dass wir uns und andere jeweils anders verstehen. Wenn jegliches Begreifen durch die Kultur vermittelt ist, besteht der erste Schritt beim Kennenlernen des Anderen im Erforschen der anderen kulturellen Perspektive. In der Anthropologie wird der Versuch, die Welt aus der Sicht anderer zu sehen, mitunter als »ernst nehmen« bezeichnet. Dazu gehört, sich damit auseinanderzusetzen, dass die Auffassungen und Erfahrungen anderer für diese ebenso normal, bedeutsam, real und rational sind wie unsere eigenen für uns. Wenn Beduinen also die bösen Taten des Dschinns für ein geschehenes Unglück verantwortlich machen, ethnische Gruppen in der Amazonasregion davon berichten, mit eigenen Augen gesehen zu haben, wie sich jemand in einen Jaguar verwandelt hat, oder Verschwörungstheoretiker verkünden, die Welt werde von undurchsichtigen Geheimbünden beherrscht, reagieren Anthropologinnen und Anthropologen nicht darauf, indem sie diese Ansichten als albern oder irrational oder schlicht falsch abtun. Stattdessen versuchen sie, ihre eigene Sicht der Dinge zeitweilig auszusetzen, und fragen, was diese Überzeugungen für diejenigen, die sie haben, wahr macht. Sie fragen nicht: *Inwiefern haben diese Menschen unrecht?*, sondern: *Inwiefern haben diese Menschen recht?*

In diesem Sinne ist die Anthropologie ein wenig wie eine Pilgerfahrt oder Gralssuche – eine Reise an einen weit entfernten und fremden Ort, von der man verwandelt zurückkommt. Zwar erfordert das Verstehen anderer erst einmal, dass wir von unseren eigenen Anschauungen und Werten zurücktreten, es ermöglicht es uns andererseits aber auch, mit einer reicheren Betrachtungsweise zu diesen zurückzukehren. Teilweise halten diese Reisen an andere Orte wertvolle Lektionen für uns bereit. Darüber hinaus ermöglichen sie es uns aber vor allem zu erkennen, dass auch wir nur einen ganz spezifischen Platz in der Welt einnehmen und dass unser Verständnis von gut und schlecht, wahr und unwahr, richtig und falsch uns zwar unbestreitbar vorkommen mag, aber keineswegs universal, sondern ein Produkt unseres kulturellen Umfelds ist.

Das bedeutet auch, dass, was immer wir an anderen verstehen, uns dabei helfen kann, uns selbst zu verstehen. Nehmen wir zum Beispiel das Geschlecht. Im westlichen Kulturkreis verstehen die meisten Menschen Geschlecht als Kategorie, zwischen den Variationen in der menschlichen Biologie zu unterscheiden. Menschliche Körper unterscheiden sich hinsichtlich Größe und Kraft, Chromosomen, Fortpflanzungsorganen, sekundärer Geschlechtsmerkmale wie Brüste und Gesichtsbehaarung, sowie hinsichtlich bestimmter Fähigkeiten wie der des Schwangerwerdenkönnens. Die westliche Kultur teilt diese Variationen in zwei Hauptkategorien ein: weiblich und männlich.

Die entsprechenden Merkmale aber treten biologisch nicht immer so gemeinsam auf, wie die scharf umrissene Definition uns glauben machen will – es gibt beispielsweise Menschen, die sowohl Brüste als auch einen Bart haben, oder Menschen mit weiblichen Fortpflanzungsorganen, die nicht schwanger werden können. Und solche Abweichungen von der Norm sind gar nicht mal so selten. Tatsächlich kommen 1,7 Prozent aller Babys – fast zwei von hundert – mit körperlichen Varianten auf die Welt, die sich nicht so ohne Weiteres in die Kategorie »weiblich« oder »männlich« stecken lassen.[38] Der Prozentsatz wird noch größer, wenn man auch die Menschen mit einbezieht, die das Gefühl haben, in den falschen Körper geboren worden zu sein, oder denen es an bestimmten reproduktiven Fähigkeiten mangelt – beides Dinge, die man bei der Geburt noch nicht vorhersehen kann. Auf nur zwei Geschlechtskategorien zu bestehen bedeutet, solcherlei Unterschiede zu leugnen und sie sogar als abartig und »falsch« auszugrenzen. Andere, ebenfalls übliche physische Varianten wiederum erkennen wir durchaus an und betrachten sie nicht als negativ, Zwillinge beispielsweise, die je nach Land zwischen 0,6 und 4,5 Prozent aller Neugeborenen ausmachen, wobei eineiige Zwillinge mit 0,4 Prozent seltener vorkommen.[39]

Dass diese Art, über Geschlechter zu sprechen, ausgesprochen kulturell ist, wird deutlich, wenn wir über den Tellerrand blicken. In ganz Südostasien ist eine Reihe von atypischen Geschlechtsidentitäten häufig mit beträchtlicher politischer oder spiritueller Macht in Verbindung gebracht worden. Bei der indonesischen Volksgruppe der Bugis beispielsweise gibt es traditionell fünf Geschlechtskategorien, darunter auch eine der sogenannten *bissu*, die alle Geschlechtsaspekte gleichzeitig verkörpern und sich einer einfachen Kategorisierung entziehen. Statt jedoch als Ausgestoßene betrachtet zu werden, waren die *bissu* angesehene Ritualspezialisten, die als Brücke zu den Göttern sowie als Wächter der königlichen Insignien und des königlichen Standes galten. In ähnlicher Weise werden die *hijras*, eine Gruppe von Hermaphroditen und Eunuchen in Indien, stark mit der Muttergottheit Bahucharā Mātā sowie einem Aspekt des Gottes Shiva assoziiert.[40] In Nordamerika verfügten verschiedene First-Nations-Gruppen über einige allgemein anerkannte Geschlechtskategorien, die weder als typisch männlich noch als typisch weiblich erachtet wurden; sie werden heute unter dem modernen Begriff »Two-Spirit« zusammengefasst.[41] Unterdessen gelten in vielen anderen Kulturen als der unseren Zwillinge tatsächlich als Störfaktoren – als Manifestation gefährlicher spiritueller Kräfte oder als Gefahr für die Familienstabilität und das Sozialgefüge.[42]

Über den Tellerrand zu blicken ist nicht leicht. Ohne einen Außenstandpunkt können wir nicht erkennen, dass wir bestimmte Unterscheidungen *nicht* sehen. Wer zwischen blau und grün nicht unterscheidet, weil seine Sprache das nicht vorsieht, wird wahrscheinlich nicht bemerken, dass ihm etwas fehlt – es sei denn, er begegnet jemandem, der die

Dinge anders sieht. Doch je mehr wir uns bemühen, eine bestimmte Außenperspektive unabhängig von der unseren zu verstehen, desto mehr Erkenntnisse gewinnen wir bezüglich unserer eigenen Welt. Erst der Blick auf andere Kulturen macht es uns möglich, unsere eigene nicht mehr als naturgegeben oder allgemeingültig zu betrachten. Wenn wir uns selbst als kulturelle Wesen erkennen, verändert sich damit unsere Selbstwahrnehmung. Dann kommt es nicht nur *zwischen* größeren kulturellen Gruppen zu Momenten, in denen Menschen über Unterschiede stolpern, sondern auch *innerhalb* dieser Gruppen. Diese Augenblicke der Reibung lassen auf Lücken in der Sichtweise schließen, die vielfach alltäglich und harmlos sind – Sie erinnern sich an Ella Fitzgerald und Louis Armstrong? »You Say Tomato, I say Tomato ...« –, manchmal aber auch darauf verweisen, dass unser kultureller Rahmen vielleicht Geschichten oder Anschauungen enthält, die uns in verschiedene Richtungen ziehen. Sowohl der Vergleich mit anderen Kulturen als auch die Fähigkeit, uns die Reibungen und Spannungen in unseren eigenen kulturellen Welten bewusst zu machen, öffnet uns die Augen für neue Lebensweisen.

*

Wie wertvoll die anthropologische Perspektive sein kann, wird deutlich, wenn wir auf Daisy und Paddy zurückkommen. Die einen tun Paddys Tirade gegen »all diese Immigranten« vielleicht als bequemes Vorurteil ab. Sie betrachten seinen Protest »Doch nicht Leute wie ihn!« möglicherweise als defensiven Schachzug, als Versuch, den Vorwurf des Vorurteils abzuwenden, während Paddy gleichzeitig auf seinem Standpunkt, dass doch immerhin die *meisten* Immigranten Ärger verursachen, beharren kann. Für die anderen hingegen trifft Paddys Äußerung vielleicht genau ins Schwarze: Schließlich sind öffentliche Ressourcen nur dann nachhaltig, wenn jeder sie wertschätzt und ihre Bedeutung würdigt. Und Diversität beinhaltet nun mal per definitionem unterschiedliche Werte und Anschauungen.

Wer jedoch genauer hinhört, wird feststellen, dass Daisys und Paddys Leben eine komplexere Geschichte erzählen. Der Mieterbund, in dem sie sich engagiert hatten, gedieh, weil er zu einem Ort geworden war, an dem Bande zwischen Nachbarn mit unterschiedlichem Hintergrund und aus unterschiedlichen Teilen der Welt geknüpft werden konnten. Doch genau das war auch ein Grund für sein Scheitern: Die Bedürfnisse der Menschen wurden mit der Zeit zu vielfältig und zu vielschichtig. Sowohl Paddy als auch Daisy scheinen der Meinung zu sein, dass manche Einwanderer Ärger oder Zersplitterung verursachen, während andere zu Freunden, Mitarbeitern oder sogar zu einer Ersatzfamilie werden können – klare Kriterien dafür, wer in welche Kategorie fällt, hat keiner von beiden.

In den Populärmedien, in Onlinedebatten und in Äußerungen der lautesten Aktivistinnen und Aktivisten aus dem ganzen politischen Spektrum gewinnt man den Eindruck, die Unterschiede zwischen uns seien enorm. Beim Thema Rassismus oder Diversität werden wir entweder mit dem Bild des unverfrorenen Rassisten oder dem des woken Aktivisten konfrontiert, der spricht, als hätte er die Weisheit mit Löffeln gegessen. Die meisten Menschen aber haben viel komplexere, manchmal sogar widersprüchliche Meinungen. Wie bei Paddy und Daisy nehmen bei ihnen die Bedeutung und die Absteckung von »Andersartigkeit« wechselnde Gestalt an. Für sie sind »Immigranten« niemals nur Immigranten und »Fremde« niemals nur Fremde. Der Wert, den sie in anderen finden, scheint je nach Situation und Umstand zu variieren. Fast alle unsere Haltungen sind durch diese Art von Komplexität gekennzeichnet. In Großbritannien etwa wurde in einer 2013 durchgeführten Umfrage festgestellt, dass 70 Prozent aller britischen Bürgerinnen und Bürger ein multikulturelles Großbritannien befürworteten. Dennoch fanden 54 Prozent derselben Gruppe zudem, dass die Einwanderung schlecht für das Land gewesen sei, während 47 Prozent sogar angaben, »die große Vielfalt an Herkunftsländern und Kulturen« habe die britische Kultur »unterminiert«. Stellen wir uns vor, dass all diese Antworten einem einheitlichen Verständnis von Diversität entstammen, ist die Widersprüchlichkeit der

Angaben mehr als verblüffend. Machen wir uns jedoch klar, dass Diversität auf verschiedene Arten und innerhalb verschiedener Rahmenbedingungen erlebt werden kann, ergeben die Haltungsverlagerungen und -umschwünge plötzlich Sinn. Es mag verführerisch sein, diese Widersprüchlichkeit als scheinheilig oder im besten Fall konfus zu bezeichnen. Nimmt man sie aber ernst, zeugt sie von Spannungen in unserer Gesellschaft, die uns in verschiedene Richtungen zerren.

Wer Daisy und Paddy genau zuhört, wird erkennen, welche Spannungen da am Werk sind. Sie haben mit zwei ineinander verflochtenen politischen Krisen zu tun, die Daisy und Paddy nur allzu gut kennen. Zum einen haben sie am eigenen Leib erfahren, was es bedeutet, wenn den Gemeinden, Nachbarschaften, Dörfern und Städten immer mehr kommunale Mittel entzogen werden – ein Trend, der heute in vielen Ländern beobachtet werden kann. In Großbritannien mussten verschiedene Kommunen zwischen 2010 und 2017 einen 26-prozentigen Rückgang an Fördermitteln hinnehmen, was dazu geführt hat, dass Jugendzentren, Bibliotheken und öffentliche Parks geschlossen und der Englischunterricht für Zuwanderer eingestellt werden mussten.[43] In den USA finden sich in Vierteln, in denen die Häuser durchschnittlich nach 1979 gebaut wurden, nur halb so viele Organisationen der sozialen Interessenvertretung wie in älteren Vierteln. Die Verbreitung solcher Organisationen ist aber wiederum ein aussagekräftiger Indikator dafür, wie engagiert sich die jeweiligen Anwohner am Gemeindeleben beteiligen: In neueren Vierteln ist das Engagement weniger stark.[44] Und auch andere Orte, an denen sich die amerikanische Bevölkerung gemeinhin vermischt, etwa in Parks oder Einkaufspassagen, gibt es immer weniger. In zunehmendem Maße lassen Stadtplanung und politische Strategien weltweit den Raum schrumpfen, an dem man einander begegnen und sich kennenlernen kann. Wie Paddy und Daisy bestätigen können, sind es aber gerade diese öffentlichen Räume, die es verschiedenen Gruppen ermöglichen, Gemeinsamkeit aufzubauen. Ihr Mieterbund florierte, weil die Menschen einen Ort hatten, an dem sie sich treffen konnten, wo sie Zeit miteinander verbringen, neue Bande knüpfen und Probleme gemeinsam angehen konnten – bis zu dem Zeitpunkt, an dem alles zu viel wurde und das System zusammenbrach.

Doch Gemeinderessourcen sind mehr als nur Orte, an denen man sich treffen und Kontakte knüpfen kann, ebenso wie das Gemeindeleben von mehr als nur formellen Einrichtungen aufrechterhalten wird. Ob wir uns am Gemeindeleben beteiligen oder nicht, hängt in beträchtlichem Maße davon ab, wie viel Zeit und Mittel uns zur Verfügung stehen – was Armut und Ungleichheit zu entscheidenden Faktoren hinsichtlich der Stärke unserer Demokratie macht. Das gilt vor allem für das Überbrücken von Differenzen und den Aufbau einer gemeinsamen Grundlage. Beides kann ausgesprochen bereichernd sein, geht aber oft nur langsam und ungeordnet vonstatten und erfordert Zeit sowie Kapazitäten, die nicht alle Gemeindemitglieder erübrigen können. Die Spannungen spiegeln einen umfassenderen Kampf um Werte wider: Solange Forderungen nach *finanzieller* Wertsteigerung unser Leben und unsere Träume beherrschen, werden wir andere Formen von Wert – so wie Fürsorge, Zugehörigkeit, Freundschaft oder Verständnis – stets weniger kultivieren können.

Zum anderen erleben Paddy und Daisy eine Krise des Geschichtenerzählens. In vielerlei Hinsicht sind Zuwanderer, Fremde oder politische Gegner fiktive Figuren. Sie erwachen nicht durch unsere direkte Begegnung mit ihnen zum Leben, sondern durch die Geschichten, die wir über sie erzählen. Und in einer Demokratie sind die Geschichten, die wir erzählen, durchaus von Bedeutung, weil einige der größten Entscheidungen, die wir treffen sollen, nicht nur uns selbst oder die Menschen um uns herum beeinflussen, sondern auch die Gesellschaft der Fremden, in der wir leben. Unsere Fähigkeit, solche politischen Entscheidungen zu treffen, ist eng mit den Geschichten, die wir erzählen, verknüpft.

Hierzu ein Beispiel aus dem zeitgenössischen Großbritannien. Einer alarmierenden Studie der Universität Oxford zufolge sind die in der Berichterstattung über Zuwanderung am häufigsten verwendeten Wörter »massenweise« und »illegal«.[45] Ungeachtet der Tatsache, dass die illegale Einwanderung nur einen kleinen Teil der Einwanderung insgesamt ausmacht und Zuwanderer nur einen Anteil von etwa 14 Prozent an der britischen Gesamtbevölkerung haben, ist die Geschichte, die die Briten am häufigsten von der Zuwanderung erzählen, die eines gesetzeswidrigen Zustroms, in dem das Land unterzugehen droht. Der Ton solcher Geschichten spielt erwiesenermaßen eine wichtige Rolle im Formen der öffentlichen Meinung.[46] Diese Geschichten haben große Macht und entwickeln nicht selten ein Eigenleben. Dabei können sie sich von unseren direkten Erfahrungen lösen, manchmal sogar ohne dass wir es merken. Ebenso wie Paddy sind auch wir bereit, uns von Stereotypen oder gängigen Bildern zu verabschieden, wenn es um Menschen geht, die wir persönlich kennen. Auch wenn wir behaupten, wenig Sympathie für Atheisten oder Rechte zu haben, machen wir doch Ausnahmen, wenn diese Atheisten oder Rechten zur Familie oder zum Freundeskreis gehören. Dennoch haben diese persönlichen Verbindungen kaum Einfluss auf unseren Glauben an die breiter gefassten Geschichten, die wir über Menschen, die anders sind, erzählen. Und deshalb kann Paddy zwar mit Leuten aus aller Welt befreundet sein, aber doch an der abstrakten Idee der Zuwanderung als Bedrohung festhalten, die ihm dabei hilft, den allmählichen Verfall der geliebten und einst von ihm höchstpersönlich gepflegten öffentlichen Räume zu verstehen.

Gemäß der großen, bekannten Geschichte über das Anderssein sind die sozialen Spannungen, mit denen wir uns auseinandersetzen müssen, darunter der Verlust der Gemeinderessourcen sowie das Ringen um bedeutungsvolle Narrative über unser Leben, zumindest teilweise der wachsenden Diversität und den zunehmenden Unterschieden geschuldet. Dieses Buch allerdings behauptet das Gegenteil: Dass es in Wirklichkeit andere politische Kräfte gibt, die unsere Fähigkeit, mit Unterschieden zu leben, unterminieren, und zwar bis zu dem Punkt, an dem es so aussieht, als ob die Verschiedenheit selbst das Problem wäre. In Reaktion auf die immer häufiger zu vernehmende Meinung, die Spannungen und Konflikte der heutigen Zeit zeigten, dass das »multikulturelle Experiment« gescheitert sei, schrieb Zadie Smith: »Als Kind war mir nicht klar, dass das

Leben, das ich lebte, von anderen als irgendwie provisorisch oder experimentell erachtet wurde: Für mich war es einfach mein Leben.« Im Mittelpunkt dieses Buchs stehen Geschichten wie die von Paddy und Daisy – Geschichten des »Lebens«, die häufig neben unbekannten anderen geführt werden und von Harmonie und Reibung, von Höhen und Tiefen bestimmt sind wie jedes andere Leben auch. Zusammen stellen all diese Geschichten infrage, ob wirklich die Diversität an sich das Problem ist; und machen deutlich, wo die Wurzeln unserer derzeitigen Schwierigkeiten tatsächlich liegen und was alternative Möglichkeiten des Zusammenlebens sein könnten.

Die oben genannte These zieht sich durch das gesamte Buch. Sie folgt einer anthropologischen Reise und will zunächst unvertraute Standpunkte erkunden, bevor sie sich nach innen wendet, um bestehende Spannungen und schließlich Möglichkeiten, innerhalb der westlichen Demokratie anders zu leben, anzusehen. Die Reise beginnt, indem die Auffassung, die Spaltung in Gruppen und die Konflikte zwischen ihnen seien eben Teil der menschlichen Natur, infrage gestellt wird. Dazu wechseln wir in Kapitel 2 die Perspektive und betrachten stattdessen, wie wir uns entwickelt haben, um überhaupt miteinander in Kontakt zu treten. Wir werden feststellen, dass insbesondere die beiden Schlüsselfähigkeiten Empathie und Abstraktionsvermögen, je nachdem, wie sie eingesetzt werden, sowohl der Verbundenheit als auch der Spaltung dienen können. Kapitel 3 beschäftigt sich mit den Vorstellungen, die verschiedene Gruppen rund um den Globus von menschlicher Verschiedenheit haben. Im Gegensatz zu der Annahme, Unterschiede zwischen Gruppen seien festgelegt und entgegengesetzt, möchte ich die überraschende Fluidität von Gruppenidentitäten demonstrieren, aber auch aufzeigen, wie selbst solche fließenden Identitäten als starr und als mächtige Handlungsmotivatoren gesehen werden können.

Ausgehend von der Vorstellung, dass Gruppenkonflikte eben nicht unvermeidbar sind, tauchen wir in den folgenden drei Kapiteln in die Geschichte der Demokratie bis zum einundzwanzigsten Jahrhundert ein und beschäftigen uns damit, wie demokratische Gesellschaften Andersartigkeit sehen und wie sie mit ihr umgehen. In Kapitel 4 gehen wir der Frage nach, wie zwei Schlüsseltraditionen der Demokratie – der Liberalismus und der klassische Republikanismus – uns mit zwei sehr unterschiedlichen Sichtweisen der Andersartigkeit ausgestattet haben. Während der Liberalismus Unterschiede vor dem Hintergrund einer unveränderlichen Identität und universeller Wesenszüge sieht, verhandelt der Republikanismus die Frage, welche Unterschiede wirklich einen Unterschied machen, immer wieder neu. Die festgelegten Vorstellungen von Differenz im Liberalismus ermöglichen das nachdrückliche Einfordern von Rechten und Gleichstellungen, das bei den Gleichberechtigungsbewegungen des zwanzigsten Jahrhunderts eine wesentliche Rolle gespielt hat. Die republikanische Sicht der Differenz als verhandelbar hingegen ermöglicht Menschen gegenseitige Verpflichtungen, die über konträre Identitäten hinausgehen. In Kapitel 5 und 6 beschäftige ich mich mit den Möglichkeiten und Grenzen der beiden Sichtweisen im Verhältnis zueinander.

In den letzten drei Kapiteln geht es darum, wie manche Bürgerinnen und Bürger die Demokratie von innen heraus umwandeln, indem sie die beiden genannten Traditionen auf neue Art und Weise miteinander verflechten. Kapitel 7 beschäftigt sich mit der derzeitigen »postfaktischen« Ära und zeigt die wichtige Rolle auf, die die »Verzauberung« dabei spielen kann, das Vertrauen in öffentliches Wissen wiederherzustellen. Kapitel 8 versucht, den Liberalismus nicht als Streben nach universellen Ansprüchen und Gesetzen zu denken, sondern als narrative Praxis, die mehr Raum für unterschiedliche Lebensweisen bereithalten kann. Kapitel 9 schließlich geht der Frage nach, wie man das öffentliche Leben zu einem »Gemeingut« umgestalten kann, in dem Gleichheit und Unterschiedlichkeit koexistieren können.

Die Anthropologie macht deutlich, dass wir die Welt immer nur aus einer bestimmten Perspektive heraus verstehen können und dass sich diese Perspektive nur ändern lässt, indem wir sie zu anderen Perspektiven in Bezug setzen. An diese Lektion knüpft das vorliegende Buch auf zwei wesentliche Weisen an. Zum einen stellt es den Versuch dar, die Demokratie *von innen heraus* zu überdenken. Häufig nehmen Kommentare zum derzeitigen Zustand der Demokratie – sei es vonseiten der Journalisten, öffentlicher Personen oder der Wissenschaftlerinnen – einen kritischen, distanzierten Ton an. Das erweckt den Eindruck der Autorität, als stünden die Kommentatoren über dem Geschehen. Das bedeutet aber auch, dass die angebotenen Lösungen über den Dingen stehen, mit anderen Worten: nicht alltagstauglich sind. Was genau getan werden kann, verrät die Kritik von oben herab nicht. Deshalb versuche ich hier, die Probleme und Lösungen von einem bodenständigeren Standpunkt aus zu betrachten. Ich setze auf Alltagsvorstellungen wie das Geschichtenerzählen, auf Liebe oder Gemeinschaft beziehungsweise auf Konzepte, die tief in die demokratische Tradition eingebettet sind, etwa den Liberalismus oder den klassischen Republikanismus. So hoffe ich einen Blickwinkel anzubieten, der nicht mit der Welt, wie sie aktuell ist, bricht, sondern sich mit ihren Problemen und Möglichkeiten auseinandersetzt, um ganz konkret einen neuen Weg für diese Reise vorzuzeichnen.

Zum anderen spiele ich in diesem Buch mit dem Konzept von Innen und Außen. Die Demokratie verspricht allen Bürgerinnen und Bürgern, wer auch immer sie sein mögen, die gleiche Repräsentierung und die gleichen Rechte. Ich versuche, dieses Versprechen sowohl genauer zu befragen als auch auszudehnen, indem ich häufig das kollektive »Wir« benutze. Das soll jedoch nicht suggerieren, dass alles in diesem Buch auf die Menschheit als Ganzes zuträfe. Ich sehe es eher als Einladung, in größeren Zusammenhängen zu denken und sich zu fragen, ob das Geschriebene Widerhall findet oder aber Widerspruch hervorruft, ob es ins Versprechen der Demokratie passt oder nicht. Die Reise in diesem Buch beginnt mit dem Entschluss, aus dem Alltag anderer zu lernen, um letztlich eine neue Geschichte davon zu erzählen, was es bedeutet, mit und in Andersartigkeit zu leben.

Kapitel 2

NAH UND FERN

In den Nachwehen des Zweiten Weltkriegs gab es wohl kaum jemanden, der nicht zu verstehen versuchte, wie es zu solchen Grausamkeiten hatte kommen können und in welchem Ausmaß man sich mitschuldig gemacht hatte. Historikerinnen, Politikerinnen und Wissenschaftlerinnen – sie alle bemühten sich, zu begreifen, wie es geschehen konnte, dass sich ganz gewöhnliche Deutsche von der Völkermordlust des Naziregimes hatten mitreißen lassen. Gleichzeitig mussten sich auch die Alliierten der Rolle stellen, die sie bei den jüngsten Ereignissen gespielt hatten, sei es nun bei den anfänglichen Zugeständnissen gegenüber der Naziregierung, beim Verharmlosen früher Berichte über den heraufdämmernden Holocaust oder beim Schließen der Grenzen vor Flüchtenden, denen in Deutschland der sichere Tod drohte. Viele Nachkriegsdenkerinnen und -denker schlossen aus den Dimensionen der geschehenen Gräuel auf etwas Wildes, Brutales, ja Barbarisches im Herzen der menschlichen Natur. Ganz allmählich kristallisierte sich das Bild einer bestialischen und blutrünstigen Menschheit heraus, die im Namen ihrer Sippen und Nationen zu beinahe allem fähig ist.

In einer unveröffentlichten autobiografischen Notiz gestand der Schriftsteller William Golding voller Selbstekel, er habe »die Nazis immer verstanden, denn ich bin von Natur aus von diesem Schlag«.[1] Vor seiner literarischen Karriere war Golding Lehrer gewesen. Ebenso fasziniert wie angewidert von dem, was sich ihm als angeborene menschliche Fähigkeit zur Grausamkeit darstellte, hatte er sein Lehramt als Gelegenheit genutzt, die primitiven Impulse seiner Schüler zu beobachten und mit ihnen zu experimentieren. Bei einem Schulausflug zum Figsbury Ring, einer steinzeitlichen Wallburg im Südwesten Englands, hatte er seine Schützlinge in zwei Gruppen aufgeteilt, von denen eine die Wallburg verteidigen und die andere versuchen sollte, sie einzunehmen. Später schrieb er, er habe entsetzt feststellen müssen, dass die beiden gegnerischen Gruppen beim Erfüllen ihrer Aufgabe durchaus auch bis zum Mord gegangen wären.[2] Diese Beobachtungen und das grüblerische Reflektieren über die eigenen Neigungen führten schließlich zu dem düsteren Bild, das Golding in seinem bekanntesten Roman, *Herr der Fliegen*, zeichnete. Darin geht es um die Klasse einer Jungenschule, die, auf einer Insel gestrandet, schon bald in sich bekriegende Lager zersplittert und schließlich in sadistische, abergläubische und gewalttätige Verhaltensmuster verfällt. Golding stellte sich seinen Roman als Porträt des wahren, dunklen Kerns des Menschen vor: »Sie hätten einen beliebigen Haufen Jungs aus irgendeinem Land nehmen und sie auf einer Insel festsitzen lassen können – es wären immer Chaos und Gewalt dabei herausgekommen.«[3]

1954, das Jahr, in dem der Roman erschien, führte auch der wegweisende Sozialpsychologe Muzafer Sherif ein Experiment durch, das er als Sommerferienlager im Robbers Cave State Park in Oklahoma tarnte. In seiner Heimat, der Türkei, war Sherif Zeuge des Völkermords an den Armeniern geworden; er hatte das Land verlassen müssen, weil er sich gegen die Unterstützung der Nazis durch die türkische Regierung ausgesprochen hatte. Wie Golding, so war auch Sherif fasziniert vom menschlichen Potenzial für Grausamkeit und Spaltung, das zum Vorschein kommt, wenn eine kollektive Identität in Gefahr ist. Auch er teilte die zweiundzwanzig Jugendlichen in seiner Obhut in zwei gegnerische Teams auf und beobachtete aus den Kulissen heraus, wie sich zwischen den beiden Gruppen sehr rasch eine gewalttätige Rivalität entwickelte: Die Jungen verwüsteten sich gegenseitig das Lager, bestahlen einander oder zerstörten die Habseligkeiten der anderen. Das Ganze endete in ernsthaften, blutigen Schlägereien.

Im gleichen Jahr machte außerdem der Wissenschaftsautor Robert Ardrey in seinem Buch *African Genesis* die Arbeiten des Anthropologen Raymond Dart und des österreichischen Zoologen Konrad Lorenz einer breiteren Öffentlichkeit bekannt. Dart hatte die versteinerten Überreste eines unserer frühen Vorfahren, der Spezies *Australopithecus africanus*, studiert, die häufig zusammen mit primitiven Werkzeugen gefunden worden waren. Er stellte fest, dass die Werkzeuge nicht selten zu Wunden im Skelett der Vormenschen passten, was darauf schließen ließ, dass viele von ihnen sich gegenseitig umgebracht hatten. Die Verbindung von Gewalt und aufkommendem Werkzeuggebrauch sowie die Identifizierung des Werkzeuggebrauchs als Haupttriebkraft hinter der Entwicklung unserer heutigen menschlichen Intelligenz bestätigten Dart in seiner These, Konflikte und Gewalt hätten die Menschheit entscheidend geprägt. Lorenz ging noch einen Schritt weiter: Auf der Grundlage seiner Studien zu Konflikten bei anderen Spezies, insbesondere bei Vögeln, sah er die Aggression zwischen verschiedenen Gruppen als fundamentalen menschlichen Zug, der nicht geleugnet werden konnte. Bestenfalls, so Lorenz, könnte sie in produktivere Kanäle von Konflikt und Konkurrenz gelenkt werden – als Beispiel dafür nannte er den Wettlauf um die Eroberung des Weltalls, der zu dieser Zeit, zur Zeit des Kalten Krieges, stattfand.[4]

Während Wissenschaftlerinnen, Schriftsteller und Politikerinnen ein zunehmend bedrohliches Bild von unserem Hang zu Spaltung und Konflikt entwarfen, wurde die Welt gleichzeitig immer gemischter. Nach den Wirren des Krieges und dem Ende des Kolonialismus mussten sich Millionen von Menschen ein neues Zuhause suchen. Allmählich drang dieses Bild der Menschheit als bösartige, auf Stammeszugehörigkeiten pochende Spezies ins Bewusstsein der Allgemeinheit und vermengte sich dort mit älteren Geschichten über die unüberwindbare Kluft zwischen Nationen, Kulturen und Völkern. Die Vorstellung von Spaltung und Konflikt färbte die Art und Weise, wie Zuwanderer empfangen wurden. 1968 hielt der britische Politiker Enoch Powell, ein Mitglied der Konservativen Partei, eine heute berüchtigte Rede, in der er der Angst eines Wählers Ausdruck verlieh, dass »in fünfzehn oder zwanzig Jahren in diesem Land der Schwarze die Oberhand über den Weißen haben« würde.[5] Powell war überzeugt davon, dass das Zusammenkommen verschiedener Gruppen unweigerlich zu Konflikten führen muss und Zuwanderer im Grunde ihres Herzens immer danach streben, »andere zu beherrschen – erst ihre Co-Immigranten und dann den Rest der Bevölkerung«. Er bediente sich einer Kriegsweissagung aus Vergils *Aeneis*, als er erklärte: »Der Blick in die Zukunft erfüllt mich mit unheilvoller Vorahnung. Wie der Römer [= Vergil] sehe ich ›den Tiber schäumen von Blut‹.« Für diese Volksverhetzung wurde Powell scharf kritisiert und eiligst aus den höheren Rängen der Konservativen Partei entfernt. Seine Entlassung aber rief breiten Protest hervor; ein Jahr nach seiner Rede wurde Powell in einer landesweiten Umfrage als am meisten bewunderte Person Großbritanniens genannt.[6]

Die durch die Schrecken des Krieges und des Völkermords geprägten Vorstellungen stellten den Menschen nicht nur als immanent grausam dar, sondern insistierten auch auf einer wenig differenzierenden, distanzierteren Perspektive. Der Zweite Weltkrieg war ein wahrhaft globaler Konflikt, in den Millionen von Menschen verstrickt waren und der das Leben auf allen Kontinenten beeinflusste. Der darauffolgende Kalte Krieg wirkte sich ebenfalls auf das Leben auf der ganzen Welt aus. Um die Ereignisse auch nur annähernd zu verstehen, propagierten oder suchten die Menschen nach Geschichten mit ähnlich gewaltigen Dimensionen. Sprach man über die menschliche Natur, herrschten meist schlichte, pauschale Geschichten vor – Geschichten, die Biologie mit Schicksal gleichsetzten und wenig Raum für Variationen boten. In unterschiedlichen Graden setzten Denker wie Golding, Sherif und Dart das, was sie im Klassenzimmer, bei Experimenten oder an vormenschlichen Fossilien beobachteten, recht vorschnell mit der Menschheit als ganzer gleich. Sie sahen sich selbst als Entdecker menschlicher Kern*neigungen*, die das Verhalten der Spezies insgesamt steuerten.

Was aber würde sich ändern, wenn wir die Frage anders stellten? Wenn wir nicht nach *Neigungen*, sondern nach *Fähigkeiten* suchten? Wenn wir unsere Biologie nicht als Schicksal betrachteten, sondern als etwas, das uns mit bestimmten Werkzeugen ausstattet? Wenn wir versuchen würden herauszufinden, was genau diese Werkzeuge können und was sie nicht können?

*

Daniel und Kev scheinen sich auf rein gar nichts einigen zu können, sind aber dennoch seit Jahrzehnten enge Freunde und Geschäftspartner – die Art von chaotischen, umtriebigen Hansdampf-in-allen-Gassen-Unternehmern, die man in jeder Stadt findet und die mit allem und jedem handeln. Daniel hatte einen kleinen Eckladen, in dessen vorderem Teil sich alte Elektroartikel stapelten; viele von ihnen hatte er selbst generalüberholt. Stereoanlagen, Fernseher, Computer, Synthesizer und ein Wirrwarr an verschiedenen Ersatzteilen türmten sich in schwindelerregende Höhen auf. Das war seine Haupteinnahmequelle, doch Daniels täglicher Handel bestand aus seiner anderen Spezialität: Obst und Gemüse. Jahrelang war Daniel stolz darauf gewesen, der einzige Frischobst- und Gemüsehändler in der Caldwell-Siedlung[7] zu sein, zu einer Zeit, als nur wenige andere bereit gewesen waren, an einem solchen Ort ein Geschäft zu eröffnen. In jüngerer Zeit hatte Daniel etwas Konkurrenz bekommen, doch er konnte sich den veränderten Bedingungen durchaus anpassen. Gemeinsam mit Kev begann er, Schulen und Büros in der Nähe mit Obst und Gemüse zu beliefern, außerdem haben sich die beiden noch ein paar andere Einkommensquellen erschlossen; sie ließen sich für alles Mögliche anheuern, von kleineren Reparaturen zu Hause bis zum Führen eines Fußballvereins.

Wann immer sie von einer potenziellen neuen Lieferung an Elektroartikeln hörten oder eine Anfrage bezüglich anderer Dienste bekamen, berieten sie sich mit minimalem Wortaufwand, ob sie dem Job nachgehen wollten und wer was machen würde. Eine formelle Übereinkunft hinsichtlich ihrer Partnerschaft hatten sie nie getroffen, kaum etwas wurde schriftlich festgehalten, weder die verschiedenen An- und Verkäufe noch die Deals, auf denen ihr Geschäft beruhte. Sie verließen sich ohne Verträge und Abmachungen aufeinander. So vertraute Kev Daniel beispielsweise öfter seinen Lieferwagen an, und als Daniel einmal sehr fantasievoll geparkt und dafür einen Strafzettel erhalten hatte, zögerte Kev keine Sekunde, die Geldbuße als gemeinsame Ausgabe zu verbuchen – schließlich hätte er in Daniels Situation wahrscheinlich ähnlich gehandelt. Wenn Kev Artikel für Daniels Laden beschaffte, akzeptierte Daniel den von Kev genannten Preis, es sei denn, er hatte das Gefühl, dass man Kev bei dem Geschäft seinerseits über den Tisch ziehen wollte. Kev wiederum vertraute absolut darauf, dass Daniel die Dinge zu einem fairen Preis weiterverkaufte und ihn entsprechend auszahlte. Lief mal etwas schief, diskutierten sie zwar darüber, wie sie am besten weiterverfahren sollten, gaben sich gegenseitig aber selten die Schuld. In dem immer neuen Versuch, in Londons knallhartem Wirtschaftsleben nicht unterzugehen, wirkten die beiden mittlerweile fast wie ein glückliches altes Ehepaar –vertraut, nachsichtig und bestens aufeinander eingespielt.

An der Art und Weise, wie Daniel und Kev miteinander sprachen, ließ nichts auf diese Beziehung schließen. Kev tauchte häufig in Daniels Laden auf; manchmal kam er, seinen English Mastiff im Schlepptau, nur auf ein rasches Hallo vorbei, manchmal hing er stundenlang dort herum. Doch so oder so – meist endete der Besuch im Streit. Diese Auseinandersetzungen waren so häufig und die Kluft zwischen Daniels und Kevs Ansichten so groß, dass einem niemand die Vermutung hätte übelnehmen können, Kev käme es bei seinem Besuch primär darauf an, Daniel auf die Palme zu bringen.

Daniel ist ein gnadenloser Optimist. Er ist über sechzig, seine Familie kam kurz vor Enoch Powells Hetzrede, als Daniel noch ein kleiner Junge war, aus Jamaika nach Großbritannien. Seine war die erste schwarze Familie in ihrer Straße. In der Schule lernte Daniel rasch, die älteren Kinder zu meiden, die versuchten, ihn in eine Ecke zu drängen und zu verprügeln, oder an seinem Haus anhielten, um es mit Steinen zu bewerfen. Und auch später, im Berufsleben, hatte er mit Vorurteilen zu kämpfen. Bei seiner Ausbildung zum Elektrotechniker musste er sich beständig gegen das Misstrauen und die Feindseligkeit seiner Lehrer und dann gegen die der Kollegen und Vorgesetzten wehren – sie behandelten ihn oft, als könne er jeden Augenblick etwas Wertvolles stehlen und sich damit aus dem Staub machen. Daniel hatte immer davon geträumt, eines Tages ein eigenes Geschäft zu eröffnen, doch war nie jemand bereit gewesen, ihm größere Verantwortung anzuvertrauen.

Andere hätten solche Erfahrungen wahrscheinlich verbittert, Daniel aber nahm sie als Lektion über den Wert der Autarkie an. Er verschaffte sich Gelegenheiten, seine Fähigkeiten zu erweitern – er lernte schreinern und Reparaturen an Elektrogeräten sowie Schmuck durchzuführen – und selbstständig zu arbeiten, bis er sich schließlich ganz seinen unternehmerischen Ambitionen widmen konnte. Wenn ich Daniel in seinem Laden besuchte, hatte er immer ein schelmisches Grinsen im Gesicht, neckte einen Kunden oder handelte mit Kev Strategien aus. Daniel hatte ein besonderes Talent dafür, scheinbar irreparabel kaputte Geräte ins Leben zurückzulocken, auch wenn seine Eingriffe seine Kunden mitunter vor ein Rätsel stellten. Manchmal reagierte Daniel mit einem schiefen Lächeln auf die verdutzten Blicke – angesichts seiner improvisierten Kreationen oder all des Krimskrams, der sich neben dem Obst und Gemüse in seinem Laden stapelte: »Tja, was soll ich sagen? Ich bin halt ein Genie.«

Trotz der wakeligen Türme aus Elektrogemischtwaren und des hin und wieder zweifelhaft wirkenden Obsts und Gemüses war Daniels Laden ein Fixpunkt in Caldwell. Den ganzen Tag über kamen und gingen die Leute, manchmal sagten sie lediglich Hallo, ein anderes Mal blieben sie auf ein längeres Pläuschchen. Pendler sahen auf dem Weg zur Arbeit kurz herein, Eltern kamen nach der Schule mit ihren Kindern vorbei, Anwohner statteten dem Laden mit ihren Hunden oder mit einer Tasse Tee aus dem nahe gelegenen Café in der Hand einen Besuch ab. Diese Offenheit hatte Daniel sorgsamst kultiviert. Kam es dabei zu persönlichen Streitigkeiten oder wurde über Nachrichten debattiert, hielt Daniel sich mit seiner Meinung immer zurück und begegnete den Leuten stattdessen mit einer Mischung aus Mitgefühl und Humor, die sie zum Weiterreden ermunterte. Der Platz direkt vor Daniels Laden war ein beliebter Treffpunkt für eine Gruppe junger Männer, denen der Ruf von Schlägertypen, Drogendealern und allgemeinen Störenfrieden vorauseilte. Privat, vor anderen, schimpfte Daniel gern über die Männer, die zerbrochene Schnapsflaschen und anderen Müll hinterließen, Passanten einschüchterten und *herumlärmten*. Im direkten Umgang aber bevorzugte er einen freundlicheren Ton, konzentrierte sich auf Gemeinsamkeiten, fragte nach ihren Familien oder verwickelte sie in Gespräche über Musik und Stereoanlagen.

Kev dagegen war ein lupenreiner Zyniker und überzeugt davon, dass fast jeder um ihn herum aus Egoismus und Gier handelte. Ganz besonders misstraute Kev allem Unbekannten, seine Skepsis Zuwanderern gegenüber war schon beinahe ein Reflex. Für ihn waren kulturelle Unterschiede Anzeichen unvereinbarer Interessen. Den Beweis, dass die Zuwanderung Großbritannien nur geschadet hatte, fand er unmittelbar vor Daniels Ladentür: in der Gruppe junger Männer, die sich dort regelmäßig versammelten. Kev rasselte Fälle herunter, in denen Leute in Caldwell niedergestochen, erschossen oder ausgeraubt worden waren, und begegnete nicht nur den jungen Männern reserviert bis feindselig, sondern auch deren Familien und Freunden. Seine Wut nahm oft einen rassistisch aufgeladenen Ton an, und er neigte dazu, das Kriminalitätsproblem in Caldwell als »Schwarzes Problem« zu bezeichnen, obwohl die Beteiligten einen sehr gemischten Background hatten. Tatsächlich waren auch Mitglieder seiner eigenen Familie bei kriminellen Aktivitäten vor Ort erwischt worden, doch darüber sprach Kev nicht.

An einer Sache aber hatte er trotz seiner Miesepetrigkeit Spaß: am Streiten, mit Daniel und anderen. Es bereitete ihm sichtlich Vergnügen, Reden zu schwingen über den moralischen Bankrott der Regierungspolitik oder einer bestimmten örtlichen Organisation. Daniels Reaktion darauf war unterschiedlich. Manchmal kümmerte er sich einfach weiter um seine Angelegenheiten, manchmal sprang er darauf an, entweder schalkhaft oder ganz im Ernst. Die Zuwanderung etwa war ein Thema, bei dem Daniel Kev gern die Stirn bot. Was Kev wiederum wenig beeindruckte. Sein Zynismus machte allerdings auch Ausnahmen: Es gab durchaus Immigranten, darunter etwa Gemeindeentwicklungsarbeiter, Anwohner, Freunde und natürlich Daniel, die Kev aufrichtig respektierte. Kam Kev in seinen Tiraden auf eine dieser Einzelpersonen zu sprechen, dann meist in Form von »George nicht, der ist schon in Ordnung«; im Allgemeinen aber wirkten sich diese Zugeständnisse wenig auf Kevs Haltung aus.

Daniel und Kev sind weiterhin enge Freunde und Geschäftspartner. Irgendwann muss es Daniel wohl gelungen sein, Kevs Zynismus abzuschütteln, auch wenn er ein Widerhall der Diskriminierung war, die er als Heranwachsender erlebt hatte. Und Kev war es irgendwann gelungen, sein Misstrauen gegenüber den Unternehmen, Projekten und Menschen, die Daniel für gut befand, abzulegen, zumindest zu einem großen Teil und vor allem dann, wenn es ihnen ermöglichte, gemeinsam neue Chancen wahrzunehmen. Die beiden Männer waren schon ein seltsames Paar: eng verbunden und doch tief gespalten.

In Powells Rede vom schäumenden Blut stellt er den Konflikt zwischen verschiedenen Gruppen als unvermeidlich dar, als grundlegende Realität des menschlichen Lebens. Mehr als fünfzig Jahre später steht diese fatalistische Sicht der Dinge der simplen Tatsache gegenüber, dass Menschen verschiedener Herkunft überall auf der Welt Seite an Seite leben. Dieses Miteinander im Alltag hat zu einem weniger starren, einem nuancierteren Bild von Konflikt als alles andere als unausweichlich beigetragen. Geschichten wie die von Daniel und Kev helfen uns dabei, zu begreifen, dass der Mensch durchaus fähig ist, mit anderen zu leben. Einerseits können Kev und Daniel über die jeweiligen rigoros vertretenen Ansichten hinausblicken und eine Beziehung auf ihrer gemeinsamen Arbeit aufbauen. Andererseits hat ihre enge Freundschaft wenig an ihrer individuellen, allgemeineren Sicht der Dinge geändert. Das scheint zunächst zwar wie ein Widerspruch, doch gibt es mittlerweile Unmengen von Studien, die belegen, dass sich unsere Einstellung zu Diversität ändern kann, je nachdem, ob wir ihr persönlich begegnen oder nur abstrakt über sie nachdenken.[8] Dieses Muster unterschiedlicher Zugänge zu den Unterschieden zwischen uns hängt mit unseren beiden sozialen Kernkompetenzen zusammen: mit der Empathie und dem Abstraktionsvermögen.

Empathische Verbindungen sind in höchstem Maße persönlich, intuitiv geprägt und meist unerschütterlich. Dank unseres abstrakten, sinnbildlichen Denkvermögens können wir auch Beziehungen zu Menschen jenseits unserer unmittelbaren sozialen Kreise herstellen. Beide Fähigkeiten geben uns mächtige Werkzeuge an die Hand, mit denen wir Fremde verstehen und kennenlernen können. Andererseits sind diese Fähigkeiten an Zugeständnisse gebunden, die ihren Gebrauch einschränken. Sie arbeiten oft Hand in Hand, können uns aber auch in gegensätzliche Richtungen ziehen, wie Daniels und Kevs komplizierte Freundschaft zeigt.

*

Zu Beginn des neuen Jahrtausends machte Robin Dunbar, Experte für evolutionäre Anthropologie, an der Universität Liverpool eine interessante Entdeckung. Zu dieser Zeit stand es weithin außer Frage, dass das Aufbauen von Beziehungen zu anderen eine anspruchsvolle Aufgabe ist, die sowohl zeitlich als auch geistig einiges an Aufwand erforderte. Dunbars Arbeit spielte eine entscheidende Rolle bei der Aufdeckung des Zusammenhangs zwischen der Größe von Primatengehirnen – auch dem des Menschen – und der Größe der sozialen Gruppen, zu denen sich die jeweiligen Primaten gemeinhin zusammenfanden.[9] Bekannt ist Dunbar durch seine These geworden, die durchschnittliche soziale Gruppe des Menschen umfasse, basierend auf der Größe seines Gehirns, rund einhundertfünfzig Individuen. Bestätigt wurde er in dieser Annahme durch umfassende Untersuchungen von Menschengruppen in der Vergangenheit und Gegenwart an Arbeitsstätten, in römischen Heereseinheiten, in kleinen Dörfern und bei nomadisch lebenden Clans: Sie alle bestanden aus einhundertdreißig bis einhundertfünfzig Mitgliedern.

Dunbar vermutete allerdings, dass wir auch innerhalb dieser alltäglichen sozialen Kreise nicht jedem gleich viel Zeit und geistige Ressourcen zuteilwerden lassen. Um dies näher zu beleuchten, stürzten sich Dunbar und seine Kollegen und Kolleginnen in alle möglichen unterschiedlichen Studien, die alle untersuchten, wie viel Zeit Menschen mit anderen verbringen und welche Beziehungen sie dabei aufbauen. Sie fanden ein ganzes Spektrum an Verbundenheit, Vertrauen und Fürsorglichkeit. Am einen Ende dieses Spektrums stehen unsere engsten Beziehungen, die stark auf unsere Empathiefähigkeit bauen. Die meisten Menschen unterhalten drei bis fünf sehr enge Beziehungen – unsere vertrauenswürdigsten und vertrautesten Verbindungen – sowie weitere rund fünfzehn immer noch enge, aber etwas fernere Beziehungen, die sich aus guten Freunden, der näheren Verwandtschaft und/oder wichtigen Quellen der Fürsorge zusammensetzen. Am anderen Ende des Spektrums befinden sich Hunderte, wenn nicht Tausende entferntere Verbindungen, zu denen wir einen abstrakten, sinnbildhaften Bezug haben und die wir durch die Brille des Stereotyps, einer bestimmten Rolle oder schubladenhafter Merkmale sehen; dazu gehören Menschen wie Ärzte, Ladenbesitzer, Lehrerinnen, Politikerinnen und diejenigen, die wir nur dem Namen nach kennen. Zwischen diesen beiden Enden finden sich dann fast alle, die wir kennen und mit denen wir durch eine Kombination aus Empathie und Abstraktion verbunden sind. Die durchschnittliche menschliche Gruppe von hundertdreißig bis hundertfünfzig Individuen wird durch genau diese Kombination zusammengehalten. Gruppen hingegen, die auf intensiveren Formen der Kooperation basieren, Jägergruppen beispielsweise oder Handwerksstätten, sind in der Regel viel kleiner und umfassen maximal rund fünfzig Mitglieder.

Unsere engsten Beziehungen, die durch unausgesprochenes Vertrauen und eine tiefe Fürsorge gekennzeichnet sind, formen sich durch unsere Fähigkeit zur Empathie. Empathie kann als Vermögen definiert werden, den Standpunkt einer anderen Person einzunehmen. Häufig sprechen wir von der Empathie, als sei sie eine einzelne Fähigkeit, dabei verfügt das menschliche Gehirn über eine ganze Reihe an verwandten Fähigkeiten, die es uns ermöglichen, uns in andere hineinzuversetzen.[10] Wir spiegeln Handlungen, Emotionen, Bewegungen und körperliche Empfindungen, als erlebten wir all dies selbst. Beobachten wir, wie jemand kurz davor steht, geschlagen zu werden, weichen wir möglicherweise selbst zurück, ist jemand in unserer Gegenwart traurig, füllen sich vielleicht auch unsere Augen mit Tränen. Wir folgen dem Blick oder den Gesten anderer, um intuitiv einschätzen zu können, wie sie die Welt erleben. In Unterhaltungen oder aus der Ferne können wir die Denkweisen anderer in unserem eigenen Kopf nachbilden – manchmal automatisch, manchmal ganz bewusst –, um zu erahnen, was das Gegenüber denkt oder fühlt. Im Allgemeinen gilt die Empathie als positive Art, in Beziehung zu anderen zu treten, oft wird sie mit positiven Emotionen wie Fürsorge und Mitgefühl assoziiert. Die verschiedenen Formen des sich Hineinversetzens in andere können jedoch verschiedentlich genutzt werden. Empathie ermöglicht es uns, zu täuschen, zu vermitteln, vorauszuahnen, zu manipulieren und zu lernen. In der Summe spielen diese Empathiewerkzeuge eine fundamentale Rolle dabei, wie wir uns und die Welt um uns herum verstehen.

Neugeborenen mangelt es noch an jeglichem Ich-Gefühl, sie begreifen auch die Welt noch nicht. In diesem Stadium wissen wir nicht einmal, wo unser Körper aufhört und wo alles andere um ihn herum anfängt. Wir erkennen uns nicht im Spiegel und unterscheiden nicht zwischen Menschen, anderen Lebewesen und Dingen. Diese Unterscheidungen zu treffen, lernen wir durch Empathie, wobei wir mit der Nachahmung beginnen. Im frühen Säuglingsalter imitieren wir Erwachsene, ahmen ihre Mimik und Gestik nach, und die Erwachsenen imitieren im Gegenzug häufig spielerisch die Säuglinge. Im Laufe dieses innigen, einfühlsamen Spiels lernen wir Schritt für Schritt, dass unsere körperlichen Empfindungen – der veränderte Blickwinkel, wenn wir die Augen bewegen, der Kitzel der Überraschung oder das Gefühl sich anspannender Muskeln, wenn wir einen Gegenstand in die Hand nehmen – mit den Handlungen und Erfahrungen anderer korrespondieren können.[11] Dabei erkennen wir allmählich auch, dass die Blicke, Gesten, Emotionen und Reaktionen der Menschen um uns herum uns vermitteln, wie die Welt funktioniert.[12] Wird ein Gegenstand langsam aufgehoben, bedeutet das möglicherweise, dass der betreffende Gegenstand schwer ist; ein verzerrtes Gesicht deutet vielleicht darauf hin, dass der Betreffende Schmerzen hat. Diese Entwicklung führt uns von der Nachahmung zur sogenannten *Joint Attention*, der gemeinsamen Aufmerksamkeit, die zwei Individuen auf ein und denselben Gegenstand richten.

Folgen wir der Aufmerksamkeit anderer, lernen wir, dass sie einen anderen Blickwinkel als wir selbst haben, was uns sukzessive dazu befähigt, ihre Denkweise nachzuvollziehen. Im Alter von etwa zwei Monaten lächeln wir automatisch zurück, wenn vertraute Erwachsene uns anlächeln; dieses reflexhafte Spiegeln verliert sich später im ersten Lebensjahr jedoch wieder, wenn wir stattdessen beginnen, auf die Gefühle, die andere zeigen, wirklich zu *reagieren* – auf einen angewiderten Blick beispielsweise mit Wut oder Kränkung.[13] Allmählich erkennen wir in Gesichtsausdrücken und Handlungen Urteile, die auf uns und die weiter gefasste Welt zurückverweisen.

Diese Prozesse der Nachahmung, der gemeinsamen Aufmerksamkeit und mentalen Modellbildung prägen uns in tiefgreifender Weise. Sie etablieren Gewohnheiten des Denkens, Handelns, Empfindens und Fühlens, die zur Grundlage für weiteres Lernen und Erkunden unser ganzes Leben hindurch werden. Dazu ein Beispiel: Ein kleines Kind bemerkt, dass sich seine Mutter jeden Morgen auf den Weg macht, um Wasser zu holen, und dabei einen Tontopf anmutig auf dem Kopf balanciert. Vielleicht verspürt das Kind Angst, wenn die Mutter das Haus verlässt, und Erleichterung, wenn sie zurückkommt. Vielleicht versucht es, die Mutter nachzuahmen und ebenfalls einen Topf auf dem Kopf zu balancieren, als ob es damit seine Bereitschaft signalisieren wollte, die Mutter zu begleiten. Vom anmutigen Anblick der Mutter weiß das Kind, dass der Topf leicht und stabil sein *sollte*, für das Kind aber fühlt er sich schwer und unhandlich an. Deshalb versucht es beim Spiel vielleicht, zunächst ein weiches Stofftier auf dem Kopf zu tragen. Weint es, weil das Stofftier herunterfällt oder bedrohlich ins Wanken gerät, greift die Mutter möglicherweise ein, indem sie dem Kind das Stofftier wieder auf den Kopf legt oder durch eine sanfte, aber feste Hand am Rücken seine Haltung korrigiert. Ist das Kind älter, begleitet es die Mutter und erfährt dabei, dass es bei ihren Ausflügen nicht nur ums Wasserholen geht – sie bieten ihr auch Gelegenheit, sich mit den anderen Frauen über die neuesten Ereignisse und die jeweiligen Familien auszutauschen.

Durch unsere Kindheit und Jugend verinnerlichen wir Teile der Welt: Sie werden uns ins Muskelgedächtnis, in die Gewohnheiten unserer Sinne und in die Bahnen unserer Erinnerung eingraviert. Als junge Erwachsene tragen wir dann vielleicht mit vertrauter Leichtigkeit unseren eigenen Topf auf dem Kopf. Diese kulturspezifische Praxis hat uns in vielerlei Hinsicht geprägt. Sie hat eine Körperhaltung, Kraft und Aufmerksamkeit in uns kultiviert, die uns auf die Welt um uns herum abstimmen. Sie hat uns mit den Gefühlen des Weggangs und der Rückkehr, der Arbeit und der Fürsorge vertraut gemacht. Sie hat uns bewusst gemacht, worüber Frauen sprechen, wenn keine Männer dabei sind. Durch diese Lernprozesse entwickeln wir ein Vokabular der Sicherheit und Bindung. Wir lernen, darauf zu vertrauen, dass geliebte Menschen, die weggehen, irgendwann wiederkommen, wir lernen, uns in der Zeit, in der wir allein sind, sicher zu fühlen, und wir lernen, Emotionen auf bestimmte Arten und Weisen zu lesen – die aufblitzende Wut, wenn wir beim Spielen fast einen wertvollen Topf zerbrechen, das freundliche Lächeln der anderen, wenn wir anfangen, die Mutter zu begleiten, die versteckten Botschaften hinter dem Dorftratsch.

Wie auch immer wir aufgewachsen sind – unsere Kindheitserlebnisse dienen uns als Schablone für den Umgang mit der weiteren Welt und für neue Erfahrungen. Diese Schablone, diese Ansammlung empathischen Wissens, formt entscheidend mit, wie wir denken und handeln. Da wir uns empathisches Wissen ganz allmählich durch Routine und Alltagserfahrungen aneignen und da es auf körperlichen Angewohnheiten und unbewusst angewandten Fähigkeiten beruht, ist es zum einen schwer als *Wissen* erkennbar, als etwas, das gelernt wird und neu gelernt werden kann. Die Erkenntnisse und Gewohnheiten, die wir durch unsere empathischen Fähigkeiten erlangt haben – unsere Vorstellungen von Familie, unsere Art, Freude, Wut oder Traurigkeit zum Ausdruck zu bringen, unsere Geschlechterrollen, die Art, wie wir unseren Lebensunterhalt verdienen, unsere Rituale –, fühlen sich vielleicht schlicht wie ein Abbild dessen an, wie die Welt *ist*. Und da empathisches Wissen unterschiedliche Erfahrungsdimensionen miteinander verflechtet – Gewohnheit und Gefühl, Können und Verstehen –, kann es zum anderen oft mit enormer emotionaler Bedeutung aufgeladen sein. Zuguterletzt kann empathisches Wissen häufig das Fassungsvermögen der Sprache übersteigen. Was nicht heißt, dass die Sprache – die Kategorien, die wir benutzen, oder die Geschichten, die wir erzählen – keine Rolle bei der Empathiebildung spielen würde. Im Gegenteil, oft spielt sie sogar eine sehr wichtige Rolle. Doch aufgrund der impliziten und emotional aufgeladenen Natur eines Großteils des empathischen Wissens kann es sehr schwierig sein, das *volle Ausmaß* dieses Wissens sprachlich einzufangen. Es ist fast unmöglich, anderen ganz und gar die Bedeutung unserer engsten Beziehungen und grundlegendsten Werte mitzuteilen. All das bedeutet, dass sich über empathisch verwurzelte Sichtweisen besonders schwer streiten lässt. Aber gerade weil sie implizit, voller Emotionen und kaum in Worte zu fassen sind, üben empathische Erkenntnisse unser ganzes Leben lang eine so mächtige Anziehungskraft auf uns aus.

Je mehr empathisches Wissen wir uns aneignen, desto mehr führt es zu ganz realen, wichtigen Unterschieden in unserem Ich-Erleben und im Erleben der Welt um uns herum. Jahrzehntelang wurde in der Psychologie ein simpler Test, der sogenannte Spiegeltest, dazu genutzt, herauszufinden, wann Kinder ein Ich-Bewusstsein entwickeln. Bei diesem Test wird eine Markierung so an der Stirn eines kleinen Kindes angebracht, dass das Kind sie zunächst nicht sehen kann. Dann wird ihm ein Spiegel vorgehalten. Versucht das Kind, die Markierung an der eigenen Stirn zu entfernen, hat es sein Ich im Spiegel erkannt. Ein Bild von sich selbst als Entität in der Welt im Kopf zu haben wird als wesentlicher erster Schritt des Planenkönnens, des abstrakten Denkvermögens und anderer fundamentaler menschlicher Fähigkeiten erachtet; deshalb gilt es auch als ein so besonders wichtiger Meilenstein in unserer Entwicklung, sich selbst im Spiegel erkennen zu können.

In jüngerer Zeit führten die Psychologinnen und Psychologen den Spiegeltest auch in verschiedenen anderen Kulturen durch und stießen dabei auf bemerkenswerte Unterschiede. Während Kinder aus dem westlichen Kulturkreis den Test meist im Alter zwischen achtzehn und vierundzwanzig Monaten bestehen, haben Kinder aus anderen Kulturen länger damit zu kämpfen – manchmal sogar bis zum Alter von sechs Jahren.[14] Weiterhin hat sich allerdings herausgestellt, dass Kinder aus nicht-westlichen Kulturkreisen in anderen Formen der Selbstwahrnehmung besser abschneiden als Kinder aus dem Westen. Bei einem Experiment beispielsweise, das mit Kleinkindern aus Schottland, Sambia und der Türkei durchgeführt wurde, konnten sich die schottischen Kinder zwar besser im Spiegel erkennen, wurden bei einem anderen Test aber von den Kindern aus Sambia und der Türkei übertroffen: Bei diesem Test sollten die Kinder einen Gegenstand bewegen, der unter dem eigenen Körper teilweise festklemmte. Vor den Tests beobachteten die Wissenschaftler und Wissenschaftlerinnen, wie die Eltern mit ihren Kindern interagierten; dabei fanden sie heraus, dass die Interaktion bei den schottischen Kindern größtenteils verbal ablief, während sie bei den anderen Kindern eher auf körperlichem Kontakt beruhte. Daraus kann man schlussfolgern, dass die verbale Interaktion Kinder lehrt, sich selbst symbolhaft zu sehen – als Wesen, die durch ein Sinnbild repräsentiert werden können, sei es durch einen Namen, eine Beschreibung oder ein Bild im Spiegel –, während die körperliche Interaktion den Kindern beibringt, sich eher als physisches Wesen zu sehen. Sowohl die Kinder aus Schottland als auch die aus Sambia und der Türkei entwickelten ähnlich schnell ein mentales Bild von sich selbst – durch die unterschiedlichen, kulturell bedingten Erziehungsstile allerdings auf sehr unterschiedliche Weise. Beim Älterwerden wurzeln diese ganz eigenen Vorstellungen des Selbst immer tiefer und bilden die Grundlage für verschiedene Auffassungen dessen, was es bedeutet, ein Mensch zu sein.

Wenn das empathische Lernen aber das Gefühl des Andersseins formen kann, dann kann es potenziell auch das Gegenteil bewirken. Obwohl die Kindheit unser Ich-Erleben in besonderer Weise prägt, hört das empathische Lernen nie auf. Der Mensch, ob Kind oder Erwachsener, ist instinktiv empathisch. Wir versetzen uns zwingend in andere hinein, und zwar bis zu dem Punkt, an dem es uns schwerfällt, dem Blick des anderen *nicht* zu folgen oder die Urteile *nicht* zu verinnerlichen, die die Menschen um uns herum vertreten – selbst wenn wir der Meinung sind, sie irrten sich.[15] In ganz ähnlicher Weise fühlen wir uns auch intuitiv zur Nachahmung hingezogen. Sollen wir beispielsweise eine Aufgabe lösen, nachdem uns dies jemand vorgemacht hat, imitieren wir denjenigen geradezu zwanghaft, und zwar nicht nur in seinen entscheidenden Handlungen, sondern auch in den irrelevanten. Menschliche Kinder und Erwachsene tun dies, Schimpansen hingegen nicht.[16] Diese Über-Nachahmung liegt in unserem Wunsch begründet dazuzugehören, auf die potenziellen kulturellen Stichworte bezüglich eines Gegenstands oder einer Situation zu reagieren und die Denkweise derjenigen um uns herum zu begreifen.[17] Die meisten dieser Prozesse laufen unbewusst ab, auch wenn dieses automatische empathische Einstimmen häufig von bewussten, absichtlichen Formen der Empathie überlagert wird oder zumindest mit diesen einhergeht.[18]

Die Empathie befähigt uns dazu, alle möglichen Grenzen auf überraschende, ja sogar radikale Weise zu überschreiten – vor allem dann, wenn sie von frühester Kindheit an gefördert und geübt wurde. Die im östlichen Sibirien heimischen Jukagiren leben von der Jagd auf Elche, Bären und andere Tiere. Dazu, so heißt es, verwandelten sich die Jäger: Sie geben vorübergehend ihre menschliche Gestalt auf und werden zu tierähnlichen Mischwesen, die ihre Beute dazu verlocken, sich freiwillig als Nahrung zu opfern. In der Praxis bedeutet das, dass die Jäger Leder und Pelze der von ihnen gejagten Tiere anlegen und – dies ist entscheidend – die Bewegungen der Beute auf das Genaueste nachahmen. Uns mag es schwerfallen zu glauben, dass die Jukagiren tatsächlich eine solche Transformation durchlaufen. Beobachtet man sie jedoch bei der Jagd, wie es der dänische Anthropologe Rane Willerslev[19] getan hat, kann man nicht leugnen, dass sich diese Menschen auf einer ganz fundamentalen Ebene mit ihrer Beute verbinden können – ihre wiegenden Bewegungen und die Laute, die sie von sich geben, beruhigen die Tiere tatsächlich und locken sie sogar direkt zu den wartenden Jägern. Willerslev beschreibt dies als tiefgreifenden Akt der Empathie, bei dem Jäger und Beute jeweils einen Teil des tierischen Wesens annehmen.

Wenn die Empathie so machtvoll ist, dass sie Artengrenzen überwindet, ist sie sicherlich auch imstande, die Kluft zwischen unterschiedlichen Ethnien zu überbrücken. In der Caldwell-Siedlung in Kilburn versammelten sich am Freitagnachmittag immer zahlreiche der ortsansässigen jüngeren Mütter in einem kleinen Gemeindesaal, denn jeden Freitag verwandelten Angestellte und Freiwillige den Ort in ein preiswertes, fröhliches Café. Die einladende Atmosphäre, das erschwingliche Essen und die Möglichkeit, die Kinder für kurze Zeit in die Obhut Freiwilliger zu geben, um sich mal wieder mit Freundinnen und Freunden auszutauschen, machten das Café zu einem der geschäftigsten und diversesten Orte der gesamten Siedlung. Im wuseligen Spielbereich turnten kleine Kinder unterschiedlichster Herkunft umher, hatten Spaß auf der Wippe oder versuchten mit der Hilfe Erwachsener herauszufinden, wie man sich Spielzeug teilt, ohne dass dabei zwangsläufig Tränen flossen.

Diese nahen Begegnungen führten nicht selten dazu, dass die Kinder wichtige, bleibende Freundschaften schlossen. In einem Sommer, es war der letzte Freitag vor Beginn des neuen Schuljahres, betraten zwei beste Freundinnen an der Hand ihrer stolzen Eltern das Café; beide Mädchen trugen ihre neue Schuluniform. Eines der Kinder hatte einen afrokaribischen Hintergrund, das andere stammte aus einer weißen britischen Familie. Ersteres strahlte vor Freude über die neue Kleidung, die Freundin aber wirkte niedergeschlagen. Als sie von ihren Eltern herumgeführt wurden, fiel einer der Mitarbeiterinnen im Café die geknickte Miene des Mädchens auf. Sie beugte sich zu der Kleinen hinunter und sagte ihr, wie toll sie in ihrer Uniform aussah. »Aber jetzt sehen wir gleich aus!«, protestierte diese. »Wie sollen uns die Leute so auseinanderhalten?« Für uns ist es selbstverständlich, dass die Hautfarbe ein bedeutendes oder wenigstens deutlich sichtbares Unterscheidungsmerkmal ist – in engen, empathischen Beziehungen kann eine solche Sichtweise jedoch schlicht undenkbar sein.

Weniger grundlegend, aber vielleicht noch entscheidender wirkte sich das Café auf das Leben der Erwachsenen aus. Zu Beginn fanden sich die Eltern immer zu mehr oder weniger denselben Gruppen zusammen, ähnlich wie sie es wohl auch bei Elternabenden in der Schule tun würden. Hier die Filipinas – manche mit eigenen Kindern, andere Nannys mit ihren Schützlingen –, dort die Mütter aus Eritrea, meist als Geflüchtete ins Land gekommen, da eine eingeschworene Gruppe von Frauen mit

Schwarzem karibischen und weißem europäischen Hintergrund. Doch trotz dieser anfänglichen Clusterbildung vermischten sich die einzelnen Gruppen oft nach kurzer Zeit. Diejenigen, die bei der Kinderbetreuung halfen, verbanden die geteilten Mühen des Erziehens oder des Lebens als britische Einwandererinnen. Man schnappte auf, worüber am Nachbartisch gesprochen wurde, und brachte sich in die Unterhaltung mit ein. War das Café voll, setzte man sich einfach an irgendeinem Tisch mit dazu, und versuchte man, ein weinendes Kind zu trösten, kam man unweigerlich mit dessen Mutter ins Gespräch. Die Joint Attention in Bezug auf die Kinder, die gemeinsamen Erfahrungen als Eltern, das Zusammenkommen an diesem lebhaften Ort – durch all das konnten die Mütter und Väter etwas von sich in anderen gespiegelt sehen, all das bildete die Brücke von einer Ethnie zur anderen. Im Laufe von Monaten und Jahren konnte man förmlich dabei zusehen, wie die befreundeten Gruppen immer diverser wurden.[20]

In einem größeren Zusammenhang betrachtet können empathische Verbindungen sogar Gruppengrenzen erweitern und kollektive Identitäten verändern. Im Rhodesien der Kolonialzeit, dem heutigen Simbabwe, kam es zu einer gewaltigen Verlagerung, als die Mitglieder verschiedener Stammesgruppen auf der Suche nach neuen Chancen aus den Dörfern in sich gerade entwickelnde Städte zogen. Beim gemeinsamen Entdecken des Stadtlebens warfen viele der Zuwanderer ihre alte ethnische Identität ab und nahmen eine andere, modernere an. Hatte man einst vielleicht darauf beharrt, die ethnische Identität sei uralt und unveränderbar, so konnte man hier beobachten, dass sie sich in weniger als einer Generation vollständig wandelte. Und das nicht einfach nur aus Gründen der urbanen Tarnung, der taktischen Anpassung an die neuen Umstände, um potenzielle Chancen auch wirklich nutzen zu können. Nein, dieser Wandel war etwas Tiefgreifendes, etwas als sehr persönlich Empfundenes, möglich gemacht durch die neuen Formen der Zusammengehörigkeit, die das Stadtleben mit sich brachte. Eine wichtige Rolle bei dieser Entwicklung spielte die Tatsache, dass die Neuankömmlinge nun in öffentlichen Kantinen mit einstigen Fremden scherzen konnten oder bei neuen Tätigkeiten zusammenarbeiteten. Am wichtigsten aber waren wahrscheinlich die Tanzgruppen, in denen sich Elemente aus unterschiedlichen ethnischen Traditionen vermischten.[21] Durch die gemeinsame Aufmerksamkeit, die Koordination und das kollektive Hochgefühl hat das Tanzen die mächtige Fähigkeit, ein gelebtes, körperlich spürbares Gefühl der Gemeinsamkeit und Zusammengehörigkeit zu erzeugen.[22] Das intensive Gefühl, sich miteinander im Einklang zu befinden, machte, insbesondere wenn es über einen längeren Zeitraum hinweg aufrechterhalten wurde, alle scheinbar so unverhandelbaren Unterschiede null und nichtig.

Denken wir an die Nachkriegsforscher zurück, wird deutlich, dass das Bild nicht so eindeutig ist, wie es zunächst den Anschein hatte. Mit dem Robbers-Cave-Experiment wollte Muzafer Sherif zeigen, wie leicht es zu Gruppenkonflikten kommen kann, wobei er seine Erkenntnisse von den Jungen im Ferienlager auf die gesamte Menschheit ausdehnte. In jüngerer Zeit hat sich die australische Psychologin Gina Perry jedoch noch einmal ausführlich mit einigen der Schlüsselstudien beschäftigt, mit denen die Sicht der menschlichen Natur als um jeden Preis stammesverteidigend und immer konfliktreich untermauert wurde. Sie fand heraus, dass die Studien stark manipuliert worden waren. In Sherifs Fall etwa hatte dieser vor der Studie, die ihn berühmt machte, zwei ähnliche Experimente durchgeführt, die ganz anders ausgegangen waren. In einem Ferienlager in Middle Grove, New York, hatten die Jungen vor der Einteilung in Gruppen einen Tag lang frei miteinander spielen dürfen, und dieser eine Tag hatte ausgereicht, um sie gegen jegliche Spaltungsversuche immun zu machen.[23]

Empathie ist jedoch selten neutral oder universal. Wir entwickeln die Fähigkeiten zur Nachahmung, Joint Attention und mentalen Modellbildung immer innerhalb bestimmter Umgebungen, die diese Fähigkeiten in spezifische Richtungen lenken. Und unser Wille, dazuzugehören – sich an das anzupassen, was in unserer unmittelbaren Umgebung normal, akzeptabel oder geschätzt ist –, macht unsere empathischen Fähigkeiten noch selektiver. Beim Lesen von Emotionen in einer Unterhaltung tun sich unsere empathischen Fähigkeiten mit weniger vertrauten Gesichtern und Ausdrucksweisen schwerer, was oft zu einer Kluft zwischen verschiedenen Kulturen oder ethnischen Gruppen führt.[24] Bezeichnenderweise reicht selbst bei Menschen, die denselben kulturellen und ethnischen Hintergrund haben, schon die Andeutung, zu gegnerischen Gruppen zu gehören – etwa zu verschiedenen Teams in einem Wettbewerb –, dazu aus, die Fähigkeit, dem Gegenüber Empathie entgegenzubringen, drastisch zu reduzieren.[25]

Diese Empathieausfälle haben weniger mit Einschränkungen unserer tatsächlichen empathischen Fähigkeiten zu tun als vielmehr mit kulturell gesteuerten Gewohnheiten bezüglich dessen, wie und wann wir diese Fähigkeiten nutzen. In einem cleveren Experiment wies ein italienisch-französisches Forscherteam weiße und Schwarz-afrikanische Italiener an, sich ein Video anzusehen, in dem eine Nadel ganz langsam in eine menschliche Hand gesteckt wird. Je nachdem, welchen Hautton die abgebildete Hand hatte, zuckten die Probanden mit derselben Hautfarbe zusammen – eine unmittelbare, automatische Reaktion, bei der die Nervenzellen in der Hand der Probanden feuerten, als hätte man sie selbst gestochen. Wies die Hand jedoch die Hautfarbe der jeweils anderen Ethnie auf, waren die empathischen Reaktionen langsamer oder blieben ganz aus. Anschließend zeigte man den Teilnehmenden das gleiche Video mit einer lilafarbenen Hand; und bei dieser gänzlich fremdartigen Hand setzten die empathischen Reflexe sofort wieder ein. So zeigte das Experiment, dass es nicht die Andersartigkeit oder Unvertrautheit als solche ist, die die Empathie hemmt, sondern die kulturelle Prägung unserer Sicht der Andersartigkeit.[26]

Empathie ist etwas sehr Intimes, sie ist körperlich spürbar. Und dennoch bedarf sie nicht der physischen Anwesenheit. Die modernen Medien und Personen des öffentlichen Lebens sind inzwischen ausgesprochen gut darin, empathische Reaktionen aus der Ferne auszulösen, sei es Mitgefühl, Wut oder Verbundenheit. Der Anthropologe William Mazzarella untersucht, wie werbende populistische Kundgebungen und neue Medienformen ihre Macht dadurch gewinnen, dass sie ein Gefühl von Unmittelbarkeit und Lebendigkeit erzeugen – das Gefühl, das Publikum sei direkt mit jemandem oder etwas verbunden, und zwar auf eine Art und Weise, die sich nicht in Worte fassen lässt. Besonders aus der Ferne aber agiert die Empathie durch ein kulturell spezifisches Repertoire der Verbindung, das Mazzarella »Erfahrungsarchive« nennt.[27] Ob Donald Trump einen inspiriert, wütend macht oder kalt lässt, ob die Gruppe lachender Freunde in der Coca-Cola-Werbung authentisch oder künstlich wirken, hängt in großem Maße davon ab, wie man gelernt hat, sich auf so etwas einzustimmen und darauf zu reagieren.

Zusammengenommen versetzen uns die Möglichkeiten und Einschränkungen der Empathie in eine schwierige Lage. Einerseits ist die Empathie ein mächtiges Werkzeug, das es uns ermöglicht, uns über eine Vielfalt an scheinbar bedeutenden Unterschieden hinweg mit anderen zu verbinden, bis über die Artengrenze hinweg. Die Empathie kann unser grundlegendes Selbstgefühl nicht nur formen, sondern auch verändern. Sie kann, wie bei Daniel und Kev, eine enge, engagierte Fürsorglichkeit, Kooperation und Verbundenheit hervorbringen und dabei sogar unsere tiefsten Überzeugungen und ältesten Vorurteile außer Kraft setzen. Andererseits ist unsere Empathiefähigkeit nie neutral oder allumfassend. Sie entwickelt sich von frühester Kindheit an in Bezug zu unserer Umgebung, weshalb wir manchen Menschen mehr Empathie entgegenbringen als anderen. Derselbe Prozess, der die Empathie untermauert, kann auch das Gefühl unüberbrückbarer Differenz erzeugen und uns an den Punkt führen, an dem unser Verständnis von Selbstsein, Bindung und Sicherheit, unser Verständnis der Welt, einfach nicht mit dem anderer übereinstimmen will.

Selbst wenn es uns gelingt, unsere Empathie auf Fremde auszudehnen, stoßen wir danach auf eine weitere, entscheidende Einschränkung: Empathisch zu sein, ist höchst anstrengend. Die Empathie zehrt an unseren geistigen, emotionalen und körperlichen Kräften. Tatsächlich ist sie eine so kostspielige Fähigkeit, dass der Mensch es unbewusst vermeidet, sie zu breit zu streuen oder zu häufig anzuwenden.[28] Etwas Ähnliches hat Robin Dunbar sogar bei anderen Primaten festgestellt. Arten, die zu größeren Gruppen neigten, mussten mehr Zeit ins Bonding investieren, wenn die

Harmonie innerhalb der Gruppe aufrechterhalten werden sollte – so viel Zeit, dass vom Tage fast nichts mehr übrig blieb. Der Mensch hat in der Regel entscheidende Vorteile davon, in größeren Gruppen zusammenzuleben, von der größeren Sicherheit bis zur Möglichkeit, Aufgaben aufzuteilen oder sich Spezialfähigkeiten anzueignen.[29] Viele dieser Vorteile weisen jedoch vor allem Gruppen auf, in denen es schlicht unmöglich ist, zu jedem Mitglied eine enge persönliche Beziehung aufzubauen. Zudem hat auch die Kooperation oder Harmonie zwischen verschiedenen Gruppen Vorteile, doch hier wird die Empathie noch anstrengender: Psychologinnen und Psychologen konnten aufzeigen, dass der Versuch, sich mit Menschen mit anderer Herkunft zu verbinden, noch mehr mentale Kapazitäten erfordert als der Versuch der Verbindung mit vertrauteren Menschen.[30] In Anbetracht dieser ähnlichen Muster beim Menschen und anderen Primaten schlussfolgerte Dunbar, dass Empathie allein nicht ausreicht, um die meisten menschlichen Gruppen zusammenzuhalten. Das gilt besonders in Bezug auf das moderne städtische Leben. In Portugal beispielsweise haben Auswertungen des Handygebrauchs gezeigt, dass die Bevölkerung von Lissabon – rund 560 000 Menschen – regelmäßig Kontakt zu doppelt so vielen Menschen hält wie die Einwohnerinnen und Einwohner – 4233 an der Zahl – von Lixa.[31] Diese zusätzlichen Bekannten machen nicht nur unsere Zeit noch rarer, sie rekrutieren sich vermutlich auch aus einem Kreis von Menschen, die eine andere Herkunft aufweisen als wir selbst.

*

Zum Glück steht uns noch ein anderes mächtiges Werkzeug zur Verfügung: das symbolische Denken. Diese Fähigkeit bildet die Grundlage von Fantasie, Sprechvermögen, Sprache und Bildung, sie spielt in praktisch allen Aspekten des menschlichen Lebens eine wichtige Rolle.[32] Oder, wie es der Anthropologe Roy Rappaport ausdrückte: »Die Menschheit ist eine Spezies, die mittels Bedeutungen lebt – nur leben kann –, die sie selbst erfinden muss. Diese Bedeutungen und Auffassungen spiegeln […] eine unabhängig vom Menschen existierende Welt nicht nur wider, sie sind auch direkt an ihrer Entstehung beteiligt.«[33] Empathie und symbolisches Denken sind keine gegensätzlichen Fähigkeiten – im Großteil unseres Lebens sind sie eng miteinander verwoben. Allerdings stehen sie in unterschiedlichen Beziehungen zueinander: Manchmal verstärken sie einander, dann ziehen sie wieder in gegensätzliche Richtungen.

Das symbolische Denken kann mehr oder weniger abstrakt sein. Abstraktion bezieht sich auf die Fähigkeit der Sprache, Repräsentationen zu erzeugen, die eine *Vorstellung* dessen, worauf sie sich beziehen, einfangen. Der Anthropologe Webb Keane formulierte das so: »Begriffe und Kategorien beinhalten normalerweise einen gewissen Grad an Abstraktion und Verallgemeinerung andernfalls möglicherweise sehr spezifischer, konkreter Umstände, deren Ergebnisse breiter angewendet werden können.« Unsere kollektive Entwicklungsgeschichte hat im Laufe der Zeit immer abstraktere Formen des Denkens und Kommunizierens hervorgebracht.[34]

Wo andere Primaten Verbindungen durch körperliche Berührung aufbauten, griffen wir auch auf die Sprache zurück – in Unterhaltungen und Geschichten, beim Klatschen und Tratschen, in der Fantasie.[35] Im Gegensatz zum Großteil der Kommunikation zwischen Tieren ist die menschliche Sprache hochsymbolisch. Wir benutzen nicht nur Laute, um auf Dinge in der unmittelbaren Gegenwart hinzuweisen, etwa einen sich nähernden Beutegreifer. Wir benutzen Sprache, um Dinge zu *repräsentieren* – um auf die *Vorstellung* vom Beutegreifer hinzuweisen. Und im Gegensatz zur physischen Umgebung sind diese Repräsentationen leicht zu manipulieren, sogar auf extreme Weise. Durch das Manipulieren von Darstellungen können wir uns neue Möglichkeiten vorstellen, neue Arten, die Welt zu verstehen und auf sie zu reagieren. Ein Beispiel: Sehen wir einen Fuchs ein Kaninchen jagen oder einen hungrigen Eisbären Menschen angreifen, können wir das als Beziehungen zwischen »Beutegreifer« und »Beute« einstufen. Diese Kategorien ermöglichen es uns, eine Reihe von fantasievollen Fragen zu stellen: Was macht ein Lebewesen zum Beutegreifer? Was haben Bär und Fuchs gemeinsam? Die spitzen Zähne? Die Gerissenheit? Können diese Eigenschaften auch andere haben? Kann das Kaninchen den Fuchs jagen? Oder der Mensch den Bären?

Auf einer noch abstrakteren Ebene können wir das symbolische Denken nicht nur dazu benutzen, zu denken, Fragen zu stellen, uns etwas vorzustellen oder zu planen, sondern auch dazu, über die Sprache selbst zu reflektieren – zu fragen, wie die Sprache die Welt repräsentiert und in welcher Beziehung sie zu ihr steht. Dazu können wir unsere Gedanken und Ideen in ein physisches Medium wie etwa das geschriebene Wort fassen oder uns ausgesprochen anspruchsvoller kommunikativer Formen wie beispielsweise der Dichtung bedienen.[36] Die Vorgeschichte von Dichtung und Epos ist zwar schwer auszumachen, doch wissen wir, dass die geschriebene Sprache erst später in unserer Entwicklungsgeschichte auftaucht und eine Verlagerung im Denken widerzuspiegeln scheint. Verzierte Gräber beispielsweise gehören zu den ältesten Formen der menschlichen Kunst. Während unsere frühen Vorfahren und nahen Verwandten, die Neandertaler etwa, ihre Toten nur begruben, verweisen verzierte Gräber auf mehr als schlichten Respekt oder Hygienemaßnahmen. Diese Verzierungen *repräsentieren* die Toten: Sie verweisen auf ihre Gegenwart im Leben, vielleicht sogar nach ihrem Tod, als etwas, das sich von ihrem physischen Wesen unterscheidet. So werfen Medien wie das Schreiben, die bildende Kunst oder die Poesie Fragen nicht nur hinsichtlich dessen auf, wie die materielle Welt gestaltet ist, sondern auch hinsichtlich dessen, wie Vorstellungen geformt werden, in welcher Beziehung sie zueinander stehen, wie sie als Beschreibungen funktionieren, wie sie Macht gewinnen oder verlieren. Fragen hinsichtlich dessen, wie und wann Dinge bedeutungsvoll oder wahr werden, ebnen den Weg zum verschiedentlichen Ertasten einer unbekannten Welt, auch mittels der modernen Wissenschaft.[37]

Die Abstraktion ist die Schlüsseleigenschaft der Sprache, die uns dazu befähigt, mit anderen in Kontakt zu treten. Der Akt, die Welt um uns herum in verschiedenen Repräsentationen einzufangen, löst Gedanken und Kommunikation vom Hier und Jetzt. Er ermöglicht es uns, uns weit entfernte Orte vorzustellen und über sie zu sprechen, uns in Vergangenheit oder Zukunft aufzuhalten, neue Möglichkeiten zu visualisieren. Und vorausgesetzt, man spricht eine gemeinsame Sprache, werden diese Möglichkeiten nicht nur uns, sondern auch anderen zugänglich. Mit den Worten des bahnbrechenden Linguisten Charles Hockett: Der Mensch »ist fähig, Dinge zu sagen, die nie zuvor gesagt wurden und trotzdem von anderen Sprechern derselben Sprache verstanden werden«.[38]

Beim Umgang mit anderen ermöglicht das abstrakte Denken es uns, unser Verständnis über das hinaus zu erstrecken, was wir durch direkte Beziehungen und die Grenzen unseres unmittelbaren Wissens sowie unserer empathischen Fähigkeiten bereits kennen. In manchen Beziehungen arbeitet das symbolische Denken Hand in Hand mit der Empathie: Es lenkt sie, ergänzt sie oder ersetzt sie auf die eine oder andere Weise, je nach Situation. Die Begriffe, die wir für Verwandtschafts- und Familienverhältnisse benutzen, sind gute Beispiele dafür. »Schwester«, »Ehemann« oder »Taufpate«/»Taufpatin« bieten kulturell spezifische Schablonen für Beziehungen; sie transportieren bestimmte Erwartungen hinsichtlich dessen, wie wir andere verstehen, wie wir uns ihnen gegenüber verhalten sollten und ob wir diese Beziehungen in der Folge als gut oder schlecht einstufen sollten. Selbst bei ausgesprochen persönlichen Beziehungen benutzen wir diese Schablonen dennoch als Bezugspunkte. Dabei nehmen wir den Kategorien »Schwester«, »Ehemann« etc. etwas von ihrer Abstraktion, indem wir sie in ganz bestimmten Erfahrungen verankern. Währenddessen kann das abstrakte Denken in entfernteren Beziehungen eine dominantere Rolle spielen. Kategorien wie »Lehrer«, »Arzt« oder »Chef« können als eine Art Drehbuch dafür dienen, wie wir mit weniger vertrauten anderen interagieren. In noch größerem Maßstab betrachtet liefern uns abstrakte Konzepte wie »Migrant«, »Bürger«, »Milliardär«, »Mensch« oder »Politiker« Sicht- und Bezugsweisen von beziehungsweise zu Menschen, denen wir nie begegnet sind. All diese Formen des symbolischen Denkens dehnen unsere sozialen Welten weit über den Horizont dessen hinaus aus, was uns durch Empathie allein zugänglich wäre.

Wie bei der Empathie weist jedoch auch die Abstraktion gewisse Grenzen und Beschränkungen auf. Um noch einmal mit Gregory Bateson zu sprechen, sind Konzepte und Vorstellungen verschiedene Wege, »Unterschiede, die einen Unterschied machen« abzustecken – die unendliche Variabilität der Welt durch das Einsortieren der Dinge in Schubladen handlich zu machen.[39] Das führt dazu, dass bestimmte Verständnisformen nur auf Kosten anderer möglich sind. Die Inuit etwa teilen Eisbären nicht der Kategorie »Beutegreifer«, sondern der Kategorie »Mit-Jäger« zu. Während der Begriff »Beutegreifer« mit einer oppositionellen Beziehung assoziiert ist – und zwar einer, bei der der Mensch durchaus auch auf der Verliererseite stehen kann –, lässt das Verständnis von Eisbären als Mit-Jägern zwar das respektvolle Anerkennen der Gefahr zu, die die Tiere möglicherweise für den Menschen darstellen, gleichzeitig betont es aber auch den Aspekt der Gemeinsamkeit. Eine Folge dessen ist es, dass die Inuit von vornherein darauf eingestellt sind, von ihren »Mit-Jägern« zu lernen. Beispielsweise ist es offensichtlich eine schwierige und gefährliche Angelegenheit, Robben zu jagen, die unter dem arktischen Eis im Meer schwimmen. Die Jäger der Inuit aber ahmen dabei Techniken nach, die sie dem Eisbären abgeschaut haben: Sie locken die Robben zu Atemlöchern im Eis. Eine weitere Folge dieser Kategorisierung besteht darin, dass die Inuit die Jagd nicht als destruktiven oder extraktiven Prozess verstehen, sondern als einen, der notwendig ist, um das natürliche Gleichgewicht zu stützen – da die Beute anderes Leben aufrechterhält und sich so (menschliche oder tierische) Seelen auf die Reise zur Wiedergeburt begeben können. Als eine von der kanadischen Regierung in Auftrag gegebene Studie 2010 ergab, dass die Anzahl der Narwale in den Gewässern der Hocharktis von dreißigtausend auf sechzigtausend angestiegen war, schrieben die Inuit-Ältesten diesen Anstieg der intensiveren, nicht der begrenzteren Jagd zu.[40] Diese Vorstellungen eröffnen bestimmte Denkmöglichkeiten, während sie andere blockieren.

Die Abstraktion schmälert die ungeheure Komplexität der Welt – die vielen Arten zu sehen, zu denken und zu fühlen –, indem sie die Dinge in allgemeine Kategorien einteilt. Die Alltagskommunikation jedoch öffnet die Schubladen häufig wieder, da sie abstrakte Konzepte erneut mit konkreten Kontexten verbindet und dabei deren Bedeutung erweitert und bereichert. Das tut sie auf mehrere verwandte Arten.

Erstens gehört zur Alltagskommunikation normalerweise der beständige verbale Austausch, bei dem Bedeutungen mit der Zeit überarbeitet werden. Statt ständig nach präzisen Begriffen suchen zu müssen, um bestimmte Dinge auszudrücken, gestattet uns der beständige verbale Austausch, zu sprechen, die Antworten und Reaktionen des Gegenübers abzuwägen und dann unsererseits entsprechend darauf zu reagieren – eine Feinabstimmung der Sprache im Zusammenhang mit anderen im Fluss des Alltags. So können wir etwa »Ich liebe dich« zu einem Partner oder einer Partnerin sagen und erst danach, im Alltag, allmählich herausfinden, was genau das bedeutet: hinsichtlich der gegenseitigen Fürsorge, des Wohnarrangements, der Hingabe füreinander, eventueller Kinder, der Arbeit und vielem mehr.

Zweitens entsteht die Bedeutung bei der Alltagskommunikation gemeinschaftlich, durch einen Prozess des Gebens und Nehmens. Unsere Fähigkeit, uns auszudrücken, hängt von der Interpretationsfähigkeit des Gegenübers ab, davon, dass sich dieser mit dem, was wir sagen und tun, identifizieren oder darauf reagieren kann. Deshalb sind Vorstellungen, Ideen, Geschichten, Gespräche, Kunst, Rituale und vieles mehr ein kollektiver Akt, ihnen fließt die Bedeutung aus einer Vielzahl von Blickwinkeln zu.

Drittens können wir durch die Alltagskommunikation mit Sprache spielen und ihre Bedeutung durch den Rückgriff auf vertraute Bezugsrahmen in neue Richtungen erweitern.[41] Durch die Bezugnahme auf Ballerinas beim Spitzentanz, Fechter *en garde* und »zugespitzte« Bemerkungen konnten Hip-Hop-Künstler in den 1990er-Jahren sagen, ein bestimmter Stil oder Auftritt sei »on point« (auf den Punkt) gewesen, und diesem neuen Ausdruck Sinn verleihen. Das wiederum beeinflusste die Sprache der Teenager in den 2010er-Jahren, die bei perfekt gestylten Looks von »on fleek« (spitze) sprachen.

Viertens und letztens erweckt die Alltagskommunikation Sprache zum Leben, indem sie sie mit realen Erfahrungen, Gewohnheiten, Emotionen und Ereignissen verbindet. Die Bedeutung übersteigt das, was die Kategorien selbst vermitteln, bei Weitem. Ein berühmtes Beispiel dafür, das Franz Boas, einer der Gründerväter der amerikanischen Anthropologie, bekannt gemacht hat, ist, dass die Inuit fünfzig Wörter für Schnee haben. Zwar variieren aktuelle Auflistungen je nach Dialekt, doch ergab eine jüngere Studie, dass der Dialekt der Inuit in Nunavik, Québec, mindestens dreiundfünfzig Ausdrücke für Schnee kennt, darunter *utuqaq* – Eis, das jahrelang fortbesteht –, *matsaaruti* – Schnee, der feucht genug ist, um die Kufen eines Schlittens zu vereisen – und *auniq* – »verrottetes«, von Löchern übersätes Eis.[42] Dass es in diesem Dialekt so viele Begriffe für Schnee und Eis gibt, hängt eng mit dem Rhythmus und den Herausforderungen des Alltags an Orten wie Nunavik zusammen. Mehr aber noch erwachen diese Begriffe nur in Bezug auf bestimmte Erfahrungen zum Leben. Sie kommen nur zustande, wenn man subtile Veränderungen im Schnee unter den eigenen Füßen wahrnehmen kann, Erfahrung mit vereisenden Schlittenkufen hat oder ein breiteres kulturelles Verständnis natürlicher Kreisläufe besitzt, in denen zu bestimmten Zeiten des Jahres Pflanzen und Eis »verrotten«.

Alle vier Arten der Konkretisierung von Sprache ergänzen und verstärken einander. In seinem berühmten Essay mit dem Titel »Der Erzähler« ging der Philosoph Walter Benjamin der Frage nach, warum traditionelle Formen des Erzählens – mündlich überlieferte Epen, Geschichten, die man sich auf der Walz erzählte, Seemannsgarn zurückgekehrter Matrosen – so wirkungsvoll sind. Er zeigte auf, wie sich traditionelle Geschichten bei jedem erneuten Erzählen veränderten, da jeder Erzähler seine Perspektive beisteuerte und versuchte, seinen Zuhörern die eigene Geschichte näherzubringen. Solche Geschichten, so Benjamin, waren oft mehrdeutig. Die Figuren waren nur grob skizziert, damit sich jeder mit ihnen identifizieren konnte. Der Handlung haftete etwas Geheimnisvolles an, oder sie basierte auf Märchenlogik, wodurch die Zuhörer ihre eigenen Schlüsse hinsichtlich dessen ziehen konnten, was die Geschehnisse wohl zu bedeuten hatten. Und schließlich war den Geschichten nie ein definitiver Schlusspunkt gesetzt – sie konnten jederzeit neu fortgeführt werden. All das erleichterte es den Menschen, sich mittels Fantasie in die Geschichten hineinzuversetzen, zu ihrem Narrativ beizutragen und auf ihre Ideen zurückzugreifen, indem sie sie mit dem eigenen Leben verwoben. Das Erzählen in diesem Sinne funktionierte wie eine sich entwickelnde Unterhaltung; es behandelte die Bedeutung als kollektiven Besitz, speiste sich aus vertrauten Bezugsrahmen und machte sich gelebte Erfahrung zunutze.

Um aber ein breiteres Publikum zu erreichen oder den Bezug zu entfernteren Fremden zu ermöglichen, muss Sprache auf einer abstrakteren Ebene agieren. Benjamin verglich zwei Genres miteinander, die zur Zeit seines Essays – 1936 – außerordentlich beliebt waren: den Roman und die »Nachricht« (als deren Beispiel er Zeitungen anführte). Romane und Nachrichten, schrieb Benjamin, bemühten sich viel mehr als Geschichten, dem Publikum eine bestimmte Interpretation aufzuerlegen. Sie beschrieben viel eindeutiger, was die Figuren dachten oder was sie antrieb. Sie beschrieben, warum etwas geschah und warum die Geschehnisse wichtig waren. Dabei bedienten sie sich häufig allgemeinerer Kategorien wie »Heiler«, »Einwanderer« oder »Bürger«, die in groben Zügen potenziell auf viele verschiedene Menschen und Situationen zutrafen. Sie waren so geschrieben, dass sie auch von einem breiteren, generelleren Publikum ganz bestimmt verstanden werden konnten. Kurzum: Sie waren abstrakter – sie lieferten Bedeutung eher auf der Basis von festen Kategorien, nicht auf der des Spiels und der Vielschichtigkeit der Alltagskommunikation. Dank dieser Merkmale konnte sich sowohl der Roman als auch die Nachricht weit verbreiten. Allerdings erschwerten es dieselben Merkmale ihrem Publikum auch, sich auf die beiden Genres einzulassen und sich die Geschichten, die sie erzählten, wirklich zu eigen zu machen. Man musste sich also irgendwo in der Mitte treffen. Mittlerweile hat die Psychologie herausgefunden, dass das Lesen von Romanen unsere Empathiefähigkeit hin und wieder vertiefen kann, dass wir uns durch Romane mit fremden Figuren identifizieren und das Verstehen der Figuren auch auf außertextliche Situationen übertragen können.[43] Um das Leben aber auf diese Weise lesbar zu machen, so Benjamin, musste der Roman gleichzeitig die Interpretationsmöglichkeiten zurückstutzen, die Identifikationsmöglichkeiten im Vergleich zum traditionellen Geschichtenerzählen also einschränken. Noch enger gefasst waren die Nachrichten in den Tageszeitungen oder nüchternen Fachberichten: Sie verwandelten Menschen nicht in Figuren, sondern in anonyme Statistiken. Benjamins Bedenken finden ihren Widerhall in jüngeren psychologischen Arbeiten, die aufzeigen, dass der Mensch den Problemen und Tragödien, die sich im Ausmaß seines eigenen sozialen Umfelds, also auf der Ebene von Individuen oder kleinen Gruppen, abspielen, mehr Mitgefühl entgegenbringt als denselben Problemen und Tragödien, die Tausende oder Zigtausende von Menschen betreffen.[44] Es existiert demnach ein Spannungsfeld zwischen der Reichweite unserer Geschichten und ihrer Fähigkeit, sich auf bestimmte Welten zu beziehen. Andere zu verstehen bedeutet häufig, sie weniger gut zu verstehen.

Im Miteinander und Gegeneinander von Empathie und symbolischem Denken entstehen charakteristische Verstehensmuster. Aus diesen Mustern kristallisieren sich unterschiedliche Blickwinkel heraus, die sich nicht immer decken. In bestimmten Situationen ziehen uns Empathie und abstraktere Formen des symbolischen Denkens in gegensätzliche Richtungen, wie wir an Daniels und Kevs komplizierter Freundschaft sehen können. Ihre enge Zusammenarbeit basiert auf einem hochempathischen, praktischen Verständnis des jeweils anderen, das generellere Unterschiedskategorien außen vor lässt. Gleichzeitig aber bleiben ihre stur vertretenen politischen Differenzen in abstrakte Geschichten gegossen – geformt, wiederholt und verstärkt durch Endlosschleifen von Medien und Debatten, die weit über Kilburn hinausreichen und deshalb auf konkreter, lokaler Ebene schwer anzufechten sind.

Dieses Tauziehen zwischen empathischem und abstraktem Verstehen kann sich in unterschiedlicher Weise über das gesamte politische Spektrum hinweg abspielen. Don Black gründete Stormfront, eine der größten und bekanntesten Websites weißer Nationalisten. Seine Frau Chloe ist Sprecherin einer Charter-Schule, die sich für unterprivilegierte Schwarze und hispanoamerikanische Kinder einsetzt. Auf diese unglückliche Verbindung angesprochen, fiel es Chloe schwer zu erkennen, dass ihre Arbeit und die Unterstützung ihres Mannes eigentlich inkompatibel sind. Dieses Muster – enge Beziehungen als Ausnahmen von stur vertretenen Prinzipien – spiegelt die nur allzu bekannte Verteidigung gegen den Vorwurf des Rassismus wider: »Ich? Ein Rassist? Wie denn – ich habe schließlich Schwarze Freunde!« Die aufkeimenden Widersprüche verweisen auf etwas Komplexeres als Arglist oder schlichte Defensivität. Sie zeigen, wie empathische und abstrakte Sichtweisen potenziell aneinander vorbeigleiten können und wie sehr es einer Politik bedarf, die sich an beide Haltungen gleichzeitig wendet.

Doch ob nun verflochten oder auseinanderstrebend – wenn es darum geht, wie wir mit der Andersartigkeit leben können, brauchen wir nicht nur eines, sondern zwei Instrumente. Obwohl die Empathie und das abstrakte Verstehen einiges gemein haben und häufig aufeinander aufbauen, können sie auch auseinanderdriften. Harmonie an einem Schauplatz garantiert keine Harmonie am anderen. Wir sind aber nicht nur zu Spaltung und Konflikt fähig, sondern auch zu kreativen, transformativen Formen der Verbindung und Kooperation. Allerdings beginnen wir gerade erst zu verstehen, wie sich diese Fähigkeiten in verschiedenen Dimensionen des Lebens bemerkbar machen. Um zu einem besseren Miteinander zu gelangen, dürfen wir Andersartigkeit nicht mehr als etwas behandeln, das uns jedes Mal in derselben Gestalt begegnet. Stattdessen müssen wir uns klarmachen, dass wir jedes Mal vor einer neuen Herausforderung stehen, und immer wieder neue Möglichkeiten schaffen, uns mit anderen Menschen – nah und fern – zu verbinden.

Kapitel 3

WIR UND SIE

»Hör mir auf mit *denen*«, schnaubte Fawzia verächtlich, »die spinnen doch!« Erstaunt fragte ich sie, was sie damit meinte. Fawzia stammt aus Somalia, und wir hatten uns über die Herausforderungen unterhalten, die es für sie darstellte, ihre Kinder in der Schule zu unterstützen, ohne selbst das britische Schulsystem durchlaufen zu haben. In der Annahme, einen hilfreichen Vorschlag zu machen, erzählte ich ihr von dem örtlichen, von der Gemeinde geführten »Hausaufgabenklub«. Er war von einer Gruppe von Migranteneltern gegründet worden, die sich ebenfalls Sorgen darüber gemacht hatten, wie sie ihren Kindern in einem fremden System am besten zur Seite stehen konnten. Gemeinsam war es ihnen gelungen, zwei Lehrassistenten aus nahe gelegenen Schulen anzuheuern, die Gruppennachhilfeunterricht zu erschwinglichen Preisen anboten. In dieser Zeit saßen auch die Eltern beisammen – teilweise um die Logistik des Klubs zu managen und sich um die Finanzen sowie die Öffentlichkeitsarbeit zu kümmern, größtenteils aber des Austauschs bei Tee und Snacks wegen. Da sie alle dasselbe durchgemacht hatten – das Schicksal als Geflüchtete, das Gefühl, zwischen zwei Kulturen gefangen zu sein, das Auf und Ab des Lebens in Kilburn –, nutzten die Eltern den Klub als Treffpunkt zum kollektiven Problemlösen und als Möglichkeit, einander Mitgefühl, Ratschläge und Unterstützung angedeihen zu lassen. Und das, so dachte ich, war doch genau, was Fawzia brauchte.

Da hatte ich mich offensichtlich getäuscht. Verärgert fuhr Fawzia fort: Der Klub mache alles falsch, wenn er sich allein auf schulischen Erfolg konzentrierte. Das Problem war nicht, dass die Kinder in der Schule nicht ausreichend Unterstützung bekamen, das Problem war, dass das britische Schulsystem ihnen nicht die richtigen Werte vermittelte. Ihre Kinder hatten zu kämpfen, die älteren flippten regelmäßig aus – weil sie, davon war

Fawzia überzeugt, so wenig mit ihrem Erbe verbunden waren. Sie sprachen weder Somali, noch kannten sie die eigene Landesgeschichte. Die traditionellen Werte, die Fawzias Meinung nach das Potenzial hatten, ihren Kindern Führung und Stärke zu bieten, lösten sich vor Fawzias Augen allmählich in Luft auf. Ihre Kinder waren einfach zu britisch.

Fawzia fühlte sich nicht nur schlecht, weil ihr das eigene somalische Erbe so wichtig war. Ihr war auch bewusst, dass ihre Kinder konstant gegen Widerstände anrannten, obwohl sie nach Kräften versuchten, sich die britische Identität zu eigen zu machen. In der Schule schubste man sie herum, nahm ihnen die Hausaufgaben weg, rief ihnen Schimpfwörter hinterher oder schnitt sie einfach. Dass ihre Kinder das erleben mussten, wo sie sich doch nichts sehnlicher wünschten, als wie ihre Klassenkameraden und -kameradinnen zu sein, brach Fawzia das Herz. Für sie bestand der Ausweg aus diesem Dilemma in ebenjenem somalischen Erbe – in einer Lebensweise, die auf die Bestätigung von Mobbern oder auf den Erfolg in einem Schulsystem, in dem Fawzias Kinder immer als nachholbedürftig betrachtet werden würden, nicht angewiesen war.

In ganz Nordamerika und Westeuropa sind Menschen wie Fawzia Gegenstand heftiger Debatten, nicht selten sehen sie sich anspruchsvollen und gleichzeitig widersprüchlichen Erwartungen gegenüber. Zunächst drängt man Minderheitengruppen dazu, sich ins öffentliche Leben zu integrieren: die jeweilige Landessprache zu lernen, der Mehrheitskultur zu folgen und in der Gemeinde aktiv zu werden. Je sichtbarer diese Minderheitengruppen im öffentlichen Leben jedoch werden, desto mehr Feindseligkeit wird ihnen entgegengebracht. Man wirft ihnen vor, den Einheimischen die Arbeitsplätze wegzunehmen, die nationale Kultur zu verwässern oder vorhandene Ressourcen zu schwächen. Wie gut sie sich auch anpassen – manchmal reicht es schon, dass jemand auch nur ein wenig anders aussieht, um eine ganze Lawine an Anfeindungen loszutreten. Im Jahr 2015 beispielsweise gewann Nadiya Hussain den TV-Backwettbewerb *The Great British Bake Off*, der zu den beliebtesten Fernsehshows in ganz Großbritannien gehört. Die in Luton geborene und aufgewachsene Muslimin trug während der Sendung einen Hidschab. Ihr Sieg hatte eine

Welle an schnippischen Kommentaren zur Folge: War Nadiya wirklich britisch genug, um des Titels würdig zu sein? Einige Jahre später kam es erneut zu einem Shitstorm, als Nadiya in einer landesweiten Zeitung davon berichtete, wie sie Weihnachten feierte – eine britische Tradition, die ja wohl kaum die ihre sein könne.

Diese Zwickmühle des »Double Bind«[1], der Doppelbotschaft, hängt mit einem Problem zusammen, mit dem sich auch Anthropologen und Anthropologinnen konfrontiert sehen, wenn sie sich mit Fragen der Identität auseinandersetzen. Einerseits zeigt die mannigfaltige Art und Weise, auf die unterschiedliche kulturelle Gruppen mit anderen in Beziehung treten, dass es so gut wie keine starren Muster gibt, nach denen wir unsere Identität bilden. Wir machen nicht alle die gleichen Unterschiede. Merkmale, die für uns bedeutsam sein mögen, die Hautfarbe etwa oder der Geburtsort, sind für andere kulturelle Gruppen nicht im Geringsten relevant. Außerdem gibt es in der Anthropologie, in der Geschichtswissenschaft und anderen Disziplinen seit Jahrzehnten Belege dafür, dass sich Individuen oft frei zwischen scheinbar exklusiven Gruppen hin und her bewegen. Dinge wie Ethnie oder Nationalität werden laufend neu definiert.

Dennoch betrachten wir Identität mit tödlicher Ernsthaftigkeit. Wir töten und sterben für Nationen und ethnische Gruppen. Wir bedienen uns ethnischer Kategorien, um den Charakter von Menschen zu bewerten. Wir sehen Lokalität als Bestimmung. Manche Formen von Identität mögen wir zwar als fließend und verhandelbar erkennen, andere aber behandeln wir, als seien sie angeboren. Ob es nun die Nationalität ist, die politische Überzeugung, die familiäre Identität, das Geschlecht oder die ethnische Zugehörigkeit – es gibt Facetten der Identität, die uns selbst als grundlegend erscheinen, so grundlegend, dass wir das Aufgeben dieser Identitätsfacetten für völlig unmöglich halten. Diese beiden Sichtweisen zeichnen ein radikal widersprüchliches Bild, in dem sich unsere Gruppenunterschiede als gleichzeitig starr und fließend darstellen. Wie kann es sein, dass beides wahr ist?

Die gegensätzlichen Sichtweisen kommen nicht nur in den Forderungen an Migranten und Minderheiten zum Tragen, sondern häufig auch in der Art und Weise, wie sowohl Mehrheiten- als auch Minderheitengruppen an die eigene Identität herangehen. Schon seit Jahren hatte Fawzia davon gesprochen, eine somalische Gemeindegruppe in der Nachbarschaft zu gründen, die in erster Linie Eltern dabei unterstützen sollte, die somalische Sprache und Kultur weiterzugeben. Ihre Unzufriedenheit mit dem Hausaufgabenklub war der zündende Funke gewesen, den sie gebraucht hatte, um ihr Vorhaben in die Tat umzusetzen: Nur einige Wochen nachdem wir miteinander gesprochen hatten, organisierte sie das erste Planungstreffen. Bei diesem Treffen versammelte sich eine kleine Gruppe von Freunden, Bekannten und Fremden – alle etwa in Fawzias Alter, die meisten in Somalia geboren –, um zu besprechen, welche Art von Unterstützung sie sich vorstellten. Unter den Anwesenden waren auch Zahra und ihr Mann. Als sie an der Reihe waren, erklärte Zahra, sie seien besonders daran interessiert, etwas für die einsamen älteren Menschen in der Gemeinde auf die Beine zu stellen. Sie schlugen vor, sich mit anderen somalischen Kulturorganisationen in der Nähe in Verbindung zu setzen, um sich ein wenig Starthilfe zu holen und ein breiteres Netzwerk aufzubauen, das die Einsamkeit und Isolation älterer Menschen besser bekämpfen könne. Daraufhin trat eine peinliche Stille ein, bis sich jemand anders zu Wort meldete und die Diskussion fortgeführt wurde, als hätte Zahra nie etwas gesagt. Immer wenn Fawzia und ihre engsten Mitorganisatorinnen auf eine mögliche Zusammenarbeit mit anderen somalischen Vereinen angesprochen wurden, antworteten sie ausweichend; warum sie zögerten, sagten sie nicht.

Studien zeigen, dass es somalische Kultureinrichtungen in Großbritannien schwer haben, Somalis über Clangrenzen hinweg zusammenzubringen.[2] Traditionell gehört jeder Somali einer von sechs großen Clanfamilien an. Mit dem Ausbruch des Bürgerkriegs im Jahr 1989 zerfiel das Land in die einzelnen Clans, die sich gegenseitig auf das Gewalttätigste bekämpften. Die überwiegende Mehrheit der Somalis in Großbritannien sind Geflüchtete, die dem Bürgerkrieg entkommen wollten und aufgrund schrecklicher Erlebnisse meist ein tiefes Misstrauen anderen Clans gegenüber mitbrachten. Deshalb stehen viele britische Organisationen für Somalier und Somalierinnen explizit oder verdeckt ausschließlich spezifischen Clans offen, und selbst wenn das nicht der Fall ist, zögern einige britische Somalis, sich an Einrichtungen zu wenden, deren Zugehörigkeit unklar ist. Fawzia hat die eigene Vorsicht hinsichtlich der Zusammenarbeit mit anderen Vereinen nie zum Ausdruck gebracht, doch als ihre Gemeindegruppe schließlich lief, äußerten verschiedene somalische Familien im Viertel dieselben Bedenken bezüglich anderer Vereine, wie Fawzia sie bezüglich des Hausaufgabenklubs hatte: Sie dienten bestimmten Interessen und förderten bestimmte Werte, andere hingegen nicht.

Fawzias Geschichte offenbart das Wechselspiel zwischen zwei gegensätzlichen Auffassungen von Identität. In bestimmten Augenblicken behandelt sie die somalische Identität als offene Frage, bei der sich eine Gruppe von Freunden und Fremden um einen Tisch herum versammelt und jeder seine Identität selbst definieren kann. In anderen Augenblicken dient sie als bereits gelegte Grundlage für ethische Führung und Würde, gekennzeichnet durch scheinbar unüberbrückbare Abgründe, die eine Zusammenarbeit mit anderen unmöglich machen. In einem Moment ist sie frustriert von der abweisenden, ausschließenden Haltung ihrer Umgebung, im anderen nimmt sie selbst eine ähnlich geschlossene Haltung ein. Von außen betrachtet wirkt das widersprüchlich, ja sogar inkonsequent. Um den Widerspruch aufzulösen, könnte man versucht sein zu behaupten, einer der beiden Standpunkte sei vorgeschoben oder irgendwie unecht. Doch fordert allein die Tatsache, dass beide Standpunkte für Fawzia – und so viele andere – zwingend sind, eine anthropologische Perspektive, die sich fragt, wie es möglich sein kann, beides *gleichzeitig* als wahr anzusehen. Sie lässt aber auch vermuten, dass das Gefühl des Wahrseins nicht aus einem Standpunkt für sich genommen heraus entsteht, sondern daraus, wie die beiden Standpunkte aufeinandertreffen und sich gegenseitig modifizieren. Aus anthropologischer Sicht lautet die entscheidende Frage nicht, *ob* Gruppen fließend *oder* starr sind, sondern *wie* Gruppen gleichzeitig fließend *und* starr, dynamisch und todernst, sein können.

*

Wir erzählen drei wesentliche Geschichten darüber, was Gruppenidentitäten starr und unausweichlich macht. In der ersten stellen wir uns Gruppen – vor allem ethnische – als durch die Biologie, häufig durch gemeinsames Blut definiert vor. In der zweiten sehen wir die Gruppe als Pool ganz bestimmter gemeinsamer Traditionen, als Pool einzigartiger und unverrückbarer Seinsweisen. In der dritten wird behauptet, in Begriffen von »wir und sie« oder »selbst und andere« zu denken, sei eine grundlegende psychologische Tendenz. Im Laufe des zwanzigsten Jahrhunderts hat die Anthropologie alle drei Geschichten auseinandergenommen: Anhand umfassender Belege der menschlichen Diversität hat sie aufgezeigt, dass keine der drei Auffassungen von Gruppenidentität Allgemeingültigkeit hat.

Die älteste Geschichte hat mit der Biologie zu tun. Schon vor Charles Darwin sprachen europäische Denker von National-, Volks- und Ethnienidentität als Thema der gemeinsamen Abstammung. Darwins Evolutionstheorie und in jüngerer Zeit die Entdeckung der DNA haben diesen Vorstellungen neues Leben eingehaucht. Bis Mitte des zwanzigsten Jahrhunderts hat die Anthropologie ihre eigene Version dieser Geschichte erzählt. Die Wissenschaft hatte sich bereits auf das Studium von Verwandtschaft spezialisiert und lange die Meinung vertreten, unterschiedliche ethnische Gruppen definierten sich in erster Linie über die Abstammung – vor allem dann, wenn es keine staatlichen Strukturen gab. Damals verbrachten die meisten Anthropologinnen und Anthropologen ihre Zeit damit, auseinanderzuklamüsern, wer mit wem verwandt war, um ungeheuer komplizierte Familienstammbäume aufzustellen. Ziel der Übung war es, aufzuzeigen, wie Dörfer, Clans und Nationen geschaffen werden, indem man formelle Rollen auf die Netzwerke verwandtschaftlicher Bande schichtet, Politik und Verwandtschaft also auf das Engste miteinander verknüpft. Als wesentliches Beispiel für die Macht der Blutsbande, um Menschen zu vereinen, zitierte man auf Clans basierende afrikanische Gesellschaften wie etwa die in Somalia.[3]

Es gibt insgesamt sechs große somalische Clanfamilien: die Dir, die Darod, die Isaaq, die Hawiya, die Digil und die Rahanweyn.[4] Diese Clanfamilien werden weiter unterteilt, in verschiedene Clans, Subclans, Lineages oder Gruppen einer Abstammungslinie und Familiengruppen, wobei man die Zugehörigkeit zu all diesen Gruppierungen durch den Vater ererbt. Viele Somalier behaupten, die Abstammungslinie ihrer Clanfamilie direkt bis zur Familie des Propheten Mohammed zurückverfolgen zu können, und erachten ihre Abstammung als eine Mischung aus nahöstlich und Schwarz-afrikanisch.[5] Das Somali-Wort *reer* bedeutet Familie, impliziert gleichzeitig aber auch die Vorstellung vom eigenen Ursprung; es wird flexibel in Bezug auf verschiedene Gruppen verwendet, von kleineren Familieneinheiten bis hin zu großen Clans, fasst also die gesamte Gesellschaft in Verwandtschaftsbegriffe. Historisch steuerte *reer* alles, vom Handel über die Politik bis zur Heirat. Der Anthropologe I. M. Lewis bezeichnete die somalische Gesellschaft einmal als um »genealogische« Bande herum organisiert, »eingefleischte« und »durch die Adern fließende« Bande.[6]

1969 stellte der norwegische Anthropologe Frederick Barth die vorherrschende Perspektive infrage, die ethnische Identität wurzle in der Blutsverwandtschaft, und mit ihr die Annahme, diese Gruppen bildeten sich unvermeidlich von Natur aus. Bei der Durchsicht eines breiten Spektrums an anthropologischen Studien entdeckte er, dass man in fast jedem Fall Ausnahmen von der Vorstellung finden konnte, die ethnische Zugehörigkeit werde durch angeborene Eigenschaften wie die Erbanlagen bestimmt. Im Falle der Yao in China, der Paschtunen in Zentral- und Ostasien sowie der Fur im Südsudan konnte Barth nachweisen, dass gerade Gruppen, die auf ihrer Unveränderlichkeit beharrten, es den Menschen gestatteten, ihre Zugehörigkeit jederzeit zu wechseln. Bei den Yao etwa kamen Adoptionen häufig vor, was dazu führte, dass rund einer von zehn Angehörigen jeder Generation aus einer anderen Gruppe stammte. Und trotzdem galten die Adoptierten als vollwertige Yao – häufig wurde der Wandel durch Rituale vollzogen, etwa durch das Einbinden der Kinder in angestammte Verpflichtungen oder Ehen. Angehörige der Ackerbau betreibenden Fur schlossen sich oft den Baggara, nomadisch lebenden Viehhirten, in der Nähe an. Die Lebensweise und Sitten zu ändern galt im

Allgemeinen als Wechsel der ethnischen Identität. Und trotzdem erachteten die Yao, die Fur und die Baggara ihre Gruppen als unveränderlich und bezeichneten sich selbst als alle miteinander verwandt.[7] Eine ähnliche Flexibilität kann man auch bei größeren ethnischen Gruppen beobachten, die häufig miteinander verschmelzen und bei denen Gruppengrenzen verschwimmen. Historisch betrachtet haben sich viele ethnische Gruppen ausgedehnt, indem sie sich in andere Gruppen eingegliedert haben, wobei sie meist gleichzeitig ihre politische Macht erweiterten. Zu den vielen Beispielen dafür zählen etwa die singhalesischen Königreiche auf Sri Lanka, die Tonga in Sambia und die Baganda in Uganda.[8] Ein weiteres Beispiel ist die sogenannte weiße Mehrheit in Amerika. Diese scheinbar einheitliche Kategorie setzt sich aus Zuwanderern der verschiedensten Herkunft zusammen, darunter Gruppierungen wie die Juden, Italiener oder Iren, die geschichtlich als eigene, »untergeordnete« ethnische Gruppen galten.[9]

Barth erkannte, dass die Annahme einer angeborenen Identität rein symbolisch war. Der Mensch mag in Begriffen der Blutsverwandtschaft von seiner ethnischen Zugehörigkeit sprechen, in der Praxis aber ist er meist höchst flexibel, wenn es darum geht, wer sich als Zugehöriger eignet und wer nicht. Auch die Anthropologie erkannte mit der Zeit, dass es sich um Geschichten, Fiktionen handelte, wenn die Menschen, die sie erforschten, sagten, in ihren Clans, Dörfern oder Nationen seien alle miteinander verwandt. Was nicht heißt, dass diese Menschen gelogen hätten. In vielen Fällen betrachteten sie Verwandtsein lediglich als anhaltenden Prozess. Familienbande wurden gewissermaßen herbeigeredet oder im Laufe der Zeit kultiviert. Seit Barth fand man diese Flexibilität in Gruppen auf der ganzen Welt und überall in der Geschichte – sei es nun Flexibilität hinsichtlich der Nationalität, des Volkes oder der ethnischen Zugehörigkeit.

Barth schrieb zu einer Zeit, als sich die Vorstellungen von »Rasse« und Ethnizität zu verlagern begannen, weg von der Biologie und der Abstammung, hin zur gemeinsamen Kultur. Statt aber einen sauberen Schnitt zu machen, bedienten sich die Vorstellungen der kulturellen Eigentümlichkeit erneut der etablierten Rassenbegriffe. In Enoch Powells Rede vom schäumenden Blut etwa, in der er eine Zukunft voller gewalttätiger Rassenkonflikte vorhersagte, bekundete er zwar eine kulturelle Auffassung der Andersartigkeit – bei der die Gruppenidentität keine Frage der Blutlinie, sondern eine der sozialen Netzwerke (im klassischen Sinn), der Erziehung, der Werte, der Traditionen und der Gewohnheiten war. Doch obwohl diese Unterschiede keine biologischen waren, stellte Powell sie sich immer noch als ererbt, unveränderlich und unüberbrückbar vor, was es den Menschen erschwerte, über die Kultur hinauszugehen, und was die Koexistenz verschiedener kultureller Gruppen beinahe unmöglich machte. Wenige Monate nach seiner Rede verkündete Powell rundheraus, »der Westinder oder Asiate« werde »kein Engländer, nur weil er in England geboren wurde«.[10] Die Anthropologie wiederum trug dazu bei, diese Sichtweise aufrechtzuerhalten.[11] Viele von Barths Zeitgenossen schneiderten scheinbar unterschiedlichen Gruppen bestimmte Formen der Kultur praktisch auf den Leib. Als Reaktion darauf stellte Barth nicht nur auf Abstammung basierende Vorstellungen der Gruppenidentität infrage, sondern auch an Kultur gebundene. Was die Kultur beträfe, so Barth, ließen sich zahllose Beispiele von Gruppen finden, die behaupteten, einheitlich zu sein, in ihren Sichtweisen und Praktiken jedoch erheblich voneinander abwichen.

Um zu erklären, wie sich Gruppen das Identitätsgefühl bewahrten, griff Barth auf »Grenzmarkierungen« zurück, die die ethnischen Gruppen in ihrem Kern definierten. Statt sich *einer* übergreifenden gemeinsamen Kultur zugehörig zu fühlen, machten die Gruppen ihre Unterschiedlichkeit an einigen wenigen kulturellen Schlüsselelementen fest – an der Art, sich zu kleiden, an bestimmten Sprachmerkmalen, an Geschichte und Geschichten, an Ritualen, Fertigkeiten, Kultobjekten und Kernüberzeugungen. Diese Schlüsselelemente standen für das Charakteristische der Gruppe als Ganzes und erzeugten ein *Gefühl* der grundlegenden Gemeinsamkeit und der geteilten Bestimmung.

Barths Erkenntnisse klingen auch heute noch plausibel, wenn wir uns einige der maßgeblichen Konflikte der jüngeren Vergangenheit genauer ansehen. Ein schlagendes Beispiel dafür, dass symbolische Grenzen Identitäten erzeugen, ergibt sich aus der Geschichte des ehemaligen Jugoslawiens und seines blutigen Zerfalls im Jahr 1995. Seit Beginn der kommunistischen Herrschaft 1945 hatten in Jugoslawien Bosnier, Kroaten und Serben in einem komplexen Mix aus Frieden und Kompromiss zusammengelebt. Die drei Gruppen blickten auf eine wechselvolle gemeinsame Geschichte zurück: An manchen Orten war es »schon immer« friedlich zugegangen, an anderen konnten sich die Menschen noch gut an nationalistische Unruhen und gewalttätige Konflikte erinnern. Dennoch traten Denker und Wortführer aller Gruppen in der kommunistischen Ära für die Idee eines geeinten Jugoslawiens ein. Und für viele Bürgerinnen und Bürger war diese Einheit tatsächlich gelebte Realität. Viele Gegenden wiesen hohe Raten an Mischehen auf. Serbisch, Bosnisch und Kroatisch waren eigenständige, aber wechselseitig verständliche Variationen einer gemeinsamen Sprache. Sitten und Gebräuche sowie die jeweiligen Landesküchen wurden geteilt, entlehnt, verändert und getauscht.

Im Vorfeld des Bürgerkriegs von 1995 arbeiteten geschäftstüchtige Politiker und Militärs hart daran, die gemeinsame Geschichte zu einer der anhaltenden, unversöhnlichen Differenzen umzuschreiben. In einer berüchtigten Rede beispielsweise, die der serbische Nationalistenführer Slobodan Milošević 1989 hielt, zitierte er die Schlacht auf dem Amselfeld von 1389, um Jahrhunderten komplexer Koexistenz den Anschein eines seit Urzeiten bestehenden Konflikts zu geben. Er gab dieses Umschreiben der Geschichte sogar unumwunden zu: »Es ist heute nicht mehr leicht zu sagen, was an der Schlacht auf dem Amselfeld historische Wahrheit und was Legende ist. Aber das ist heute auch nicht mehr wichtig.«[12] Zudem stellten Nationalistenführer die drei Sprachen nicht als verwandt, sondern als untereinander unverständlich dar.[13] Heute, Jahrzehnte nach dem Krieg, leben die drei Gruppen nicht nur in getrennten Staaten, sie bestehen auch auf der absoluten Eigenständigkeit der jeweiligen Sprache: Sie nehmen Modifizierungen vor und erwecken altertümliche Begriffe wieder zum Leben, um besagte Eigenheiten überhaupt erst zu erzeugen.[14] Je höher die Barrieren der Kommunikation und des Austauschs werden, desto mehr entfernen sich die drei Gruppen voneinander, desto unterschiedlicher werden sie tatsächlich. Dennoch scheint die linguistische Unterschiedlichkeit eine in erster Linie symbolische Grenze zu bleiben – die Menschen behaupten, einander nicht verstehen zu können, auf Übersetzungen basierende Experimente lassen jedoch anderes vermuten.[15] Je nach Grenzen, die wir ziehen, können ethnische Identitäten erstaunlich schnell hergestellt oder aufgelöst werden.

Ähnliches trifft anscheinend auch auf das Clansystem in Somalia zu. Sprachen die Menschen dort über ihre Clanzugehörigkeit, war dabei meist auch von biologischer Abstammung und Verwandtschaft die Rede. Jahrelang nahmen Anthropologen und Anthropologinnen das wörtlich. Heute jedoch ist klar, dass damit immer auch eine gewisse dichterische Freiheit verbunden war. Theoretisch sollten nah verwandte Familien, die Gruppen einer Abstammungslinie oder die Mitglieder eines Subclans einander beim Handel, in kriegerischen Auseinandersetzungen und beim Verhandeln unterstützen. Sieht man sich aber die tatsächlichen Beziehungen der Gruppen untereinander an, wird deutlich, dass es »oft bei diesem ›sollten‹ blieb«.[16] Selbst das Zurückverfolgen von Blutlinien war nicht so ernst zu nehmen. Je nach Situation konnte man auf die Abstammung von verschiedenen Vorfahren pochen, die mit jeweils anderen Kriegen, Allianzen oder Ereignissen verbunden waren, und verschiedene Geschichten davon erzählen, mit wem man nun *wirklich* verwandt war. Ansehen und politischer Einfluss entsprangen nicht der Abstammungslinie, sondern der Fähigkeit des betreffenden Anführers, sich am politischen Leben zu beteiligen, Verträge auszuhandeln und neue Bündnisse zu schließen – wozu eben oft auch gehörte, die Herkunftsgeschichte auf kreative Weise neu zu gestalten.[17] Anders ausgedrückt: Statt die Abstammung als Tatsache der Natur zu sehen, verwendeten viele Somalis sie als flexible Metapher dafür, wie Menschen miteinander verbunden sein können. Und genau diese Flexibilität ermöglichte es ihnen, sich die eigene Identität und die politischen Möglichkeiten der Welt immer wieder neu zu konzipieren.

Barth schrieb zu einer Zeit der kulturellen Abrechnung, in der sich die Anstrengungen, mit den Folgen des Zweiten Weltkriegs fertigzuwerden, mit zunehmenden Problemen hinsichtlich der mangelnden Gleichberechtigung der Geschlechter, der rassistischen Diskriminierung und des Kolonialismus vermischten. Allmählich fasste eine neue Idee Fuß, die teilweise durch Barths Arbeit inspiriert war. Die »Otherness«, die Andersartigkeit, wurde zu einer besonders wichtigen Grenzmarkierung. Psychologinnen, Sozialwissenschaftler und Philosophinnen – viele aus kolonialen oder postkolonialen Ländern – vertraten die These, die Gruppenidentität definiere sich häufig in Opposition zu Außenstehenden. Mangels einer einheitlichen, unumstößlichen Identität beschworen ethnische Gruppen starre, hoch stereotypisierte Bilder der anderen – uralter Rivalen, als minderwertig erachteter Ethnien – herauf, um so das Gefühl der eigenen Besonderheit und Überlegenheit aufrechtzuerhalten.[18] Die Betonung der Andersartigkeit war eng mit Mechanismen der Macht verwoben, für viele Denkerinnen und Denker aber hatte sie auch etwas grundlegend Psychologisches an sich. Das Ich konnte in seinem Kern als in Opposition zu anderen definiert gesehen werden.

Wieder einmal jedoch bricht die Vorstellung, wir hätten eine angeborene Neigung, uns rein über die Opposition zu anderen zu definieren, in sich zusammen, wenn wir die Dinge vom anthropologischen Standpunkt aus betrachten. Dazu als Beispiel die Nayaka-Jäger und -Sammler in Südindien, mit denen sich Nurit Bird-David intensiv beschäftigt hat. Die Nayaka leben in sehr kleinen Gruppen im Wald zusammen. Ihr Verständnis von Verwandtschaft und der Nayaka-Identität ist ein sehr offenes: Für sie ist jeder, der gerade bei ihnen ist, *sonta* – was »wie wir« und »Verwandter« zugleich bedeutet. Jeder kann *sonta* sein, ganz unabhängig von Unterschieden, so Bird-David, die vielleicht im Westen eine Rolle spielen würden, etwa der Geburtsort, die Herkunft, der Hautton oder andere körperliche Merkmale. Sogar Angehörige einer anderen Spezies können *sonta* sein. Die Nayaka haben Bird-David zufolge »keine Karte im Kopf, auf der ethnische Gruppen und Einteilungen verzeichnet wären«.[19] Sie sehen Menschen (und Tiere) als auf unterschiedliche Weise mit ihnen verwandt. Im Laufe der Jahre hat die Anthropologie durch Gruppen wie die Nayaka erkannt, dass die Abgrenzung gegen andere bei Weitem nicht die einzige Art ist, kollektive Identitäten und ihren Bezug zu anderen zu definieren.

Die Anthropologie zeigt, dass Gruppenidentitäten fast nichts Starres oder Fundamentales haben. Sie werden durch Kategorien gebildet, die wir aufstellen und durchspielen – es ist jederzeit möglich, sich selbst anders zu sehen. Dies anzuerkennen bringt allerdings neue Herausforderungen mit sich. Wie können wir dann die intensiven Gefühle und Verbindlichkeiten verstehen, die mit Gruppenidentitäten einhergehen? Wie können wir die Geschehnisse im ehemaligen Jugoslawien oder in Somalia einordnen, als aus ehemaligen Gruppen blutige Bürgerkriege wurden? Zweifelsohne sind die Machenschaften und Beweggründe mächtiger Akteure – Milošević in Jugoslawien, Mohamed Siad Barre in Somalia – maßgeblich daran beteiligt, Grenzen zu erhärten und Spaltung zu befeuern. Beharren wir jedoch auf dem anthropologischen Standpunkt, sollten wir uns hüten,»Macht« als die ganze Geschichte anzusehen. Wir müssen auch herausfinden, was die Gruppenidentität für ganz normale Menschen so verlockend macht, warum sie sich so natürlich anfühlt. Wenn Gruppengrenzen flexibel sind und die Kultur fließend ist, warum fühlt sich dann beides oft so unflexibel und starr an?

*

Es fängt alles mit der Zugehörigkeit an.»Heimat ist die Rückkehr dorthin, wo Entfernung noch nicht zählte«, schrieb John Berger, der renommierte britische Kunsthistoriker, über Erfahrungen der Immigration, des Verlusts und des Wandels.[20] Für jeden Menschen gibt es Orte, Gerüche, Geräusche und andere Menschen, die ihn in seinem Gefühl dessen, wer er ist und wohin er gehört, verankern. Zugehörigkeit ist das Gefühl, dass das Ich zu seiner Umgebung *passt*.[21]

Zugehörigkeit ist schwer greifbar. Dieses»Passen« ist oft wirr und mannigfaltig. Über eine Form der Zugehörigkeit in East Anglia, dem ländlichen Osten von England, schrieb der Designer und Akademiker

Roger Coleman.²² Als er und seine Frau beschlossen, ein Schwein aufzuziehen und zu schlachten, wurde ihnen rasch klar, dass sie der Sache nicht gewachsen waren, und so baten sie ihre Nachbarn, Mr und Mrs Horrey, um Hilfe. Im Verlauf eines einzigen Tages verarbeiteten sie gemeinsam mit den Horreys beängstigende einhundertundacht Kilo Fleisch zu Würsten, Schinken, Speck und mehr. Die Horreys teilten die Arbeit nach Geschlechterrollen unter sich auf und ermutigten Roger und seine Frau Fran dazu, dasselbe zu tun. Erst nachdem sie die Mammutaufgabe bewältigt hatten, wurde Fran klar, dass diese Aufteilung der Arbeit eng an die Erfordernisse und Rhythmen des Lebens auf dem Land gebunden war. Oder, wie Roger es ausdrückte:

> Es war einfach zu viel zu tun. Einer allein hätte das nicht schaffen können, und jede willkürliche Aufteilung der Arbeit hätte leicht dazu führen können, dass letztlich keiner so genau gewusst hätte, was zu tun war. [...] Die Aufteilung der Arbeit nach Geschlecht bedeutete in diesem Fall, dass jedes Paar gemeinsam das gesammelte Wissen besaß, das zum Überleben notwendig war, zum Haltbarmachen der Nahrung für magere Zeiten. Jeder Anteil an der Arbeit war unverzichtbar und in einer mündlich überlieferten Tradition der Überlebensfähigkeiten bewahrt, die durch Vormachen, Helfen und Reden darüber weitergegeben wurde [...], wie die Dinge gemacht werden müssen.²³

Die Horreys leben in einer Welt, die durch subtil oder ganz klar getrennte Bereiche – Geschlecht, Fertigkeiten, Zeit und Ort – gekennzeichnet ist. Diese Trennungen sind jedoch nicht einfach Kategorien, die ihnen aufgezwungen wurden und die sie deshalb als fremd oder einengend empfinden würden. Stattdessen garantieren diese Kategorien ihnen, die Welt zu verstehen, ihre Erfahrungen darin zu machen und in ihr zu handeln. Die Arbeitsaufteilung nach Geschlechterrollen ermöglichte es den Horreys nicht nur, ihren Tagesablauf zu organisieren und ihre Aufgaben zu bewältigen, durch sie konnten sie auch jeweils spezifische Fähigkeiten kultivieren – verschiedene Formen der Geschicklichkeit, verschieden fein geschliffene Sinne, verschiedene Gedächtnisinhalte –, die sich gegenseitig ergänzten. Diese Fähigkeiten prägten ihr jeweiliges Ich-Gefühl und das Gespür dafür, was sie konnten oder nicht konnten, sie verbanden sie aber auch mit der Welt. Die Vorstellungen davon, was es für sie bedeutete, ein Mann oder eine Frau zu sein, waren mit bestimmten Elementen in ihrer Umgebung verknüpft, mit dem Geruch kommenden Regens etwa oder dem jahreszeitlich bedingten Verhalten der Nutztiere. Mit diesen Aufteilungen nach Geschlecht konnten sie die oft impliziten Fähigkeiten anderen gegenüber benennen und sie ihnen vermitteln, sie formten die Sprache, die sie benutzten, um sich in Bezug zu anderen, etwa zu den Colemans, zu setzen. Dieselbe Aufteilung nach Geschlecht bot den Horreys darüber hinaus eine Schablone für den Bezug zueinander und das Fundament ihres Selbstwertgefühls. Wir haben in diesem Buch bereits gesehen, dass diese Arten von Geschlechtskategorien, auf die die Horreys zurückgreifen, rein gar nichts Angeborenes oder Zwangsläufiges haben. Für die Horreys aber fühlen sich diese Kategorien immer natürlicher an, je mehr sie in ein Geflecht an Bezügen eingewoben werden, in dem Körper, Fähigkeiten, Kategorien, Gefühle, Beziehungen, Gegenstände und ein gegebenes Umfeld alle zueinanderpassen.

Und dieses Gefühl des »Passens« wird zur Grundlage der Zugehörigkeit. Diese Grundlage kann an einem einzelnen Ort verankert oder breiter gestreut sein. Sie kann viele oder wenige Aspekte umfassen. Unser Zugehörigkeitsgefühl kann widersprüchlich sein: Wir können uns sowohl im geschäftigen Treiben der Stadt als auch in der ruhigen Weite ländlicher Gegenden heimisch fühlen, unser Gefühl von Zuhause kann sowohl mit Sicherheit als auch mit schmerzlichen Empfindungen verbunden sein. Die Zugehörigkeit kann sich unvollständig anfühlen, wie eine Erinnerung an die Vergangenheit oder ein Zukunftstraum. Was das Zugehörigkeitsgefühl auslöst, variiert von Mensch zu Mensch; doch wie auch immer wir es empfinden, es ist stets eines unserer fundamentalsten und zwingendsten Bedürfnisse.

Häufig entsteht das Zugehörigkeitsgefühl an der Schnittstelle von empathischem und symbolischem Verstehen. Die Sozialpsychologie hat die Zugehörigkeit unter dem Aspekt unseres Bedürfnisses untersucht, Beziehungen zu anderen einzugehen, die durch langfristige Bande und gegenseitige Fürsorge gekennzeichnet sind. Dieses Bedürfnis ist eng mit vielen Formen des frühen empathischen Lernens verknüpft, von denen im vorangegangenen Kapitel die Rede war, etwa mit Nachahmung, Joint Attention und der Bildung früher Bindungen.[24] Dieselben Mechanismen aber dehnen unser Zugehörigkeitsgefühl über individuelle Beziehungen hinaus auf unsere gesamte physische und kulturelle Umgebung aus.[25] Sprache und Kultur halten ein ganzes Repertoire an Vorlagen – Konzepten, Bildern, Praktiken – für uns bereit, die unsere Fähigkeit, zu denken, zu handeln und uns selbst zu begreifen, fördern. Die materielle Welt um uns herum bietet uns ein ähnliches Gerüst. Mit einem Kugelschreiber zu schreiben, Fahrrad zu fahren oder ein Smartphone zu benutzen führt möglicherweise dazu, dass wir bestimmte geistige Gewohnheiten und Routinen entwickeln, die diese Gegenstände unverzichtbar für uns machen.[26] Ohne sie geraten wir vielleicht in Schwierigkeiten – können uns an ein bestimmtes Ereignis nicht mehr erinnern, ohne die Fotos auf unserem Smartphone durchzuscrollen, suchen plötzlich in einer Zweitsprache, die wir sonst fließend sprechen, nach dem richtigen Wort.

Wir halten Zugehörigkeit oft für selbstverständlich. Die Soziologin Floya Anthias schreibt, dass wir meist erst dann darüber nachdenken, was Zugehörigkeit für uns bedeutet, wenn wir uns fehl am Platz fühlen:

> Genau dann, wenn wir uns destabilisiert fühlen, wenn wir uns vor das Dilemma der Unsicherheit, der Abkopplung, der Entfremdung und des Nicht-gesehen-Werdens gestellt sehen, wollen wir auf einmal unbedingt einen Ort in der Gesellschaft finden, ja sogar schaffen, an dem wir uns heimisch fühlen oder mit dem wir zumindest vertrauter sind; wo wir nach unseren imaginären Wurzeln suchen, nach dem sicheren Hafen unserer Gruppe, unserer Familie, unserer Nation.[27]

Im Hinblick auf die Sprache beispielsweise hat die Anthropologin und Historikerin Lisa Mitchell belegt, dass die Vorstellung einer »Muttersprache« erst der frühen Neuzeit entsprungen ist.[28] Als europäische Staaten ihre Macht gegenüber kleineren Gemeinwesen konsolidierten und sich bemühten, eine jeweils einigende nationale Kultur zu schaffen, begannen die Menschen, die Vorzüge der verschiedenen lokalen Sprachen und Dialekte miteinander zu vergleichen. Die Befürworter der verschiedenen Sprachen beharrten in der Regel darauf, *ihre* Sprache sei die authentischste und reichste, abgestimmt auf die Komplexitäten der menschlichen Erfahrung, während sie gleichzeitig die relative Armut der jeweils anderen Sprachen betonten. Die Frage, was Sprachen darstellen können und was nicht, tauchte erst auf, als die Europäer regelmäßig auf Sprachen trafen, die in anderen Welten und Bezugsgeflechten wurzelten.

In Südindien, wo Mitchell arbeitet, begannen die Bemühungen, verschiedene Sprachen als authentisches Kennzeichen der örtlichen Identität zu verteidigen, im neunzehnten und zwanzigsten Jahrhundert, nach dem Ende der britischen Kolonialherrschaft. Wie in Europa warf auch hier der Kontakt zwischen Sprachen Fragen darüber auf, inwiefern eine bestimmte Sprache mit den menschlichen Erfahrungen übereinstimmt und wie sie Bedeutung vermittelt – was es erschwerte, die Übereinstimmungen für selbstverständlich zu halten. Das Verständnis von Sprache veränderte sich: Nun war Sprache nicht mehr nur ein Kommunikationsmittel, sondern der spezifische Ausdruck einer tiefsitzenden Identität. Manche Sprachen wurden sogar als Gottheit personifiziert. Immer häufiger beschrieb man Sprache als etwas, das Gefühle von *abhimānam* hervorbringen konnte. Der Begriff bringt zum einen tiefe Zuneigung zum Ausdruck, lässt aber auch Dinge wie Hingabe, Stolz und Liebe sowie eine gewisse Begierde mitschwingen, auch die Begierde, andere zu verletzen. Sich *abhimānam* zu fühlen bedeutet, das Gefühl zu haben, das eigene Wesen definiere sich in engem Bezug zu dem, demgegenüber man sich *abhimānam* fühlt: in diesem Fall in engem Bezug zu einer Sprache. Zu den Volksbewegungen zur Anerkennung der verschiedenen Sprachen gehörten Aktivismus und Demonstrationen, aber auch Zusammenstöße mit der Polizei, tödliche Hungerstreiks und Selbstverbrennungen. Dabei ging es auch darum, dass man mit einer offiziell anerkannten Sprache leichter Zugang zu bestimmten Bereichen des öffentlichen Lebens hatte, von der Universität bis zu staatlichen Arbeitsplätzen. Allerdings ließ die großflächige und leidenschaftliche Vehemenz der Bemühungen vermuten, dass es um noch viel mehr ging – um ein fundamentales Gefühl der Zugehörigkeit etwa.[29] Anthias erklärt auch, warum diese Gefühle der Zugehörigkeit – und ihr Verlust – so mächtig sein können. Sie beschreibt sie insgesamt als »Gefühl, Teil eines größeren Ganzen zu sein«.[30] Dies wiederum erklärt, warum sich Gruppenidentitäten mitunter so real und starr anfühlen und was ganz gewöhnliche Menschen im Namen des Kollektivs alles zu tun bereit sein können. Unsere Fähigkeit, zu denken und zu fühlen, wird immer durch unsere kulturellen Welten geformt, und unsere Gefühle der Zugehörigkeit fangen dieses Gefühl des in die Kultur Verstricktseins ein. Der Verlust oder das Bröckeln einer kulturellen Welt kann sich wie der Verlust oder das Bröckeln des eigenen Ich anfühlen.

Die Zugehörigkeit hat etwas Politisches, das nicht nur damit zu tun hat, wie sie kultiviert oder verteidigt wird, sondern auch damit, wie unterschiedliche Zugehörigkeitsgefühle auf bestimmte kulturelle Marker übertragen werden. In kulturellen Welten gibt es immer unterschiedliche Blickwinkel, Spannungen und Dissense. Alle Sprachen mögen reich sein, einige aber sind vielleicht reicher darin, den Erfahrungen von Männern anstelle denen von Frauen Ausdruck zu verleihen. Fertigkeiten, Gewohnheiten, Werte, Beziehungen, Gefühle und Gegenstände mögen mit der Sprache übereinstimmen, gehen aber selten nahtlos in sie über. Oder, wie Anthias es formuliert: »Die durch Vorstellungen der Zugehörigkeit konstruierten kollektiven Orte verbrämen die Risse, die Verluste, das Fehlende und die Grenzen in ihnen.«[31] Wenn die Gleichung der Welten also nie ganz aufgeht, dann ist die Frage, wie Gefühle der Zugehörigkeit mit Gruppenidentitäten verbunden werden, nie eine leichte.

In Mitchells Bericht über die Sprachpolitik im südindischen Bundesstaat Andhra Pradesh kann man lesen, dass bei der Bewegung für sprachliche und politische Anerkennung einige Abstriche gemacht werden mussten. Die mittelständischen Berufstätigen befürworteten die lokale Sprache oft als Möglichkeit, nach Chancen und Macht zu fischen; sie stellten sich als Eliterepräsentanten eines authentischen Volks dar. Weniger begüterte Bürgerinnen und Bürger setzten sich ebenfalls dafür ein, um Zugang zu einem System zu haben, in dem Protektion, politische Vertretung und Würde dadurch bestimmt wurden, wer »authentische« kulturelle und sprachliche Identitäten für sich beanspruchen konnte. Diese widerstreitenden Interessen beeinflussten, welche Sprachformen anerkannt und als echte Kennzeichen der lokalen Identität gefördert und welche ausgeschlossen und unterdrückt wurden. Bei der Sprachpolitik ging es mit anderen Worten nie einfach darum, für die reine, kollektive Stimme eines gegebenen Volkes einzutreten, sondern um den Kampf, verschiedene Interessen und Verbundenheiten in bestimmte Vorstellungen von Reinheit und Kollektivität zu gießen. Davon profitierten einige zwangsläufig mehr als andere.

Eng verbunden mit der Frage der Politik ist die der Ethik. Wie leben wir in vorgegebenen Rahmen, wie stellen wir sie infrage und wie treten wir über sie hinaus? Kollektive Identitäten mögen zwar nicht jeden Aspekt des Lebens bestimmen, stützen sich aber auf wichtige Grenzmarkierungen – Werte, Praktiken, Vorstellungen, Gebräuche –, bei denen jedes Mitglied selbst herausfinden muss, in welcher Beziehung es zu diesen steht. In einer heute klassischen anthropologischen Studie berichtet Lila Abu-Lughod davon, dass die Frauen des Beduinenstamms Awlad Ali dominante kulturelle Vorstellungen von öffentlicher männlicher Ehre und privater weiblicher Bescheidenheit dazu nutzen, um sich häusliche, ausschließlich Frauen vorbehaltene Räume zu schaffen. In diesen geschützten Räumen in den Zelten oder Hütten tauschen die Frauen Klatsch und Tratsch aus, sie machen Witze oder verbünden sich gegen arrangierte Ehen, indem sie Gegenstimmen innerhalb der Familie mobilisieren oder sich auf bestimmte Traditionen berufen. Die Frauen weihen sich gegenseitig in Geheimnisse ein und knüpfen dadurch enge Bande, sie machen sich über die Männer und deren Pochen auf Status lustig, sie teilen ihre

Kümmernisse miteinander, diskutieren Familienangelegenheiten und rezitieren Gedichte. Innerhalb des Rahmens der beduinischen Kultur und manchmal auch darüber hinaus schaffen sie sich einen Ort des Widerstands, der Vertrautheit und der wechselseitigen Fürsorge. Und dabei befinden sich die Begriffe, mit denen die Frauen sich selbst und andere Frauen einschätzen – die Art und Weise, wie sie ihr eigenes Zugehörigkeitsgefühl sichern –, nicht notwendigerweise im Einklang mit der Art und Weise, wie die Männer sie sehen oder wertschätzen.[32]

Ähnliche Bemühungen, sich Möglichkeiten zum Ausleben kultureller Identitäten oder zum offenen Bekämpfen derselben zu schaffen, können auch bei der somalischen Gemeinde in Kilburn beobachtet werden. Bei Aishas Ankunft in Großbritannien – sie war damals noch ein Teenager gewesen und nach dem Ausbruch des Bürgerkriegs aus Somalia geflohen – suchte sie in der somalischen Gemeinde in und um Kilburn herum Unterstützung. Freunde der Familie boten ihr eine Unterkunft an und halfen ihr dabei, sich ein neues Leben aufzubauen. Gleichzeitig aber ließen dieselben Menschen sie nicht aus den Augen und beobachteten scharf, wie sich Aisha als alleinstehende Frau, die neugierig auf ihre so ganz andersartige Umgebung war, benahm. Ob sie sich nun mit Freunden und Freundinnen traf oder zum Sprachunterricht ging – die älteren Verwandten und Familienfreunde runzelten die Stirn darüber und fragten, ob es für eine junge somalische Frau wirklich angebracht war, sich so unabhängig zu verhalten.

Ich begegnete Aisha viele Jahre später beim Treffen einer örtlichen Aktionsgruppe. Die landesweiten Wahlen 2015 standen gerade an, und diese Gelegenheit wollte das Team nutzen, um die Parlamentskandidaten dazu zu bewegen, sich mit einer Reihe von kommunalen Angelegenheiten zu beschäftigen, darunter die Wohnbedingungen vieler Geflüchteter und Sozialmieter der Gegend, die in ausgesprochen beengten und schmutzigen Verhältnissen leben mussten. Im Laufe der darauffolgenden Wochen trafen wir uns auch zu mehreren anderen Anlässen, die jedes Mal mit einer anderen Gruppe zu tun hatten – mit Spendensammlern für wohltätige Zwecke etwa oder einer Anwohnervereinigung. Aisha engagierte sich in ungeheuer vielen Belangen der Gemeinde. Als wir uns etwas näher kennenlernten, erzählte sie mir Geschichten aus ihrer Vergangenheit, die deutlich machten, wie sehr sich Aishas Verständnis dessen, was es bedeutet, eine Somalierin zu sein, im Verlauf ihres Lebens geändert hatte.

Ihrem späteren Ehemann begegnete Aisha zufällig, als sie mit einer Freundin auf den Bus wartete. Er hörte sie miteinander plaudern und fragte sie, woher sie kamen; als er erfuhr, dass sie aus Somalia stammten, bot er ihnen an, sie mit dem Auto mitzunehmen. Er war zwar sehr nett, erinnert sich Aisha, sein Angebot aber schüchterte sie trotzdem ein und brachte sie in Verlegenheit. Ihre Freundin nahm es für sie beide an, woraufhin Aisha innerlich in Panik geriet. Was würde ihre Gastfamilie denken, wenn sie das herausfand? Flirtete der Mann mit ihnen? Was hatte er vor? Aisha hatte sich schon eine Weile mit dem Gedanken zu heiraten getragen, sie sah die Ehe als Weg zu einem unabhängigeren Leben, in dem sie nicht mehr so sehr unter Beobachtung stehen würde. In der somalischen Gemeinde bedeutete Heirat einen Zugewinn an Status und Autonomie, Aisha wäre dann auch nicht mehr angewiesen auf die Gastfreundschaft anderer. Im Auto unterhielt sich Aishas Freundin angeregt mit dem Fremden, während sie selbst einerseits enttäuscht und andererseits erleichtert war, dass er an ihr anscheinend kein Interesse hatte. Doch weit gefehlt: Als sie ausstiegen, fragte er Aisha, ob er sie wiedersehen könne. Aisha willigte ein, nicht zuletzt deshalb, weil ihr Verehrer in der somalischen Gemeinde bekannt war und als respektabel galt. Es dauerte nicht lange, da machte er ihr einen Antrag.

Allerdings erwies sich die Ehe nicht als das, was Aisha sich vorgestellt hatte. Schon kurz nach der Hochzeit wurde ihr klar, dass ihr Mann ebenso viel Kontrolle über sie ausüben wollte wie ihre ehemaligen Gastgeber. Und genau wie sie machte auch er seine Autorität als Frage der Tradition geltend. Eifersüchtig verhörte er sie bezüglich der Zeit, die sie bei ihrer Arbeit oder mit verschiedenen Gemeindegruppen verbrachte. Zudem weigerte er sich, sich an der Hausarbeit oder der Erziehung der Kinder zu beteiligen – alles mit dem Argument, sie solle sich bitteschön wie eine richtige somalische Ehefrau verhalten. Als sie sich schließlich scheiden ließen, erzählte Aishas Ex-Mann allen, die es hören wollten oder auch nicht, Aisha habe ihr Erbe und ihren Glauben aufgegeben. Und zu ihrer großen Überraschung musste sie feststellen, dass viele aus ihrem Freundes- und Verwandtenkreis bereit waren, diese Anschuldigungen ernst zu nehmen – allein deswegen, weil sie von einem *Mann* geäußert wurden, einem Mann, der in der Gemeinde auch noch recht angesehen war. Vom endlosen Gerede und Geschwätz erschöpft wandte sich Aisha schließlich von der somalischen Gemeinde ab.

Als wir uns kennenlernten, führte Aisha ein ganz anderes Leben. Sie arbeitete an einer Schule im Viertel und war darüber hinaus freiwillig bei der Flüchtlingsorganisation tätig, die auch ihr in der ersten Zeit geholfen hatte. Sie machte ihren Abschluss als Therapeutin, betrieb gemeinsam mit einer Gruppe geflüchteter Frauen ein Cateringunternehmen, war im Schulbeirat, hatte sich einer Laufgruppe angeschlossen, lernte schwimmen und war eine engagierte, stolze Mutter. Durch all diese Aktivitäten hatte sie sich ein großes Netzwerk an Freundinnen und Freunden aufgebaut, von denen sie mit demütiger Dankbarkeit sprach: weil sie über die Farbe ihrer Haut, ihren Hidschab und ihr unvollkommenes Englisch hinaussahen. Sie erzählte mir von den vielen Augenblicken, in denen sie etwas Neues ausprobieren wollte, das Schwimmen beispielsweise oder das Führen eines Unternehmens, und sich plötzlich mit ihrer alten Angst konfrontiert sah, was die Leute dann wohl über sie denken würden – um anschließend überrascht festzustellen, dass »die Leute« ausgesprochen positiv darauf reagierten und sie unterstützten.

Aisha hat die konventionellen Vorstellungen dessen, was es bedeutet, eine Somalierin zu sein, in vielerlei Hinsicht infrage gestellt. Sie ist auch heute noch sehr wachsam, was den Hang der Gemeinde zum (Ver-)- Urteilen und Ausschließen betrifft, beharrt aber darauf, im Herzen eine Somalierin zu sein. Woraus genau diese wesentliche, fortdauernde somalische Identität besteht, konnte sie nur mit Mühe sagen; dass sie jedoch wichtig ist, davon war sie überzeugt. Sie brachte ihren Kindern die somalische Sprache bei, auch wenn sie eine Reise nach Somalia für eher zwecklos hielt. Besonders betraf sie das Schicksal somalischer Geflüchteter, und sie sprach sehr lebhaft, wenn zugleich auch vorsichtig und feinfühlig über die Probleme der Somalis: die finanzielle Unterstützung der zu Hause gebliebenen Familie, die Rolle der Religion, die Beschneidung der Frau, die englischen Sprachkenntnisse.

Mit der Zeit geschah etwas Seltsames. Nachdem Aisha viele Jahre lang von den meisten anderen somalischen Frauen geschnitten worden war (»Sie denken, ich bin verrückt«, hatte sie einst erklärt), kamen sie plötzlich zu ihr und baten sie um Hilfe. Wo sie einst als »unsomalisch« gebrandmarkt worden war, sagten die Frauen jetzt: »Du bist eine Somalierin, gehst die Dinge aber anders an, und deswegen brauchen wir deine Hilfe.« Aisha war plötzlich jemand, der sich zwischen den Traditionen ihres Herkunftslandes und den neuen Möglichkeiten und Herausforderungen ihrer Wahlheimat frei bewegen konnte. 2015 unterstützte sie eine Reihe anderer somalischer Frauen, die unter ähnlichen Umständen wie sie selbst lebten: Sie waren zu den Hauptverdienerinnen geworden, mühten sich mit Ehemännern ab, die stur in der Vergangenheit feststeckten, oder hatten erkannt, dass ihre Kinder inzwischen ein sehr britisches Leben führten und sich eine eigene, neue Identität schufen – und zu diesen »neuen Kindern« wollten sie den Kontakt nicht verlieren.

Gemeinsam definieren die Somalis in Großbritannien die somalische Identität neu. Der islamische Glaube, der es auch ermöglicht, interkulturelle Verbindungen aufzubauen, hat an Bedeutung gewonnen, ebenso wie Aktivismus, Kunst und eine neue Rolle der Frau im öffentlichen Leben. Diese Wandlungen waren nicht als Bruch mit der Vergangenheit gedacht, sondern als neue Herangehensweisen an alte Werte und Traditionen. Zum Beispiel hat der traditionelle Wert, der einst der Fähigkeit der Männer zugeschrieben wurde, mitreißende Reden zu halten oder Gedichte zu rezitieren, inzwischen für eine wiedererstarkte Wertschätzung der Dichtung, Musik und bildenden Kunst gesorgt. Während das Diskutieren über Politik und regionale Angelegenheiten früher als Kennzeichen männlicher Führerschaft erachtet wurde, macht es die Beteiligung der Frauen an der Kunst sowie an kulturellen und kommunalen Gruppen heute möglich, es zu kritisieren, wenn die Männer zu Hause oder im Café zwar endlos über Politik debattieren, sich um andere Facetten des gemeinschaftlichen Lebens aber nicht kümmern. Aisha und ihre Freundinnen widersetzen sich der Annahme, Menschen wie Aishas Ex-Mann hätten das letzte Wort, wenn es darum geht, zu bestimmen, was als somalisch betrachtet werden kann und was nicht.

Diese vielfältigen, komplexen, oft sogar widersprüchlichen Positionen – die verschiedenen Arten, ein Somali oder Beduine zu sein oder irgendeine andere Identität zu leben – bleiben dennoch oft an das Gefühl eines gemeinsamen Wesens oder verflochtenen Schicksals gebunden. Aisha fühlt sich trotz ihrer Mühen und Unsicherheit somalisch, ebenso wie sich die Frauen der Awlad Ali, mit denen Abu-Lughod gesprochen hat, zwar über die Obsession ihrer Männer mit Ruhm und Ehre lustig gemacht haben, aber mit Waffen unter dem Kopfkissen schliefen, falls die ägyptischen Behörden versucht hätten, das Leben der Beduinen weiter einzuschränken. Tatsächlich entsteht die Macht und Anziehungskraft kollektiver Identitäten nicht trotz, sondern gerade *durch* ihre Vielfältigkeit und Komplexität.

Fünfzehn Jahre nach Barth baute ein weiterer Anthropologe, Anthony Cohen, auf Barths Erkenntnissen auf.[33] Bei seiner Arbeit auf den schottischen Shetlandinseln stellte Cohen rasch fest, dass den Bewohnerinnen und Bewohnern ein ausgeprägtes Gefühl von Shetlandidentität gemein war. Diese Identität war durch bestimmte Symbole gekennzeichnet – das Fischen oder Hüten von Schafen, die Wichtigkeit von Lokalität –, also durch Schlüssel-Grenzmarkierungen im Barthschen Sinn. Allerdings bedeuteten diese gemeinsamen Symbole für verschiedene Menschen jeweils etwas völlig anderes. Für einige ging es bei Lokalität um die Familie und die gegenseitige Unterstützung. Für andere aber war sie diese bedrückende, aber unausweichliche Kraft, die sich aus Klatsch, Tratsch und Kontrollzwang speiste. Manche bezogen »Gemeinschaft« auf die Leute, mit denen man sich im Pub traf, andere verbanden damit das Fischen. Die Symbole, die die Einheimischen benutzten, um ihre gemeinsame Identität zu definieren, so wurde Cohen klar, wiesen alle ein hohes Maß an Flexibilität auf. So fungierten Lokalität, Gemeinschaft und Fischen zwar als Symbole für die Identität der Shetlandbewohner, aber nicht deshalb, weil man sich über ihre Bedeutung einig gewesen wäre, sondern weil sie für jeden etwas anderes bedeuten konnten. Dazu Cohen:

> Symbole [...] tun mehr, als nur für etwas anderes zu stehen oder es zu repräsentieren [...]. Sie gestatten es auch denjenigen, die sie benutzen, einen Teil ihrer Bedeutung zu liefern [...]. Nicht alle verstehen unter allen Symbolen dasselbe. Jedes Symbol ist durch die spezifische Erfahrung des Einzelnen vermittelt [...]. Symbole drücken nicht eigentlich Bedeutungen aus, sie ermöglichen es uns vielmehr, Bedeutung zu erschaffen.[34]

Gruppenbande, so Cohen, würden durch das Erschaffen von Bedeutung auf plurale, persönliche, mannigfaltige, aber dennoch *gemeinschaftliche* Arten und Weisen geschmiedet.

Aishas Geschichte zeigt, dass diese Art von einigender Flexibilität, die unter der Oberfläche unserer kollektiven Identitäten verborgen liegt, nicht nur zwischen verschiedenen Menschen existiert, sondern sich auch über das ganze Leben eines Einzelnen erstrecken kann. Sie zeigt, dass unsere kollektiven Identitäten uns nicht nur über verschiedene Erfahrungen hinweg vereinigen, sondern auch das Gefühl unseres Selbst verankern, sogar im Wandel. So fühlt sich die gemeinsame Identität zutiefst bedeutsam an – nicht *trotz* der Verschiedenheit in ihr, sondern exakt *wegen* dieser Verschiedenheit. Die Kategorien, die uns – und andere – definieren, funktionieren wie ein Setzkasten, bei dem unterschiedliche Fächer vorgegeben sind, die wir jedoch mit unserem ganz persönlichen Zugehörigkeitsgefühl füllen. Auch wenn sich Aisha und die Menschen um sie herum nicht einig sind, was Somalischsein bedeutet, so fühlen sie sich doch in die Interpretation des jeweils anderen eingeschlossen. Aisha ist verletzt, wenn sie als jemand dargestellt wird, der sein somalisches Erbe verrät. Andere fühlen sich von der Kritik Aishas getroffen und wieder andere, wenn die männliche Autorität infrage gestellt wird. Doch über all diese

Spannungen hinweg herrscht Einigkeit darüber, dass diese Probleme und Fragen die Individuen unvermeidlich zu Kollektiven zusammenfassen, auch wenn sich die einzelnen Menschen untereinander nicht einig sind. Das macht Identität zu etwas Paradoxem. Auf der einen Seite suggeriert die Fähigkeit kollektiver Identitäten, Diversität zu beinhalten, dass es keine *grundlegende* Verbindung zwischen der Identität, die wir leben, und den Formen der Zugehörigkeit, die wir fühlen, schaffen oder anfechten, gibt. Vielmehr werden die Formen der Zugehörigkeit auf verschiedene Weisen auf die Identität übertragen. Wir benutzen sie als geläufige Kurzschrift für unser persönliches Zugehörigkeitsgefühl, selbst wenn dies signifikant von dem anderer abweicht. So ist Identität also recht chaotisch und ausgesprochen dynamisch, immer vielfältig, immer im Wandel begriffen. Auf der anderen Seite ist es gerade diese Fülle – das Gefühl, unsere Identität verankere unser Ich, auch über Variationen hinweg, und verbinde uns mit einer großen Vielfalt an anderen Menschen –, die dafür sorgen kann, dass sich Identität grundlegend *anfühlt*. So kann die Identität eine angeborene, universelle Qualität annehmen – und so kann sich das, was jenseits unseres derzeitigen Verständnisses von Identität liegt, zutiefst fremd anfühlen.

*

Die Geschichte der Menschheit ist voller Beispiele von Kulturen, in denen die Gruppenzugehörigkeit relativ offen ist, Grenzen verschwimmen und sich Vorstellungen von Andersartigkeit nicht in Opposition zu Vorstellungen vom Ich befinden. All dies offenbart, wie fließend die Identitäten, die uns zusammenführen oder trennen, sein können. Gleichzeitig finden sich in historischen Aufzeichnungen unzählige Beispiele für gewalttätige Konflikte, ausgetragen im Namen der Partei, des Clans oder der Nation. Sie erinnern uns daran, wie bitterernst und starr Gruppenidentitäten werden können. Dabei können Starrheit und Flexibilität sowohl im Widerspruch zueinanderstehen als sich auch gegenseitig verstärken. Auch die Erfahrung der Flexibilität kann durchaus zu einem Gefühl der starren

Identität und der unüberbrückbaren Differenz führen. Bei Letzterer sind drei weitere Faktoren mit im Spiel. Erstens neigt der Mensch möglicherweise von Natur aus psychologisch dazu, ausgesprochen rigide und kategorisch über menschliche Unterschiede zu denken. In der Anthropologie hat man schon vor langer Zeit erkannt, dass die ethnische Kategorisierung und Stereotypisierung uns eine Art kognitive Karte liefert: Sie destilliert eine komplexe Welt zu einfacheren, stabileren Kategorien, mit denen es sich leichter denken lässt.[35] Obendrein halten wir Kategorien aber vielleicht auch instinktiv für grundsätzlich fixiert. In dieser Hinsicht ist das Leben der Vezo auf Madagaskar besonders aufschlussreich, da ihr Verständnis bestimmter Identitätsaspekte wie des Geschlechts oder der Volkszugehörigkeit kulturell sehr flexibel ist: Sie werden als etwas erachtet, das »man sich schrittweise das ganze Leben hindurch und auch noch nach dem Tod aneignet, das also nicht bei der Geburt definitiv festgelegt wird«.[36] Die Anthropologin Rita Astuti hat mehrere Jahrzehnte lang bei den Vezo gelebt und mit ihnen gearbeitet; dabei hat sie herausgefunden, dass auf das Geschlecht abzielende Unterschiede in vielen Lebensbereichen der Volksgruppe nicht vorhanden sind. Dazu gehört beispielsweise die Abstammung. Im Familienstammbaum der Vezo sind mütterliche und väterliche Linien gleich wichtig, was zu einer großen Anzahl an Verwandten führt. In ähnlicher Weise wird zwar der Gesamtprozess von Schwangerschaft und Geburt nur mit denjenigen assoziiert, die biologisch weiblich sind, doch ziehen die Vezo eine Parallele zwischen männlichem Samen und weiblichem Zervixschleim: Beide können ihrer Vorstellung nach eine Schwangerschaft auslösen. Zudem können in der Vorstellung der Vezo auch Männer in einen schwangerschaftsähnlichen Zustand geraten, indem sie Nahrung, die vom Liebhaber einer Frau zubereitet wurde, zu sich nehmen.[37] Diese Vorstellungen davon, was Körper sind und inwiefern sie von Bedeutung sind, lassen die Unterscheidung zwischen biologisch männlichem und biologisch weiblichem Körper im Vergleich zu der unseren deutlich schrumpfen. Ebenso wird die ethnische Identität – ob man nun zu den Vezo oder beispielsweise zu den benachbarten Masikoro gehört – nicht als Frage der

Abstammung beschrieben, sondern als Ergebnis dessen, wo man lebt, was man isst und wie man seinen Lebensunterhalt bestreitet. Kinder von Vezo-Eltern gelten nicht automatisch selbst als Vezo, da sie »noch nicht ›mit dem Meer kämpfen‹ können«.[38] Geht jemand, der an der Küste lebt und fischt, ins Landesinnere, um sich dort der Viehzucht und dem Ackerbau zu widmen (»Gras zu essen«, wie die Vezo es formulieren), wird er vom Vezo zum Masikoro, und umgekehrt. Diejenigen, die solche Veränderungen durchmachen, haben nach Ansicht der Vezo dabei auch ihre Identität gewechselt.

Trotzdem geben vor allem Vezo-Kinder auf die Frage, ob bestimmte kulturelle oder körperliche Merkmale vererbbar sind, häufig viel kategorischere Antworten, die die fließenden Vorstellungen von Identität, die die Vezo bekunden, nicht widerspiegeln. Im Allgemeinen widersprechen die Antworten der Kinder denen der kulturell erfahreneren Erwachsenen – obwohl auch diese durch clever formulierte Fragen bezüglich angeborener versus erworbener Merkmale aufs Glatteis geführt werden können. Darauf aufbauend und in Zusammenarbeit mit Psychologinnen und Psychologen stellt Astuti die These auf, wir hätten die angeborene psychologische Tendenz, in relativ starren, kategorischen *Typen* zu denken. Allerdings, so betont sie, bedeutet Tendenz nicht Schicksal. Die Kultur der Vezo zeigt, dass diese Tendenz sowohl minimiert als auch auf bestimmte Arten gelenkt werden kann. Dazu ein Beispiel: Denken die Vezo gelegentlich doch einmal in starreren Kategorien über Geschlecht und Körper, gründen sie diese Kategorisierungen nicht auf dieselben körperlichen Merkmale – etwa die Genitalien –, wie wir es tun würden. Stattdessen spielt es für die Vezo bei der angeborenen Biologie eine Rolle, ob das Baby mit dem Gesicht nach oben oder unten zur Welt kommt, da ihrer Ansicht nach selbst neugeborene Jungen schon wissen, dass es ein Tabu ist, die Vagina der Mutter zu sehen.

Zweitens sind Machtverteilungen und institutionelle Dynamiken mitunter entscheidend daran beteiligt, ob Identitäten starr oder weniger starr sind. Der Soziologe Andreas Wimmer setzt sich vehement dafür ein, ethnische Identitäten in einem Zusammenhang mit politischen Möglichkeiten und Strukturen zu sehen.[39] Er betont, dass Eliten die Grenzen von Gruppenidentitäten meist unverhältnismäßig stark mitbestimmen, aber auch, dass die am Ende verlockendsten Grenzmarkierungen häufig die sind, die es sowohl der Elite als auch ganz normalen Menschen ermöglichen, sich mit ihnen zu identifizieren und für verzahnte Interessen zu kämpfen. Für ebenso wichtig beim Festlegen ethnischer Grenzen hält Wimmer Staaten und andere Institutionen. Als sich moderne Staaten zu entwickeln begannen, mussten sie die Macht zentralisieren und sie dafür Feudalherren sowie relativ autonomen Dörfern und Städten abringen. Dabei bedurfte es neuer Legitimitätsbegriffe. Deshalb griffen regierende Eliten auf die Geschichte und lokale Gebräuche zurück, um ein Bild »der Menschen« zu entwerfen, die zu repräsentieren sie beanspruchen durften. Und natürlich glichen diese Identitätsporträts manchen mehr als anderen. Darüber hinaus wurden den in Kolonien lebenden und versklavten Menschen Identitäten aufgedrückt, die meist mit sehr einseitigen, entmenschlichenden Begrifflichkeiten verbunden waren. Die Gruppen standen je nach ihrem relativen Zugang zur Macht vor der Wahl, diese Darstellungen ihrer selbst entweder anzunehmen oder zu verwerfen.

Auch heute noch spielen Staaten und andere Institutionen eine wichtige Rolle dabei, den Zugang zu Ressourcen zu erleichtern – von Jobs über Sicherheiten bis zum Aufbringen finanzieller Mittel für wohltätige Zwecke. Wie Mitchells Untersuchung der Sprachpolitik in Andhra Pradesh gezeigt hat, hängt es oft mit den zur Verfügung stehenden Möglichkeiten zusammen, wie sich die Menschen ihre Identität vorstellen und wie sie sie präsentieren. Ein ähnliches Beispiel findet sich in der Arbeit des Anthropologen Gerd Baumann Ende der 1980er- und Anfang der 1990er-Jahre in Southall im Westen Londons, wo Anwohner verschiedenster Herkünfte – Menschen aus dem afrokaribischen Raum, aus Pakistan, Gujarat, Punjab und weiße Briten – darum rangen, wie sie sich selbst definieren sollten. Dort herrscht noch immer das Gefühl getrennter Kulturen vor, so Baumann, was größtenteils einer Regierungspolitik geschuldet ist, die Gemeindezentren oder Sprachunterricht nur auf Basis der ethnischen Gruppenzugehörigkeit unterstützt. Man glaubt, dies sei der beste Weg, finanzielle Mittel zu verteilen. Doch sei es nun durch das Spielen mit jungen Musikgenres – etwa die von Hip-Hop und Pop inspirierte Wiederauferstehung des Bhangra, die ein ganz neues panasiatisches Identitätsgefühl ermöglichte – oder durch politischen Aktivismus wie den der Southall Black Sisters: Baumann entdeckte immer auch Räume, die es Menschen erlaubten, inklusivere oder experimentellere Identitätskonzepte auszuprobieren, die die vorherrschenden Unterscheidungen zwischen den einzelnen Gruppen infrage stellten.[40] Wenn sich die Wahrscheinlickeit des Überlebens, des Vorankommens oder der Würde im Bestehen auf bestimmte Formulierungen von Identität verheddert, so zeigt Baumanns Arbeit auf, dann können sich die genannten Dinge – Überleben, Vorankommen, Würde – letztlich gewichtiger anfühlen.

Die relative Macht unterschiedlicher Gruppen verändert, wie sie auf die Anreize und den Druck der Institutionen reagieren. Ob auf den Straßen von Southall oder inmitten des somalischen Bürgerkriegs – manchmal machen sich ganz normale Menschen verhältnismäßig starre Vorstellungen von Identität zu eigen, weil sie nicht in der Position sind, diese so leicht anzufechten, oder weil sie so vielleicht die beste Chance, zu überleben, haben. Im somalischen Bürgerkrieg wurden kriegerische Handlungen oft Clans als ganzen zugeschrieben, was alle Mitglieder dieses Clans zu potenziellen Zielen machte. Mit der Angliederung an einen Clan konnte man die Interessen und Absichten anderer sehr rasch erfassen – in diesem Kontext eine Frage von Leben und Tod. In London spiegeln Aishas Kämpfe die Schwierigkeit wettstreitender Identitäten auf einer weniger lebensbedrohlichen Ebene wider.

Der dritte und letzte Grund, warum sich manche Identitäten so besonders starr anfühlen können, wurzelt darin, wie sich verschiedene Kulturen das Konzept der Identität selbst vorstellen. Barth erinnert zwar daran, dass Identitäten durch symbolische Grenzen definiert werden, doch herrschen bei den verschiedenen Gruppen unterschiedliche Vorstellungen darüber vor, wie starr, umfassend oder veränderlich solche Grenzen sein können. Für Gruppen wie die Nayaka in Indien ist Identität nicht das Gegenteil von Unterschiedlichkeit und nichts, das fest umgrenzt wäre. Für andere, beispielsweise die Korowai, die in den Tieflandwäldern des südlichen Papua-Neuguinea heimisch sind, ist praktisch jeder, mit dem man nicht unmittelbar zusammenlebt, ein Außenseiter. Gleichzeitig kann aber jeder Außenseiter jederzeit zum Insider werden – zum Freund, Nachbarn oder Verwandten.[41] Verschiedene Gruppen kultivieren jeweils ganz eigene Grammatiken, mit denen sie die Diversität innerhalb und jenseits ihrer Gruppe anerkennen und anhand derer sie zwischen sich und anderen unterscheiden.

*

Wenn wir uns das breite Spektrum menschlicher Diversität ansehen, wird sichtbar, dass die Menschen immer wieder Möglichkeiten gefunden haben zusammenzukommen, auch über die hartnäckigsten Unterschiede hinweg. Dabei ist es bei Weitem nicht immer ordentlich zugegangen, der Weg war holprig und durch die Umstände eingeengt; dennoch zeugen die Bemühungen von der menschlichen Fähigkeit, Kulturen der Kreativität und Verbundenheit zu schaffen. Andererseits werden damit die Arten von politischen Fragen herausgefordert, die wir vielleicht stellen. Statt zu fragen, ob eine bestimmte Gruppe an einen bestimmten Ort gehört – ob wir mehr Zuwanderer willkommen heißen oder auf einer einheitlichen Nationalkultur bestehen sollten –, könnten wir auch fragen, warum bestimmte Gruppen überhaupt anders behandelt werden. Was ist *unser* kulturelles und politisches Erbe? Woran messen wir Andersartigkeit? Und wie kann sie vielleicht neu definiert werden?

Teil II
WURZELN

Kapitel 4

WIR, DAS VOLK

Die Neonröhren an der Decke brummten und warfen ihr grelles Licht auf den mittlerweile brüchigen Linoleumboden. Der Versammlungsraum war voller Menschen, und trotz der vorgerückten Stunde wurde die Debatte immer hitziger – auch wenn man sich allmählich ein wenig im Kreis drehte. »Aber irgendwo in der Stadt muss es doch Moscheen geben! Warum gehen sie zum Beten in den Park?« »Es sind Schiiten«, warf jemand ein, »und schiitische Moscheen gibt es hier weit und breit nicht. Man würde es doch auch keinem Katholiken zumuten, in einer anglikanischen Kirche zu beten, oder?« Dieser Meinung war auch ein Gemeinderat, der noch hinzufügte: »Außerdem ist nicht genug Platz. Eid al-Fitr ist ein großes Fest, da gehen viele in die Moschee ... Sie können ja sonst nirgends hin.« »Aber es gibt Moscheen! Warum müssen sie unbedingt in den Park? Sie werden doch wohl irgendwo in London eine Moschee finden ...« Arjun, der als einer der Vorsitzenden der Versammlung an einem Tisch vorn im Saal saß, warf diskret einen Blick auf die Uhr seines Smartphones. Er zuckte kurz zusammen, gewann seine Contenance aber rasch wieder. Das Treffen war zeitlich völlig aus dem Ruder gelaufen.

Arjun hatte in seinem Leben schon viel mit Misstrauen zu tun gehabt, nur selten war es von ihm ausgegangen. Der selbstständige IT-Berater war Anfang fünfzig und widmete verschiedenen Gemeindeprojekten einen beträchtlichen Teil seiner Zeit. So hatte er beispielsweise den Vorsitz über eine kleine Gruppe von Freiwilligen übernommen, die sich um die Pflege des örtlichen Parks und Veranstaltungen darin kümmerten. Arjun trug einen adretten, schwarz-weißen Bart und eine Schiebermütze, die er fast nie abnahm; die Fältchen um seine Augen wurden noch tiefer, wenn er lächelte. Die jahrelange Gemeindearbeit hatte ihn im Viertel bekannt gemacht. Er konnte kaum eine Straße entlanggehen, ohne von einer Reihe von Nachbarn gegrüßt oder über laufende Projekte ausgefragt zu werden. Er war stolz auf seine Arbeit, und manchmal grenzte dieser Stolz an Überheblichkeit, doch im Großen und Ganzen war Arjun ein liebenswürdiger, offener Mann. Das Misstrauen, das ihm häufig entgegengebracht wurde, war kein persönliches, sondern bezog sich auf seine Arbeit in Kilburn. Ob es darum ging, brachliegendes Land zum Gemüsegarten umzufunktionieren, eine Aufräumaktion zu organisieren oder das jährliche Gemeindefest im Park zu planen – es gab immer welche, die davon ausgingen, all das schade mehr, als dass es nützte. Beim Fest wurde nur Krach gemacht, neu gepflanzte Bäume verstellten die Aussicht, neue Bänke im Park zogen lärmende, asoziale Säufer an. Für gewöhnlich reagierte Arjun auf derlei Bedenken und Beschwerden, indem er die Zweifler dazu einlud, sich an den jeweiligen Projekten zu beteiligen oder zumindest mit Beteiligten zu sprechen, die die Dinge vielleicht anders sahen.

Dieses Mal war es Eid al-Fitr, das Fest des Fastenbrechens, einer der wichtigsten Termine im islamischen Kalender, das Probleme bereitete. Die Feierlichkeiten zogen einen ganzen Schwung an Gläubigen an, für die die Moschee vor Ort zu klein war. Die Muslime in London haben es nicht leicht, einen Platz zum Beten zu finden: Während es für rund achthundertfünfzig Christen jeweils eine Kirche gibt, müssen sich zweitausendsechshundert Muslime eine Moschee teilen, meist eine kleine, improvisierte und wenig anheimelnde Moschee.[1] Um die beengten Verhältnisse zu verbessern, hatte es der Gemeinderat der betreffenden Moschee gestattet, die Feierlichkeiten im Park abzuhalten – eine knappe Stunde Gebet am Morgen, gefolgt von einem Fest, das im Laufe des Nachmittags zu seinem Ende kommen sollte. Allerdings hatten sich in der Vergangenheit einige Anwohnerinnen und Anwohner darüber beschwert, dass man sie bei dieser Entscheidung nicht um Erlaubnis gebeten hatte. Es war zu weiteren Anschuldigungen gekommen: Frauen oder Leute, die ihren Hund Gassi führten, seien von privaten Sicherheitskräften am Betreten des Parks gehindert worden, Nichtmuslimen habe man gesagt, sie seien beim Fest nicht willkommen, obwohl dies doch als öffentlich angekündigt worden war. Man kannte jemanden, der jemanden kannte, der schlechte Erfahrungen mit der Veranstaltung gemacht hatte. Um über all das zu sprechen, hatte Arjuns Parkgruppe eine Diskussionsrunde mit Vertretern der Moschee und Mitgliedern des Gemeinderats organisiert. Arjun hatte gehofft, mit der Diskussion einerseits Vorurteile ausräumen zu können und andererseits die Veranstalter dazu zu bewegen, sich mit bestehenden Bedenken auseinanderzusetzen.

Doch es schien, als hätte sich jeder schon vor der Diskussion seine feste Meinung gebildet. Um das Treffen anzukündigen, waren Arjun und die anderen Gruppenmitglieder wie üblich verfahren und hatten Flyer an die Bekanntmachungstafeln in der Nachbarschaft geheftet. Diese Flyer aber, so mussten sie feststellen, waren wenige Tage später abgerissen worden.

Unter diesen Vorzeichen fand das Fest dann wie geplant statt. Nach dem Gebet rannten Kinder zwischen den Essensständen und einer Hüpfburg hin und her, während die Erwachsenen umherschlenderten und Freunde und Familie begrüßten. Am Rande der Menge erspähte ich Arjun. Er war sehr zufrieden damit, wie die Veranstalter auf den Vorwurf der Geschlossenheit reagiert hatten – es gab verschiedene Unterhaltungsangebote, und Freiwillige sowie Sicherheitskräfte waren angewiesen worden, auch Nichtmuslime willkommen zu heißen. Eines aber ärgerte Arjun: Fast keiner derjenigen, die bei der öffentlichen Diskussion dabei gewesen waren – und die teilweise auch anderen Gemeindegruppen angehörten –, hatte sich an der nachfolgenden Planung beteiligt oder war wenigstens mal vorbeigekommen. Die Leute urteilten aus der Distanz oder verbreiteten Gerüchte, machten sich aber kaum jemals die Mühe, sich das, worum es ging, aus der Nähe anzusehen.

Und dann schloss er, vielleicht um mich, den anwesenden Anthropologen, anzusprechen, mit einer bemerkenswerten Feststellung: »Das ist das Problem am digitalen Zeitalter – alles wird kommuniziert, aber niemand redet mit dir! Eigentlich ist das Problem sogar die Entwicklung der geschriebenen Sprache: Davor nämlich hatte man nur das, was die Leute sagten, also musste man zuhören, genau zuhören, und überlegen, wie das Gesagte gemeint war. Wenn man die Dinge aufschreiben kann, stehen die Worte für die Menschen!«

Was auch immer Arjun zu dieser Feststellung bewogen hat – sie reicht weit zurück: Sie vermittelt das Gefühl, dass die Probleme, mit denen sich Arjun heute konfrontiert sieht, irgendwie vor langer Zeit begonnen haben. Für Arjun und viele andere steht im Zentrum ihrer Konflikte die Frage, wie wir einander verstehen und zusammenarbeiten können. Durch die zunehmende Diversität wurden die Probleme für alle Beteiligten immer schwieriger. Durch sie vervielfachten sich die Standpunkte, die es zu berücksichtigen, die es zu vereinen galt. Die Anwesenheit unvertrauter anderer kann dazu führen, dass sich die Menschen auf das Misstrauen zurückziehen und an Vorurteilen festhalten, was es naturgemäß noch schwieriger macht, zwischen unterschiedlichen Perspektiven zu verhandeln.

Trotzdem sind die Probleme kulturell geprägt. Wie Arjun aufgezeigt hat, beginnen sie zwar mit unseren grundlegenden Fähigkeiten, etwa dem symbolischen Denken, werden danach aber durch eine große Anzahl an kulturellen Instrumenten gefiltert, die um diese Fähigkeiten herum aufgebaut worden sind. Das hört beim Schreiben nicht auf, es betrifft auch Dinge wie Gemeindetreffen und öffentliche Feste. Die erkennen wir vielleicht nicht immer als »Instrumente«, doch sind sie es unbedingt: Gemeindetreffen können Fremde zusammenbringen und inszenieren diese Begegnungen gleichzeitig als Debatte. Im Rahmen öffentlicher Feste gestalten sich Begegnungen meist erfreulicher, dafür aber auch anonymer. Diese Instrumente ermöglichen es uns, auf eine bestimmte Art und Weise über andere zu denken und uns mit ihnen in Bezug zu setzen. Wie bei einem Lehrling, der ein Handwerk erlernt, werden auch wir durch die Werkzeuge, die wir benutzen, geformt – und je mehr wir sie benutzen, desto mehr werden wir geformt. Das führt letztlich dazu, dass wir spezifische Fähigkeiten des Verstehens und Verbindens entwickeln.

In der westlichen Demokratie ist unser Denken darüber, wie Werkzeuge der Verbindung konstruiert werden können, durch zwei vorherrschende politische Philosophien gelenkt worden: den Liberalismus und den klassischen Republikanismus. Diese philosophischen Traditionen sind durch Jahrhunderte der Streitgeschichte gekennzeichnet, die oft bis ins antike Griechenland zurückreicht. Beide haben die westliche Kultur entscheidend beeinflusst. In groben Zügen lässt sich die Tradition des Liberalismus als *freiheitliche* Tradition bezeichnen – als Freiheit von Individuen oder Kollektiven, sich ihr Schicksal so zu formen, dass es für sie einen Sinn ergibt. In ähnlicher Weise wird beim Republikanismus der Staat als öffentliche Angelegenheit erachtet. Republiken sind Staaten, die von und für die Öffentlichkeit regiert werden. Auf dieser allgemeinen Ebene überlappen die beiden Traditionen einander: Viele demokratische Nationen wurden als *liberale Republiken* gegründet oder werden als solche geführt. Zudem haben beide Traditionen eine wichtige Rolle beim Prägen kultureller Verständnisse dessen gespielt, was es bedeutet, mit Andersartigkeit zu leben. Doch trotz der Schnittmengen stellen sich Liberalismus und klassischer Republikanismus die menschliche Unterschiedlichkeit sehr unterschiedlich vor. Jede der beiden Traditionen legt ganz bestimmte Prinzipien dafür fest, wie mit denen, die anders sind, gelebt werden soll.

Dazu rasch eine Anmerkung: Die Begriffe »Liberalismus« und »Republikanismus« werden häufig mit bestimmten politischen Parteien assoziiert, mit der Liberal Party of Australia beispielsweise, den Republikanern in den USA oder der FDP in Deutschland. Im Hinblick darauf, wie mit Andersartigkeit gelebt werden kann, finden sich liberale und klassisch-republikanische Ansätze jedoch über das gesamte politische Spektrum hinweg. Hier beziehe ich mich nicht auf politische Flügel oder Parteien, sondern auf die viel weiter gefassten Grundkonzepte.

Vielfach bezeichnete man Liberalismus und Republikanismus als Versuche, zu definieren, wie man ein sinnvolles Leben führen und in einer gerechten Gesellschaft leben kann. Meiner Meinung nach aber haben sich beide Traditionen auch intensiv mit der Frage beschäftigt, was es bedeutet, mit Andersartigkeit zu leben, woraus wir wichtige Erkenntnisse gewinnen können. Die Frage der Bestimmung des Menschen und die Frage der Gerechtigkeit, die häufig in den Vordergrund gestellt wurden, sind oft hochabstrakt und von einem erhöhten Standpunkt aus formuliert – als Fragen des Prinzips, die Regierenden, Richterinnen des Obersten Gerichts und Akademikerinnen vorbehalten sind. Natürlich setzen sich auch ganz normale Menschen mit diesen Fragen auseinander, aber dann immer im Zusammenhang mit ihrem Alltag und ihren Beziehungen. Mit anderen Worten: Häufig nähert man sich Fragen der menschlichen Bestimmung und der Gerechtigkeit nicht abstrakt, sondern praktisch. Wie können wir gut miteinander auskommen? Vorstellungen sind wichtig. Die anthropologische Herangehensweise aber erinnert uns daran, auf das soziale Leben von Vorstellungen zu achten – wie sind sie real und zwingend geworden?

*

Eine weitere Denkerin, die sich mit den Konsequenzen des Zweiten Weltkriegs auseinandersetzte, war Hannah Arendt. Arendt, als Jüdin aus Deutschland geflohen, hat den wohl bekanntesten Bericht über den Eichmann-Prozess geschrieben – jener Adolf Eichmann, der den Holocaust zu einem großen Teil organisiert und damit möglich gemacht hat. Besonders berühmt ist Arendts Formulierung der »Banalität des Bösen«, mit der sie ihren Eindruck von Eichmann als hingebungsvollem Bürokraten wiedergab. Sie sah Eichmann nicht als von der Nazi-Ideologie, sondern von den Erfordernissen seiner beruflichen Aufgabe angetrieben, ebenso wie von seinem Bedürfnis, dazuzugehören und als Teil einer Organisation anerkannt zu sein.[2] Arendts Porträt von Eichmann als pflichtbewusstem Funktionär ist vielfach kritisiert worden, nicht zuletzt deshalb, weil es Beweise dafür gibt, dass Eichmann voller Überzeugung an die »Endlösung« geglaubt hat.[3] Es mag aber auch andere Gründe dafür gegeben haben, warum Arendt irgendwann zu der Ansicht gelangte, die Wurzeln des Bösen lägen in der Alltagsroutine und in Denkgewohnheiten verborgen. Arendt war 1933 mit ihrer Mutter aus Nazi-Deutschland geflohen, 1941 hatte sie auch dem Frankreich des Vichy-Regimes den Rücken gekehrt und war nach Amerika ausgewandert. Da die Nazis allen deutschen Juden das Anrecht auf die deutsche Staatsangehörigkeit entzogen hatten, waren Arendt und ihre Mutter staatenlos.

In New York stellte die amerikanische Regierung Arendt ein »Affidavit of Identity in Lieu of Passport« aus, ein Dokument, das zwar ihre Identität und ihre Anwesenheit anerkannte, nicht aber ihr Recht, sich in den USA aufzuhalten. Damit befand sich Arendt in einem Schwebezustand.[4] In ihrem bahnbrechenden Buch *Elemente und Ursprünge totaler Herrschaft* schreibt sie, dass für sie und Millionen von anderen Flüchtlingen die Vorstellung »universeller« Menschenrechte und Berufung auf angeborene, gemeinsame Menschlichkeit leere Versprechen gewesen seien. »Schließlich waren die Rechte des Menschen als ›unveräußerlich‹ definiert worden, weil sie von jeglicher Regierung unabhängig sein sollten; allerdings stellte sich heraus, dass es ab dem Augenblick, in dem Menschen die eigene Regierung abhandenkam und er auf seine Mindestrechte zurückgeworfen war, keine Autorität mehr gab, die ihn beschützte, und keine Institution, die bereit gewesen wäre, sie [die Rechte des Menschen] ihm zu garantieren.«[5] Für Arendt war die Flüchtlingskrise der Nachkriegszeit auch eine Krise der moralischen und politischen Autorität moderner Staaten.[6] Wenn Staaten ihre Legitimität aus der Behauptung bezogen, die Rechte derjenigen, die sie regierten, zu vertreten und zu sichern, was bedeutete es dann, plötzlich eine Gruppe von Menschen zu haben, die nirgends auf der Welt vertreten oder beschützt wurden? Wie repräsentierend und legitimiert konnten Staaten sein, wenn keiner von ihnen es hinbekam, die Staatenlosen zu vertreten? Was bedeutete es, wenn die Staaten überhaupt erst der Grund für Staatenlosigkeit waren?

Arendt war ihre gesamte Karriere hindurch damit beschäftigt, Antworten auf diese Fragen zu finden. Wenn die Kategorie des Menschseins selbst zur Debatte stehen konnte, so wurde Arendt klar, wenn Staaten wie Nazi-Deutschland Menschen des Menschseins berauben und andere Staaten wie Amerika, England oder Frankreich zögern, darüber streiten oder sich weigern konnten, das Menschsein anzuerkennen, dann konnten Appelle an eine angeborene Menschlichkeit nicht ausreichen, das Überleben oder auch nur die Rechte und Würde irgendeines Menschen zu garantieren. Das Versagen des internationalen Menschenrechtsregimes ließ Arendt nach einer anderen Art suchen, über politische Anerken-

nung nachzudenken. Ihre Arbeit führte sie zu dem griechischen Philosophen Aristoteles sowie zu dem Versuch, einer uralten demokratischen Tradition neues Leben einzuhauchen, einer Tradition, die Arendts Meinung nach im Aussterben begriffen war.
Es wird häufig gesagt, die Geschichte der westlichen Demokratie habe im alten Griechenland begonnen. Im Laufe der Jahrhunderte sind Philosophen und Philosophinnen wie Hannah Arendt immer wieder zu diesem Zeitalter als Quelle der Inspiration zurückgekehrt. Von den amerikanischen Gründervätern bis zu den Denkern der Französischen Revolution haben sich viele das alte Griechenland sogar als prototypisches Beispiel der Systeme vorgestellt, in denen wir heute leben. In dieser Sicht der Geschichte spielen die Arbeiten von Aristoteles und seinem Lehrer Platon eine grundlegende Rolle. Allerdings hatten die beiden sehr unterschiedliche Konzepte von Politik und Andersartigkeit. Offen und verdeckt sind ihre unterschiedlichen Vorstellungen mit demokratischen Traditionen und Institutionen verwoben worden, weshalb es in der heutigen Demokratie eine Reihe von gegensätzlichen Idealen gibt. Der Liberalismus sagt, das Menschsein sei ungeachtet bestehender Unterschiede durch Kernwesenszüge definiert, die das Fundament des öffentlichen Lebens bilden. Diese Vorstellung menschlicher Wesenheiten kann auf Platon zurückgeführt werden. Der klassische Republikanismus hingegen sagt, das Menschsein definiere sich durch Prozesse des kollektiven Verhandelns: Dabei arbeiten die Menschen gemeinsam aus, was sie definiert. Die Vorstellung der menschlichen Unterschiede als formbar und politisch verhandelbar kann auf Aristoteles zurückgeführt werden.

Der Philosoph Alfred North Whitehead witzelte einst, die gesamte europäische philosophische Tradition könne als »Reihe von Anmerkungen zu Platon« bezeichnet werden.[7] Ob das nun stimmt oder nicht – Platons Thesen helfen uns dabei, zu verstehen, wie es in Demokratien zu unterschiedlichen Vorstellungen von Andersartigkeit gekommen ist. Platon behauptete, allem lägen fundamentale, immaterielle Wesenheiten zugrunde, die er Ideen nannte, und diese Wesenheiten bestimmten die Natur der Realität. Dies zieht sich in verschiedenen Formen im Grunde durch Platons gesamtes Denken, das wohl berühmteste Beispiel dafür aber ist sein Höhlengleichnis. In diesem beschreibt er in der Stimme seines eigenen Lehrers, Sokrates, eine Gruppe von Menschen, die an die Wand angekettet schon immer in einer Höhle lebten. Sie können nur die Schatten an der Höhlenwand sehen, geworfen von Gegenständen und Puppen, die ein Feuer passieren, das hinter den Menschen liegt, das sie also nicht sehen können. Die Gefangenen aber erkennen die Schatten nicht als Schatten: Sie wissen weder von den Dingen, die sie geworfen haben, noch vom Feuer dahinter. Sie erleben nur die Schatten, und so sind diese Schatten für sie die Realität.

Platon beschreibt den Philosophen als jemanden, der – langsam und mühevoll – den Weg aus der Höhle, aus der Unwissenheit findet, indem er Schicht für Schicht hinter die scheinbaren Formen der Realität blickt und schließlich die zugrundeliegende Wahrheit entdeckt. Platon bezieht alle Dinge in der Höhle auf etwas in seiner eigenen Welt. Die Schatten stehen für die physische Realität, die Gegenstände und Puppen für Werke der Kunst und Kultur, das Feuer für die politische Ideologie. Doch hinter allem anderen, so Platon, stünden unveränderliche ideale Ideen, die jenseits von Raum und Zeit existierten. Beispielsweise die Idee eines Apfels. Diese Idee ist das Wesen der »Apfelkeit«, sie umfasst alles, was den Apfel zum Apfel macht. Und alle Äpfel, die wir in der physischen Welt sehen, sind ein unvollkommenes Abbild dieser Idee. Platon ging noch einen Schritt weiter und behauptete, etwas Ähnliches gäbe es auch für Vorstellungen. Ebenso wie es die Idealidee eines Apfels gibt, gibt es auch eine Idealidee von Gerechtigkeit, Wahrheit oder Güte. Der Philosoph hat die Aufgabe, unter die Oberfläche der Realität zu blicken und die Wesenheiten, so gut er es vermag, zu verstehen.

Platons Höhlengleichnis stammt aus *Der Staat*, seiner langen Abhandlung über die Natur der Gerechtigkeit. Darin entwickelt er auch eine politische Theorie, die seine Sicht der philosophischen Suche in den Vordergrund stellt. Mittels eines imaginären utopischen Reichs, das er Kallipolis nennt, plädiert Platon für ein System, in dem eine Philosophenelite über den Rest der Bevölkerung herrscht. Er führt verschiedene Gründe dafür an, warum Philosophen es verdienten, zu herrschen, und warum sie von den anderen Bürgern als ideale Herrscher erachtet würden. So behauptet er beispielsweise, Philosophen seien einzig durch die Liebe zur Weisheit motiviert und würden deshalb nicht herrschen *wollen*. Ihre Hauptqualifikation jedoch bestünde in ihrem unermüdlichen Bestreben, herauszufinden, was gut ist. Platon glaubte an die Existenz der universellen Idee von Gutheit. Indem sich die Philosophen bemühten, die Stadt gemäß den Prinzipien der Gutheit zu regieren, befähigten sie die Bürger dazu, ein gutes Leben zu führen; und sobald diese das erkannt hatten, würden sie die Herrschaft der Philosophen unterstützen.

Eine solche Herrschaft erforderte sowohl das (An-)Erkennen der wesentlichen Unterschiede zwischen den Bürgern als auch das Hinauswachsen über dieselben. Platon glaubte, die Bürger teilten sich in verschiedene Klassen auf, die jeweils von einem ganz bestimmten Wesen geprägt waren. Die verschiedenen Klassen wurden durch verschiedene Dinge angetrieben, etwa durch Begierden oder Heldenmut. Es fiel den herrschenden Philosophen zu, das Leben der Bürger so zu orchestrieren, dass sie einerseits gemäß ihrem Wesen und andererseits im Einklang mit dem universellen Wesen der Gutheit leben konnten. Platon kritisierte am demokratischen System des nahe gelegenen Athen die fehlenden allgemeinen Standards, mit denen man einschätzen konnte, was gut und gerecht war. Die Demokratie, so Platon, umfasse zu viele verschiedene Stimmen und sei deshalb anfällig für das Chaos. »Nur der Staat«, erklärte er, »kann glücklich sein, der von Malern nach göttlichem Musterbild erschaffen wurde.«[8]

Aristoteles führte die unbedingte Suche seines Lehrers nach der Wahrheit noch viel weiter. Er stellte Platons These von einer durch immaterielle »Ideen« bestimmten Realität ernsthaft infrage. Stattdessen behauptete er, das Wesen der Wirklichkeit könne nur durch das Erkunden der grundlegenden physikalischen Eigenschaften der Welt um uns herum erkannt werden – ein Ansatz, der schließlich zu den modernen Wissenschaften führte. Im Gegensatz zu Platon trennte Aristoteles seine Sicht der philosophischen Suche vom politischen Leben. Die Politik, so Aristoteles, sei ebenso wie das Streben nach Gerechtigkeit und Tugend eine Angelegenheit des *praktischen Wissens*, des durch persönliche Erfahrung gewonnenen Wissens, wie man etwa das Bildhauern oder Tanzen lernt. Aus dem Abstrakten ableiten könne man sie nicht. Anders als das Wissen über die Natur sei das praktische Wissen nicht notwendigerweise in Stein gemeißelt – man müsse es sich innerhalb spezifischer Kontexte beständig neu aneignen.

Was die Politik betraf, so beharrte Aristoteles auf diesem Prozess der beständig neuen Aneignung: »Der Bürger an sich definiert sich durch nichts anderes so sehr als durch seine Teilhabe an Entscheidungen und Obliegenheiten.« Die politische Beteiligung also war nicht nur für das Treffen guter Entscheidungen wichtig, sondern auch für das Führen eines tugendhaften Lebens, wozu man das Beste aus seinen Fähigkeiten als Mensch machen musste. Insbesondere musste man sich in der Politik der Fähigkeit des *logos* bedienen; der Begriff bedeutet übersetzt sowohl Vernunft als auch Sprache – für Aristoteles beides zentrale Elemente der menschlichen Natur. Man musste in der Lage sein, die Dinge zu erwägen und hinsichtlich des Gemeinwohls zu einem Konsens zu gelangen. In öffentlichen Versammlungen sollten die Politiker versuchen, tugendhafte und auf Wohlstand abzielende Visionen in die Tat umzusetzen. Was diese Visionen aber so tugendhaft und erstrebenswert machte, war nicht irgendein objektives, äußeres Maß des Guten, sondern die Fähigkeit der Politiker, andere zu überzeugen und sie zum Handeln zu bewegen. Der Ausübung des *logos* haftete etwas Hochdramatisches an, das weit über die reine Logik hinausging und durch leidenschaftliche Emotionen sowie das Gewicht der eigenen Erfahrungen und Taten geprägt war und durch eine mitreißende Rhetorik vermittelt wurde.[9]

Hannah Arendt hat Aristoteles mit großer Begeisterung studiert. Für sie war die Vorstellung dieses öffentlichen, dramatischen Austauschs das Versprechen der Anerkennung als Mensch. »Bei uns, die wir aus Deutschland kommen«, schrieb sie, »erhielt das Wort ›Assimilierung‹ eine ›tiefe‹ philosophische Bedeutung. Man kann sich kaum vorstellen, wie ernst es uns damit war.«[10] Aber das reichte nicht aus. Wie »assimiliert« die deutschen Juden auch waren, wie sehr sie auch aussahen, handelten und dachten wie Deutsche, sie wurden trotzdem verfolgt. Für Arendt wurzelten die Gräuel des Krieges und das Versagen des internationalen Menschenrechtsregimes in der Verletzlichkeit von Kategorien wie »Bürger«, »Deutscher« oder »Mensch«, die Konflikten nicht standhielten. Das Versagen, das Menschsein von Juden und anderen verfolgten, heimatvertriebenen Menschen anzuerkennen, war kein abstraktes, sondern ein direktes und persönliches. Über Eichmann schrieb Arendt: »Je länger man ihm zuhörte, desto klarer wurde einem, dass diese Unfähigkeit, sich auszudrücken, aufs engste mit einer Unfähigkeit zu denken verknüpft war. Das heißt, er war nicht imstande, vom Gesichtspunkt eines anderen Menschen aus sich irgend etwas vorzustellen.«[11]

In Aristoteles' Demokratiepolitik sah Arendt die Möglichkeit einer tiefer greifenden Anerkennung des menschlichen Werts – eine Anerkennung anderer nicht anhand starrer Kategorien oder stabiler Identitäten, sondern als Sache der gegenseitigen Abhängigkeit und des miteinander verknüpften Schicksals. Durch das Streben nach Konsens mittels leidenschaftlicher Reden und dem Nachweis großer Taten, durch das Offenlegen dessen, wer man war und wofür man stand, und durch die Forderung, die anderen sollten darauf mit dem eigenen Streben nach dem Richtigen und Guten reagieren, wurde jeder einzelne Bürger, jede einzelne Bürgerin fest und wechselseitig bindend in der politischen Gemeinschaft verankert. Hier war das Sprechendürfen und Anerkanntwerden eng mit der Pflicht, anderen zuzuhören und andere ihrerseits anzuerkennen, verflochten. Die Öffentlichkeit, so Arendt, war der einzige Ort, an dem der Mensch zeigen konnte, wer er wirklich und wahrhaftig war.[12]

Aristoteles' Auffassung von Politik als öffentlichem, kollektivem *logos* ist jedoch nicht frei von Spannungen, denn hier treffen Einheit und Unterschiedlichkeit aufeinander. Einerseits ist Unterschiedlichkeit, vor allem die individuelle Unterschiedlichkeit, für den Prozess der politischen Erwägung unentbehrlich. Die beständige Verhandlung unterschiedlicher Standpunkte ist der Treibstoff der Politik, im Prozess des Erwägens wird das Beste eines Standpunkts mit dem der anderen Standpunkte zusammengeführt. Andererseits macht sich Aristoteles Gedanken darüber, dass zu viel Unterschiedlichkeit es schwierig machen könnte, zu einem Konsens zu gelangen. »Diejenigen, die herrschen«, schreibt er, »neigen von Natur aus dazu, auf gleichem Fuß miteinander zu stehen und in nichts voneinander abzuweichen.« Dies sei wichtig, fährt er fort, weil »bei Menschen, die einander von Natur aus ähneln, Gerechtigkeit und Verdienst der Natur zufolge zwangsläufig gleich sein müssen«. Und so plädiert Aristoteles trotz der Bedeutung, die er der politischen Beteiligung beimisst, gleichzeitig dafür, die Politik einer aristokratischen Elite vorzubehalten.

Aristoteles fürchtete die Abweichung nicht nur zwischen Individuen, sondern auch im Laufe der Zeit. Er glaubte an die Notwendigkeit einer zusammenhängenden Tradition von Gerechtigkeit. Die meisten Menschen folgen dem Gesetz nicht, weil sie seine Rechtschaffenheit durchdacht hätten, sondern aus reiner Gewohnheit und Respekt vor Autorität. Je mehr Gesetze geändert werden, vor allem solche, die die übergreifenden Prinzipien des Miteinanders festlegen, desto mehr wird die Macht der Gewohnheit und der Autorität untergraben. Doch um überhaupt über das Wohl aller sprechen zu können, bedarf es gemeinsamer, stabiler Schablonen für Wert, Bedeutung und Handlung. In diesem Sinn macht die Tradition die Politik möglich, statt ihr im Weg zu stehen.

Mit diesen Ausklammerungen hatte Arendt zunächst zu kämpfen. Schließlich aber freundete sie sich mit der Idee an, die Politik sei eine bestimmte Art von Betätigung, die vielleicht nicht alle ausüben können. Sie akzeptierte, dass die Vision des Wohles aller sowohl tiefgreifend als auch zerbrechlich war: tiefgreifend, weil sie Menschen in gegenseitiger Anerkennung aneinanderband und Geschichten sowie Identitäten miteinander verknüpfte, und zerbrechlich, weil dieses kollektive Bestreben durch entzweiende, egoistische Interessen oder ein Übermaß an Unterschiedlichkeit nur allzu leicht zunichtegemacht werden konnte.

*

Diese beiden politischen Philosophien – die Suche nach festen, universellen Wahrheiten einerseits und der Prozess des kollektiven Erwägens andererseits – rücken jeweils unterschiedliche menschliche Fähigkeiten in den Mittelpunkt. Platons Ansatz betont die Bedeutung des abstrakten Denkens: Um zu universell anwendbaren Erkenntnissen zu gelangen, ist es wichtig, hinter die Erscheinungen der physischen Welt zu blicken. Aristoteles' Ansatz hingegen betont unsere Fähigkeit, Geschichten zu erzählen und Emotionen zu wecken, unserem Standpunkt und unseren Erfahrungen Ausdruck zu verleihen und die Standpunkte und Erfahrungen anderer anzuerkennen. Diese zwei Wege, Antworten auf politische Fragen zu finden und unser gemeinsames Menschsein zu sehen, sind zwar nicht die einzigen Möglichkeiten, aber besonders hilfreich beim Verstehen der historischen Grundlagen demokratischer Staaten. Platons Idee der einzigartigen Wesenheiten hat letztlich zum modernen Liberalismus geführt, während Aristoteles' Betonung des Abwägens, der gegenseitigen Anerkennung und des praktischen Handelns ihren Ausdruck in einer politischen Ordnung gefunden hat, die gemeinhin als klassischer Republikanismus bezeichnet wird.[13]

Seit Aristoteles erlangen für republikanisch Denkende klassisch-republikanische Ideale ihren Wert in Relation zueinander. Das gemeinsame Abwägen und das gegenseitige Verständnis, das es hervorbringt, gelten als eng mit einer Reihe von anderen Idealen verbunden: mit gerechter Herrschaft, Solidarität, der anhaltenden Beteiligung am politischen Prozess, dem Bewahren und Stärken gemeinsamer Traditionen. Genau diese Verbindung, die gegenseitige Abhängigkeit, verleiht den Idealen einen Großteil ihres Wertes und ihrer Bedeutung. Sie schmiedet ein politisches Kollektiv – eine Gruppe von Menschen, die sich als ein gemeinsames Schicksal teilend und formend verstehen. Der klassische Republikanismus ermöglicht es, die Grenzen zwischen Insider und Outsider, zwischen Ich und anderen beständig neu zu verhandeln und neu zu ziehen. In der Praxis jedoch neigten die Philosophen ebenso wie die Staatsmänner eher dazu, die kollektive Identität als etwas zu sehen, das bereits *vor* der politischen Abwägung existieren musste. Durch die gesamte Geschichte hindurch haben die Vertreter des klassischen Republikanismus immer wieder betont, der gemeinsame Status, die gemeinsame Identität, die gemeinsamen Werte oder die gemeinsame Tradition seien im Großen und Ganzen die *Grundlage* für, nicht das *Ergebnis* von Verhandlungen auf Augenhöhe. Aus diesem Grund lässt sich aus der Geschichte der politischen Bestrebungen, die bewusst republikanischen Idealen nacheiferten, nur wenig darüber ablesen, ob oder wie es uns die republikanische Politik ermöglicht, Unterschiede zu überwinden. Zu sehr beharrten sie auf einer gemeinsamen Tradition und Identität – eine relativ geschlossene Sicht des Republikanismus. Eine andere Perspektive gewinnen wir, sehen wir uns Formen der Politik an, die auf gegenseitiger Anerkennung[14] fußen und in denen republikanische Ideale unüberhörbar nachhallen, die aber von Orten stammen, die sich möglicherweise überhaupt nicht als Teil einer westlichen, klassisch-republikanischen Tradition sehen.

Die Anthropologin Joanna Overing beispielsweise hat mit Unterbrechungen jahrzehntelang mit den Piaroa im Regenwald des Amazonasgebiets zusammengelebt. Die Piaroa sind an den Ufern des Orinoco in Venezuela heimisch und leben vom Gemüseanbau, Fischen, Jagen und Sammeln. »Ihre Nachbarn«, so Overing, »nennen sie die ›Intellektuellen vom Orinoco‹, und tatsächlich lieben sie intellektuelle Debatten, insbesondere über metaphysische Aspekte des Alltags.«[15] Für sie hat der Alltag eine metaphysische Qualität, weil die Kunstfertigkeiten des Lebens, das Gärtnern etwa oder die Kindererziehung, das Herstellen von Blasrohren oder das Bauen von Hütten, als Fähigkeiten erachtet werden, die sich im Besitz himmlischer Götter befinden und von diesen gewährt werden. In der Mythologie der Piaroa haben diese Alltagsfertigkeiten eine überwältigende transformative Macht – die Macht, das Leben oder die Zivilisation zu erhalten oder zu zerstören.

Diese Macht trieb die Schöpfergötter zu Krieg und Zerstörung, bevor sie schließlich sicher weggeschlossen wurde. Heute erben die Menschen bei ihrer Geburt und auch später noch in verschiedenen Phasen ihres Lebens einen kleinen Teil dieser kosmischen Fähigkeiten, die sie zu dem machen, was sie sind. Dieses Erbe ist eine recht individuelle Angelegenheit – die Macht, zu erschaffen, etwas hervorzubringen und die Welt zu verändern, wird, so die Piaroa, von den Göttern direkt an den jeweiligen Menschen übergeben, wodurch dieser mit dem Göttlichen verbunden wird und eine ungeheure Kraft erhält. In diesem Sinn legen die Piaroa viel Wert auf Individualität und Autonomie. Um diese Fähigkeiten aber auch wirklich gut nutzen zu können, muss man mit anderen zusammenkommen, mit ihnen denken und mit ihnen sowie für ihr Wohl handeln.

Und das geschieht nicht durch starre gesellschaftliche Strukturen oder strikte Hierarchien; die Piaroa kooperieren nicht, weil ein Anführer oder das Gesetz sie dazu zwingen würde. Nein – die Kooperation wird durch kontinuierliche gemeinsame Anstrengung aufrechterhalten und erstrebenswert gemacht. Eine Hochzeit beispielsweise findet bei den Piaroa statt, wenn ein Mann etwas erlegt, es einer Frau schenkt und diese das Erlegte für ihn zubereitet. Dieses schlichte Ritual, das die Fähigkeiten von Jagen und Kochen vereint, wird im Laufe der Ehe immer wieder von Neuem durchgeführt, was die Ehe nicht zu einem festen »Stand«, sondern zu einem fortdauernden Projekt macht. Dasselbe gilt für andere Formen des Status und der Beziehung: Auch sie sind keineswegs in Stein gemeißelt. Durch die gemeinsame Anstrengung, füreinander zu sorgen, und durch den anhaltenden Austausch darüber, wie man zusammenleben sollte, machen die Piaroa Gemeinschaft zu einem Prozess. Und nicht nur das: Mit dieser Philosophie des ausgehandelten Miteinanders sichern die Piaroa den Frieden auch mit anderen Amazonasvölkern und schmieden Allianzen mit diesen, die sich ganz ähnlicher Strategien bedienen.[16] Oder, wie Overing schreibt: »Die Idee dahinter ist, dass diejenigen, die möglicherweise gefährlich ›andersartig‹ sind […] durch den Prozess des Zusammenlebens ›gleichartig‹ werden.«[17]

Der chilenische Anthropologe Marcelo González Gálvez wiederum schreibt über die auf dem Land lebenden Mapuche im südlichen und zentralen Chile und Argentinien, sie legten im Gegensatz zu den Piaroa, bei denen die individuelle Autonomie einen hohen Stellenwert hat, großen Wert auf eine andere Art von Individualismus. Sie halten die persönliche

Erfahrung für unanfechtbar wahr: »Das, was der Einzelne erlebt, ist einzigartig und von keinem anderen Menschen wiederholbar.«[18] Für die Mapuche wird die Realität – Substanzielles und Spirituelles, Gegenstände und Gesetze – von individuellen Erfahrungen und Taten *erzeugt*. Wahrnehmung, Gedanken und Handeln werden als Kräfte verstanden, die die Welt schaffen und formen, wobei eine Vielzahl von Parallelrealitäten entsteht, die Außenstehenden unzugänglich bleiben.

Das führt zur Annahme der Mapuche, es sei unmöglich, die Wahrheit dessen, was andere sagen, einzuschätzen, da Wahrheit und Wirklichkeit unweigerlich individuelle Angelegenheiten seien. Diese Annahme, so scheint es, sollte es doch recht schwierig machen, eine irgendwie geartete Gesellschaft aufrechtzuerhalten. Wie schließlich können wir einander vertrauen, wie können wir kooperieren oder auch nur kommunizieren, wenn es uns nicht möglich ist zu begreifen, worüber der andere redet? Die Mapuche-Lösung dieses Problems besteht in der geteilten Erfahrung. Wenn, in den Worten González Gálvez', die Wahrheit bei den Mapuche »aus der individuellen Interaktion mit der eigenen Umgebung«[19] heraus entsteht, dann bringt eine gemeinsame Interaktion logischerweise eine gemeinsame Wahrheit hervor.[20]

Das Leben der Piaroa und Mapuche ist ein leuchtendes Beispiel dafür, wie Dialog und Verhandlung von Angesicht zu Angesicht Klüfte überwinden können. Es rückt eine Dimension der Möglichkeit in den Vordergrund, die in der europäischen Tradition des klassischen Republikanismus zwar nicht oft hervorgehoben wird, dennoch aber gut zu seinen Prinzipien passt. Die Klüfte sind bei Weitem keine geringen. Die Piaroa sind ausgesprochen geübt darin, sowohl individuelle als auch Gruppenunterschiede zu überwinden, ebenso wie die Mapuche über irreduzible Vorstellungen von Wahrheit hinweg Verständnis aufbauen – obwohl beide Gruppen die jeweiligen Unterschiede für tiefgreifend, ja sogar unantastbar halten.

Diese Ansicht der tiefgreifenden Unterschiede weist wichtige Parallelen zur westlichen Gesellschaft auf. Auch hier wird der Individualismus gefeiert und aufs Schärfste gehütet. Viele unserer hochheiligsten Rechte –

etwa das Recht, eigene Entscheidungen zu treffen, sich eine eigene Meinung zu bilden und diese auch frei zu äußern – sind in eine individualistische Form gegossen. Trotzdem wird der Individualismus als beständige Herausforderung für das politische Leben und als potenziell zersetzende Kraft erachtet: Er untergrabe Vertrauen und Verbundenheit und befeuere Gier und Konflikt. Eng mit der individualistischen Perspektive verknüpft ist die wachsende Uneinigkeit über die Natur der Wahrheit, was Streitereien über Fake News, Verschwörungstheorien und der mangelnde Glaube an die Wissenschaft belegen.

Allerdings ist unsere Reaktion auf diese tiefgreifenden Unterschiede im Gegensatz zu der von Piaroa und Mapuche sehr häufig nicht die, direkt miteinander über sie zu verhandeln; stattdessen bestehen wir auf allgemeingültigen Standards, die auf alle angewandt werden sollen. Doch je diverser die Gesellschaft, desto schwieriger wird es mit dem Festhalten an Standards. Wenn wir ähnlich wie Paddy in Kapitel 1 darauf beharren wollen, dass das öffentliche Leben von kollektiver Anständigkeit und Solidarität bestimmt wird, wer legt dann die Bedingungen fest? Wenn wir darauf beharren, dass die Wahrheit irgendwo da draußen ist und nicht zur Diskussion steht, wie gehen wir dann mit der Tatsache um, dass unsere Gegner, die anderer Meinung sind, dasselbe auch für »ihre Wahrheit« in Anspruch nehmen? Wenn wir auf unseren eigenen Standards beharren, indem wir behaupten, wir hätten die Wissenschaft, die Rationalität, Gott oder die Gerechtigkeit auf unserer Seite, wie gehen wir dann mit der Tatsache um, dass diese Kategorien nicht für alle dasselbe bedeuten oder für alle die gleiche Anziehungskraft haben? Von wessen Gott, von welcher Wissenschaft sprechen wir hier?

*

Diese Fragen können sich unüberschaubar und dramatisch, ja sogar unbeantwortbar anfühlen. Gleichzeitig sind sie sehr fantasielos. Wir stellen sie jeden Tag auf unzählige kleine Arten und Weisen. In Kilburn sind es genau solche Fragen, mit denen Arjun ringt, wenn skeptische Anwohnerinnen und Anwohner ihm voller Leidenschaft vorwerfen, seine Projekte würden zu Brüchen in der Gesellschaft führen oder den Ort in etwas Grobes und Unvertrautes verwandeln – dieselbe Leidenschaft, mit der Arjun daran glaubt, dass die Projekte etwas Gutes bewirken. Wie also kann man unterschiedliche Arten, zu bewerten, zu wissen und zu fühlen, versöhnen? Wie umgehen mit dem Beharren darauf, es sei genug Platz vorhanden, um Eid al-Fitr in der Moschee zu feiern, trotz aller gegenteiligen Beweise? Wie umgehen mit dem unverifizierbaren Gerede, das nur bestimmten Personen zugängliche Fest missbrauche öffentlichen Raum, wie mit den Geschichten, jemand – mit Hund, im Sommerkleid– sei im Namen des Anstands von einer ruppigen Sicherheitskraft aus dem Park vertrieben worden?

Nancy kennt solche Geschichten seit Jahren. Sie hatte lange ganz in der Nähe des Parks gewohnt und war locker in Arjuns Freiwilligengruppen involviert gewesen. Für sie waren die Geschichten zumindest nachvollziehbar. Manche Muslime glaubten, der Kontakt mit Hunden verunreinige die rituelle Sauberkeit – *wudu* –, die für das Gebet erforderlich war. Sie hatte selbst erlebt, wie einer ihrer muslimischen Nachbarn mit Unbehagen auf Simba, ihren in die Jahre gekommenen Bichon Frisé, reagiert hatte. Andere Muslime jedoch behandelten den Hund freundlich, geradezu liebevoll; außerdem hatte Nancy die Erfahrung gemacht, dass man über alles reden konnte, wenn es doch einmal zu Spannungen kam.

Frustriert von dem Gerede beschloss Nancy, ein Experiment durchzuführen: Sie ging mit Simba im Park spazieren, inmitten der Feierlichkeiten. Einige Tage später besuchte ich Nancy in ihrer Wohnung. Sie strahlte über das ganze Gesicht, so erfolgreich war ihr kleines Experiment gewesen. Die Feiernden hatten sie herzlich willkommen geheißen und ihr bezüglich Simba Komplimente gemacht. Nancy wiederum hatte die farbenfrohe Kleidung und die eleganten Hidschabs der Muslime bewundert. Überrascht war Nancy davon allerdings kaum: Kilburn hatte sie gelehrt, dass fast jeder Mensch und jeder Ort etwas hat, das zu entdecken sich lohnt. Für sie stand das Leben in Kilburn unter dem Motto: »Wir gehen einander nicht aus dem Weg, wir umarmen uns!«

Die Sitten und Gebräuche der Piaroa und Mapuche zeigen, dass man Individualität, individuelle Erfahrung und persönliches Wissen wertschätzen kann, ohne dafür die Möglichkeit des gegenseitigen Verstehens, des Respekts und der gemeinsamen Zugehörigkeit zu opfern. Erreicht wird das durch ein gemeinsames Leben, durch enge Zusammenarbeit und offene Gespräche darüber, was kollektiv wichtig ist. Bei beiden Gruppen wird die Individualität durch das Zusammenkommen verwirklicht, nicht vermindert. Das Leben mit anderen erweitert unsere Fähigkeiten ebenso wie unseren Verständnis- und Erfahrungshorizont; es bereichert unser Ich-Gefühl. Die Individuen erkennen ihre Individualität durch die Teilhabe beziehungsweise Beteiligung, während die Kollektive gleichzeitig von der Individualität ihrer Mitglieder durchdrungen werden.

Dafür aber müssen die Menschen erst zusammenkommen und zusammenarbeiten wollen. Sie müssen ihre Individualität oder sogar ihre Gruppenidentität aufs Spiel setzen, sich öffnen und sich anderen gegenüber verletzlich zeigen. Overing benutzt den Begriff »Konvivialität«, quasi ein heiteres Miteinander, um die Bereitschaft der Piaroa zum wirklichen Zusammenleben zu beschreiben. Dieses Verflechten der Leben, so Overing, sei eine »Vertrauens«übung – man übt sich im Vertrauen darauf, dass die Offenheit anderen gegenüber zu etwas Gutem führen wird, ein Vertrauen, das sich in Taten ausdrückt. Konviviales Vertrauen ist auch eine gute Beschreibung dessen, was Nancy getan hat, als sie mit ihrem Hund während des Eid-al-Fitr-Fests im Park spazieren ging. Ein Jahr später erzählte Nancy diese Geschichte bei der zänkischen Versammlung, auf der Arjun den Vorsitz hatte. Sie bewirkte – so gut wie nichts. Was für Nancy ein gelebtes Experiment in puncto Vertrauen gewesen war, war für die anderen nur eine Geschichte unter vielen. Die Debatte ging weiter.

Als sich die modernen Staaten entwickelten, wurde die Macht zentralisiert: zuerst in der Person des Monarchen, später in den Parlamenten. Sowohl die Königsherrschaft als auch die des Volkes brauchte eine wachsende Bürokratie, um Handel, Besteuerung, Sicherheit und Gemeinwohl zu verwalten. Dies hatte zur Folge, dass man sich der Distanz zwischen dem Leben des Normalbürgers und dem Staat zunehmend bewusst wurde, was wiederum das moderne Konzept der Zivilgesellschaft aufkommen ließ. Heute versteht man die Zivilgesellschaft als Sphäre, in der die Menschen freiwillig zusammenkommen, um über das Wohl aller nachzudenken und es zu verwirklichen.[21] Während der Liberalismus, wie wir noch sehen werden, inzwischen die hochrangigen Ebenen des modernen Staats beherrscht, ist die Vision der Zivilgesellschaft noch immer stark von den Idealen des klassischen Republikanismus beeinflusst. Sie zeigen sich in der Alltagspolitik von Wohltätigkeitsvereinen, Gemeindeorganisationen, Selbsthilfegruppen, Aktivistenversammlungen und Initiativen.

Nancys Geschichte offenbart das Potenzial, das dieser Alltagsrepublikanismus zum Überbrücken von Differenzen hat. Ihr persönliches Mantra – »Wir gehen einander nicht aus dem Weg, wir umarmen uns!« – ist das Ergebnis eines langwährenden Engagements in Gemeindegruppen in ganz Kilburn. Sie hat gelernt, dass das Potenzial einer gemeinsamen Grundlage und des gegenseitigen Verstehens aus der Ferne meist nicht zu erkennen ist. Es bedarf schon des anhaltenden persönlichen Engagements, damit es zutage treten kann.

Nancys Geschichte zeigt zwar, dass die republikanisch geprägte Alltagspolitik das Potenzial hat, Unterschiede zu überwinden, doch was ist, wenn die Menschen um sie herum ihre Bereitschaft für Vertrauen nicht teilen oder Nancys Behauptungen nicht trauen? Das ist eine der Herausforderungen der Politik des klassischen Republikanismus, die im Grunde eine Politik der aktiven Beteiligung ist und Beziehungen von Angesicht zu Angesicht fordert sowie den Glauben, dass wir Teil eines Kollektivs sind. Es kann sehr schwer sein, diejenigen, die solche Beziehungen und diese Art der Beteiligung nicht pflegen, dazu zu bewegen. Und selbst wenn sich Menschen von Angesicht zu Angesicht gegenüberstehen, selbst wenn sie sich im selben Raum befinden, so bedeutet Hören noch lange nicht Zuhören.

Immer wieder in der Geschichte des klassischen Republikanismus haben politische Führer mit der Frage der Inklusivität experimentiert. Von der Republik Venedig, in der Adeligen- und Kaufmannseliten herrschten, über die Niederländische Republik der Sieben Vereinigten Provinzen, in der die Regenten versuchten, die Balance zwischen den Interessen der Elite und der Legitimierung durch das Volk zu halten, bis zur Korsischen Republik, die in den Traditionen der Dorfdemokratie gründete, haben verschiedene Republiken verschieden definiert, wer in den Prozess der politischen Beratschlagung einbezogen werden sollte und zu welchen Bedingungen. Meistens spielten Tradition und Gemeinsamkeit übergroße Rollen. Sie werden oft als notwendig dafür erachtet, die Menschen überhaupt erst zum Vertrauen und gegenseitigen Verständnis zu befähigen – um den ganzen Prozess der bürgerlichen Beratschlagung möglich zu machen. Selbst im Fall der Piaroa und Mapuche verstehen die Menschen, dass es sich lohnt, zusammenzukommen – aufgrund einer gemeinsamen metaphysischen Tradition und lang erprobter Gewohnheiten der Verbindung. Dieses Bedürfnis nach Tradition und Gemeinsamkeit kann einige Formen der Diversität tragen, andere hingegen nicht. Unterschiede zwischen Individuen, vereint durch gemeinsame Traditionen oder Identitäten, gelten als maßgeblich für die bürgerliche Beratung. Der Kontakt zwischen verschiedenen Traditionen und Gruppen aber wird als Risikofaktor gesehen, der die für selbstverständlich gehaltene Autorität der Tradition untergraben und Identitäten destabilisieren kann.[22]

Einen anderen Blick auf die Tradition verschafft uns die Geschichte der islamischen Herrschaft in Spanien. Von der Eroberung der Iberischen Halbinsel durch das Kalifat der Umayyaden im achten Jahrhundert bis zu ihrer »Rückeroberung« durch die Katholischen Könige Ferdinand und Isabella im späten fünfzehnten Jahrhundert wurde ein Großteil des heutigen Spaniens von muslimischen Herrschern regiert. Das neue Reich, al-Andalus, war höfisch geprägt, die Monarchen mussten dem Volk gegenüber kaum Rechenschaft ablegen. Und trotzdem ging die Ära als Goldenes Zeitalter der Harmonie und des Austauschs zwischen Christen, Muslimen und Juden in die Geschichte ein. Den drei Religionsgemeinschaften wurden in etwa dieselben Rechte und Freiheiten zugestanden, darunter beispielsweise die Glaubensfreiheit, in den Reihen der Verwalter und Höflinge, die die Aufsicht über das Reich hatten, fanden sich Vertreter aller drei Religionen. Durch die Begegnung der drei Traditionen wurde die Philosophie neu belebt. Der muslimische Gelehrte Ibn Ruschd, auch bekannt als Averroes, verwob die altgriechische mit der islamischen Philosophie und stieß so die Wiederentdeckung scheinbar »verlorener« Denker wie Aristoteles und Platon an. Von Ibn Ruschd inspiriert entwickelte der große jüdische Gelehrte Maimonides einen jüdischen Gesetzeskodex, der auch heute noch Einfluss hat. Viele andere übersetzten Werke aus verschiedenen Wissenstraditionen und schufen auf diese Weise ein ungeheuer fruchtbares Korpus wissenschaftlicher, gesellschaftlicher und philosophischer Texte. Physisch nahm diese komplexe Verschmelzung verschiedener Traditionen die Form prachtvoller, monumentaler Bauten wie der Alhambra oder der Moschee von Córdoba an. Und jenseits des Hofs, bei Handel und Arbeit, Eheschließung und Religionsausübung, entwickelte auch das gemeine Volk kreative Praktiken der Koexistenz. Der Kulturhistoriker Américo Castro nannte al-Andalus das Reich der *convivencia* – der Konvivialität.

Diese romantisierende Darstellung ist bejubelt, aber auch kritisiert worden. Einige Historiker haben dieses Bild des Zeitalters der Toleranz infrage gestellt und auf Spannungen und Blutvergießen hingewiesen. Nach einem Herrscherwechsel etwa wurde Maimonides in die Verbannung geschickt. Nach dem gescheiterten Putsch eines jüdischen Wesirs ließ ein Mob seine Wut an der jüdischen Bevölkerung von Granada aus und veranstaltete ein Massaker. Während der christlichen »Rückeroberung« und der darauffolgenden spanischen Inquisition wurden aus christlichen und muslimischen Nachbarn Feinde.

In dem Versuch, in dieser Debatte zu vermitteln, zeichnet der Historiker Brian A. Catlos weder das Bild idealistischer Toleranz noch das der dogmatischen Spaltung, sondern das der schlichten Interdependenz.[23] Im Zuge dieser gegenseitigen Abhängigkeit mussten die herrschenden Eliten ihre Macht erhalten – die einströmenden Eroberer etwa mussten ihre Legitimität außer Frage stellen und Stabilität schaffen. Höflinge und Verwalter vermischten sich mit anderen ebenfalls aus Gründen des Macht- oder Prestigeerhalts. Ehrgeizige Christen wetteiferten um lukrative Verwaltungsposten, indem sie durch das Studium des Korans Arabisch lernten –

und dabei mitunter Epiphanien hatten und konvertierten. Muslimische Herrscher beförderten christliche Verwaltungsangestellte, um den Frieden zu wahren und den Wohlstand zu mehren. Am wichtigsten aber war, dass sich für das gemeine Volk die Interdependenz aus dem Zusammenleben ergab: aus dem Vermischen in Kunsthandwerksstätten, aus dem Feilschen auf dem Markt, aus dem Netz an Beziehungen, das durch religionsübergreifende Ehen entstand. Sie ergab sich aus den Predigten der Religionsführer über die gemischte, komplexe Welt um sie herum oder aus ihren Entlehnungen aus anderen Glaubensrichtungen, aus denen neue, hybride Traditionen erwuchsen.

All dies erforderte Tradition – in einem gewissen Maße – in Form von gemeinsamen Sprachen oder kollektiven kulturellen Berührungspunkten. Darüber hinaus aber machte das Zusammenleben es erforderlich, dass die Menschen über ebenjene Tradition *hinausgingen*, dass sie spirituelle Praktiken neu verhandelten oder verschiedene Sprachen in den Fluss des Alltags einfließen ließen. Und dies konnte nicht durch unveränderliche Überzeugungen geschehen, sondern einzig durch Gegebenheiten, die eine solche Durchmischung erleichterten: durchmischte Höfe, geschäftige Universitäten, Kunsthandwerksstätten, Übersetzerschulen und Priester oder Imame, die gemischte Trauungen vollzogen. Die Praxis triumphierte über die Überzeugung; Stabilität ergab sich nicht aus dem Dogma, sondern aus Strukturen, die Alltagsexperimente im Zusammenleben unterstützten. Diese Strukturen waren oft zerbrechlich, angreifbar oder politisch vereinnahmbar. Wenn sie bröckelten, von machthungrigen Führern ergriffen wurden oder schlicht fehlten, zerbrachen traurigerweise auch Leben, und zwar häufig auf blutige Weise.

Orte wie Amazonien, Kilburn oder al-Andalus positionieren sich vielleicht nicht selbstbewusst in der republikanischen Tradition. Dennoch liefern sie anschauliche Beispiele für Schlüsselideen des Republikanismus und gehen gleichzeitig gegen die Grenzen innerhalb dieser politischen Tradition vor. Hannah Arendt unterschied zwischen bürgerlichem Handeln und alltäglichem oder kreativem Tätigsein zum Bestreiten des Lebensunterhalts (»Werken« und »Arbeiten« in ihrer Begrifflichkeit), für sie war das politische Handeln eine geradezu heldenhafte Leistung. Andere haben die Wichtigkeit gemeinsamer Traditionen oder eines starken Gefühls der kollektiven Identität betont. Wenn wir uns allerdings auf unsere Fähigkeit, Andersartigkeit zu verhandeln, konzentrieren, wenn wir uns ansehen, wie Menschen tagtäglich miteinander kooperieren, erscheinen die oben genannten Grenzen schon weit weniger zwingend. So wird die Politik des klassischen Republikanismus nicht zur Sache großer historischer Heldentaten oder unerschütterlicher Traditionen, sondern häufig zu einer Angelegenheit der simplen alltäglichen Interaktion.

Doch selbst wenn dieser Blickwinkel die Grenzen des klassischen Republikanismus erweitert, so eliminiert er sie nicht. Die Fähigkeit zur alltäglichen Kooperation hängt weiterhin von Formen des Vertrauens ab, die in Überzeugung und Gewohnheit eingebettet sind, ebenso wie in Institutionen, die die alltägliche Kooperation unterstützen. In großen, diversen Gesellschaften, in denen Überzeugungen, Gewohnheiten und der Grad an Beteiligung an der Zivilgesellschaft stark variieren, können diese Erfordernisse die republikanische Politik besonders zerbrechlich und ungewiss machen, wie Menschen wie Nancy und Arjun nur allzu gut wissen.

*

»Wir halten diese Wahrheiten für ausgemacht, dass alle Menschen gleich erschaffen wurden, dass sie von ihrem Schöpfer mit gewissen unveräußerlichen Rechten begabt wurden, worunter Leben, Freiheit und das Streben nach Glückseligkeit sind.« Diese historische Proklamation, die sich zu Beginn der Unabhängigkeitserklärung der Vereinigten Staaten findet, nimmt die Allgemeine Erklärung der Menschenrechte der Vereinten Nationen kurz nach dem Ende des Zweiten Weltkriegs vorweg. Diese beginnt mit der Präambel, dass »die Anerkennung der angeborenen Würde und der gleichen und unveräußerlichen Rechte aller Mitglieder der Gemeinschaft der Menschen die Grundlage von Freiheit, Gerechtigkeit und Frieden in der Welt bildet«. Zwischen diesen beiden großen Erklärungen, die einhundertsiebzig Jahre auseinanderliegen, ist viel über die menschliche Natur und über politische Rechte nachgedacht worden, was die Grundlage der meisten heutigen Demokratien bildete. Im weitesten Sinne sind alle wahrhaft demokratischen Staaten Republiken – Gebilde, die prinzipiell vom und für das Volk regiert werden. Seit der Aufklärung aber haben die Prinzipien des klassischen Republikanismus allmählich an Kraft verloren und ihren Einfluss an eine neue Tradition abgetreten: den Liberalismus.

Ebenso wie der klassische Republikanismus ist auch der Liberalismus eine viel diskutierte und vielfältige Tradition. Dennoch sind zahlreiche Elemente des Liberalismus den demokratischen Mechanismen gewissermaßen in Fleisch und Blut übergegangen – häufig sogar so sehr, dass sie mittlerweile überwiegend als Common Sense gelten. Insbesondere ist die Vorstellung, die Politik wurzle im Universellen – die politische Legitimität ergebe sich aus dem »Ausgemachten« –, grundlegend für die moderne Demokratie. Am häufigsten taucht der Universalismus zwar im Zusammenhang mit Rechten und Gerechtigkeit auf, doch sagt er auch etwas darüber aus, wie sich Menschen über Unterschiede hinweg verbinden. Der Liberalismus nimmt an, dass die Menschen ungeachtet ihrer Unterschiede auch bestimmte »ausgemachte« Gemeinsamkeiten besitzen, die sie auf bestimmte Weisen gleichmachen. Und diese Gemeinsamkeiten bilden die Grundlagen von Bürgerschaft und politischem Leben.

Als politisches Ideal tauchte der Universalismus während der Aufklärung auf, die sich grob gesagt vom Ende des siebzehnten Jahrhunderts bis zum Beginn des neunzehnten Jahrhunderts erstreckte. In dieser Zeit bildeten sich einige der ersten und fundamentalsten Experimente in puncto moderne demokratische Regierung heraus. Die Französische und die Amerikanische Revolution, die der Königsherrschaft ein Ende setzten, und die drastische Machtverlagerung in Großbritannien weg von der Monarchie und hin zum Parlament fielen ebenfalls in diese Zeit. Europa bewegte sich aus einer Phase heraus, in der religiöse Spaltungen zu bitteren Auseinandersetzungen und blutigen Kriegen geführt hatten. In England hatte sich Heinrich VIII. von der katholischen Kirche losgesagt – der Beginn eines Machtkampfs, der 1642 schließlich zum Englischen Bürgerkrieg führte. In Spanien hatte die christliche Rückeroberung Granadas 1501 ein Ultimatum zur Folge gehabt, das die muslimische Bevölkerung vor die Wahl stellte, entweder zu konvertieren oder Granada zu verlassen. Im frühen siebzehnten Jahrhundert waren dann allerdings die Abkömmlinge derjenigen, die konvertiert sind, ohnehin aus dem Land gejagt worden. In Deutschland waren simmernde Spannungen zwischen Protestanten und Katholiken zu einem Kampf zwischen mächtigen europäischen Herrschern aufgekocht und schließlich in den Dreißigjährigen Krieg gemündet, der den Großteil Europas in ein Schlachtfeld verwandelte – eines der blutigsten Ereignisse in der europäischen Geschichte überhaupt.

Zur Zeit der Aufklärung hatte sich der Aufruhr größtenteils gelegt, ganz beseitigt war er aber noch nicht. Es bestand nachvollziehbarerweise der Wunsch, eine Form von Regierung zu finden, in der verschiedene Glaubensrichtungen friedlich und gerecht koexistieren konnten. Das alles spielte sich vor dem Hintergrund atemberaubender technologischer, gesellschaftlicher und wirtschaftlicher Umwälzungen ab, die tiefgreifenden Einfluss auf die neuen, demokratischen Visionen der Revolutionäre und Reformatoren hatten. Die europäische Welt bewegte sich von vertrauten Gemeinschaften und eng umgrenzten Regionen weg, hin zu einem zunehmend breiteren Spektrum an Beziehungen, die nicht selten abstrakt und unpersönlich waren.

Im England des siebzehnten Jahrhunderts, so die Philosophin Joan Tronto[24], war das Leben in erster Linie durch Hausstand und Familie geprägt. Hier fanden tägliche Arbeit und Interaktionen statt, sie verkörperten die moralische Stellung ihrer Bewohner beziehungsweise Mitglieder. Bis zum achtzehnten Jahrhundert hatten wachsende Märkte, Fernhandel und die Verbreitung von Veröffentlichungen sowie der Aufstieg der Post und anderer Mittel der Telekommunikation jedoch eine Welt geschaffen, in der »vom Einzelnen erwartet wurde, im Alltag mit einer großen Anzahl an Menschen zurechtzukommen, mehr zu reisen und mehr in Bezug auf eine ›Öffentlichkeit‹ zu denken«.[25]

Als die industrielle Revolution Fahrt aufnahm, veränderte sich der Alltag immer mehr: Betriebe und Fabriken ersetzten den Haushalt als

Mittelpunkt der wirtschaftlichen Aktivität, die mechanische Zeiterfassung synchronisierte Tagesrhythmen über riesige Entfernungen hinweg, die Wissenschaft – in der Produktion, der Landwirtschaft, ja sogar der Psychologie – teilte die Welt in Typen und Kategorien ein, in standardisierte Rahmen, anhand derer sie sich leichter navigieren ließ, und der wachsende kapitalistische Wettbewerb verband Leben und Lebensunterhalte in immer größerem Maßstab miteinander. In der Folge, so Tronto, glaubten gegen Ende des achtzehnten Jahrhunderts immer mehr Westeuropäer, »sie hätten, durch ihre Taten, die außerordentliche Fähigkeit, die Welt, in der sie lebten, zu formen«.[26] Der Alltag wurde für sie zu etwas, das von einer unüberschaubaren Menge an verschiedenartigen, anonymen Fremden beeinflusst wurde. Alltagshandlungen wurden zu etwas, das auf ebenjene unbekannte Öffentlichkeit einzuwirken vermochte. Diese ganz neue Sicht einer riesigen, unpersönlichen und doch verbundenen Gesellschaft fiel mit dem wachsenden Glauben zusammen, dass der Mensch es verdiente, am politischen Prozess teilzuhaben. Die Politik durfte nicht nur einer Elite überlassen werden. Politische Gemeinschaften mussten Menschen verschiedener Überzeugungen gerecht mit einbeziehen, ohne dass dabei eine Gruppe dominierte.

Diese gleichzeitige Erweiterung der sozialen Welten und der politischen Sphäre stellte die politischen Denker der Zeit vor ein haariges Problem. Wie konnte ein politisches System Gerechtigkeit und Fairness zwischen Menschen garantieren, die sich persönlich nicht kannten? Im Zusammenhang damit sieht sich Tronto das Leben mehrerer Philosophen aus dem achtzehnten Jahrhundert an, darunter auch das des schottischen Aufklärers Adam Smith. Smith ist in allererster Linie als Vater des modernen Kapitalismus berühmt geworden, in seinen Schriften preist er die gesellschaftlichen Vorteile des freien Markts an. Zu seinen wohl bekanntesten Sätzen gehört dieser: »Nicht vom Wohlwollen des Metzgers, Brauers oder Bäckers erwarten wir das, was wir zum Essen brauchen, sondern davon, daß sie ihre eigenen Interessen wahrnehmen.«[27] Allerdings war Wahrnehmung des Eigeninteresses für Smith nicht gleichbedeutend mit dem Streben nach materiellem Gewinn, sondern mit dem Streben nach

Anerkennung – die Menschen wollten von anderen Menschen geschätzt, akzeptiert und verstanden werden.[28] In seinen frühen Schriften zeigte sich Smith entschieden als Anhänger des klassischen Republikanismus. Dort entwickelte er die Theorie des »Mitgefühls« als bindende politische Kraft, die es den Menschen ermöglichte, sich Anerkennung zu sichern und sie anderen entgegenzubringen, indem sie mit Rücksicht auf die Standpunkte anderer handelten. Mitgefühl, so Smith, sei eine grundlegende menschliche Fähigkeit, kraft derer Fremde einander verstehen und gemeinsam tätig werden konnten. Im Laufe der Zeit aber wurde Smith zunehmend unzufrieden mit diesem Denkmodell und erkannte, dass Mitgefühl über große gesellschaftliche Distanzen hinweg weniger gut funktioniert. So überarbeitete er seine frühen Schriften und rückte von nun an Rationalität und Eigeninteresse mehr in den Vordergrund. Auch sie waren für Smith grundlegende menschliche Eigenschaften, die politische und persönliche Anerkennung zwischen Fremden erzeugen konnten. Der einzige Unterschied war, dass Rationalität und Eigeninteresse gleichbleibender und vorhersagbarer waren als Mitgefühl und deshalb auch aus der Ferne besser funktionierten. Obwohl Smith am häufigsten als Befürworter des freien Markts zitiert wird, war er am Markt hauptsächlich hinsichtlich der Frage interessiert, wie dieser Anerkennung und Wertschätzung bereitstellen konnte. Der Markt versorgte eine anonyme Öffentlichkeit mit verschiedenen Formen des Gemeinwohls – als Selbstzweck erachtete Smith den freien Markt oder den wirtschaftlichen Austausch nicht. Tronto hebt hervor, dass Smith gemeinsam mit anderen prominenten Denkern der Aufklärung in Reaktion auf eine zunehmend ausladende und diverse soziale Welt immer universalistischere Vorstellungen von Menschlichkeit und immer universalistischere Vorlagen für das politische Leben aufgriff.

Die universalistischen Ideen spiegelten nicht nur das Gefühl einer immer größer werdenden, vernetzten Gesellschaft wider, sie trugen auch dazu bei, diese zu erschaffen. Im frühen zwanzigsten Jahrhundert setzten sich die Suffragetten für ihr Anliegen ein, indem sie Bilder angeborener Wesenszüge heraufbeschworen, selbst über unerbittliche Differenzen hinweg. Einige behaupteten, Frauen verdienten das Wahlrecht, da sie von Natur aus friedfertiger und mitfühlender seien als Männer, andere forderten es mit dem Argument der grundsätzlichen Gleichheit aller Menschen ein. 1897 kämpfte in Berlin die weltweit erste Schwulenrechtsorganisation, das Wissenschaftlich-humanitäre Komitee, für Gleichberechtigung, indem sie unveräußerliche Rechte und die Vorstellung anführte, sexuelle Diversität gehöre nun einmal zur Natur des Menschen. Und im späten achtzehnten Jahrhundert erfuhren europäische Bewegungen zur Abschaffung der Sklaverei überraschend großen Zulauf. Die historischen Berichte über die Entstehung eines öffentlichen Bewusstseins variieren zwar, größtenteils sind sie sich jedoch einig darin, dass sich in dieser Zeit die Horizonte der Welt verlagerten.[29] Wenn Geld aus Plantagen in der Karibik Landbesitzer im Süden Englands reich machen konnte, dann konnten englische Abolitionisten diese weltumspannende Institution auch angreifen. Die Gegner der Sklaverei sprachen häufig von universellen menschlichen Fähigkeiten und Wesenszügen. So wurden beispielsweise Adam Smiths Thesen über die menschliche Befähigung zum Mitgefühl und Eigeninteresse dazu genutzt, den britischen Sklavenhandel als unmenschlich und wirtschaftlich fehlgeleitet anzuprangern – er privilegiere Sklavenhalter durch die Unterdrückung freier Märkte und des allgemeinen Wohlstands, den diese brächten.[30] Das Auftauchen dieser Vorstellungen einer universellen menschlichen Natur ging langsam und ungleichmäßig vonstatten und war häufig in sich widersprüchlich. Dennoch lieferten sie Abolitionisten und anderen für Gleichberechtigung Kämpfenden eine ganz neue Grammatik, in der über die Verbundenheit jenseits der bekannten sozialen Welt gedacht werden konnte.

Selbst vor der Aufklärung hatte es in Europa innerhalb des politischen Denkens eine wachsende Strömung gegeben, die politische Ordnungen mit Naturgesetzen zu rechtfertigen suchte. Verschiedene Formen der Bürgerschaft, Staatsmacht und Entscheidungsfindung wurden mit bestimmten Vorstellungen einer angeborenen menschlichen Natur verbunden.[31] Diese Suche nach dem grundlegenden Menschsein griff auf eine Tradition zurück, die Platons Ideenlehre mit dem Aufkommen der modernen Wissenschaft verknüpfte, die ihrerseits nach Mustern und Verallgemeinerungen in Form von Theorien und Gesetzen suchte. Daraus ergab sich, dass die politischen Denker das, was verallgemeinert und festgelegt werden konnte, zunehmend als privilegierte Wissensform behandelten und alles Spezifische, Persönliche oder Besondere mit Misstrauen betrachteten. Als die Vereinigten Staaten noch in den Kinderschuhen steckten, rang James Madison, oft als Vater der amerikanischen Verfassung gepriesen, mit der Frage, was es für ein demokratisches System bedeutete, auf die Interessen und Meinungen des Volkes reagieren zu müssen. Madison war dabei vor allem vor zwei Gefahren auf der Hut: der Macht der Mehrheiten, Minderheitengruppen ihren Willen aufzuzwingen, und der Macht gut organisierter Interessengruppen, Spaltungen und Konflikte zu verursachen. Diesen Gefahren begegnete Madison in zweifacher Weise. Einerseits verteidigte er das absolute Recht auf politischen, religiösen und moralischen Glauben, teilweise in der Hoffnung, die Kultivierung einer Vielfalt von Ansichten zerschlage die Macht großer Verbünde. Andererseits betonte er neben anderen Schlüsselfiguren wie beispielsweise Thomas Paine die Wichtigkeit des Systems der *repräsentativen* Demokratie, in der Vertreter des Volkes – nicht das Volk selbst – über politische Entscheidungen berieten. Diese Vertreter standen über der chaotischen Vielfalt der Masse und waren fähig, gemeinsame Interessen und Überzeugungen zu erkennen und zu vereinen.

So ist der Liberalismus also ein politisches System, das sich auf abstrakte, idealisierte Repräsentationen stützt. Vorstellungen und Kategorien, nicht persönliche Beziehungen prägen die große Frage, wer als Staatsbürger mit Rechten gilt, sowie kleinere Fragen, wie konkurrierende politische Ansprüche gegeneinander abzuwägen sind. In der Tradition des klassischen Republikanismus ergibt sich die Fähigkeit der Menschen, sich am politischen Leben zu beteiligen, aus der Unterschiedlichkeit – aus den unterschiedlichen Standpunkten, die in die Prozesse der kollektiven Beratschlagung einfließen. Im Gegensatz dazu argumentiert der Liberalismus, die Menschen verdienten die politische Beteiligung aufgrund bestimmter gemeinsamer Wesenszüge. Hier bildet die Gleichartigkeit, nicht die Andersartigkeit die Grundlage des öffentlichen Lebens. Auf der höchsten Ebene sind die Bürger gleich und gleichwertig. Sie sind gleich vor dem Gesetz, sie haben alle die gleichen Rechte, jeder hat eine Stimme. Auf der spezifischeren Ebene der praktischen Politik werden die Bürger auf der Basis allgemeiner Kategorien regiert. Hier sind sie »Haustierhalter«, »Migranten«, »einkommensschwache Familien« oder »berufstätige Frauen«. Die Mitglieder dieser Kategorien wiederum werden als untereinander gleichwertig behandelt. Die Schubladen allerdings sind schmal und abstrakt und sagen relativ wenig darüber aus, wer der Einzelne ist, was er denkt oder glaubt, wie er handelt, was er wertschätzt. Diese substanzielleren Unterschiede werden der Privatsphäre zugeordnet, wo sie sowohl verteidigt als auch eingeschlossen werden: geschützt vor der öffentlichen Einmischung, aber auch davon abgehalten, als Basis für öffentliche Ansprüche genutzt zu werden. Beispielsweise sagt uns das liberale Gedankengut, wir könnten anderen nicht die Freiheit des religiösen Glaubens verweigern; es sagt uns aber auch, wir könnten andere im Namen unserer religiösen Überzeugungen nicht in ihrer Freiheit einschränken. Private Freiheiten werden nur dann beschnitten, wenn sie nachweisbar erheblichen öffentlichen Schaden anrichten.

So zumindest die Theorie. In der Praxis sind die universellen Kategorien, auf die sich der Liberalismus stützt, nie so inklusiv, wie sie klingen, und die Grenze zwischen öffentlich und privat ist nie klar gezogen. Dies ist teilweise ein geschichtliches Problem. Als die amerikanischen Gründerväter beispielsweise verkündeten, »dass alle Menschen gleich erschaffen wurden«, bezog sich das auf weiße Männer. Jahrhundertelang wurde – und wird noch heute – darum gekämpft, dass diese Gleichheit auch Frauen und nicht-weiße Menschen einschließt. Noch sind die Versprechen des Liberalismus nicht ganz erfüllt, noch wird nach universellen Bedingungen der Staatsbürgerschaft gesucht und daran gearbeitet, öffentliche Gleichheit und private Freiheit für alle Wirklichkeit werden zu lassen.

Die universellen Kategorien selbst sind von einer kniffligeren, grundlegenderen Spannung geprägt. Nur in ihrer abstraktesten Form – so weit an ihre Grenzen gedrängt, dass sie kaum mehr etwas bedeuten – können sie behaupten, weitestgehend inklusiv zu sein. Doch muss der Liberalismus seine Kategorien spezifischer definieren, will er sich konkreten Dilemmas widmen, die durch Alltagsdifferenzen und konkurrierende Ansprüche zustande kommen. Was bedeutet es, »vernünftig« zu sein? Welche Art von »Menschenwürde« wird vom Gesetz geschützt? Diese Definitionen sind immer kulturell spezifisch, werden aber trotzdem weiterhin als universell betrachtet. In der Folge lassen diese angeblich universellen Kategorien des Liberalismus einiges an Nichtanerkanntem außen vor, wobei das Hin und Her zwischen Universellem und Individuellem als Verschleierung der Macht dienen kann.

Dazu ein Beispiel: die Vernunft. Joan Tronto illustriert anhand von Adam Smiths Geschichte, wie eine sehr spezifische Sicht der Vernunft – als Fähigkeit, in kalkulatorischen Begriffen über das Eigeninteresse zu denken – aus der Suche nach universellen menschlichen Fähigkeiten in der Zeit der Aufklärung heraus entstand. Um zu verdeutlichen, wie spezifisch diese Sicht war, stellt Tronto ihr eine andere Form des Denkens gegenüber, die der »Fürsorge«. Um in Begriffen der Fürsorge zu denken, so Tronto, muss man die eigenen Interessen und Fähigkeiten als eng mit den Menschen um sich herum verwoben erkennen. Andere so zu beeinflussen und von ihnen beeinflusst zu werden macht es schwierig, die eigenen Interessen oder die Interessen anderer direkt und solide abzuwägen. So kann uns das Denken in Begriffen der Fürsorge zwar bei der Einschätzung helfen, wie wir uns anderen gegenüber verhalten sollen, doch sind diese Einschätzungen weder im konventionellen Sinn kalkulativ noch eigennützig. Die Fürsorge ist eine universelle menschliche Fähigkeit, so Tronto, die potenziell eine wichtige Rolle beim Lenken politischer Urteile spielen kann. Trotzdem erscheint uns die Fürsorge nach dem vorherrschenden Verständnis der Vernunft als irrational, als unvernünftig.

In bestimmten schwierigen Situationen werden manche Formen der Vernunft höher eingeschätzt als andere. Wenn Eltern mit dem Argument, sie würden ihr Kind am besten kennen, Einspruch erheben, weil die Schule das Kind zurückstufen will, oder wenn sich indigene Gemeinschaften aus spirituellen Gründen gegen lukrative Bergbau- oder Rodungsprojekte aussprechen, werden diese Einsprüche häufig als irrational abgetan, statt sie als alternative Versionen der Vernunft zu betrachten. Bestenfalls werden andere Arten der Vernunft als Angelegenheit privater Überzeugungen behandelt; sobald sie aber einen öffentlichen Einfluss zu haben scheinen, werden sie strikt zurückgewiesen. Es ist kein Zufall, so Tronto, dass die vermeintlich universelle Eigenschaft der Vernunft im Europa der Aufklärung in die Form der eigennützigen Berechnung gegossen wurde. Die Philosophen und Kaufleute, die Staatsmänner und wohlhabenden Familien, die das Gedankengut der Aufklärung überdimensioniert prägten, waren auf diese Sicht der Vernunft bereits abonniert. Denn durch sie galten die Wohlhabenden und Privilegierten als die Vernünftigsten überhaupt.[32]

Für die Bürger und Bürgerinnen liberaler Staaten hängt das Führen eines sinnvollen Lebens oft davon ab, ob sie in die Kategorien der jeweiligen Staatsbürgerschaft passen oder nicht. Allerdings verweist die Anthropologin Elizabeth Povinelli darauf, dass bei der Anstrengung, besagten Kategorien zu genügen, immer etwas von der Fülle und der Komplexität des Lebens verloren geht. Beinahe dreißig Jahre lang hat Povinelli bei einer Gruppe Aborigines an der Nordwestküste des Northern Territory in Australien gelebt und mit ihr gearbeitet. Für die indigenen Völker Australiens, betont Povinelli, haben die Bedingungen der Inklusion immer einen Haken. Im Zeitalter des Multikulturalismus wird das Recht auf ein bestimmtes kulturelles Leben als wichtig anerkannt, vor allem in Siedlerstaaten wie Australien und Kanada, die vergangenes Unrecht dadurch wiedergutzumachen versuchen, dass sie indigenen Gruppen erweiterte Rechte zugestehen. So ist die kulturelle Identität zu einer weiteren bedeutsamen Kategorie des Liberalismus geworden. In Australien etwa können die Aborigines öffentliche Ansprüche auf der Basis ihrer traditionellen, indigenen Kultur stellen. Sie können beispielsweise Gerichtsprozesse gegen Bergbauprojekte anstrengen (und manchmal gewinnen sie sie sogar), mit der Begründung, der Bergbau zerstöre heiliges Land. Um das aber tun zu können, erwartet die australische Regierung von den Aborigines, eine absolut reine Form von traditioneller Identität zu verkörpern. Jegliches Zugeständnis, dass sich diese Traditionen im Laufe der Zeit ändern können, dass auch Aborigines manchmal berechnend sind, wenn es um ihr Wohlergehen geht, oder dass auch sie hin und wieder freie Entscheidungen treffen, kann ihre Glaubwürdigkeit bei der Berufung auf Tradition schmälern. Daraus erfolgt unweigerlich ein Dilemma: Welche Kategorie die Aborigines auch nutzen, um öffentliche Ansprüche zu stellen, ob sie sich nun auf ihre Kultur berufen oder auf die Vernunft – irgendein Aspekt ihres Lebens bleibt immer auf der Strecke, wird abgelehnt oder unterdrückt.[33]

Dieses Dilemma macht den Universalismus zu einem zweischneidigen Schwert. Ist man unter dem Banner des Universellen oder Politischen vereint, hat man einen angeborenen Anspruch auf Rechte. Die moralische Kraft dieses Anspruchs hat in der Geschichte der Menschheit für einige der größten Schritte in Richtung Gerechtigkeit gesorgt, von der Abschaffung der Sklaverei bis hin zu dem wachsenden Bewusstsein, dass der Mensch auch ein Recht auf Wasser oder Gesundheit hat; dieses Recht hat über das vergangene Jahrhundert hinweg dazu beigetragen, millionenfaches vermeidbares Sterben zu verhindern. Doch insofern die universellen Kategorien des Liberalismus in spezifischen kulturellen Kontexten verankert bleiben, lassen sie immer etwas außen vor. Und wenn jemand aus diesen Bedingungen der Inklusion herausfällt, bedeutet dies, dass seine Belange aus dem politischen Bereich hinaus in den privaten Bereich gedrängt werden, dass er für sein Missgeschick persönlich verantwortlich gemacht wird oder auf einmal sogar ohne jegliche Rechte dasteht.[34]

Wenn der liberale Universalismus die Grundlage unseres politischen Vokabulars bildet, erleben diejenigen, die davon ausgeschlossen bleiben, das Versagen des Liberalismus vielleicht als das Versagen der Politik im Allgemeineren. Währenddessen haben Menschen über das gesamte politische Spektrum hinweg gelernt, ihre Ansprüche auf Anerkennung und Macht in der Sprache des Universalismus auszudrücken. Die Menschen sagen, die Welt, die sie sich wünschen, müsse die Welt für alle sein. Dieselbe Sprache, die es möglich machte, in Begriffen eines gemeinsamen Menschseins zu denken und über das achtzehnte, neunzehnte und zwanzigste Jahrhundert hinweg für eine immer umfassendere Sicht der menschlichen Gleichheit und der Menschenrechte zu streiten, hat eine Situation geschaffen, in der es schwierig geworden ist, sich Politik als etwas *anderes* als vorgegeben und universell vorzustellen. Deshalb ist es auch so außerordentlich schwierig, das Menschsein derjenigen anzuerkennen, die durchs Raster fallen.

*

En miniature ist Arjuns Dilemma eines, das die lange Geschichte der Wurzeln der Demokratie umfasst. Doch im Gegensatz zu Arendts energischer Befürwortung des klassischen Republikanismus und Nancys selbstbewusstem Vertrauen ist Arjun hin- und hergerissen. Seine Frustration angesichts der mangelnden Bereitschaft anderer, zuzuhören – angesichts hartnäckig sich haltenden Nachbarschaftstratschs –, entspringt Hoffnungen, die eindeutig durch den klassischen Republikanismus geprägt sind. Er glaubt weiterhin an die Macht der kollektiven Beratschlagung und bürgerlichen Beteiligung, Vorurteile zu überwinden und zu einem neuen Verstehen zu gelangen, das auf persönlichen Beziehungen basiert. Arendts Bericht über den Eichmann-Prozess hat uns die weltberühmte Formulierung der »Banalität des Bösen« beschert, im Ganzen aber ist die Rede von der »furchtbaren *Banalität des Bösen*, vor der das Wort versagt und an der das Denken scheitert«.[35] Hier kann Arendts Angst davor, dass Kategorisierung, Bürokratie und Routine das Denken unterhöhlen und etwas unsäglich Böses hervorbringen können, mit Arjuns Überlegung verbunden werden, dass wir mit der Entwicklung der geschriebenen Sprache vergessen haben, wie man einander wirklich zuhört und versteht.

Trotz Arjuns Optimismus ist seine Gemeindearbeit häufig von Resignation geprägt: Er weiß, dass die Menschen selten wirklich zuhören. In der Versammlung wendet er sich mit einem entschieden liberalen Appell an die Bürgerinnen und Bürger: »Vielleicht könnten wir als tolerante Anwohner den Park ja auch einfach ein paar Stunden lang nicht besuchen. Vielleicht könnten wir ihnen erlauben, morgens im Park zu beten, und dann einige Stunden später hingehen und gemeinsam mit ihnen den Nachmittag genießen?« Mit dieser Taktik gibt er den Versuch auf, zu einem Konsens hinsichtlich der Nutzung des Parks zu gelangen; stattdessen bringt er ganz im Sinne der »ausgemachten« Wahrheit universelle Rechte ins Spiel und appelliert an die private Moral. Natürlich, so hätte es Arjun auch formulieren können, hätten wir jedes Recht, Nein zu sagen – schließlich ist es unser Park. Aber da er eben unserer ist, könnten wir ihn doch auch mit anderen teilen, nicht aus einer grundsätzlichen Anerkennung, sondern aus Toleranz heraus. Aus einer Zustimmung, die wir jederzeit zurückziehen können? Dies ist die Philosophie der gleichen, aber getrennten Berechtigung. Zur Sicherheit macht Arjun denjenigen, die besorgt sind, ihre Sicht von Gemeinschaft bliebe unberücksichtigt, ein weiteres Angebot. Der Sommer steht vor der Tür, und der Gemeinderat hat das Grillen im Park erlaubt. Deshalb schlägt er ein kleines Sommerfest vor – anwesende Freiwillige sind bei der Organisation herzlich willkommen –, inklusive Gemeinschaftsgrillen. »Ich denke, das ist eine gute Idee, weil es uns als Gemeinde zusammenbringt ... Gemeinsames Grillen ist eine wunderbare Sache für unsere Nachbarschaft!« Arjun strahlt in die Menge. Etwas weiter hinten im Raum hebt ein Mann die Hand. Er habe eine Zeit lang in München gelebt, erzählt er. »Da grillen die Türken immer im Park, und alles ist voller Rauch und laut. So etwas nimmt schnell überhand!«

Arjuns Lächeln schwindet, während weitere Hände in die Höhe gehen.

Kapitel 5

WARTEN

Was bedeutet es, Schwarz zu sein? Als die Europäer in Afrika einfielen, stammten diejenigen, die sie verschleppten oder in die Sklaverei verkauften, aus Gruppen, die sich selbst als unterschiedliche Völker erachteten. Die Sklavenhalter löschten die unterschiedlichen Identitäten ihrer Gefangenen jedoch aus, indem sie ihnen allen denselben Stempel aufdrückten: *Schwarzer Sklave*. So wurde in Europa und der Neuen Welt das Schwarzsein – ein Merkmal, das für die Gefangenen vorher keine Rolle gespielt hatte – zum Kennzeichen dafür, wer sich als Mensch mit Zugang zu den Rechten und Verantwortlichkeiten der Bürgerschaft qualifizieren konnte und wer nicht.

Ganz so einfach waren die Dinge allerdings nicht. In Nord- und Südamerika sowie im karibischen Raum vermischte sich das Blut rasch – durch Vergewaltigung vonseiten der Sklavenbesitzer und durch das Aufeinandertreffen von Sklaven, Siedlern und indigenen Völkern in den Plantagen, Minen und Städten. Da Erbe, Familienabstammung und politische Macht auf dem Spiel standen, reichte es nicht mehr, »Rasse« allein durch physische Merkmale zu definieren. Auf Kuba schrieb der spanische Geograf Esteban Picardo 1836 von zahlreichen »N****-« oder »Mulatten-«Kubanern, sie seien »weißer als viele Weiße«.[1] In den späteren USA mündeten Ängste hinsichtlich dieser Vermischung in die berüchtigte »One-Drop Rule« – wer auch nur einen Vorfahren Schwarzer Abstammung, »einen Tropfen« Schwarzen Blutes hatte, galt selbst als Schwarz. Man erachtete das Schwarzsein also als viel leichter übertragbar als das Weißsein. Diese Überzeugung äußerte sich in einer Reihe regionaler Variationen: Manchmal reichte ein Achtel Schwarze Herkunft aus, um als Schwarz bezeichnet werden zu können, manchmal war es ein Viertel. An manchen Orten, darunter in North und South Carolina, Mobile (Alabama) und New Orleans, wurden Menschen mit gemischtem Hintergrund beinahe als eigene »Rasse« behandelt und mit gewissen Privilegien ausgestattet, die vollständig Schwarze nicht hatten. Andernorts behandelte man Menschen gemischter Abstammung schlicht als Schwarze. In nicht eindeutigen Situationen wurde die Zugehörigkeit durch gesellschaftliche Konventionen definiert: Hier bestimmte, wie jemand behandelt wurde – als *sei* er weiß oder Schwarz –, welche »Rasse« derjenige für seine Umgebung hatte; hier hatten Mobs und Gerichte die Macht, die »Rasse« eines Menschen und damit auch die Rechte, auf die sich der- oder diejenige berufen konnte, neu festzulegen.[2]

Dieselbe Schwierigkeit, Rassenunterschiede zu definieren, insbesondere angesichts einer umfangreichen Durchmischung, herrschte in der gesamten kolonialen Welt vor. Wie die Sklaverei, so hingen auch koloniale Macht und Profit davon ab, Unterschiede zwischen Kolonialherren und Unterworfenen aufrechtzuerhalten. Da die Europäer in den meisten Kolonialstaaten zu den Minderheiten gehörten, waren koloniale Unternehmen auf eine gemischte Taktik aus Zwang, Kollaboration und Anreizen angewiesen. Die Unterworfenen wurden zur Schule geschickt, missioniert und dazu ermuntert, sich mit der Kolonialmacht zu identifizieren. Sie bekleideten administrative Posten, heirateten Europäer und hatten Kinder und verwischten so die Grenzen der »Rasse« und Identität. In der Folge galt Andersartigkeit nicht mehr als etwas körperlich Sichtbares, sondern als etwas durch soziale Alltagspraktiken Gekennzeichnetes. Dafür zitiert die Anthropologin Ann Laura Stoler ein Beispiel aus Französisch-Indochina aus dem Jahr 1898: In Haiphong, dem heutigen Vietnam, versuchte Sieur Icard, ein französischer Seemann, bei Gericht für seinen Sohn zu intervenieren, der im Gefängnis saß, weil er einen deutschen Handwerker nach einem Streit am Kai geschlagen hatte. Zu dieser Zeit hatten die Franzosen die Niederlage im Deutsch-Französischen Krieg noch nicht verkraftet. Mit seinem halbvietnamesischen Sohn, so Icard, sei einfach nur der Patriotismus durchgegangen. Der Richter aber sah die Dinge ein wenig anders. Er argumentierte, Icards Sohn spreche nicht gut genug Französisch und habe von seiner Mutter zu viel vietnamesische Kultur geerbt, als sein Vater auf See war, um genannte patriotische Gefühle wirklich hegen zu können. Er sei kein französischer Patriot, sondern ein ganz gewöhnlicher vietnamesischer Raufbold.³ Aufgrund dieser Schlussfolgerungen ging der Richter sogar so weit, anzuzweifeln, ob Icards Sohn tatsächlich sein Sohn war. Hier war »Rasse« keine Angelegenheit der biologischen Abstammung oder der körperlichen Merkmale mehr, sondern eine der »moralischen Geschlossenheit, der kulturellen Genealogie und der Sprache«, wobei die Mangelhaftigkeit Letzterer sogar die biologische Abstammung infrage stellen konnte.⁴ Als die Bemühungen, die Sklaverei und den Kolonialismus aufrechtzuerhalten, zur Schaffung neuer gesellschaftlicher Institutionen und neuer Lebensweisen führten, wurden Rassenunterscheidungen überall auf der Welt zunehmend diffus und subtil.

Die Tatsache, dass Rassenunterscheidungen wieder an Kraft gewannen, als sich die Kolonialstaaten allmählich in Richtung Demokratie bewegten, ist kein Zufall. Die Demokratie, basierend auf dem Versprechen von Gleichheit und Freiheit, stellte Eliten und normale Bürger vor ein Dilemma. Unmengen von Bürgerinnen und Bürgern führten ein relativ unfreies Leben als Knechte – sie arbeiteten nicht, weil sie das wollten, sondern weil sie mussten, weil ihr Überleben davon abhing. Nun können demokratische Staaten zwar ein gewisses Maß an Ungleichheit tolerieren, zu viel Ungleichheit aber untergräbt ihre Legitimation. Zur Lösung dieses Problems gehörte es, einen Teil der Kosten dieser Ungleichheit auf Nicht-Bürger abzuwälzen, die billig ausgebeutet werden konnten, ohne dass man für ihr Wohlergehen oder auch nur ihr Überleben hätte sorgen müssen. Die Möglichkeiten und Versprechen der neuen demokratischen Ordnung wurden durch das Beharren auf dem Rassenunterschied gesichert.⁵

*

Eines Abends in Kilburn besuchte ich gemeinsam mit einer Freundin, Saabira, die vor Ort und innerhalb gewisser Kreise in London für ihren antirassistischen Aktivismus wohlbekannt war, eine Veranstaltung, die den provokanten Titel »Is There Room for Black in the Union Jack?« (Ist auf dem Union Jack Platz für Schwarz?) trug. In Großbritannien war unter Aktivistinnen und Aktivisten der Begriff »Schwarz« für alle nicht-weißen Zuwanderer des Landes einst weit verbreitet. Er war absichtlich inklusiv gemeint und nicht durch die Hautfarbe, sondern durch die Politik definiert; er sollte auf ein gemeinsames koloniales Erbe sowie auf sich überschneidende Erfahrungen der Diskriminierung und der Ausgrenzung verweisen. Saabira, Tochter südostasiatischer Migranten, hatte ihre Aktivismuserfahrungen in den 1980er-Jahren gesammelt und sah sich selbst und ihre Politik als *Schwarz* an. Dieses Schwarzsein gab ihr einen Platz in der britischen Historie und kennzeichnete ihren Kampf als Teil einer umfassenderen Geschichte, die Arbeitskampf, antifaschistische Bewegungen und die Bemühungen anderer Minderheitengruppen vereinte. Unter dem Banner des politischen Schwarzseins hatte Saabira einige ihrer besten Freundinnen und Freunde kennengelernt. Für sie fasste die Veranstaltung an diesem Abend diese größere Geschichte zusammen. Der Titel war in Anlehnung an ein berühmtes Buch formuliert, das in Aktivistenkreisen ausgesprochen beliebt und in der Hochphase der »Schwarzen Politik« veröffentlicht worden war: Paul Gilroys *There Ain't No Black in the Union Jack*. Als wir draußen miteinander plauderten, erzählte Saabira mir, wie froh sie war, dass die jungen Veranstalter anscheinend noch immer an dieser alten Sprache der Solidarität interessiert waren.

Schon bald aber wurde Saabira klar, dass sie sich diesbezüglich geirrt hatte. Die Veranstalter hatten weder von dem Buch noch von den Sprechchören weißer Nationalisten in den Fußballstadien der 1970er- und 1980er-Jahre gehört, die der Buchtitel wiederum zitierte.[6] Sie hatten auf den Titel zurückgegriffen, weil er eine Frage auf den Punkt brachte, die ihrer Meinung nach derzeit allgegenwärtig war: *Gehörst du hierher?* Und dieser Frage gingen sie mit einer ganz anderen Definition von »Schwarz« nach. Beinahe alle Aktivistinnen und Aktivisten sowie Künstler und

Künstlerinnen, die auf der Veranstaltung sprachen, und der Großteil des Publikums hatten einen afrikanischen oder karibischen Hintergrund. Die Diskussion drehte sich allein um die Erfahrungen und Probleme dieser Gemeinschaften. Andere Minderheiten wurden auf Distanz gehalten, ihre Erfahrungen und Identitäten als kategorisch andere behandelt, und zwar meist in unverblümt stereotypen Formulierungen. Asiaten, so ein Vortragender, hätten den Wert der Bildung erkannt, die Juden könnten sich sehr gut um sich selbst kümmern.

Später im Pub kochte Saabira vor Wut. Sie hatte das Gefühl, dass sich die Dinge im Kreis drehten. Das Beharren der Vortragenden auf ganz bestimmten Kultur- und Rassenerfahrungen war, als wendeten sie die schlimmsten Stereotypen – Menschen mit afrokaribischem Hintergrund und Afrikaner sind faul oder unkooperativ, sie wissen Bildung und Solidarität nicht zu schätzen – auf sich selbst an, um auf ihrer Einzigartigkeit zu bestehen. Dass verschiedene Minderheiten verschiedene Erfahrungen machten, war nichts Neues, das wusste man schon seit Langem. Der Unterschied war nur, so Saabira, dass Aktivisten verstanden hatten, dass diese Erfahrungen gemeinsamen Wurzeln entsprangen und dass man durch Zusammenarbeit mehr erreichen konnte als durch Aufspaltung. Dieses Gefühl eines gemeinsamen Kampfes, klagte Saabira, gab es anscheinend nicht mehr.

Saabira war frustriert, weil sie sich plötzlich außerhalb einer Bewegung und Identität wiederfand, zu der sie dazuzugehören geglaubt und für die sie hart gearbeitet hatte. Damit allerdings ist Saabira nicht allein. Die Zersplitterung breit aufgestellter Koalitionen in zunehmend kleinere Gruppen, die sich durch unverwechselbare Identitäten und ganz eigene Interessen definieren, haben die britischen Aktivisten schon seit Längerem als wachsenden Trend erkannt.[7] Hin und wieder wirft man Aktivisten- und Minderheitengruppen unter dem Deckmantel der Identitätspolitik vor, sie schlössen andere aus – eine offensichtlich böswillige Unterstellung. Ein beliebtes Ziel ist beispielsweise der Universitätscampus: Die Studierenden dort werden als verhätschelt und engstirnig dargestellt, eifrig darauf bedacht, die Entlassung eines jeden Professors zu fordern, der ungewöhnliche Ansichten vertritt, oder eingeladene Vortragende mit anderer Meinung zu vertreiben. Sieht man sich das aber einmal genauer an, so stellt man fest, dass derlei Vorfälle äußerst selten sind. Und wenn sie vorkommen, zielen sie meist auf Vortragende mit wirklich extremen Ansichten ab – die Art von Vortragenden, die, wenn sie könnten, den Studierenden ihrerseits das Recht auf eine eigene Plattform und darüber hinaus das Recht auf ein Studium oder gleich das Recht auf die Staatsbürgerschaft absprechen würden.[8] Dies also scheint zumindest teilweise eine künstliche Krise zu sein. Andernorts jedoch gibt es durchaus Anzeichen dafür, dass die Identität allmählich unser politisches Vokabular bestimmt.

In Amerika erinnert sich der Wissenschaftler und Aktivist Asad Haider an seine Erlebnisse im Zusammenhang mit der »Black Lives Matter«-Bewegung an der University of California Santa Cruz nach Protesten gegen eine geplante Studiengebührenerhöhung. Zuerst einigten sich die Studentenführer rasch auf das Argument, dass die Gebührenerhöhung People of Colour am härtesten treffen würde. Haider war verwirrt über diese eng geführte Argumentation, die zu implizieren schien, dass »ethnisch gerechte [Gebührenerhöhungen] irgendwie in Ordnung wären«.[9] Dann verlor man sich in den Versammlungen in langatmigen Debatten über Sprache. Der Begriff »besetzter« Universitätsräume wurde als rassistisch angeprangert, ließ er doch die Besetzung indigenen amerikanischen Territoriums durch weiße Siedler anklingen. Man verbrachte mehrere Stunden damit, nach politisch korrekten Synonymen zu suchen. Als man schließlich die Maßnahmen der Studierendenvertretung als undemokratisch oder ineffektiv kritisierte, waren einige Studentenführer rasch bei der Hand, ihren Kritikern Rassismus vorzuwerfen. Und währenddessen wurde der Kreis der Betroffenen, über die man hier redete, immer kleiner.

Haiders Erlebnisse erinnern an eine Geschichte der Autorin Barbara Ehrenreich, die über Ungleichheit im heutigen Amerika schreibt. Im Jahr 2009 wurde sie eingeladen, in Detroit einen Vortrag über den postindustriellen Niedergang und die Labourpolitik zu halten. Um einmal etwas anders an das Thema heranzugehen, brachte sie eine Gruppe entlassener Metallgießer aus Fort Wayne mit, die sie seit Langem kannte. Die Metallgießer sprachen über ihre Erfahrungen während der Rezession und darüber, wie sie versuchten, ihr Leben zurückzugewinnen. »Und dann«, so Ehrenreich, »sagte eine Frau im Plenum, eine Assistenzprofessorin, plötzlich: ›Ich habe es satt, weißen Männern beim Sprechen zuzuhören.‹«[10] Heute sieht Ehrenreich das als zunehmend häufige Tendenz, bei der die politische Legitimität eines Menschen – sein Recht, zu sprechen und ernst genommen zu werden – nicht aus seinen Erfahrungen oder Ideen erwächst, sondern in allererster Linie aus der Identität, die er beansprucht. Und welche Identität etwas bedeutet, variiert von Ort zu Ort. Es gibt zahllose Beispiele, bei denen es nicht die weiße Hautfarbe, sondern die Schwarze, die Jugend oder die politische Überzeugung ist, die disqualifiziert, doch insgesamt nimmt die Vorstellung, die Identität stehe bei der politischen Berechtigung an erster Stelle, zu. Immer mehr wird denjenigen, die nicht die »richtige« Identität haben, der Zugang zu öffentlichen Foren und kollektiven Bewegungen verwehrt.

Menschen wie Saabira erscheint diese Politik der Identität und Ablehnung möglicherweise eingeschränkt und ungerecht. Und doch kommt diese Politik nicht aus dem Nirgendwo. Sie hat sich vielmehr als eine Reaktion auf eine lange, manchmal endlos lange historische Erfahrung des Wartens auf die Freiheit entwickelt. Die australische Anthropologin Maree Pardy hält dieses Warten für »universell zur Erfahrung als Geflüchteter oder Migrant gehörend«.[11] Die Bearbeitung von Visum- und Asylanträgen, der Kampf um soziale Sicherheit, die Schwierigkeit, Arbeit zu finden, das Bemühen um Familienzusammenführung und die langsame Anpassung an einen völlig neuen Ort können sich anfühlen, als hinge das Leben selbst jahre-, wenn nicht jahrzehntelang in der Schwebe. Dieses Gefühl des Wartens, des zum Stillstand gebrachten Lebens, betrifft jedoch nicht nur Zuwanderer, sondern auch zahlreiche ausgeschlossene Gruppen, die heute in demokratischen Ländern leben. Als die Kennzeichen der Andersartigkeit – der Ethnie, des Geschlechts, der Sexualität oder der Klasse – zunehmend unscharf und fein wurden, etablierte sich die Exklusion immer mehr in den Mechanismen der Gesellschaft. Dadurch wurde aus der Ungleichheit ein ausgesprochen hartnäckiges Phänomen. Für ausgeschlossene Gruppen ist der Kampf um Gleichberechtigung ebenfalls von einer langwierigen Erfahrung des Wartens geprägt. Und diese Erfahrung hat eine tiefe Skepsis hinsichtlich der Aussicht auf politische Kooperation hervorgebracht. Wenn wir also verstehen wollen, warum die Politik der Identität und Ablehnung heute so weit verbreitet ist, und wenn wir wissen wollen, wie wir sie vielleicht überwinden können, müssen wir zuerst die Geschichte des Wartens begreifen.

*

Neugeborenen mangelt es noch an jeglichem Ich-Gefühl, sie begreifen auch die Welt noch nicht. In diesem Stadium wissen wir nicht einmal, wo unser Körper aufhört und wo alles andere um ihn herum anfängt. Diese Unterscheidungen zu treffen, lernen wir durch Empathie: Die Blicke, Gesten, Emotionen und Reaktionen anderer enthalten Hinweise, anhand derer wir schließlich uns selbst, unsere Umgebung und unseren Platz in der Welt verstehen. In Kapitel 2 haben wir uns damit beschäftigt, wie uns die Empathie dazu befähigt, uns selbst und das Wesen der Welt zu begreifen. Wie kommt dabei nun die Ethnie ins Spiel? Die Bürgerrechtlerin, Schriftstellerin und Dichterin Audre Lorde schreibt über eine Kindheitserinnerung in der New Yorker U-Bahn:

> Meine Mutter sieht einen frei werdenden Sitz und bugsiert meinen kleinen, in einem Schneeanzug steckenden Körper darauf. Auf meiner einen Seite liest ein Mann Zeitung, von der anderen starrt eine Frau mit Pelzmütze auf mich nieder. Ihre Lippen zucken, und dann senkt sie den Blick und zieht meinen mit in die Tiefe. Ihre Hand im Lederhandschuh zupft an ihrem glatten, glänzenden Pelzmantel, genau dort, wo er meine neue blaue Schneehose berührt. Mit einem Ruck zieht sie den Mantel an sich. Ich sehe genauer hin, kann aber das fürchterliche Ding, das sie zwischen uns entdeckt hat, vermutlich eine Kakerlake, nicht ausmachen. Doch ich kann ihre Abscheu spüren. Als ich den Kopf wieder hebe, starrt die Frau mich immer noch

an. Ihre Nasenlöcher sind geweitet, ihre Augen riesig. Und dann wird mir plötzlich klar, dass da nichts zwischen uns herumkriecht; ich bin es, die ihren Mantel nicht berühren soll. Der Pelz streift mein Gesicht, als sie in der ruckelnden Bahn von ihrem Platz aufsteht und schaudernd eine der Halteschlaufen ergreift ... Mir ist nicht klar, was ich falsch gemacht habe. Verstohlen mustere ich die Hosenbeine meines Schneeanzugs. Was ist da? Irgendetwas passiert hier gerade; ich kann es nicht verstehen, aber ich werde es niemals vergessen. Dieser Blick. Die geblähten Nasenflügel. Der Hass.[12]

Beim Aufwachsen verinnerlichen wir Teile der Welt, sie graben sich in unsere Art zu denken, zu fühlen und uns zu bewegen ein. Die feministische Wissenschaftlerin Sara Ahmed merkt an, Lordes Geschichte sei eine Geschichte über die Grenzen zwischen Körpern: Für die Frau in der U-Bahn erstreckte sich Lordes kleiner Schwarzer Körper über seine Haut, ja sogar über den Schneeanzug hinaus.[13] Der Abscheu der Frau sei keine Reaktion auf Lorde als Mensch gewesen, so Ahmed, sondern die Reaktion auf eine abstrakte Schwarzheit, das Ergebnis einer ganzen »Geschichte der Assoziation«, die wieder und wieder durchgespielt worden war. In dieser Geschichte ist der Hass keine Reaktion auf Körper, die von Natur aus auf besondere Weise anders sind, sondern ein Drehbuch, in dem vorgegeben ist, wie man sich zu solcherlei Körpern in Bezug setzt. Lorde erinnert sich an weitere, ähnliche Szenen: an die Lesestunde in der öffentlichen Bibliothek, als alle über *Little Black Sambo* lachten, nur sie nicht; an die Nonnen in der katholischen Schule, die verlangten, sie solle ihre Zöpfe lösen und ihre Haare zu einer »schicklicheren« Frisur glätten; an die Frau im Imbiss, die ihrer weißen Freundin ein normales Glas, ihr aber einen Pappbecher hinstellte. Die Stichworte für dieses Drehbuch werden so lange in das Alltagsleben eingeschrieben, bis sich die Unterscheidungen, die sich daraus ergeben, ganz normal anfühlen und intuitiv gemacht werden.

Während wir allmählich lernen, uns in der Welt zurechtzufinden, entwickeln wir ein Vokabular der Sicherheit und der Zugehörigkeit. Wir lernen, unsere Erfahrungen zu verstehen, wir finden heraus, wozu wir fähig sind, wo wir sicher sind und Unterstützung finden, wohin wir gehören. »Ich habe den mich umgebenden Hass überlebt«, schreibt Lorde, »weil meine Mutter mir durch versteckte Hinweise etwas zu verstehen gab: Was immer auch zu Hause passierte, ›da draußen‹ sollte nicht so sein, wie es war. Aber weil es da draußen nun einmal so war, wie es war, watete ich durch einen Sumpf unerklärlicher Wut, die mich umschloss und sich gegen jeden entlud, der gerade in meiner Nähe war und den Selbsthass mit mir teilte.« Lorde fühlte sich zu Hause geborgen, nicht aber in der Welt draußen. Sicherheit und Zugehörigkeit spielen eine wichtige Rolle dabei, uns zu befähigen, uns mit anderen verbinden, die Welt um uns herum erkunden, mit ihr experimentieren und uns kompetent in ihr bewegen zu können. Es hat schon etwas Grausames, von manchen Menschen zu verlangen, in einer Welt zu lernen und zu wachsen, zu streben und erfolgreich zu sein, in der es ihnen nicht gestattet ist, sich zugehörig zu fühlen.

In der Schule, so hat jahrzehntelange Forschung ergeben, begegnet man Schwarzen Schülern und Schülerinnen mit niedrigeren Erwartungen; sie werden in leistungsschwächere Klassen gesteckt und weniger gelobt sowie mehr kritisiert als weiße Schüler mit ähnlichem Leistungsniveau.[14] In Großbritannien gibt es bei den standardisierten landesweiten Prüfungen die Option, leichtere oder schwierigere Aufgaben zu wählen, wobei man bei den leichteren Aufgaben von vornherein nicht die Bestnote erreichen kann. Welcher Schüler welche Aufgaben bekommt, entscheiden letztlich die Lehrer; dabei hat sich herausgestellt, dass Schülerinnen und Schüler mit afrokaribischem Hintergrund unverhältnismäßig häufig die leichteren Aufgaben bekommen, selbst wenn ihre Leistung mit der ihrer weißen Mitschüler und Mitschülerinnen vergleichbar ist.[15]

In Neuseeland beginnen die Maori-Schüler beim Lesenlernen das Schuljahr auf einem ähnlichen Leistungsniveau wie der Rest der Klasse. Sollen die Lehrer dann allerdings einschätzen, wie sich ihre Schützlinge im Laufe des Jahres machen werden, neigen sie dazu, den Fortschritt aller Gruppen zu überschätzen – bis auf den der Maori-Kinder. Kein Wunder also, dass Letztere am Ende des Schuljahrs hinter den Leistungen ihrer Klassenkameraden hinterherhinken.[16]

In Amerika haben Arbeiten zum Einfluss der Lehrerwahrnehmung gezeigt, dass Lehrer nie nur Leistung vorhersagen, sondern dass die Vorhersagen die Lernergebnisse verändern, also zur selbsterfüllenden Prophezeiung werden. Wie die Lehrer ihre Schüler sehen, formt, welche Aufmerksamkeit, Förderung und Unterstützung sie ihnen schenken – was zu erheblichen Unterschieden in der Benotung führt oder sogar bestimmt, wer es auf die Uni schafft und wer nicht.[17] Die Koordinaten der Zugehörigkeit, die ethnische Unterschiede abstecken – die Art und Weise, wie die Schüler und Schülerinnen sprechen, sich kleiden oder sich benehmen –, sind maßgeblich an diesen falschen Vorhersagen beteiligt; Lehrer, die den gleichen ethnischen Hintergrund haben wie ihre Schüler, sagen die Leistung meist genauer voraus[18], womit sie auch ihre Aufmerksamkeit und Fürsorge gerechter verteilen können. Sich zu Hause geborgen zu fühlen, aber nicht in der Welt jenseits dieses Zuhauses, bedeutet, für andere unlesbar zu werden, von ihnen ihre Geschichte aufgezwungen zu bekommen.

Dieses Muster wiederholt sich wieder und wieder – am Arbeitsplatz, im Gesundheitswesen und im öffentlichen Leben. Dekaden psychologischer und soziologischer Experimente haben gezeigt, dass ein Lebenslauf, der mit einem nicht weiß klingenden Namen unterzeichnet, ansonsten aber mit dem eines Weißen identisch ist, die Chancen des Bewerbers oder der Bewerberin, zu einem Vorstellungsgespräch eingeladen zu werden, signifikant verringert. In Europa trifft dieses Muster seit Generationen auf Menschen mit Migrationshintergrund zu, in Amerika sind vor allem Schwarze Bürgerinnen und Bürger davon betroffen – egal wie qualifiziert, kompetent oder erfahren der jeweilige Bewerber auch sein mag.[19] Schwangere Schwarze oder Latina-Frauen werden in Amerika häufig schlechter medizinisch versorgt, unabhängig von Einkommen oder Region.[20] In der Psychologie weiß man, dass die Gesichter von Schwarzen oder Angehörigen einer Minderheitengruppe grundsätzlich als weniger sympathisch oder krimineller eingestuft werden[21] und dass ein ausländischer Akzent den betreffenden Menschen in den Augen anderer weniger vertrauenswürdig macht.[22] In allen diesen Situationen führen unterschwellige Urteile zu echt eindeutigen Ergebnissen. Das Vorurteil des Lehrers kann schwer nachzuweisen sein – vielleicht ist sich der Betreffende noch nicht einmal eines Vorurteils bewusst. Offensichtlicher ist es da schon, dass Schwarze, Maori- oder Zuwandererkinder unverhältnismäßig häufig in leistungsschwächeren Klassen landen. Es ist vielleicht schwer zu sagen, warum ein Baby zu Pflegeeltern gegeben wird; recht offensichtlich aber ist es, dass eine Mutter ihr Kind nicht mehr hat. In der Folge können Muster, die sich möglicherweise aus Vorurteilen ergeben, tatsächlich als Anzeichen einer Minderwertigkeit erscheinen. Und während sich diese Anzeichen mehren, kann die Verbindung von Andersartigkeit und Minderwertigkeit den Eindruck einer selbstevidenten Wahrheit erwecken.

Säuglinge lernen in erster Linie durch Nachahmung. Kinder im Alter zwischen zwei und fünf Monaten können die Sprache ihrer Eltern von der anderer Menschen unterscheiden.[23] Mit drei Monaten zeigen Säuglinge eine Vorliebe für Gesichter ihrer eigenen ethnischen Gruppe, mit sechs Monaten teilen sie die Menschen je nach körperlichen Merkmalen implizit in Kategorien ein und können Ähnlichkeiten sowie Unterschiede erkennen.[24] Diese frühen Vorlieben hängen vielleicht damit zusammen, dass die frühkindliche Nachahmung darauf basiert, was um sie herum – Menschen, Tiere, Dinge – die Kinder am ehesten als »wie ich« empfinden und somit als am ehesten geeignet, ihnen etwas über die Welt beizubringen.[25] Nach dem ersten Lebensjahr, wenn wir nicht nur durch Nachahmung, sondern auch durch mentale Modellbildung und die Reaktion auf die *Urteile* anderer lernen, verblassen diese Vorlieben, zumindest bei manchen.

Die amerikanischen Psychologinnen Phyllis Katz und Jennifer Kofkin beobachteten eine Gruppe von Kindern über Jahre hinweg und fanden heraus, dass die Vorliebe für die eigene Hautfarbe bei nicht-weißen Kindern im Kindergartenalter nachgelassen hatte, bei weißen Kindern hingegen nicht.[26] In der Phase, in der wir beginnen, die Urteile anderer zu verinnerlichen, begannen die nicht-weißen Kinder damit, ihre eigene Hautfarbe negativ zu sehen, während die weißen Kinder lernten, dass es besser war, weiß zu sein. Im Rahmen ihrer Studie stellten Katz und Kofkin fest, dass diese Vorlieben und Abneigungen selten offen kommuniziert wurden. Meist sprachen die Eltern nicht gern über die ethnische Zugehörigkeit. Wenn sie ihren Kindern Bilder in einem Buch beschreiben sollten, wurde die Hautfarbe oft ausgelassen; stattdessen wurden die Figuren anhand anderer Merkmale wie beispielsweise des Geschlechts charakterisiert. Das lässt vermuten, dass wir Urteile über die ethnische Herkunft zwar bereits von einem frühen Alter an in uns aufnehmen und wiedergeben, dieser Lernprozess andererseits aber nicht bewusst stattfindet. Solcherlei stillschweigend entstandene Sichtweisen sind viel schwerer zu erkennen, zu benennen und zu ändern.

Das Drehbuch des ethnischen Andersseins wird eher durch Gesten vermittelt als direkt angesprochen, eher für selbstverständlich gehalten als erklärt und steht somit überall und nirgends gleichzeitig geschrieben. Wir wissen nicht einmal, dass wir es kennen. Im frühen zwanzigsten Jahrhundert verankerten mehrere amerikanische Bundesstaaten die »One-Drop Rule« im Gesetz, woraufhin der ethnische Status nicht mehr durch Konvention und Konsens bestimmt werden konnte. Allerdings machte sich die Regel durch diese Explizität auch angreifbarer. Doch nachdem dieser Tropus der ethnischen Abstammung aus dem Reich der impliziten, unausgesprochenen Wahrheit entfernt worden war, schuf man alsbald andere Kennzeichen, die seinen Platz einnahmen. In seinem Buch *Stamped from the Beginning*, über die verwickelte Geschichte des rassistischen Denkens in Amerika, zitiert der Forscher Ibram X. Kendi vor dem Hintergrund der institutionellen Rassentrennung und -diskriminierung Schlüsselmomente der Populärkultur zu dieser Zeit.[27] Eine seiner Geschichten handelt von dem Boxer Jack Johnson, einer Ikone der Black-Pride-Bewegung. Im Jahr 1908 gewann Johnson die Weltmeisterschaft im Schwergewicht. Die Medienberichte über seinen Sieg konzentrierten sich auf Johnsons weiße Frau; dabei scheuten sie sich nicht, sich der vertrauten Metaphern vom hypersexuellen Schwarzen Mann und der schutzlosen weißen Frau zu bedienen. Dass Johnson den Titel geholt hatte, sorgte für große Aufregung, die den früheren Schwergewichtschampion Jim Jeffries dazu veranlasste, aus dem Ruhestand zurückzukehren und noch einmal gegen Johnson anzutreten. Bei diesem Kampf ging es allerdings um weitaus mehr als nur ums Boxen. Die *New York Times* schrieb: »Sollte der Schwarze gewinnen, werden Tausende über Tausende seiner unwissenden Brüder diesen Sieg als Rechtfertigung von Ansprüchen missverstehen, die weit über die bloße körperliche Gleichheit mit seinen weißen Nachbarn hinausgehen werden.« Jeffries wurde als »Great White Hope« – Große Weiße Hoffnung – betitelt. Als Johnson tatsächlich gewann, kam es zu Ausschreitungen. Kurz nach dem Kampf wurde Johnson im Namen eines Gesetzes verhaftet, das es verbot, »Frauen zu unmoralischen Zwecken von einem Staat in einen anderen zu bringen«. Johnson war mit seiner weißen Freundin gereist, mit der er nach dem Tod seiner Frau zusammengekommen war. Kurz darauf brach die landesweite Manie um Edgar Rice Burroughs' *Tarzan bei den Affen* aus, die Geschichte eines weißen Waisenkindes, das sich selbst das Jagen, das Anbauen von Nahrung und sogar das Schreiben beibringt, womit es nicht nur die Affen, die es aufgezogen haben, sondern auch die örtlichen Afrikaner übertrifft – die als austauschbare, primitive Plage dargestellt werden. Als Nächstes folgte das explodierende Interesse an der Eugenik, der zufolge menschliche Eigenschaften wie Intelligenz oder Sittlichkeit erblich waren und von »Rasse« zu »Rasse« variierten. Obwohl die Vertreter dieser Thesen die behauptete Vererbbarkeit nicht beweisen konnten, breiteten sich die Theorien in Windeseile an den Universitäten aus und wurden fortan zum Maßstab von so ziemlich allem – von der militärischen Rekrutierung bis zur Bildungspolitik. Als man Schwarze Amerikaner von öffentlichen Institutionen ausschloss oder sie auf einen niedrigeren Bildungsweg drängte, wurde ihr mangelnder Erfolg als weiterer Beweis für ihre grundsätzlichen Defizite erachtet.

Jedes Mal, wenn sich eine Anklage als unberechtigt erwies, wenn eine Theorie als Pseudowissenschaft entlarvt wurde, gab es sofort eine Gegenbehauptung oder sensationslüsterne Geschichte, eine neue Theorie, die den Platz der alten einnahm und sich in den Köpfen der Amerikaner als Bild vom Schwarzen Anderssein, von der Schwarzen Unterlegenheit festsetzte. Fast zwanzig Jahre vor Kendis Buch bezeichnete der Schwarze britische Soziologe Stuart Hall die ethnische Zugehörigkeit als »fließenden Signifikanten«, da sie in der Lage war, ständig ihren Bezugspunkt zu wechseln – und das bei Weitem nicht nur zu Halls Zeit.[28] Hat ein Schwarzer Boxer eine weiße Frau oder wird er aufgrund falscher Anschuldigungen, in Drogengeschäfte verwickelt zu sein, verhaftet, belegt dies nur die lüsterne Verkommenheit, die er mit allen Schwarzen gemein hat; gewinnt er jedoch eine Meisterschaft, funktioniert das Prinzip umgekehrt nicht, und überhaupt liegt die wahre Geschichte über die Natur der Schwarzen ja wahrscheinlich in *Tarzan* oder der neuesten (unbewiesenen) Theorie verborgen. In seinem Buch beschreibt Kendi, wie rassistische Vorstellungen sogar in das Denken der führenden Schwarzen Bürgerrechtler der Zeit gesickert sind. Als Beispiel führt er den berühmten Schwarzen Wissenschaftler und Aktivisten W. E. B. Du Bois an: Er bot einerseits den prominentesten rassistischen Denkern Amerikas meisterhaft die Stirn, schrieb aber andererseits manchmal auch über die ethnische Zugehörigkeit, als sei sie mit feststehenden biologischen Unterschieden oder angeborenen Merkmalen verbunden.[29]

Jede Einzelstimme, jedes Einzelbeispiel steht zur Debatte, sollte hinterfragt und kann widerlegt werden. Jede Einzeltheorie kann als falsch entlarvt werden – was natürlich anstrengend, aber möglich ist. Doch wird eine Vorstellung, eine Geschichte, eine Rolle in den Räumen und Augenblicken des Alltagslebens wieder und wieder durchgespielt, kann sie einen grundlegenderen, unwiderlegbareren Eindruck von Wirklichkeit erwecken. Diesen Geschichten begegnen wir zunächst in den Blicken, Urteilen und Gesten anderer; wir eignen sie uns unbewusst an, flechten sie in das formative Wissen über uns selbst und die Welt ein. Die Vorstellung des Rassenunterschieds existiert vor der Sprache, mit der wir über sie reden, sie entzieht sich ihr und taucht in endlos wechselnder Gestalt auf. Diese Vorstellung stellt sich selten einer Debatte.

Doch wenn wir alle unausweichlich auf das Drehbuch der festgeschriebenen Unterschiede zurückgreifen, welche Hoffnung für Wandel gibt es dann?

*

Am 20. August 1976, inmitten eines drückend heißen Sommers, legten sieben Arbeiter aus den Filmentwicklungslabors Grunwick ganz in der Nähe von Kilburn die Arbeit nieder. Die Fabrik war für ihr tyrannisches Management bekannt. Mussten die Arbeiter auf die Toilette, hatten sie vorher um Erlaubnis zu bitten und sollten sich für das nur allzu menschliche Bedürfnis schämen; harte Disziplinierungsmaßnahmen wurden vor aller Augen durchgeführt, es herrschte eine Atmosphäre der Angst. Die Löhne waren niedrig, Überstunden an der Tagesordnung; die Fertigungsplanung war unvorhersagbar, die Arbeiter wurden nach Lust und Laune gefeuert. In einer Woche verdienten sie zwischen sechs und sieben Pfund, was heute zwischen achtunddreißig und fünfundvierzig Pfund wären.[30] Sechs der Angestellten, die die Fabrik verließen, waren Frauen, alle sieben waren aus Asien eingewandert. In Grunwick heuerte man anscheinend gern zugewanderte Arbeiter und Arbeiterinnen an, vor allem Frauen, in dem Glauben, sie seien billigere und gefügigere Arbeitskräfte als weiße britische Männer.

Nach dem Verlassen der Fabrik wandten sich die Streikenden an die britische Arbeiterbewegung und baten sie um Unterstützung. Die Gewerkschaften zu mobilisieren war jedoch ein schwieriger und langwieriger Prozess. Bei früheren Streiks asiatischer Arbeiter, etwa bei Mansfield Hosiery in Loughborough 1972 oder Imperial Typewriters in Leicester 1974, hatten sich die Gewerkschaften, denen die Streikenden angehörten, geweigert, die Aktionen mitzutragen. In beiden Fällen genossen die weißen Arbeiter eine bessere Bezahlung, bessere Sozialleistungen und eine bessere Behandlung, und die Gewerkschaften waren nicht bereit, sich für die Änderung dieser Verhältnisse einzusetzen. Ihrer Meinung nach bestand ein Interessenkonflikt zwischen den Belangen der Asiaten und denen ihrer (weißen) Kernmitglieder. In Grunwick aber bekamen die Streikenden schon früh Unterstützung von der Union of Post Office Workers, der Gewerkschaft der Arbeitnehmer im Postwesen: Gemeinsam brachten sie das Versandfotogeschäft der Firma zum Stillstand. Doch sie mussten beinahe ein Jahr von Fabrik zu Fabrik, Laden zu Laden und Büro zu Büro ziehen, inständig an andere Arbeiter appellieren und Druck auf die Gewerkschaftsfunktionäre ausüben, bis es ihnen gelang, die großen Landesgewerkschaften mit an Bord zu holen. Nachdem Verhandlungen im Sommer 1977 allerdings scheiterten, zogen die Landesgewerkschaften ihre Unterstützung eigenmächtig wieder zurück. Sie befürchteten, die Verwicklung in einen langwierigeren Konflikt würde sie ihre politische Macht und ihren politischen Rückhalt kosten.[31] Der Rückzug der Unterstützung führte dazu, dass die Grunwick-Streikenden 1977 vor dem Hauptquartier des mächtigen Gewerkschaftsbunds Trades Union Congress (TUC) in einen Hungerstreik traten; dazu die Streikführerin Jayaben Desai: »Unterstützung vom TUC ist wie Honig auf deinem Ellenbogen: Du kannst ihn sehen, du kannst ihn riechen, aber schmecken kannst du ihn nicht!«[32] Im Laufe weniger Monate war die Solidarität, die Desai und die anderen über ein Jahr aufgebaut hatten, erschöpft – und der Grunwick-Streik schließlich gescheitert.

Im zwanzigsten Jahrhundert verlagerte sich der Fokus der Bewegungen für soziale Gerechtigkeit vom Kampf für *bürgerliche Inklusion* zum Kampf für *Rechtsgleichheit*. Man versuchte nicht mehr, Herzen und Köpfe zu verändern, sondern durch einen Rechtswandel Gleichheit zu erlangen. Die Geschichte dieser Verlagerung und der Motivationen hinter ihr spiegelt sich in der Geschichte dessen wider, wie Arbeitervereinigungen mit den Bedürfnissen und Forderungen von Minderheitengemeinschaften sowie denen der Frauen rangen – eine Geschichte, die sich auf beiden Seiten des Atlantiks annähernd gleich abspielte. Zur Zeit des Grunwick-Streiks hatten Spannungen zwischen Arbeitergewerkschaften und denjenigen, die sich für die Rechte von Frauen und Minderheiten einsetzten, seit Jahrzehnten zugenommen. Es war das Bild unversöhnlicher Interessen entstanden. Das allerdings war nicht unvermeidlich.

Bevor die amerikanische Bürgerrechtsbewegung in den 1950er- und

1960er-Jahren ihren Höhepunkt erreichte, war das vorangehende Jahrhundert vom geduldigen, häufig frustrierenden Aktivismus vonseiten Schwarzer amerikanischer Anführer geprägt. Ihre Arbeit, die auf das Ende des Sezessionskriegs 1865 folgte, war Teil der zunehmenden Dynamik zur Förderung von Veränderungen, hatte aber einen anderen Fokus. Innerhalb der Bürgerrechtsbewegung der 1950er- und 1960er-Jahre hatte der Kampf für den Rechtswandel Priorität, während sich viele frühere Anstrengungen auf andere Ziele und Strategien konzentrierten. In den 1940er-Jahren beispielsweise schlossen sich zahlreiche Schwarze Amerikaner und Amerikanerinnen Arbeitergewerkschaften an, als sie in die Städte strömten und vermehrt Jobs in der Industrie annahmen. Die »Bürgerrechtsgewerkschaftler« erkannten die Verbindungen zwischen ethnischer und wirtschaftlicher Ausbeutung und entwickelten ein ehrgeiziges Programm, das den Kampf für gerechte Arbeitsbedingungen und eine gerechte Bezahlung mit dem für bezahlbares Wohnen, eine bezahlbare medizinische Versorgung, eine bezahlbare Ausbildung, soziale Sicherheit und das Wahlrecht verknüpfte.[33]

Im Verlauf der 1940er-Jahre schloss sich etwa eine halbe Million Schwarzer Amerikaner Gewerkschaften an, die zu dem mächtigen Gewerkschaftsbund Congress of Industrial Organizations (CIO) gehörten.[34] In der kleinen Stadt Winston-Salem, North Carolina, war die R. J. Reynolds Tobacco Company der wichtigste Arbeitgeber. Die besser bezahlten Jobs bekamen fast ausnahmslos die Weißen, die Mehrheit der Belegschaft aber war Schwarz. Nach zwei Jahren verdeckter Anstrengungen, sich Unterstützung auf der Fertigungsebene zu sichern, organisierten sich die Reynolds-Arbeiter 1943 gewerkschaftlich. In nur einem Jahr handelte die Gewerkschaft einen neuen Vertrag für die Schwarzen Arbeiter aus, inklusive bahnbrechender neuer Rechte bezüglich der Betriebszugehörigkeit, der Lohnangleichung sowie des Schlichtens im Streitfall. Die größte Wirkung entfaltete die Gewerkschaft jedoch jenseits der Fabrikmauern. Dazu die Historiker Robert Korstad und Nelson Lichtenstein:

Im Sommer 1944 war [die neue Gewerkschaft] zum Zentrum einer alternativen sozialen Welt geworden, die die Schwarzen Arbeiter unabhängig von Job, Wohnviertel oder Kirchenzugehörigkeit miteinander verband. Im Gewerkschaftshaus, nur ein paar Blocks vom Reynolds-Gebäude entfernt, fanden beständig Treffen, Aufführungen und musikalische Veranstaltungen statt, ebenso wie Unterricht zur Arbeitergeschichte, zur Geschichte der Schwarzen und zu aktuellen Ereignissen. Local 22 sponserte Softballteams, Schachturniere, Nähzirkel und Schwimmvereine. Sein engagiertes Bildungsprogramm und die gut bestückte Bibliothek machten viele Schwarze Arbeiter (und auch einige weiße) mit einer bisher unbekannten Kultur bekannt.»In der kleinen Bücherei [der Stadt Winston-Salem] stand nicht ein einziges Buch über die Geschichte der Schwarzen«, erinnerte sich Viola Brown.»Sie hatte weder Bücher von Aptheker noch von Dubois noch von Frederick Douglass. Aber wir hatten sie.«[35]

In ihrer Hochzeit erstreckte sich die Rolle der Gewerkschaften in den USA, Großbritannien und andernorts weit über das bloße Aushandeln von Tarifbedingungen hinaus. Die Gewerkschaften beeinflussten auch das Alltagsleben, was den Menschen das Gefühl einer »gemeinsamen Sache« vermittelte – das Gefühl, dass man nur durch gemeinsame Anstrengungen etwas erreichen konnte. In dieser Zeit war das Gewerkschaftsleben entschieden klassisch-republikanisch. Jenseits des Arbeitsplatzes trugen die Gewerkschaften zu einem Aufbranden des politischen Engagements bei; im Zuge dessen verdoppelte sich im Lauf der 1940er-Jahre die Anzahl der eingetragenen Schwarzen Wählerinnen und Wähler im Norden der Vereinigten Staaten, im Süden vervierfachte sie sich gar. Und auch die Mitgliederzahlen Schwarzer Bürgerrechtsorganisationen wie der National Association for the Advancement of Coloured People (NAACP) schossen in die Höhe.

In Winston-Salem brachte die soziale Welt, in deren Zentrum die Gewerkschaft stand, eine ganze Kohorte neuer Schwarzer Anführer und

Anführerinnen hervor. In der Fabrik lernten die gering verdienenden Frauen, wie man sich mit männlichen Führungskräften an einen Tisch setzt und verhandelt – nicht nur bezüglich ihrer Rechte, sondern auch bezüglich des »Respekts«.[36] Außerhalb der Fabrik forderten Gewerkschaftsmitglieder die alteingesessene, mittelständische Schwarze Führerschaft heraus, die lange eine kulante Haltung zur Rassentrennung gepredigt hatte. Während sie darauf bestand, die Schwarze Gemeinde müsse zufrieden mit der minimalen Unterstützung Schwarzer Institutionen und froh sein, dass es in der Stadt keine organisierte weiße Gewalt gab, waren die neuen Anführer davon überzeugt, dass Gleichheit etwas viel Substanzielleres bedeuten konnte. Die Gewerkschaft hatte ihnen ein ganz neues Gefühl von Würde vermittelt.

Die Anführer der Bürgerrechtsbewegungen rangen jahrzehntelang mit den Möglichkeiten und Grenzen dieser Art von klassisch-republikanischer Politik. Großen frühen Einfluss auf die Denkweise, die schließlich die Bürgerrechtsbewegung der 1950er- und 1960er-Jahre lenken sollte, hatte der 1856 in Marianna, Florida, geborene Journalist und Aktivist T. Thomas Fortune.[37] Fortune sagt viel über diese Geschichte aus, da sein Denken Licht auf einen Kampf zwischen liberaler und klassisch-republikanischer Politik im Streben nach Gleichberechtigung der Schwarzen wirft. Fortune hatte zwei Semester Jura studiert und setzte sich deshalb besonders leidenschaftlich für Gleichberechtigung ein, nicht nur für die der Schwarzen, sondern für die aller Amerikaner. Ungleichheit, so glaubte er, war ein Ergebnis der Rassentrennung, mit der viele Amerikaner in Berührung kamen. Sie betraf aber auch *alle* mittellosen Amerikaner, denen Chancen verwehrt blieben.

Ab 1879 gab Fortune die einflussreichste Schwarze Zeitung des Landes heraus, die *New York Age*.[38] In dieser Zeitung schlug er eine Reihe von Taktiken vor, die zur Gleichberechtigung führen sollten. Er betonte beispielsweise das Engagement in der Arbeiterbewegung und setzte sich für das Gründen örtlicher Verbände ein, in denen sich die Mitglieder gegenseitig halfen. Fortune glaubte an die Macht solcher Verbände und der Gewerkschaften, die Gleichheit von Schwarz und Weiß im Alltag schließlich umsetzen zu können, da die beiden Gruppen hier lernten, Seite an Seite am Leben der Nation teilzuhaben. Mit anderen Worten: Er glaubte an das Aufbauen von gegenseitiger *Anerkennung* zwischen Schwarzen und weißen Amerikanern – eine dezidiert klassisch-republikanische Sicht der Bürgerschaft, bei der sich die Rechte erst durch die bürgerliche Beteiligung voll entfalten. In der *Age* schrieb Fortune: »Nun, da wir durch einen kurzen Ausbruch an Güte vor dem Gesetz gleich sind, müssen wir uns dem ernsten und erfolgreichen Wettstreit stellen, den uns die Gleichheit der Bürgerschaft auferlegt.«[39]

Fortunes Hang zur klassisch-republikanischen Politik war jedoch nicht frei von Skepsis. Die Rechtsgelehrten seiner Zeit hatten größtenteils auf die liberale Tradition zurückgegriffen und zwischen »natürlichen Rechten« – etwa dem Wahlrecht, dem Recht auf Eigentum und dem Recht auf freie Meinungsäußerung – sowie »sozialen Rechten« unterschieden, Rechten, die aus freiwilligen Zusammenschlüssen im privaten Raum heraus entstanden. Die natürlichen Rechte galten als unveräußerlich, der Staat garantierte sie allen Bürgern. Die sozialen Rechte handelten die Bürger untereinander aus, sie unterlagen keiner staatlichen Regelung. Im Großen und Ganzen war Fortune mit dieser Unterscheidung einverstanden. Das Problem daran war nur, dass viele Denker, Abgeordnete und Juristen zu Fortunes Zeit die Rassentrennung als Angelegenheit der sozialen Rechte sahen. Schwarze Schüler von weißen Schulen fernzuhalten beispielsweise wurde als Ausdruck des Rechts auf freien Zusammenschluss erachtet, ähnlich dem Recht auf freie Religionsausübung oder Beitreten einer Partei. Für Fortune aber verfestigte die Rassentrennung die Ungleichheit, die es Schwarzen Amerikanern unmöglich machte, gleichberechtigt am öffentlichen Leben teilzunehmen. Schwarzsein war keine private Identität, weshalb die angeblich »freie« Wahl, sich nicht mit Schwarzen zusammenzuschließen, systematische, öffentliche Konsequenzen hatte. Unter solchen Umständen, davon war Fortune überzeugt, würde jeder Versuch, eine »gemeinsame Sache« zu schaffen, unweigerlich damit enden, dass die, die die Macht hatten, ihre Macht behielten.

Während seiner Zeit bei der *Age* berichtete Fortune über einen Fall des Obersten Gerichtshofs, der den Grundstein für die Jim-Crow-Gesetze legte. 1876 führte der Sheriff von Crockett County, Tennessee, einen Lynchmob ins örtliche Gefängnis, der vier Schwarze Gefangene aus ihren Zellen zerrte, sie zusammenschlug und einen von ihnen tötete. Vor Ort wurde keine Anklage gegen den Mob erhoben, und so übernahm die Regierung des Bundesstaats das: Die Männer hätten ihre Opfer des Rechts auf gleichen gesetzlichen Schutz beraubt. 1883 erklärte der Oberste Gerichtshof das Eingreifen der Regierung von Tennessee und das Gesetz, das allen den gleichen Schutz garantierte, für verfassungswidrig. Nur Staaten hätten das Recht, Verbrechen wie Mord und Körperverletzung unter Strafe zu stellen. Da wurde Fortune klar: Welche Vorteile die partizipatorische Politik auch hatte, ein Leben, das von der Anerkennung der Gemeinschaft abhängig war, war ein zerbrechliches, gefahrvolles Leben.

Aus ganz ähnlichen Gründen hatte Fortune auch Vorbehalte hinsichtlich des Gewerkschaftswesens. Er befürchtete, die Stärke der organisierten Arbeiter könne nur allzu leicht vom mächtigsten Mitglied der Bewegung missbraucht werden. Fortune war geradezu besessen vom Kampf gegen die Ungleichheit; sie, so dachte er, schränke den Umfang der Beteiligung an der Art von klassisch-republikanischer Politik ein, die er ansonsten befürwortete. Und so betonte Fortune die Notwendigkeit gesetzlicher Reformen, die eine grundlegende Gleichheit garantieren konnten. Neben seinem Eintreten für die partizipatorische Politik beharrte er auch darauf, dass es neuer Gesetze und Gerichtsfälle bedurfte, die das Fundament der Rassentrennung schließlich unterhöhlten. Diese auf das Gesetz konzentrierten Reformen, so Fortune, waren die notwendige Basis für einen gerechteren öffentlichen Raum.

Fortunes Befürchtungen erwiesen sich als hellseherisch – auf beiden Seiten des Atlantiks. In Amerika, so der Historiker Joshua Freeman, feierte die Arbeiterbewegung den Zweiten Weltkrieg zwar als Zeit der wachsenden Zuversicht, doch waren viele Streiks damals tatsächlich »Hassstreiks« – landesweite Proteste gegen die Anstellung oder Förderung von Schwarzen.[40] Die Eisenbahngewerkschaft streikte, um eine Politik der alleinigen Beschäftigung von Weißen durchzusetzen. Nützten diese Streiks nichts, versuchten es manche Eisenbahner mit einer anderen Strategie: Sie entführten, verprügelten und töteten Schwarze Arbeiter, um andere Schwarze, die vielleicht mit dem Gedanken spielten, denselben Beruf zu ergreifen, abzuschrecken.[41] Die Solidarität von Gewerkschaften, die dafür gefeiert wurden, die klassisch-republikanische Tradition zu verkörpern, fußte häufig auf der gemeinsamen Verpflichtung, Schwarze auszuschließen; dies war beispielsweise der Fall bei der International Association of Machinists, deren Satzung die Mitgliedschaft Schwarzer bis 1948 untersagte.[42] Vielfach zielte der Gewerkschaftsaktivismus in erster Linie auf die Verteidigung von Status und Privilegien weißer Arbeiter, weißer Familien und weißer Gemeinschaften ab, nicht auf das Vertreten von Arbeiterinteressen oder das Aufbauen von Solidarität im Allgemeinen.[43] Und selbst wenn es klangvolle Erfolgsgeschichten von Gewerkschaften gab, die Gemeinsamkeit erzeugten und einen Wandel bewirkten, etwa die des Gewerkschaftszweigs der Tabakfabrik in Winston-Salem, so veränderten sie lediglich die Bedingungen der dort Arbeitenden und ließen größere Muster unverändert. 1935 fasste W. E. B. Du Bois diese Tendenzen mit den Worten zusammen: »Der weiße Arbeiter wollte den Schwarzen nicht in seinen Gewerkschaften, er glaubte nicht an ihn als Menschen, wich Fragen aus und sagte ihm, tauchte er doch einmal auf Versammlungen auf, er solle sich doch bitte getrennt von ihm organisieren – außerhalb der wirklichen Arbeiterbewegung.«[44]

Dieselbe Dynamik entwickelte sich im Großbritannien der Nachkriegszeit. Da es an Arbeitskräften mangelte, vieles aber neu aufgebaut werden musste, versuchte das Land, Arbeiter aus den damaligen und vormaligen Kolonien zu rekrutieren. Wie in Kapitel 1 erwähnt, war zahlreichen Neuankömmlingen beigebracht worden, Großbritannien als »Mutterland« zu sehen und die Einwanderung als »Nach-Hause-Kommen«.[45] Das Zuhause aber, in dem sich die Einwanderer wiederfanden, war zwiespältig: Während einige Briten sie freundlich willkommen hießen, wurden sie von anderen als »dunkle Fremde« gebrandmarkt, die niemals wahrhaft britisch würden sein können.[46] Die verschiedenen Haltungen, die ihnen entgegengebracht wurden, entschieden darüber, welches Leben sich die Zuwanderer in ihrer neuen Heimat aufbauen konnten. In Kilburn erzählten mir ältere asiatische und karibische Einwanderer, dass nur bestimmte Vermieter damals bereit gewesen waren, an Nicht-Weiße zu vermieten. Es bedurfte guter Verbindungen und einer Portion Glück, um eine Unterkunft zu finden. Durch das relativ knappe Angebot an Wohnungen konnte man beinahe alles vermieten, und die Mieter mussten sich mit schimmeligen Wänden, kaputten Heizungen und äußerst beengtem Raum abfinden. Ähnliches galt für den Arbeitsmarkt. Einige Arbeitgeber hielten gezielt nach kolonialen und postkolonialen Arbeitskräften Ausschau, andere schlugen ihnen die Tür vor der Nase zu.

Ebenso wie bei der Unterscheidung zwischen natürlichen und sozialen Rechten im Amerika zur Zeit T. Thomas Fortunes wurden diese Formen der Exklusion von aufeinanderfolgenden linken und rechten Regierungen auch in Großbritannien als Sache der privaten Freiheit verteidigt – als Recht weißer Briten, sich, mit wem auch immer es ihnen gefiel, zusammenzuschließen und Geschäfte zu machen.[47] Diese Ausgrenzung hatte zwei miteinander verbundene Folgen. Zum einen speiste sich aus ihr der Mythos der Unterlegenheit der Einwanderer. Wenn man nur einen einzigen Anzug besaß, der immer abgetragener aussah, wenn die Arbeitslosigkeit dazu führte, dass junge Männer an Straßenecken oder Bushaltestellen herumlungerten, wenn die beengten Wohnverhältnisse weitere Familiendramen auslösten, die dank dünner Wände auch den Nachbarn nicht verborgen blieben, dann konnten die Folgen der Ausgrenzung leicht mit ihren Ursachen verwechselt werden. Gleichzeitig verhalfen den Zuwanderern an Orten wie Kilburn die gemeinsamen Erfahrungen des Kämpfenmüssens dazu, neue Allianzen einzugehen, mit denen sie auf Ausgrenzungen reagieren konnten, die von der Öffentlichkeit nicht wiedergutgemacht wurden. Die Sichtweise von Schwarzsein, die Saabira beschreibt – eine Sichtweise, die Zuwanderer aus der Karibik, Indien, China und anderen Regionen einschließt –, entstand aus ebendiesen Erfahrungen des gemeinsamen Kampfes und der gegenseitigen Unterstützung, der geteilten Geschichte und Bemühung, der öffentlichen Ausgrenzung und des sich allein zu Hause zugehörig Fühlens heraus.

Angesichts eingeschränkter Möglichkeiten hatten die Migrantengemeinschaften unweigerlich mit einer höheren Arbeitslosenrate und mehr Armut zu kämpfen. Das wiederum ermöglichte es den Arbeitgebern, die Bedingungen für diejenigen, die Arbeit hatten, zu diktieren: Schließlich waren niedrige Löhne und lange Arbeitszeiten besser als keine.[48] Das hatte Auswirkungen auf die gesamte Belegschaft. Angestellte mit Migrationshintergrund wurden dazu benutzt, die Löhne zu senken und kollektive Verhandlungen im Keim zu ersticken.[49] Die kurzzeitig erfolgreichen Anstrengungen der Grunwick-Streikenden, sich landesweite Unterstützung zu sichern, zeigen, dass es durchaus möglich war, die Bedingungen für nicht-weiße Arbeiter und Arbeiterinnen zur Sache aller zu machen. Viel häufiger kämpfte man mit diesem Argument jedoch gegen Windmühlen. Zahlreiche asiatische Grunwick-Angestellte waren in den frühen 1970er-Jahren aus ehemaligen britischen Kolonien in Ostafrika gekommen; bei ihrer Ankunft wurden sie mit Protestbriefen in den regionalen Zeitungen empfangen.[50] In Kilburn und andernorts mussten sich Arbeiter aus Minderheitengruppen, die für eine gemeinsame Sache kämpften, mit der Tatsache abfinden, dass sie bereits als Gefahr eingestuft wurden, noch bevor sie auch nur die Gelegenheit hatten, für sich selbst zu sprechen. Getrennte Wohnsituationen sowie unterschiedliche Lebensgewohnheiten und -standards nährten den Verdacht, zugewanderte Arbeiter hätten weder das Interesse noch die Fähigkeit, Teil des kollektiven Lebens zu sein oder sich für gemeinsame Werte einzusetzen.

Dieses Bild folgte den Einwanderern immer dicht auf den Fersen. Die Anthropologin Gillian Evans beispielsweise berichtet von einem Vorfall in Bermondsey im Südosten Londons. Die dort wohnenden Frauen wechselten sich damit ab, die Gemeinschaftsbereiche ihres Hochhauses zu reinigen – sie schrubbten und scheuerten die Treppen und Flure, bis diese blitzblank waren.[51] Als eine jamaikanische Familie ins Haus zog, war dies einigen Bewohnern unangenehm, weshalb die Frauen beschlossen, die Familie nicht ins gemeinschaftliche Putzen mit einzubeziehen. Die Mutter der neuen Familie aber bemerkte das Putzritual und versuchte, es selbst durchzuführen, weil sie dazugehören wollte. In dem Glauben, sie imitiere die anderen, schrubbte sie den Flur und schüttete das Schmutzwasser anschließend die Treppe hinunter, was Spuren hinterließ und den Zorn, der ihr ohnehin schon entgegengebracht wurde, mehrte. Die Frau, die Evans diese Geschichte erzählte, hatte viele Jahre lang in einer nahe gelegenen Keksfabrik gearbeitet. Dort hatte eine informelle Hierarchie geherrscht, bei der die Arbeiterinnen, die das Sagen hatten, die Frauen waren, die am angesehensten in der Gemeinde waren – diese Frauen galten als »anständig«. Für die Frau, die Evans die Geschichte erzählte, war der scheinbar kleine Vorfall mit der Jamaikanerin Beweis genug, dass es der Woman of Color an solcher Anständigkeit offensichtlich mangelte. Evans Bericht ist nur ein Beispiel für den Teufelskreis, der sich in den USA und in Großbritannien auf unzählige Weisen wiederholte und bei dem bestehende Vorurteile die Menschen von ganz gewöhnlichen Interaktionen abhielten, die vielleicht dazu beigetragen hätten, die Vorurteile zu überwinden und gemeinsame Interessen zu erkennen.

Da sie von der Arbeiterbewegung abgewiesen oder eingeschüchtert worden waren, wendeten sich Minderheiten, die in Großbritannien und Nordamerika nach Gerechtigkeit suchten, zunehmend an die Welt der Regeln, an die der Regelungen und vor allem an die des Gesetzes. Innerhalb der amerikanischen Arbeiterbewegung selbst begegnete man den widerstreitenden Ansprüchen der Schwarzen und weißen Arbeiter mit zunehmend bürokratischen Mechanismen wie Beschwerden und Beschwerdeverfahren. Sie waren ein Kompromiss. Manchmal lösten sie einzelne Fälle ungerechter Behandlung, dem übergeordneten Machtgleichgewicht zwischen weißen und Schwarzen Arbeitern widmeten sie sich hingegen nicht.[52] Als die Bürgerrechtsbewegung Mitte der 1950er-Jahre in vollem Gange war, setzte sie sich in erster Linie eine Gesetzesreform auf die Agenda, was die Bemühungen der Bürgerrechtsgewerkschafter, der Schwarzen Kirchen und der Bürgerverbände zu einem relativ konzentrierten Antrieb zur Veränderung bündelte. Was bei Fortune noch eine ambivalente Haltung zur Gesetzesreform gewesen war, hatte durch den Einfluss von Bürgerorganisationen und entsprechend orientierten Denkern enorm an Dringlichkeit gewonnen. Angesichts der scheinbaren Unmöglichkeit, Rechte durch Konsens und gegenseitige Anerkennung zu sichern, wandten sich die Anführer der Bürgerrechtsbewegung vermehrt an das Gesetz als Rechtsgaranten.[53] In den USA gipfelten diese Anstrengungen im Civil Rights Act von 1964, einem Gesetz, das die Diskriminierung aufgrund der ethnischen Zugehörigkeit, der Hautfarbe, der Religion, des Geschlechts oder der nationalen Herkunft verbietet. In Großbritannien versuchte man dies mit einer Reihe von Gesetzen – dem Race Relations Act von 1965, dem Sex Discrimination Act von 1984, dem Disability Discrimination Act von 1992 und anderen –, die 2010 im Equality Act zusammengefasst und aktualisiert wurden.

Infolge der Gesetzesänderungen wurden aus Verschiedenheit und Inklusion Dinge, die man handhabte, statt sie zu verhandeln. Die Diskriminierung wurde zur Straftat. Unternehmen und Bürgerverbände entwickelten eigene Richtlinien und Vorgehensweisen, wie Inklusion zu erreichen war. Im Laufe dreier Jahrzehnte, von 1956 bis 1986, ist in den Vereinigten Staaten der Anteil mittlerer und großer Arbeitgeber mit Personalbüro von schätzungsweise 28 auf 67 Prozent gestiegen.[54] Was einst Stoff für kontroverse öffentliche Debatten war, wurde zur Angelegenheit der Firmenmanager, Regierungsangestellten und Gerichte. Im Gegenzug wurden die Anstrengungen, Gleichbehandlung sicherzustellen, zunehmend korrektiv und weniger proaktiv. Die Vorschriften und Regelungen basierten auf dem Prinzip des Bestrafens und der Abschreckung, mit dem sexuelle Belästigung, Hassverbrechen und eine diskriminierende Einstellungspolitik verhindert werden sollten – den solchen Taten zugrundeliegenden Haltungen und Vorurteilen widmeten sie sich hingegen kaum.

Diese Geschichte – das Versagen der Gewerkschaften beim Problem der Rassendiskriminierung, das dazu führte, dass sich Aktivistinnen und Aktivisten für die gesetzliche Durchsetzung der Gleichberechtigung stark machten – wiederholte sich wieder und wieder. Zahlreiche Gewerkschaften widersetzten sich nicht nur der ethnischen Diversität, sondern auch der wachsenden Anzahl berufstätiger Frauen. Auch das erachtete man als Frage unvereinbarer Interessen. Manchmal überlappten die Kämpfe der

Frauen und die der Minderheiten. Die Gewerkschaften waren wild entschlossen, das »Brötchenverdienermodell« zu verteidigen: Das heißt, dafür zu sorgen, dass Männern ein Lohn gezahlt wurde, der ausreichte, um die Durchschnittsfamilie zu ernähren. Da passten Frauen und Minderheiten eindeutig nicht ins Bild.[55]

Jenseits der Gewerkschaften hat die Politologin und Soziologin Theda Skocpol eine Veränderung innerhalb der amerikanischen Bürgerorganisationen festgestellt. Viele dieser Organisationen hätten ursprünglich gemäß dem »Mitgliedschaftsmodell«, wie Skocpol es nennt, agiert, das durch die aktive Teilnahme und Führung der Basismitglieder gekennzeichnet gewesen sei. Inzwischen seien sie jedoch zum »Managementmodell« übergegangen: Hierbei kämpfen die Bürgerorganisationen für Gesetzesveränderungen, statt sich für die politische Teilhabe einzusetzen. So hat sich das Treffen von Entscheidungen von den Mitgliedern zu einem kleinen Kader an Führungskräften verlagert, während die Mitglieder selbst zunehmend wie bloße Anhänger behandelt werden. Diese Verlagerung fand innerhalb der Organisationen statt, aber auch organisationsübergreifend: Die auf Mitgliedschaft basierenden Organisationen wurden allmählich durch Organisationen ersetzt, die sich der Interessenvertretung verschrieben hatten. Skocpol zeichnet die Verlagerung über die zweite Hälfte des zwanzigsten Jahrhunderts nach und stellt mehrere Ursachen dafür heraus; als eine der Hauptursachen identifiziert sie die Herausforderungen, vor die sich ältere Bürgervereinigungen und Organisationsformen angesichts der wachsenden Forderung nach Gleichberechtigung gestellt sahen. Vereinigungen, die mit einer Vorgeschichte der formellen oder informellen Diskriminierung hinsichtlich des Geschlechts, der ethnischen Herkunft oder der Klasse zu kämpfen hatten, wurden von neueren Gruppierungen aus dem Rennen geworfen, die politische Veränderungen über und jenseits der Konsensbildung erreichen wollten. Währenddessen führten Versuche, ältere Organisationen gewissermaßen von oben herab zu reformieren – durch das Anordnen von Gleichberechtigung und Integration – häufig dazu, dass die Organisationen von innen heraus bröckelten.[56]

In radikaleren Kreisen fanden sich die Aktivistinnen und Aktivisten in endlosen Debatten über die relative Dringlichkeit der »rassen-« geschlechts- oder klassenbezogenen Ungerechtigkeit festgefahren wieder, ebenso wie endlos darüber diskutiert wurde, wie man auf diejenigen innerhalb der eigenen Bewegung reagieren sollte, die den Standards der Inklusion nicht gerecht wurden.[57] Allerdings führte das ganze Gerangel auch zu Augenblicken der außergewöhnlichen politischen Kreativität und Energie. Häufiger jedoch endete es darin, dass sich die Organisationen nach innen wandten und auf Gerechtigkeit und Inklusion in den eigenen Reihen konzentrierten, ohne Außenstehende mit einzubeziehen. Die großen strukturellen oder gesetzlichen Veränderungen standen oft zwar nach wie vor auf der Agenda, doch dabei blieb die Zwischenebene der Koalitionsbildung, der Beschäftigung mit örtlichen Schwierigkeiten und des Veränderns von Herzen und Haltungen hin und wieder auf der Strecke.[58]

*

Was bedeutet es, Schwarz zu sein? An diesem Frühlingsabend war es kühl in Caldwell. Als wir darauf warteten, ins nahe gelegene Gemeindezentrum eingelassen zu werden, schlug Wyatt deshalb vor, uns in sein Auto zu setzen. Ich schob mich auf die Rückbank, Wyatts Freund und Musikproduzent Jonah nahm auf dem Beifahrersitz Platz. Wyatt hatte viele Talente – er war Rapper, Trickfilmzeichner, Programmierer und Lehrer –, und wir beide hatten eine Art Deal. Er war gerade dabei, ein paar Tracks zu veröffentlichen, und wollte ein Interview dazu aufnehmen, bei dem Jonah die Fragen stellen sollte. Mir war es gelungen, eine High-End-Kameraausrüstung aufzutreiben und einen Ort ausfindig zu machen, an dem das Interview gefilmt werden konnte: ein Rastafari-Gemeindezentrum. Im Gegenzug hatten sich Wyatt und Jonah einverstanden erklärt, mit mir darüber zu sprechen, wie es für sie gewesen war, in Caldwell aufzuwachsen. Beide hatten einen afrokaribischen Hintergrund, beide waren Mitte zwanzig, beide hatten ihr gesamtes bisheriges Leben in Caldwell verbracht. In dieser Zeit hatte sich die Gegend radikal verändert. Zahlreiche ältere Gebäude waren abgerissen und neu gebaut worden, was eine neue, wohlhabendere und in der Regel weißere Bevölkerung zur Folge gehabt hatte. Als wir im Auto saßen, übernahm Wyatt meist das Reden; er drehte sich auf dem Fahrersitz zu mir um, seine langen Zöpfe flogen hin und her, während er sich einmal an mich, einmal an Jonah wandte.

Wir waren etwas vom Thema abgekommen – von der Neuentwicklung der Gegend zur Geschichte des Hip-Hop, über die Wyatt mit besonderer Leidenschaft sprach. Dabei war die Verbindung zwischen den beiden Themen nicht ganz und gar willkürlich. Aus Wyatts Sicht war die Tatsache, dass die Schwarze Gemeinde durch steigende Mieten allmählich aus Kilburn vertrieben wurde – einer Gegend, die wohlhabenden Zuzüglern gegenüber als pulsierend/belebt und multikulturell angepriesen wurde, nicht zuletzt *aufgrund* der Anwesenheit der Schwarzen –, nur eines von vielen Beispielen dafür, dass man den Schwarzen immer und überall ihre Identität und ihre Besitztümer wegnahm, vom Rap über die Sklaverei bis hin zu ägyptischen Artefakten. »Jazz, Hip-Hop, Rock 'n' Roll, Blues – das geht schon lange so!« In der Folge, so Wyatt weiter, war die Geschichte der Schwarzen eine, in der andere für die Schwarzen sprachen, sie als widerstandsfähig, gewalttätig, kreativ, faul oder hypersexuell darstellten und damit kontrollierten, wie sie ihr Leben leben konnten.

»Aber weißt du was? ... Hip-Hop [ist] nun mal Weltmusik! Er begann in einer kleinen Ecke von ... New York. In einer kleinen Ecke. Warum also hat jeder – jeder – das Gefühl, dass ihm Hip-Hop im Blut liegt?« Ernst starrte er mich an. »Das ist so, denke ich, weil wir die Ersten sind – vor uns gab es niemanden. Wenn also jeder nach uns kommt, ist alles, was wir fühlen oder erschaffen –«

»– einfach *echt*!«, führte Jonah den Gedanken mit einem Grinsen zu Ende.

Doch trotz dieses gemeinsamen menschlichen Erbes, fuhr Wyatt fort, fand Schwarze Kunst, fanden Schwarze Ideen und Schwarze Werte bei einigen Menschen mehr Widerhall als bei anderen. Über Jahrhunderte des Konflikts und der Unterdrückung hinweg hatte eine Menge Leute gelernt, auf Schwarzen Selbstausdruck nicht als Versuch der Geltendmachung des Menschseins, sondern mit der opportunistischen Frage im Hinterkopf zu reagieren, was dieser Selbstausdruck ihnen nützen könnte. Umgekehrt, gestand Wyatt, fühlte er selbst sich an nicht-Schwarzen Orten, in Gesellschaft nicht-Schwarzer Freunde, mit einer nicht-Schwarzen Freundin unwohl. Das, so Wyatt, sei der Tatsache geschuldet, dass die Fähigkeit, einander zu erkennen, einander anzuerkennen, angeboren ist – und zwar sowohl in biologischer als auch in spiritueller Hinsicht: »Ich fühle mich von Natur aus unwohl, wenn ich den Massen folge. Das ist wie –«

Neugierig hake ich nach: »Warum unwohl? Woran liegt das?«

Wyatts Antwort erschöpft sich in einem einzigen Wort: »Melanin.« Er hält für den Bruchteil einer Sekunde inne und fragt dann zurück: »Weißt du, was das ist?«

Ich bin ein bisschen pikiert und entgegne deshalb unverbindlich: »Das Pigment in deiner Haut. Mehr weiß ich nicht.«

»Okay. Aber hast du schon einmal den Spruch gehört, dass Gott überall ist? Melanin auch.«

Er bleibt noch einen Augenblick absolut ernst, dann lächelt er. Und wir beginnen alle drei zu lachen. Kurz darauf fährt Wyatt fort: »Es ist überall im Universum – es inspiriert uns. Und da ist dieses Gefühl tief in einem drin, hey, da stimmt was nicht, das ist nicht cool. Ich weiß, das klingt verrückt, echt verrückt, aber manchmal hat mich dieses Gefühl schon davon abgehalten, was wirklich Dummes zu machen. Wenn ich mal nicht auf das Gefühl gehört hab, hab ich manchmal Sachen gemacht, die mich hinter Gitter gebracht haben, kannst du dir das vorstellen? Und obwohl das verrückt klingt –« »Stimmt es«, ergänzt Jonah erneut, »stimmt es *absolut*!« Wyatt sieht zu Jonah hinüber. »Wir haben neulich schon darüber gesprochen, und es ist echt verrückt. Zum Beispiel, dass man die Straße runtergeht und jedes Mal instinktiv aufsieht, wenn man spürt, dass einem jemand Schwarzes entgegenkommt. Und wenn man dann aufsieht, sieht dieser Jemand einen auch an. Verrückt!«

Die Schriftstellerin Toni Morrison schrieb einst:

Die Funktion des Rassismus, eine wirklich ernst zu nehmende Funktion [...], ist die Ablenkung. Er hält einen von der Arbeit ab, weil man wieder und wieder die eigene Daseinsberechtigung erklären muss. Irgendjemand behauptet, du hättest keine Sprache, deshalb verbringst du die nächsten zwanzig Jahre damit zu beweisen, dass du doch eine hast. Irgendjemand behauptet, dein Schädel sei nicht richtig geformt, also lässt du Wissenschaftler beweisen, dass er es doch ist. Irgendjemand behauptet, du hättest keine Kunst, also schaffst du auch das aus der Welt. Irgendjemand behauptet, es gäbe keine reichen Schwarzen, also widerlegst du das. *Doch umsonst.* Denn es wird immer eine nächste Behauptung geben.[59]

1963 hielt Martin Luther King seine epochemachende »Ich habe einen Traum«-Rede, in der er erklärte: »Ich habe einen Traum, dass sich diese Nation eines Tages erheben und der wahren Bedeutung ihres Glaubensbekenntnisses gerecht werden wird: Wir halten diese Wahrheiten für selbstverständlich, dass alle Menschen gleich geschaffen sind.«[60] Zu dieser Zeit waren fast einhundert Jahre seit der Abschaffung der Schwarzen Sklaverei in den Vereinigten Staaten vergangen und fast zweihundert Jahre, seit die Worte, die Martin Luther King in seiner Rede zitiert, in der Unabhängigkeitserklärung erstmals festgehalten worden waren. Und trotzdem, selbst nach all dieser Zeit war Gleichberechtigung für King nur eine ferne Hoffnung, ein Versprechen für einen anderen Tag.

Diese lange Zeit des Wartens ist nicht passiv hingenommen worden. Statt darauf zu warten, dass das Leben eines Tages beginnt, haben ausgeschlossene Gruppen Möglichkeiten ausfindig gemacht, ihr eigenes Schicksal zu bestimmen. Wenn Vorstellungen von Andersartigkeit und Minderwertigkeit fortbestehen, jenseits jeder in Misskredit gebrachten anderen Behauptung, jenseits jeder Anfechtung, dann nehmen diese Vorstellungen irgendwann eine transzendente Qualität an. Sie nehmen den Anschein universeller Wahrheiten an, die überall und nirgendwo gleichzeitig geschrieben stehen. Um die Kraft, sich diesen Vorstellungen zu widersetzen, aufzubringen oder sie auch einfach nur abzuschütteln, haben ausgeschlossene Gruppen Möglichkeiten gefunden, sich ähnlich transzendente Identitäten zu imaginieren. Erzählte man Gruppen, sie seien nie genug, entgegneten diese: *Wir waren immer genug.* Der Philosoph Patchen Markell beschreibt dies als Verständnis von Identität als »souverän« – also »unabhängig«, »selbstbestimmend«, singulär und ganz.[61] Diese Behauptung der Souveränität hat auf die liberale Tradition zurückgegriffen, hat sie verankert und verändert, sowohl im Privaten als auch im Öffentlichen.

Im Privaten haben ausgeschlossene Gemeinden ganz bestimmte Identitäten und Lebensweisen gepflegt, die Außenstehenden nicht immer zugänglich sind. Sie bestanden auf ihrer Andersartigkeit und kultivierten sie, weil sie anders nicht überleben konnten. Im Liberalismus fußt das öffentliche Leben auf der Gemeinschaftlichkeit. Vermeintlich universelle Eigenschaften wie Vernunftbegabtheit oder Würde gelten als Garanten für das Bürgersein. Für diejenigen aber, die – offen oder unterschwellig – lange als diese universellen Eigenschaften entbehrend dargestellt wurden, fußte die Fähigkeit, am öffentlichen Leben teilnehmen zu können, stattdessen auf der privaten Andersartigkeit. Um auf dem Menschsein zu bestehen, das viele andere einem absprechen, muss man die Fähigkeit, überhaupt darauf zu bestehen, pflegen. Und wird es einem in pauschalen, scheinbar transzendenten Begriffen abgesprochen, dann muss jegliches glaubhafte Beharren auf dem Gegenteil vielleicht ähnlich transzendent vermittelt werden. Die Literaturwissenschaftlerin und Aktivistin bell hooks beschreibt das Zuhause Schwarzer Amerikaner und Amerikanerinnen als einen Ort, an dem sie ihre »Müdigkeit transzendieren«, über sie hinausgehen können, an dem sie sich »sicher« und »angekommen« fühlen können.[62] Zu Hause und an Orten der religiösen Andacht, unter Freunden und in der Gemeinde – dort haben sich ausgeschlossene Gruppen ihren eigenen Bereich der Zugehörigkeit geschaffen, ihr eigenes Vokabular der menschlichen Würde und des menschlichen Wertes. Dieses Vokabular speist sich aus lange vertrauten Denk-, Fühl- und Handlungsgewohnheiten, die ebenjenes »Gefühl tief in einem drin« – wie Wyatt es ausdrückte – entstehen lassen, das aus unterschiedlichen Zugehörigkeiten erwächst. Unter der Oberfläche allzu vertrauter Drehbücher, unter der Oberfläche der Sprache selbst haben diese Menschen die Fähigkeit entwickelt, anders über sich zu denken, zu fühlen und zu sprechen. Diese Andersartigkeit kann gewichtig werden. Erfahrungen der Wut und der Erduldung, der Kreativität, des Kampfes und der Fürsorge füreinander, die auf ganzen Leben der Ausgeschlossenheit gründen, können radikal andere Sichtweisen der Welt und andere Arten der Verbindung hervorbringen. Für Wyatt definierte das Schwarzsein nicht nur ein bestimmtes Gefühl dessen, was es bedeutet, ein Mensch zu sein, sondern auch die Art und Weise, mit anderen in Beziehung zu treten. Immer wieder führte Wyatt in unserem Gespräch Beispiele für Missverständnisse an – Situationen, in denen er das Gefühl hatte, die Menschen in seinem Leben sähen ihn nicht als das, was er wirklich war. Er schilderte eine ganze Reihe unangenehmer Augenblicke, in denen er sich beim Daten weißer oder asiatischer Frauen vergegenständlicht oder fehlinterpretiert vorkam, im Gegensatz zu Dates mit Schwarzen Frauen, bei denen die Interaktion völlig »normal« war. »Nicht fremd«, betont er, »nicht angsteinflößend«.

Im öffentlichen Bereich haben ausgeschlossene Gruppen weiter für ihre Rechte gekämpft. Im Laufe des zwanzigsten Jahrhunderts und bis ins einundzwanzigste hinein veränderten sie die liberale Grammatik des Bürgerseins. Soziale Bewegungen und politische Entscheidungsträger stellten die Annahme infrage, generische Begriffe der Inklusion – etwa Menschlichkeit, Vernunftbegabtheit oder Gleichheit vor dem Gesetz – reichten aus, um Fairness und Gerechtigkeit zu gewährleisten. Wenn Gleichheit irgendeine Bedeutung haben sollte, so das Argument, dann musste sie in Relation zu den ungleichen Stellungen der unterschiedlichen Gruppen verstanden werden. In der Folge richteten sie das Augenmerk stärker auf speziellere Kategorien der Identität – auf die Ethnie etwa oder das Geschlecht – als Grundlage öffentlicher Ansprüche. Diese Ansprüche bleiben jedoch nur in Bezug auf gedachte universelle Horizonte bedeutsam. So wird ärmeren oder erwerbslosen Bürgerinnen und Bürgern der Zugang zu sozialer Sicherheit vielleicht nur aufgrund der Vorstellung gewährt, dies verschaffe *jedem* die ähnliche Freiheit auf dem Arbeitsmarkt, Entscheidungen nicht allein der puren Bedürftigkeit halber zu treffen. Und so schützen Gesetze gegen Hassverbrechen Minderheitengruppen vielleicht nur aufgrund der Vorstellung, ein *jeder* habe das Recht auf öffentliche Sicherheit. Und so erhalten indigene Gruppen ihre Autonomie vielleicht nur aufgrund der Vorstellung eines *universellen* Rechts auf Selbstbestimmung.

Für Wyatt bezeichnet Schwarzsein nicht *nur* eine innere Wesenheit. Das Schwarzsein lässt ihn auch den Kampf um Repräsentation und Profit nachvollziehen, bei dem der kulturelle Ausdruck der Schwarzen – von der lokalen Kultur eines von der Gentrifizierung bedrohten Viertels über den Rock 'n' Roll bis zu Artefakten im British Museum – dazu missbraucht wurde, den Weißen Wohlstand und Prestige zu bescheren. Seiner Meinung nach ist es unmöglich, auszurechnen, was Schwarze Briten als Bürgerinnen und Bürger schuldig sind – wie viel Miete sie zahlen oder ob sie ihre kulturellen Räume anderen zugänglich machen sollten –, ohne diese anderen Schulden mit einzubeziehen. Als Beispiel nennt er das Unterrichten der Geschichte der Schwarzen in den Schulen: Dies, davon ist Wyatt überzeugt, würde jungen Schwarzen Schülerinnen und Schülern ein Stück dessen vermitteln, was ihre weißen Klassenkameraden bereits im Überfluss besäßen – das Gefühl eines ererbten »Geburtsrechts«.

Je stärker Identitätskategorien sowohl private Ursprünge des Selbst und der Zugehörigkeit als auch Möglichkeiten der öffentlichen Inklusion benennen, desto bedeutsamer werden sie. Mittlerweile sind Identitätskategorien zu mächtigen Kürzeln geworden. Das Label »ethnische Zugehörigkeit«, »Klasse« oder »Geschlecht« steht häufig für das Menschsein selbst, für alle Möglichkeiten des Lebens. Für Wyatt stand das Schwarzsein für seine Fähigkeit, sich mit anderen zu verbinden, für seine Kreativität und Neugier. Es ermöglichte es ihm, über Gerechtigkeit und Fairness zu sprechen. Für besorgte Eltern in Kilburn – etwa Fawzia, die wir in Kapitel 2 kennengelernt haben – stand das ethnische Erbe als Kürzel für alles Mögliche, von der Fähigkeit, gut in der Schule zu sein, bis zur Fähigkeit, moralisch zu denken und zu handeln. Gerieten Kinder auf Irrwege, dann nur deshalb, weil sie nicht eritreisch, karibisch oder somalisch genug waren. Für Gemeindegruppen stand die Identität als Kürzel für Legitimität – so, wie sich lateinamerikanische Gemeindezentren oder irische Seniorenzentren als Vertreter »*der* (lateinamerikanischen, irischen etc.) Gemeinde« darstellten. Für die Aktivistinnen und Aktivisten, die auf der Veranstaltung »Is There Room for Black in the Union Jack?« sprachen, stand Identität für nichts Geringeres als Freiheit – die Fähigkeit, so zu leben und sich so zu entwickeln, dass es sich authentisch anfühlt. Und für Haiders Uniaktivisten steht Identität als Kürzel sowohl für Benachteiligung als auch für den Impuls zur politischen Aktion.

Wie Saabiras Beispiel zeigt, kann dieses neue Verständnis von Identität spalten und frustrierend sein. Häufig wird eine solche »Identitätspolitik« auch als etwas dezidiert Neues diskutiert und kritisiert. Sehen wir uns jedoch die lange Geschichte der Demokratie und ihr noch immer nicht eingelöstes Versprechen an, wird deutlich, dass der Anspruch auf eine bestimmte Identität stets ein Grundstein der liberalen Politik war. Kategorien wie Vernunftbegabtheit oder Menschlichkeit mögen zwar Neutralität und Universalität implizieren, doch sind sie immer in spezifischer Weise konstruiert – auf ein bestimmtes Benehmen, auf bestimmte Körper, Akzente, Berufe, Postleitzahlen projiziert – und in Abgrenzung zu anderen Kategorien definiert. Manche befähigen diese Kategorien, Anspruch auf öffentliche Inklusion und private Zugehörigkeit zu erheben. Anderen verweigern sie diese Möglichkeiten.

Was sich in diesem Sinne also verändert hat, ist nicht die Wichtigkeit der Identität in liberalen Demokratien, sondern die *Sprache* der Identitätsansprüche. Die zeitgenössische Gesetzgebung und Politik ist, was die Spezifität der Identitätsansprüche angeht, häufig viel expliziter: Sie versucht nicht, den Bürger oder die Bürgerin als solche anzusprechen, sie kümmert sich um spezifische Formen der Exklusion, der Benachteiligung oder der Freiheit, die für ganz bestimmte Gruppen relevant sind. Diese Spezifität aber kann zu einer Zersplitterung führen, indem sie das Bürgersein oder die Politik für unterschiedliche Gruppen jeweils unterschiedlich definiert. Sie ist jedoch auch eine Reaktion auf das lange Warten, das beharrliche generische Formen des Bürgerseins und der Politik verursacht haben. Da die Zersplitterung in Strategien der Anpassungsfähigkeit und Widerstandskraft wurzelt, die über Generationen hinweg kultiviert wurden, kann sie nicht so einfach vom Tisch gefegt werden. Diese Veränderungen haben ein politisches Dilemma geschaffen. Einerseits haben sie es ausgeschlossenen Bürgerinnen und Bürgern ermöglicht, sich dem endlosen Drehbuch der Andersartigkeit und Minderwertigkeit zu verweigern. Sie haben es ihnen ermöglicht, Rechte und Menschlichkeit für sich zu beanspruchen, und zwar zunehmend unter eigenen Bedingungen. Andererseits jedoch ließen sie ein Ideal der Gleichberechtigung entstehen, das dem Alltagsverständnis vorherrschender Gruppen von Gleichberechtigung nicht entspricht. Ausgeschlossene Gruppen können durch die Pflege der privaten Zugehörigkeit und die Top-down-Macht des Gesetzes Gleichberechtigung kultivieren und beanspruchen. Durch den Verzicht auf die Anerkennung im Alltag hat dieses Ideal der Gleichberechtigung jedoch Mühe, die stillschweigenden, intuitiven (Vor-)Urteile in Angriff zu nehmen, die mangelnde Gleichberechtigung überhaupt erst möglich machen. Dieses Ideal der Gleichberechtigung sagt wenig über eine weiße Frau im Pelzmantel aus, die aus Abscheu vor einem kleinen Kind zurückweicht. Bei diesem Ideal der Gleichberechtigung wird es immer eine nächste Behauptung geben.

Kapitel 6

LIEBE UND DIE GRENZEN DER GLEICHHEIT

Der Schriftsteller James Baldwin wurde in das Auf und Ab der amerikanischen Bürgerrechtsbewegung regelrecht hineingezogen, in ihren Ruf nach Frieden und ihren gelegentlichen Hang zur Militanz, in ihre internen Machtkämpfe, ihre Turbulenzen und nicht zuletzt in ihre verzweifelten Hoffnungen. »Jeder von uns«, schrieb er gegen Ende seines Lebens, »trägt hilflos und auf ewig den anderen in sich – das Männliche beinhaltet das Weibliche, das Weibliche das Männliche, das Weiße beinhaltet das Schwarze, das Schwarze das Weiße. Wir sind Teil des jeweils anderen. Viele meiner Landsleute scheinen diese Tatsache überaus unangenehm und sogar ungerecht zu finden, auch ich tue das sehr häufig. Aber niemand von uns kann daran etwas ändern.«[1]

Baldwins Leben war voller Widersprüche. Als einflussreicher Schwarzer Schriftsteller, der in Amerika und später in Frankreich lebte, und zumal als Schriftsteller, der über Rassenkonflikte schrieb, wurde Baldwin mitsamt seinem Werk von der Bürgerrechtsbewegung vereinnahmt. Man erwartete von ihm, dass er sich für die Belange der Bewegung einsetzte und im Einklang mit den Stimmen ihrer Anführer sprach. Die meisten dieser Stimmen klangen sehr wütend. Nach Jahrhunderten der Unterdrückung hatte sich so gut wie nichts verändert, was führende Schwarze Aktivisten und Denker häufig dazu veranlasste, eine Doktrin der Ablehnung zu predigen. Wie wir im vorhergehenden Kapitel gesehen haben, hatten auch sie wie so viele andere es satt, darauf zu warten, dass ihre weißen Mitbürger ihre Menschlichkeit anerkannten. Der einzige Ausweg aus dieser Situation, so das Argument, bestand darin, die Bande zur weißen Gesellschaft zu durchtrennen und Macht für sich selbst zu beanspruchen. Wie man das bewerkstelligen wollte, variierte: Die Nation of Islam etwa wollte die USA in getrennte Schwarze und weiße Staaten aufteilen, Marcus Garvey hatte die Vision einer Rückkehr nach Afrika. Andere verlangten den bewaffneten Aufstand, bei dem die Schwarze Macht die Vereinigten Staaten vollständig übernehmen sollte. Auch in Baldwins Werk ist diese Wut zu hören, manchmal übertönt sie sogar alles andere. In seiner 1972 erschienenen Essaysammlung *Eine Straße und kein Name* schloss er sich dem Aufruf an, Schwarze Amerikaner sollten sich mit Gewalt gegen weiße erheben – denn nüchtern betrachtet böte nur der Aufstand die Hoffnung auf wahre Freiheit. In früheren – sowie in sehr späten – Schriften nahm Baldwin jedoch einen menschlicheren und gleichzeitig viel forderneren Standpunkt ein. Der Literaturwissenschaftler Henry Louis Gates Jr. schreibt:»Wenn Baldwin eine zentrale politische These hatte, dann diese: dass die Geschicke der schwarzen und weißen Amerikaner zutiefst und unabänderlich miteinander verwoben waren.«[2] Die meiste Zeit seines Lebens empfand Baldwin die gleiche Wut wie seine revolutionären Gegenstücke, konnte sich aber selten dazu durchringen, es zu befürworten, dieser Wut Taten folgen zu lassen. Teilweise befürchtete er, dies könne nur eine monströse Art von Freiheit hervorbringen. Viel mehr aber noch glaubte er, dass Schwarze Amerikaner sich nie als vollständig menschlich erachten konnten, als der Liebe und des Lebens wert, wenn sich diese Menschlichkeit nicht auch in den Augen der Weißen spiegelte, die sie ihnen so lange aberkannt hatten. In seinem kurzen, 1963 erschienenen, verheerenden Buch *Nach der Flut das Feuer* schreibt Baldwin:

> Wir wissen alle, ob wir es zugeben oder nicht, dass Spiegel nur lügen können, dass uns dort einzig der Tod durch Ertrinken erwartet. Aus diesem Grund wird die Liebe so verzweifelt gesucht und so raffiniert gemieden. Die Liebe nimmt uns Masken ab, von denen wir fürchten, dass wir ohne sie nicht leben können, und von denen wir wissen, dass wir hinter ihnen nicht leben können. Ich benutze das Wort »Liebe« hier nicht nur im persönlichen Sinn, sondern als Seinszustand oder Gnadenstand – nicht im kindlichen amerikanischen Sinn des Glück-

lichgemachtwerdens, sondern im universellen herben Sinn des Suchens, Wagens und Wachsens.³

Was Baldwin davon abhielt, die Perspektive der gewalttätigen Selbstbestimmung letztlich voll und ganz willkommen zu heißen, war die Hohlheit, die Leere, die es mit sich bringt, der Einzige zu sein, der sich selbst definieren kann. Was Baldwin dagegen als wahre Freiheit, als Liebe und als Gnade hochhielt, war die Aussicht darauf, als volles moralisches Agens, als wahrhaft menschlich in den Augen anderer anerkannt zu werden.

Wie Gates anmerkt, war dieses Eingeständnis – dass man die Anerkennung anderer, vor allem Weißer, braucht, um ganz Mensch zu sein – für einige von Baldwins Zeitgenossen gleichbedeutend mit einem unverzeihlichen Verrat am Schwarz-amerikanischen Kampf. Der radikale Aktivist Eldridge Cleaver schrieb, Baldwins Werk demonstriere »den mörderischsten, quälendsten, totalsten Schwarzenhass – insbesondere den Hass auf sich selbst – und die schändlichste, fanatischste, kriecherischste, unterwürfigste Weißenliebe, die man bei irgendeinem bedeutenden schwarzen Schriftsteller der Zeit finden kann«. Gates zufolge wandte sich Baldwin in seinen mittleren Jahren als Schriftsteller nur deshalb dem Radikalismus zu, weil er so verzweifelt von Persönlichkeiten wie Cleaver im Besonderen und innerhalb der zunehmend militanten Strömungen der Schwarz-amerikanischen Politik im Allgemeinen akzeptiert werden wollte. Ironischerweise, so scheint es, führte Baldwins tief verwurzelter Wunsch nach Anerkennung dazu, dass er seine umfassende Vision der menschlichen Interdependenz in der Hoffnung darauf beiseiteschob, die Anerkennung eines konkreteren Kreises aus Aktivisten, Literaten und Anführern zu gewinnen.

Heute erweckt es den Eindruck, als hätten viele soziale Bewegungen Baldwins Hoffnungen auf Anerkennung zugunsten von Visionen der Selbstbestimmung aufgegeben. Durch die Hartnäckigkeit, mit der sich die Ungleichheiten und Ungerechtigkeiten, gegen die sie kämpften, gehalten haben, und ihre Weigerung, dies zu akzeptieren, scheint der Preis solcherlei Hoffnungen zu hoch und sie selbst zu fern, als dass man sie noch weiterverfolgen könnte. Im vorhergehenden Kapitel, »Warten«, haben wir uns den Zusammenhang zwischen zeitgenössischen Formen der Politik, bei der einzelne Identitäten, nicht das Bilden breiterer Koalitionen im Mittelpunkt stehen, und einer Geschichte des beharrlichen Ausschließens angesehen. Beispiele dafür waren die Bürgerrechts-, Frauen- und Arbeiterbewegungen. Sie alle sind eher dem linken Flügel zuzuordnen, wenngleich die Weigerung, gemeinsam zu hoffen und nach Gleichberechtigung zu streben, sowie die Zersplitterung in immer speziellere Identitäten nicht ausschließlich Kennzeichen der politischen Linken sind. In den USA verfolgen die Republikaner in wachsendem Maße eine Politik, in der es weder gegenseitiges Verständnis noch Kompromisse zwischen verschiedenen Gruppen geben kann. In ganz Europa hat ein Jahrzehnt der Sparpolitik infolge der weltweiten Rezession 2008/2009 Wohlfahrtssysteme in Armenverwaltungssysteme verwandelt. Im Laufe desselben Jahrzehnts sind neue populistische Bewegungen an die Macht gelangt, indem sie Mehrheitsgruppen als verfolgte Opfer darstellten und deren Vorherrschaft wiederherzustellen versuchten. Für den Großteil der vergangenen fünfzig Jahre wurden unsere wichtigsten politischen Diskurse parallel und nicht im Dialog geführt, sowohl rechts als auch links. Diese Tendenz wurzelt zwar in sehr verschiedenen Geschichten, spiegelt aber dennoch eine ähnliche Logik von Identität, Ablehnung und Selbstbestimmung wider. Auch hier verstehen sich verschiedene Gruppen als souverän – als selbstgenügsam und vollständig.

Baldwin verstand die Versuchungen der Selbstbestimmung. Unabhängig, als Schwarze Nation, aufzubrechen versprach einen weniger beschwerlichen Weg, ein weniger bedrohtes Ziel und ein einfacheres, sichereres und gerechteres Leben. Aber diese Vision ließ eines außer Acht: dass jeder von uns den anderen »hilflos und auf ewig« in sich trägt. Trotz der Befürchtungen Baldwins und vieler anderer haben wir unsere moderne Politik auf der Leugnung der Interdependenz aufgebaut, eine Politik, die das Streben nach individuellen und unveräußerlichen Rechten befürwortet.

Um Baldwins Befürchtungen ganz und gar verstehen zu können, müssen wir die Grenzen der Gleichheit verstehen. In der liberalen Demokratie bleiben Gleichheit und Gleichberechtigung andauernde Projekte. Doch selbst wenn diese Gleichheit eines Tages unbestreitbar und gerecht durch das Gesetz garantiert sein sollte, so, dass die verschiedenen Erfahrungen und Mühen aller Bürgerinnen und Bürger berücksichtigt werden, kann sie immer noch zwei Fallstricke bergen. Zum einen kann sich gesetzlich auferlegte Gleichheit schlicht hohl anfühlen und darin versagen, die Gewohnheiten und Gefühle der Menschen zu ändern. Insofern eine Diskrepanz zwischen dem, was das Gesetz über Gleichheit sagt, und den wahren Gefühlen, die die Menschen einander entgegenbringen, besteht, können auch insgeheime Vorurteile und Ressentiments fortbestehen und Ungleichheiten fortführen, die vom Gesetz schlecht zu regulieren sind. Wie wir heute sehen, kann dies zu einer leeren Gleichheit führen, die sich als siegreich erachtet und uns doch durch die Finger rinnt.

Dass Gleichheit durch ein grundlegenderes Gefühl der menschlichen Anerkennung gestützt werden muss, ist teilweise der Grund dafür, warum einige von Baldwins Kritikern von der Schwarzen Selbstbestimmung träumten.[4] Eine souveräne Nation versprach das Koppeln öffentlicher Gleichheit und privater Empfindung auf eine Art und Weise, die Gleichheit zu einer robusten Realität machen konnte. Hier allerdings kommt der zweite Fallstrick ins Spiel. Diese Vision der Gleichheit, die sowohl im Öffentlichen als auch im Privaten ankert, braucht das Fundament der *Gleichartigkeit* – eine Kerngleichheit von Menschen, die sich durch eine gemeinsame Zugehörigkeit, Anerkennung und Menschlichkeit definiert. In ihrem tiefsten Inneren steht die Gleichheit also in einem gewissen unausweichlichen Widerspruch zur Andersartigkeit. Das Wesentliche, das die Menschen miteinander verbindet, muss seinen Ausdruck immer im Besonderen finden. Jenseits dieser Grenzen finden wir stets Bilder von anderen, denen es am Wesentlichen zu mangeln scheint. Das wusste Baldwin aus eigener Erfahrung. Als schwuler Mann zog er den Zorn Schwarzer Nationalisten wie Cleaver nicht nur aufgrund seiner Anschauungen, sondern auch aufgrund seiner Sexualität auf sich. Baldwin verkörperte etwas, das das Bild der Schwarzen Maskulinität gegen den Strich bürstete, ein Bild, das Cleaver und andere zur Grundlage der Schwarzen Befreiung erklärt hatten. Vor allem dann, wenn das Gefühl, Teil einer gemeinsamen Welt zu sein, die Basis der Politik bildet, können Unterschiede, die nicht ganz in die vorherrschenden Vorstellungen von Identität hineinpassen, als besonders bedrohlich erachtet werden.

In seinen Werken und in seinem Denken versuchte Baldwin, einen Weg jenseits dieser Fallstricke vorzuzeichnen. Für ihn bestand dieser Weg in seinem Engagement für die Interdependenz und damit für die Liebe. Baldwin erkannte, dass die Interdependenz ein großes Risiko in sich barg. Sich anderen zu öffnen bedeutete, die Frage der eigenen Menschlichkeit zur Diskussion zu stellen. Statt sich dem jedoch zu entziehen, fragte Baldwin wiederum, wie es wäre, in einer Welt zu leben, in der *alle* dieses Risiko eingehen würden, in der alle Bürgerinnen und Bürger versuchen würden, im Lichte des jeweils anderen zu leben und sich darin zu definieren. Baldwin weist uns den Weg zu einer Ethik der politischen Liebe – einer Liebe, die, wie er es ausdrückte, nicht durch persönliches Glücklichsein oder Zuneigung gekennzeichnet ist, sondern durch Suche, Wagnis und Wachstum.

*

1967 erklärte der Oberste Gerichtshof der Vereinigten Staaten jegliche Verbote von Mischehen für verfassungswidrig. Dies hatte eine langsame, aber durchschlagende Veränderung der öffentlichen Meinung zur Folge. Fast ein Jahrzehnt früher, 1958, hatten nur vier Prozent aller Amerikaner Ehen zwischen Schwarzen und weißen US-Bürgern und Bürgerinnen befürwortet. Im Jahr nach der Legalisierung von Mischehen war der Prozentsatz zwar gestiegen, umfasste aber immer noch lediglich eine kleine Minderheit der Bevölkerung: 20 Prozent. Tatsächlich befürwortete erst 1997 die Mehrheit der Amerikaner laut einer Umfrage des Forschungsinstituts Gallup die Ehe zwischen Angehörigen unterschiedlicher Ethnien. Dieser Trend hat sich fortgesetzt, 2013 waren ganze 87 Prozent der Amerikaner für die Mischehe.

Viel früher, 1869, hatte der Oberste Gerichtshof von Georgia die Legalisierung interethnischer Ehen abgelehnt. In ihrem Urteil hatten die Richter überzeugt erklärt, dass »eine moralische oder soziale Gleichheit zwischen den verschiedenen Rassen [...] de facto nicht existiert und niemals existieren wird [...] und auch durch kein Gesetz des Menschen jemals hervorgebracht werden kann«.[5] Und doch *haben* sich, trotz der Selbstgewissheit der Richter, die Haltungen verändert, und das »Gesetz des Menschen« scheint eine Schlüsselrolle dabei gespielt zu haben. Die Legalisierung der Mischehe in den USA wird oft als eines der anschaulichsten Beispiele dafür zitiert, dass Gesetze Alltagseinstellungen tatsächlich ändern können. Kurz vor ihrem Tod dachte Mildred Loving, die neben ihrem Mann Richard für den berühmten Fall Loving v. Virginia verantwortlich zeichnete, über die Bedeutung dieser Veränderung nach: »Ich bin stolz darauf, dass Richards und mein Name für einen Rechtsfall stehen, der dazu beitragen kann, die Liebe, Hingabe, Gerechtigkeit und Familie zu stärken, die sich so viele Menschen im Leben wünschen, seien sie nun Schwarz oder weiß, jung oder alt, homo- oder heterosexuell.«

Diese Geschichte der sozialen Veränderung ist tief in der liberalen Tradition verwurzelt, in der Gesetzeswandel zu Gesellschaftswandel führt, bis Gleichheit zur sowohl »sozialen« als auch »moralischen« Tatsache wird. Die 1968 am Obersten Gerichtshof von Georgia tätigen Richter, heißt es, seien in der vorherrschenden weiß-amerikanischen Kultur ihrer Zeit gefangen gewesen und konnten über diesen spezifischen Tellerrand nicht hinausblicken. Gesetze aber haben die Macht, die Welt zu verändern, und mit ihr die Standpunkte der Menschen. Garantiert der Staat das Ausüben neuer Rechte, wird dies mit der Zeit normal und für selbstverständlich erachtet. Das Muster anderer Leben, einst fremd und beängstigend, ähnelt dem des unseren immer mehr.

Das zumindest ist die Geschichte, die wir oft erzählen. Heute allerdings klingt dieses Ideal der Gleichheit zunehmend falsch. Und das wiederum ist eine doppelte Enttäuschung. Für Mitglieder ausgeschlossener Gruppen – für Frauen, deren Ideen am Arbeitsplatz immer wieder unterminiert werden, für Schwarze Jugendliche, die mit Schikanierung vonseiten der Polizei aufwachsen, oder für LGBT-Paare, denen in der Öffentlichkeit immer wieder unterschwellige Feindseligkeit entgegengebracht wird – kann sich die Vorstellung der Gleichheit vor dem Gesetz ziemlich flüchtig anfühlen. Das Gesetz erklärt sie für gleich(berechtigt), die Erfahrungen im Alltag aber sprechen eine andere Sprache. Und diejenigen, die selbst die Gleichberechtigungsgesetzgebung außen vor lässt, fühlen sich häufig zutiefst orientierungslos und sogar entmündigt, sie leben im Schatten dieser Gesetze. Auch das hat ein Gefühl der Flüchtigkeit zur Folge: Wird Gleichheit lediglich von oben angeordnet, statt in den eigenen Lebensumständen sichtbar zu werden, kann sie ausgesprochen künstlich wirken.

Die Kluft zwischen der Gleichheit vor dem Gesetz und den Gefühlen, Urteilen und Werten des Alltags tut sich selbst bei denjenigen auf, die sich zu egalitären Prinzipien bekennen. Die Dating-Website OkCupid veröffentlicht regelmäßig statistische Daten zu den Gewohnheiten ihrer Nutzer. Diese Daten gewähren seltene Einblicke in die behaupteten Vorlieben und das tatsächliche Verhalten einer großen Anzahl von Menschen. Im Rahmen einer von OkCupid über fünf Jahre durchgeführten Analyse der Einstellungen und Verhaltensweisen rund ums interethnische Dating stellte sich bezeichnenderweise heraus, dass dieses zwischen 2009 und 2014 zwar vehement an Zuspruch gewonnen hatte, sich anhand dessen aber wenig über das tatsächliche Verhalten vorhersagen ließ. Unabhängig vom eigenen ethnischen Hintergrund schien das durchschnittliche einsame Herz auf OkCupid eine Strafe über Schwarze Singles zu verhängen, während allgemein eine dezidierte Vorliebe für weiße Männer oder Frauen vorherrschte. Im Großen und Ganzen befürworteten Minderheiten die Vorstellung des interethnischen Datings viel mehr als die weißen Nutzer. Dennoch wies auch jede Minderheitengruppe ein eindeutiges Präferenzmuster auf, auch hier waren manche Gruppen beliebter als andere. Auf der Grundlage dieser Vorlieben mieden es die User, Nutzer mit anderem ethnischen Hintergrund zu kontaktieren. Zudem stuften sie sie häufig als weniger attraktiv ein. Dabei behaupteten sie jedoch munter weiter, keinerlei Einwände gegen gemischt-ethnische Beziehungen zu haben.⁶ Diese Ergebnisse sind durch mehrere andere Studien zum Thema Onlinedating in den vergangenen zehn Jahren bestätigt worden.⁷ Grundsatz und Praxis sind also offensichtlich zwei ganz verschiedene Dinge.

Und es sind nicht nur die Vorlieben in Sachen Romantik, die so funktionieren. Auf dem Forschungsgebiet der Exklusion – ob es sich dabei nun um Rassismus, Sexismus oder Homophobie handelt – wird generell zwischen drei Formen der Diskriminierung unterschieden. Zum einen gibt es die offene Diskriminierung, bei der explizit und bewusst eine bestimmte Gruppe diskriminiert wird. Zum anderen gibt es die kulturelle Diskriminierung; hier ist die Diskriminierung mit Sprache, Medien und Gepflogenheiten verwoben, etwa mit der Geschichte von Tarzan oder den Thesen der Eugenik. Die Menschen, die auf diese Elemente der Kultur zurückgreifen, handeln vielleicht auf diskriminierende Weise, sind sich dessen aber nicht zwingend bewusst. Und schließlich gibt es die strukturelle Diskriminierung, bei der die Vorschriften von Institutionen oder die Anordnung der physischen Welt Ungleichheit hervorbringen. Beispielsweise können die Vorschriften bei der Personenfahndung dazu führen, dass die Polizei unverhältnismäßig oft nicht-weiße Menschen ins Visier nimmt. Diese Formen der Diskriminierung verstärken sich meist gegenseitig. Der kulturelle Tropus vom Ausländer als unbedarft, hinterhältig oder primitiv kann zur Folge haben, dass Arbeitergeber qualifizierte, einer Minderheit angehörende Kandidaten nicht einstellen, während die Seltenheit von Minderheiten in Führungspositionen den kulturellen Tropus wiederum verstärkt.

In der Sprache der liberalen Bürgerschaft ist jedes Individuum Träger der eigenen Menschlichkeit und so auch der eigenen Handlungen und Entscheidungen. Diese Sprache hat es möglich gemacht, einen Gesetzesschutzwall gegen offene Diskriminierung zu errichten, es aber gleichzeitig erschwert, kulturelle sowie strukturelle Diskriminierung zu benennen und auszuheben. Meist können diese letzteren Formen der Diskriminierung nicht an einem einzelnen Urheber festgemacht werden, wobei sie jedoch potenziell jeden beeinflussen. Heraus kommt, was der Soziologe

Eduardo Bonilla-Silva als »Rassismus ohne Rassisten« bezeichnet. Bonilla-Silva hat sein gesamtes Berufsleben damit verbracht, Erscheinungsformen der instinktiven Diskriminierung zu dokumentieren – Haltungen bezüglich Intelligenz, Attraktivität, Vertrauenswürdigkeit, Bezugsmöglichkeit. Diese Erscheinungsformen machen sich paradoxerweise häufig im Verhalten von Menschen bemerkbar, die sich zum genauen Gegenteil bekennen.[8] Ähnliche Muster sind auch beim Thema Geschlecht festgestellt worden: Dort hat beispielsweise der spanische Psychologe Juan Díaz-Morales einen Trend unter spanischen Jugendlichen beobachtet, die sich zwar dem »abstrakten Egalitarismus« verschrieben haben, sich dabei aber weiterhin auf sexistische Weise benehmen.[9] Heute liegen die Fundamente der Exklusion nicht in dem, was leicht öffentlich infrage gestellt werden könnte, sondern in den Vorstellungen von der Welt, die sich die Menschen durch empathisches Erleben aneignen. Abstrakte Verpflichtungen zur Gleichstellung reichen, selbst wenn sie mit echter Überzeugung verbunden sind, oft nicht aus, um Diskriminierung zu erkennen oder ihr vorzubeugen.

Abgesehen vom stillen, privaten Fortbestehen der Diskriminierung bleibt noch eine weitere Gefahr. Selbst wenn wir eines Tages fähig wären, Vorurteile zu überwinden, selbst wenn wir eine Gleichheit und Gleichberechtigung herstellen könnten, die wirklich etwas bedeuten, könnten wir am Ende ohne gemeinsames Ziel dastehen. Wir haben den Kampf für Gleichheit und Gleichberechtigung faktisch auf dem Beharren darauf gegründet, dass unser Menschsein keine Geisel der wankelmütigen Anerkennung vonseiten anderer sein darf. Das Menschsein – sowie die Rechte, Verantwortlichkeiten und Freiheiten, die sich daraus ergeben – galt und gilt als angeboren. Doch aufgrund dieses Beharrens hat die liberale Vision der Gleichheit auch Mühe, zu definieren, was wir anderen vielleicht schuldig sind. So ist das kollektive Handeln auf Versuche, relative Vor- und Nachteile abzuwägen, angewiesen. Und in Situationen, in denen sich Nach- und Vorteile nicht so einfach abwägen lassen oder in denen eine schlichte Bilanz dieser Art nicht ausreicht, kann es schwierig sein, Handeln zu rechtfertigen.

Dazu zwei Beispiele: Reparationen und der Klimawandel. In den USA, Großbritannien und Frankreich machen Wissenschaftlerinnen und Wissenschaftler sowie Aktivisten und Aktivistinnen derzeit deutlich, in welchem Ausmaß heutige Nachteile, mit denen sich immer wieder ausgeschlossene Bevölkerungsgruppen konfrontiert sehen, sei es zu Hause oder in ehemaligen Kolonien, das Produkt eines weit zurückreichenden historischen Erbes sind. Die Bedingungen der Vergangenheit führen auch heute noch zu ungleichen Chancen im Leben. Die Ökonomin Utsa Patnaik etwa hat vor Kurzem ausgerechnet, dass der britische Kolonialismus Indien zwischen 1765 und 1938 geschätzte fünfundvierzig Billionen US-Dollar gekostet hat. Güter und Geld, die sonst in der indischen Wirtschaft verblieben wären, wanderten durch eine aggressive Besteuerung und eine manipulative Handelspolitik in britische Hände.[10] Ganz im Gegensatz zu der Behauptung, die britische Herrschaft habe Indien genützt, bewirkte sie in ungefähr dem gleichen Zeitraum eine Stagnation des indischen Pro-Kopf-Einkommens. Selbst in Zeiten von Hungersnöten, die Millionen Leben forderten, hielten die Briten an einer auf Export und Profit ausgerichteten Wirtschaft fest.[11] Angesichts dieser Art von historischen Berechnungen gewinnt die Idee von Reparationszahlungen – eine Umverteilungspolitik, um vergangenen Schaden wiedergutzumachen – in aktivistischen Kreisen immer mehr an Boden, wenngleich sie in der breiteren Öffentlichkeit höchst umstritten bleibt.[12] Ein Teil des Widerstands kommt von denjenigen, die es abstreiten, vergleichsweise privilegiert gewesen zu sein. Ein anderer Teil hängt mit dem Problem des historischen Aufrechnens zusammen. Selbst wenn man heutige Vorteile irgendwie zusammenzählen könnte, ist es unwahrscheinlich, dass sie in ihrer Wertigkeit auch nur annähernd so hoch wären wie die Kosten des vergangenen Unrechts oder so hoch wie die heutigen Nachteile. Außerdem reichten die Schäden des Kolonialismus weit über den wirtschaftlichen Bereich hinaus. Wie wir bereits gesehen haben, legten koloniale Anordnungen häufig den Grundstein für heutige Vorstellungen von Unterlegenheit. Ob man solche Vorstellungen durch ökonomische Mittel allein aus der Welt schaffen kann, bleibt fraglich.

Ähnlich schwierig ist es mit dem Klimawandel. Wir müssen jetzt handeln, wollen wir die Folgen für zukünftige Generationen abmildern. Wie bei den Reparationszahlungen sollen die Menschen heute also Kosten tragen, die sie nicht allein verursacht haben, und in einen Wandel investieren, der jemandem in der fernen Zukunft zugutekommt. Allgemeiner gesprochen müssen die Menschen, um den Klimawandel aufzuhalten, etwas von sich selbst geben, das mit dem eigenen Vorteil nichts zu tun hat: Zeit und Energie, Aufmerksamkeit und Engagement. Dafür müssen diese Menschen in einer Welt leben wollen, die nicht nur für sie selbst da ist, sondern die sie sich mit anderen teilen. Es bedarf des öffentlichen Handelns, das nicht einfach auf kühler Berechnung basiert, sondern durch kollektive Werte beseelt ist. Und dieses Gefühl des kollektiven Engagements ist etwas, das man durch die liberale Logik der Gleichheit allein nicht erreichen kann.

Während beinahe der gesamten ersten dreihundert Jahre der amerikanischen Geschichte war die Mischehe illegal. In vielen Bundesstaaten gab es entsprechende Gesetze sogar schon vor der Gründung der USA. Meist entstanden sie als Teil der umfassenderen Gesetze, die die Sklaverei erlaubten. Dieser Zusammenhang ist kein Zufall: Sich jemanden als Partner oder Partnerin in einer Beziehung vorzustellen steht im krassen Widerspruch zu der Vorstellung von der betreffenden Person als bloßes Eigentum. Man verweigerte Schwarzen auch deswegen die Gleichberechtigung, weil man ihnen die Fähigkeit absprach, Teil einer Liebesbeziehung zu sein.

Thomas Jefferson, der sich für die Abschaffung der Sklaverei einsetzte, aber weiter glaubte, Schwarze seien minderwertig, schrieb einst: »Unter den Schwarzen findet sich weiß Gott viel Elend, aber keinerlei Poesie. Die Liebe ist gewissermaßen die Brunft des Poeten. Die Liebe der Schwarzen ist leidenschaftlich, doch entfacht sie nur die Sinne, nicht die Fantasie.«[13] Jefferson stellt Schwarze als Menschen dar, die unfähig sind, ihre Leidenschaften im Zaum zu halten und Lust in tiefere Liebe umzuwandeln. Damit suggeriert er auch, sie seien unfähig, echte Beziehungen einzugehen, Kunst hervorzubringen, am politischen Leben teilzuhaben oder überhaupt eine bedeutungsvolle Existenz zu führen. Für Jefferson war die Fähigkeit zur Liebe das fundamentale Qualifikationsmerkmal des Menschen – das Schwarzen seiner Meinung nach fehlte.

Sie sind schon seltsam, diese Kräfte, die uns zu anderen hinziehen und unsere tiefsten Verbindungen schmieden. »Liebe macht blind«, sagen wir, oder »wir werden von Mitleid gepackt«, denn diese Aussagen spiegeln die Wahrheit unseres Herzens wider. Die stärksten Gefühle, die wir für andere hegen, empfinden wir als unberechenbar, unbeschreiblich oder zutiefst persönlich. Auf der kollektiven Ebene aber folgen Liebe, Mitgefühl, Fürsorge, Freundschaft und andere zwischenmenschliche Bande einem starren Muster – wie uns die OkCupid-Daten sowie die Ergebnisse anderer Studien zu interethnischen Beziehungen und der Ehe deutlich vor Augen führen. Und diese Muster sind fest mit den Möglichkeiten für Gerechtigkeit in der Gesellschaft verknüpft.

Wir sind öffentliche Wesen, und die Liebe ist eine öffentliche Angelegenheit. Begegnen wir jemandem zum ersten Mal, versuchen wir, uns ein Bild davon zu machen, wie dieser Jemand wohl sein mag. Wir raten, was er wohl denkt, wie wir interagieren könnten, und das geht meist rasch und unbewusst vonstatten. Diese geistigen Schnappschüsse greifen auf ein Kollektivum an Vorstellungen und Assoziationen zurück. Ob wir jemanden attraktiv oder umgänglich finden, intelligent oder starrköpfig, ist nie *nur* ein persönliches Urteil. Dieses Urteil ist auch durch eine gemeinsame Kultur gefärbt. Ein sehr anschauliches Beispiel dafür liefert die Journalistin Esther Honig. 2014 schickte Honig ein und dasselbe Foto von sich an Grafikdesigner aus fünfundzwanzig verschiedenen Ländern, mit der Bitte, es so zu bearbeiten, dass sie darauf »schön« aussehe. Die Bandbreite der Fotos, die zurückkamen – von blass bis dunkelhäutig, manchmal mit Accessoires wie einer Perlenkette oder einem Hidschab versehen –, zeigt deutlich, wie die Kultur unsere Vorlieben formt.[14] Die Kultur stattet uns mit einem vertrauten Satz an Drehbüchern aus, in denen geschrieben steht, wie wir über all diejenigen, die wir noch nicht kennen, denken sollen. Sie geben die Umrisse der Beziehungen vor, die wir noch nicht eingegangen sind.

Im Laufe der Geschichte haben sich Philosophen und politische Denker immer wieder mit der Verbindung von verschiedenen Formen der zwischenmenschlichen Liebe und den Banden beschäftigt, die nötig sind, um eine Gesellschaft zusammenzuhalten. Viele von ihnen kamen zu einem ganz ähnlichen Schluss: Den Bürgern die gleiche *Stellung* zu gewähren ist nicht genug. Damit eine Gesellschaft blühen kann, müssen ihre Mitglieder Arten und Weisen, sich umeinander zu kümmern, kultivieren. Aristoteles widmet einen beträchtlichen Teil seiner *Nikomachischen Ethik* dem altgriechischen Konzept der *philia*; das Wort kann sowohl mit Liebe als auch mit Freundschaft übersetzt werden. Für Aristoteles war Freundschaft ein mächtigeres Band als Gerechtigkeit. Laut Aristoteles ging es beim gerechten Handeln darum, davon Abstand zu nehmen, anderen zu schaden, wohingegen zur *philia* gehörte, andere aktiv für ihre Fähigkeit, als moralische Wesen zu handeln, wertzuschätzen.[15] In modernen Worten könnte man sagen, *philia* – Freundschaft und Liebe – ermögliche es uns, das Menschsein des jeweils anderen anzuerkennen. Ohne diese Anerkennung ist Gerechtigkeit zwar möglich, doch kann sich diese dann zu einer missgünstigen und abgekoppelten Gerechtigkeit entwickeln, bei der sich die Bürger nur deshalb fair verhalten, weil sie wissen, dass sie es sollten. Ist dieser Verhaltensstandard alles, was die Bürger zusammenhält, ist es unwahrscheinlich, dass sie sich in gemeinsamen Projekten engagieren oder sich einander wirklich verbunden fühlen. Mittlerweile erkennen wir allmählich, dass sich ohne tiefere Bande zwischen den Bürgerinnen und Bürgern Überdruss, Feindseligkeit und Unverbundenheit möglicherweise derart ausbreiten, dass sie die Prinzipien der Gerechtigkeit selbst bedrohen können. Für Aristoteles war es Teil der Lösung dieses Problems, die Liebe als vitale politische Kraft zu sehen.

Auch Denker und Denkerinnen aus jüngerer Zeit haben sich mit der politischen Bedeutung von Liebe und Freundschaft beschäftigt. Eine Schlüsselvorstellung dabei, entwickelt etwa von dem amerikanischen Psychologen George Herbert Mead, dem kanadischen Philosophen Charles Taylor sowie den deutschen Philosophen Georg Wilhelm Friedrich Hegel und Axel Honneth, ist die der »Anerkennung«.[16] Auf die eine oder andere

Weise haben sie alle die These aufgestellt, die Anerkennung sei eines unserer wichtigsten Bedürfnisse. Anerkannt zu werden bedeutet, ein Bild von uns selbst als jemand, der wertgeschätzt wird, zu sehen, was darin zum Ausdruck kommt, wie sich andere uns gegenüber verhalten. Das heißt nicht, dass wir von anderen erwarteten, uns genau so zu sehen, wie wir selbst uns sehen; wir haben lediglich das tiefe Bedürfnis, als des Verstehens, der Liebe und der Zugehörigkeit wert erachtet zu werden. In dem Versuch, uns selbst zu verstehen – wer wir sind, was an unserem Leben erstrebenswert ist –, blicken wir oft in die Augen anderer. Von anderen anerkannt zu werden bedeutet, einen Platz in der Gesellschaft angeboten zu bekommen.

Dabei nimmt die Anerkennung zahlreiche Gestalten an. Sie kann zwischen Menschen entstehen, dadurch, wie diese miteinander agieren und reagieren. Sie kann auch aus den gemeinsamen Normen, Werten und Symbolen heraus entstehen, die innerhalb einer bestimmten Gesellschaft zirkulieren. Es gibt gewisse Standards, wie »gute« oder »akzeptable« Menschen aussehen und sich verhalten. Diejenigen, die diesen Standards nicht entsprechen, fühlen sich möglicherweise zutiefst ausgeschlossen und verletzt. Doch hat das Unvermögen, kollektiven Standards der Akzeptabilität zu genügen, meist weniger mit persönlichen Mängeln als vielmehr damit zu tun, wie diese Standards verschlüsselt und wie lesbar sie sind. Und wie wir gesehen haben, bringen sogar Versuche, Standards des menschlichen Wertes in weit gefassten, inklusiven Begriffen zu definieren, fast unweigerlich ein Außen hervor – etwas, das jenseits der Definition liegt.

Diese beiden Arten der Anerkennung stehen in komplexer Beziehung zueinander. Es ist unmöglich, die öffentliche Sprache, die spezifische Vorstellungen vom menschlichen Wert festlegt, völlig von dem zu trennen, wie sich Menschen von Angesicht zu Angesicht aufeinander beziehen. Wir verstehen einander mithilfe einer gemeinsamen Sprache. Gleichzeitig können unsere engsten Beziehungen die Grenzen dieser Sprache überschreiten und uns auf eine Art und Weise aufeinander einstimmen, die durch Sprache nur unvollständig eingefangen werden kann. Wenn sie das tun, können diese Beziehungen das sein, was uns dazu befähigt, an der umfassenderen Gesellschaft teilzuhaben. Wenn wir um öffentliche Anerkennung kämpfen, können unsere engsten Beziehungen uns daran erinnern, dass wir Liebe und Fürsorge verdienen – selbst wenn die Gesellschaft im Großen und Ganzen sie uns verweigert.

Der Philosoph Jean-Luc Nancy schreibt, Liebe bedeute, sich einem anderen hinzugeben, um mehr man selbst zu werden. Er zitiert Hegel in seiner Feststellung, eine solche Liebe heiße, »in einem anderen das Ausmaß des eigenen Daseins zu haben«.[17] Nancy zufolge »zerschlage« die Liebe die Illusion, wir seien ohne den anderen ganz oder kämen ohne ihn aus. Wir werden immer durch die Menschen um uns herum geformt und hängen von ihnen ab, sodass »das Sein nur ein Miteinander-Sein sein kann«.[18] Nancy schreibt von einer ganzen Reihe unterschiedlicher Formen der Liebe: von der zwischenmenschlichen Liebe, von der spirituellen Liebe, von der Liebe, die wir in der Kunst finden, sowie von der Liebe in der Gemeinschaft und in der Politik. Diese Formen der Liebe, so Nancy, sind dadurch vereint, dass wir es uns in ihnen gestatten, mehr zu werden, als wir momentan sind, dass wir etwas von uns selbst geben und uns gleichzeitig einem anderen oder etwas anderem öffnen. Dazu gehört, dass wir anderen unser Gefühl dessen, wer wir sind, anvertrauen und dass unser Gegenüber dasselbe tut. Diese Abhängigkeit allerdings ist keine Falle, sondern ein Zusammenwirken, bei dem sich beide gemeinsam zu etwas Neuem formen. Nancys Werke hallen von feministischen Gedanken zur Care-Ethik wider; diese betont die Eigenschaften, die dafür sorgen, dass die Interdependenz funktioniert. Für diese Denkerinnen und Denker ist Care eine Praxis der hingebungsvollen, kunstfertigen Achtsamkeit, des Auf-andere-Zugehens und der Verantwortlichkeit gegenüber anderen.[19] Wer sich um andere kümmert, wer Fürsorge übernimmt, versucht immer, die Besonderheiten des anderen Lebens und der anderen Erfahrungen zu verstehen und mit Rücksicht auf diese zu handeln.

Nehmen wir all dies zusammen, nähern wir uns dem Verständnis von *politischer Liebe* an. Diese Liebe ist keine Liebe im romantischen oder familiären Sinn, obwohl auch zu ihr Gefühl und Hingabe gehören. Politische Liebe kann als Hingabe daran gesehen werden, sich für den politischen Wandel auf der Grundlage der Anerkennung einer fundamentalen menschlichen Interdependenz einzusetzen, als Hingabe daran, so zu handeln, dass sich diese Interdependenz ausweitet. Dazu gehören Verletzlichkeit und Vertrauen. Politische Liebe bedeutet nicht nur, anderen unser Schicksal anzuvertrauen – die Gestaltung unserer Städte, das Gefühl der nationalen Identität –, sondern auch, dabei nie ganz zu wissen, wohin dies führen wird. Statt der Politik die Frage zu stellen: »Was ist richtig für mich?«, sieht die politische Liebe die Politik als gemeinsames Projekt und fragt: »Was können wir zusammen erreichen?«. Diese gemeinsamen Projekte passen vielleicht nicht immer zu persönlichen Prioritäten. Vielleicht sind die Steuern zu hoch, oder das lokale Schulsystem ist allmählich überlastet. Beim Handeln gemäß der politischen Liebe hat das Engagement für das Kollektiv jedoch Vorrang vor persönlichen Belangen. Dabei darf über politische Fragen durchaus debattiert werden, aber nicht als Kampf oder Übung darin, Millionen von Individuen gegeneinander aufzurechnen, sondern als beständiges Geben und Nehmen, unter dem Aspekt: »Was ist das Beste für uns alle?«. Die politische Liebe vertraut darauf, dass durch den Prozess der Zusammenarbeit die eine oder andere Form des Verständnisses und der Anerkennung entstehen wird, dass diese Anerkennung aber nicht vollkommen sein muss, um zu zählen. Wir müssen nicht exakt so sein wie der andere, um zusammenarbeiten zu können.

Ob wir andere als der Fürsorge wert oder der Fürsorge fähig anerkennen, ist eine politische Angelegenheit. Abstraktes, auf Prinzipien beruhendes Engagement – für Gleichheit und Gleichberechtigung, für Gerechtigkeit, für Fairness – bringt uns schon weit, weist uns aber meist nicht den ganzen Weg zum richtigen Miteinander. Wir glauben vielleicht daran, dass Strafgefangene eine zweite Chance verdienen, schrecken aber vor dem Gedanken zurück, mit einem »Ex-Knacki« zusammenzuarbeiten. Vielleicht preisen wir diverse Gemeinschaften, verbringen aber weiterhin den Großteil unserer Zeit mit Menschen, die einen ähnlichen Hintergrund haben wie wir selbst. In solchen Augenblicken rennen unsere offen geäußerten Überzeugungen gegen vorgegebene kulturelle Drehbücher an, die uns in eine andere Richtung zerren. Und summieren sich diese Augenblicke, haben sie einen sehr realen Einfluss darauf, zu entscheiden, wer Zugang zu bestimmten Möglichkeiten erhält und wer nicht, wer sich sicher fühlen darf und wer nicht und wer ein erstrebenswertes Leben führen kann – und wer nicht.

Diese kulturellen Drehbücher zu überwinden ist nicht leicht. Wir sind uns möglicherweise gewiss, dass der mürrische junge Mann mit dem Hoodie bedrohlich ist, dass Migranten keinerlei Interesse daran haben, am öffentlichen Leben teilzunehmen, oder dass die Leute auf dem Land kaum ernstzunehmende Ansichten haben. Diese Urteile aber tauchen fast immer auf, *bevor* wir uns auf diese Menschen einlassen. Was würde sich ändern, gingen wir auf den jungen Mann in der Annahme zu, er *sei* gutherzig, auf die Migrantengemeinschaft, als *könnten* wir viel voneinander lernen? Welche Art von Geschichte würde sich durch diese Akte des liebenden Vertrauens statt des misstrauischen Vorurteils entfalten?

Beim Thema Liebe jedoch treten die Grenzen unserer Gleichheitsprinzipien, ja sogar unseres Rechtssystems ganz offensichtlich hervor. Irgendetwas an der Gleichheit passt nicht so recht zur Liebe und Care-Ethik. Wir schließen keine Freundschaften und gehen keine Beziehungen ein, indem wir jedem um uns herum die »gleiche« Chance geben; wir wählen und folgen unseren Vorlieben. Mehr noch: Liebe und achtsame Fürsorge *bedürfen* der Andersartigkeit. Zu ihnen gehört es, sich über verschiedene Standpunkte hinweg zu verbinden. Die Andersartigkeit rückt uns aus uns selbst und hilft uns dabei, mehr zu werden, als wir sind. Die Bande, die wir mit anderen knüpfen, setzen diese anderen nicht als generisch gleich voraus. Das trifft sowohl auf unsere Liebe für die Arbeit eines Schauspielers oder einer Schriftstellerin, dem beziehungsweise der wir nie begegnet sind, als auch auf die Liebe zu unseren Freunden und unserer Familie zu.

Geht es um Liebe, ist das Gesetz machtlos. Wenn unsere Fähigkeit, zu lieben, aber öffentlich geformt wird – sollten dann nicht auch öffentliche Körperschaften fähig sein, dies zu tun, sodass eine fürsorglichere Gesellschaft für alle entsteht? Nein, das ist schlicht unmöglich. In der Praxis haben wir noch lange nicht verstanden, wie Freundschaft oder innige Verbundenheit aussehen müsste, damit der Gesetzgeber eingreifen und sie mehren könnte. Es wäre moralisch geradezu unverantwortlich, würde das Gesetz zwischenmenschliche Beziehungen bis zu dieser sehr persönlichen Ebene hinunter regulieren. Es gibt sicherlich kaum jemanden innerhalb des gesamten politischen Spektrums, der einem solchen Eingriff ins Private zustimmen würde.

Wie also können wir die politische Liebe entfachen, ohne sie dabei in ein dunkles Abbild ihrer selbst zu verwandeln?

*

Vielleicht können sich einige Einwohnerinnen und Einwohner Kilburn nicht als Ort voller Liebe vorstellen. In der Zeit des Nordirlandkonflikts verstrickte sich auch die große irische Gemeinde von Kilburn in den bürgerkriegsähnlichen Kampf. Aus Angst vor irisch-republikanischer Gewalt begannen einige Londoner, Kilburn als einen Ort zu sehen, an dem man wahrscheinlich angegriffen, zusammengeschlagen oder sogar in die Luft gesprengt werden würde. Für die irischen Anwohner von Kilburn selbst wiederum war das Leben im Viertel von anti-irischen Ressentiments geprägt, die von beinahe jedem auszugehen schienen: von der Polizei bis zu Fremden, die nur auftauchten, weil sie auf Randale aus waren. Nach dem Konflikt konnte man Kilburn ansehen, dass es jahrelang vernachlässigt worden war.

Ich kam viele Jahre später nach Kilburn, zu dieser Zeit war die irische Bevölkerung dort stark geschrumpft und das Viertel zunehmend divers. Doch in den Geschichten, die man mir von Kilburn erzählte, hallten die Unruhen der Vergangenheit wider: das unbarmherzige Hin und Her von Schüssen, Messerstiche zwischen Jugendlichen rivalisierender Gegenden, Steine, die aus Fenstern auf Passanten geworfen wurden, Senioren, die man auf der eigenen Türschwelle überfiel und ausraubte. Diese Vorfälle ließen eine noch ältere Vergangenheit anklingen, als den ersten karibischen Einwanderern, die in den 1950er- und 1960er-Jahren nach Kilburn kamen, die Fensterscheiben eingeworfen oder sie selbst von Steine schmeißenden Kindern die Straße hinuntergejagt wurden.

In Caldwell, wo ich wohnte, waren die Straßen von der blutigen Geschichte einer »Gang«-Feindschaft[20] gezeichnet, die auch heute noch besteht. An den Straßenecken fanden sich Graffiti und Wandmalereien, die an diejenigen erinnerten, die bei diesen Rivalitäten absichtlich oder zufällig getötet worden waren. Die zersplitterten Überreste eingetretener Türen, weggeworfene Spritzen, zerbrochene Flaschen und das plötzliche Aufheulen nächtlicher Polizeisirenen sprachen von anhaltenden Spannungen und ihrem Preis.

Allerdings gab es in diesem Konflikt keine klaren Fronten. In einem Jugendtreff vor Ort, in dem ich freiwillig aushalf, kamen die jungen Männer mit dem Bild vom Gangkonflikt meist nicht durch Gleichaltrige in Kontakt, sondern durch die Polizei, die sie wie zukünftige Gangmitglieder behandelte, beständig überwachte und mit häufigen, rabiaten Durchsuchungen erniedrigte. Auch von einigen Lehrern wurden sie pauschal als Schlägertypen abgetan. Und wenn man ohnehin wie ein Krimineller behandelt wird – warum dann nicht ein wenig mit dem experimentieren, was die Straße zu bieten hat?, dachte sich der eine oder andere und fing an, mit Drogen zu dealen, zu hehlen oder sich einen Ruf als harter Kerl zuzulegen. Andere experimentierten auf andere Weise. Frustriert vom hohen Preis und dem beschränkten Horizont des Straßenlebens suchten sie nach neuen Lebensentwürfen. Sie griffen auf das vertraute Vokabular der Straße zurück und nutzten es in Branchen wie der Mode, der Musik oder der Fitness, in der Hoffnung, sich dadurch eine neue Identität jenseits der Gewalt zu schmieden. Wieder andere machten ihren Frieden mit schlecht bezahlter Schichtarbeit im Einzelhandel, Bauwesen oder Gastgewerbe, behielten ihre alten Freunde jedoch, um sich das Gefühl der Wertschätzung zu bewahren, das ihre Jobs ihnen verweigerten. Diese jungen Männer wandten sich der Straße zu, um der Gewalt und den Drogen zu entkommen, was die Grenzen zwischen beteiligt und unbeteiligt, Straßenleben und anständigem Leben weiter verwischte.

Die Presse, der Gemeinderat und tatsächlich auch viele Anwohnerinnen und Anwohner nahmen diese Komplexität jedoch nicht wahr. Viele von ihnen machten sich nicht die Mühe, sich mit den jungen Männern und Frauen auf der Straße zumindest einmal zu unterhalten. Einige Lehrer, Wohltätigkeitsarbeiter und Nachbarn wollten ihnen helfen, doch war ihr Top-down-Verständnis von Hilfe seinerseits wenig hilfreich. Ein Vater, dessen Frau überfallen worden war, setzte sich danach entschlossen für eine Schulreform ein, weil er überzeugt war, dass eine bessere Bildung zukünftige Generationen vor einem Leben in Kriminalität bewahren würde. Andere, erschreckt durch nächtliche Streitereien und verdrossene Jugendliche, die in öffentlichen Parks herumlungerten, setzten auf Recht und Ordnung und forderten verstärkten Polizeischutz. Wohltätigkeitsorganisationen veranstalteten Bewerbungsworkshops und finanzierten Kunsträume, weil sie damit überschüssige Energien zu zerstreuen suchten. Jeder hatte seine eigene Lösung, doch kaum eine von ihnen setzte bei den Erfahrungen und beim Leben der jungen Männer und Frauen selbst an. Für die meisten bestand die Lösung darin, etwas *für* die Jugendlichen statt *mit* ihnen zu tun. Sie waren ein Problem, das gelöst werden musste.

Es gab allerdings auch Ausnahmen – Menschen, die anders an die Sache herangingen. Leicht zu sehen waren diese Menschen nicht, scheuten sie sich im Gegensatz zu lautstärkeren Gemeindegruppen, Behörden oder Pressekommentatoren doch davor, zu behaupten, »Lösungen« zu haben. Sie aber waren es, die eine wirkliche Veränderung herbeiführten. Bei ihnen, weit weg von Gemeinderatsmitgliedern und Reportern, die lediglich auf eine Schlagzeile aus waren, hier, in kleinen, heruntergewirtschafteten Räumen oder beengten Wohnzimmern, konnte man tatsächlich so etwas wie Liebe erkennen.

Viele Jahre lang hatte Arlene ein Café in Caldwell geführt, im Keller eines Gemeindezentrums. Ihre berühmte karibische Küche hatte eine ganze Reihe Ortsansässiger angelockt, von älteren Männern, die Domino spielten, bis zu Familien, die nach der Kirche im Sonntagsstaat hereinschneiten. Neben Gruppen von Schulfreunden und jungen Müttern, die sich auf einen Plausch trafen, umfasste die jüngere Klientel manchmal auch Jugendliche, die im Viertel als Drogendealer oder Schläger bekannt waren. Eine klare Grenze war da nicht zu ziehen. Ein junger Mann mit Kontakten zur Straße nutzte das Café vielleicht als Raum jenseits der Straße, in dem er sich mit anderen Freunden treffen konnte; ein zweiter nutzte die augenscheinliche Normalität des Cafés vielleicht für Drogendeals oder zur Ablenkung der Polizei.

Im Laufe der Zeit tauchte auch die Polizei immer häufiger im Café auf, meist nicht, weil sie gerufen worden war oder jemand sich beschwert hatte, sondern im Rahmen der Streife und in der Hoffnung, dabei jemanden dingfest machen zu können, der irgendetwas Illegales tat. Das ärgerte den Leiter des Gemeindezentrums zunehmend, bis er schließlich Anmeldelisten einführte, was wiederum zur Folge hatte, dass über alle Altersgruppen hinweg deutlich weniger Kundschaft kam. Den Jugendlichen missfiel die Überwachung durch die Polizei und die Anmeldelisten, und auch andere waren von der Kontrolle und der Ausschlusspolitik, die die Anmeldelisten signalisierten, nicht begeistert, ganz zu schweigen natürlich vom Fernbleiben der jüngeren Gäste. Arlene etwa war darüber außerordentlich erbost.

Selbstverständlich war sie sich bewusst, wer einige ihrer Stammgäste waren und was sie vorhatten. Sie wusste auch, wohin diese Aktivitäten führen konnten und welchen Preis sie möglicherweise forderten. Sie wohnte in einem Hochhaus und war seit Jahren an den Klang von aggressiven Streitigkeiten, Polizeisirenen und eingetretenen Türen gewöhnt. Aus dem Kreis ihrer Familie und Freunde kannte sie die Geschichten von Kindern, die im Gefängnis gelandet oder tot waren, nur allzu gut. Einmal hatte sie mit ansehen müssen, wie ein junger Mann auf der Flucht vor der Polizei den Außenkorridor entlangrannte und an dessen Ende direkt neben ihrer Wohnung über das Geländer in den Tod sprang. Noch Jahre danach wurde sie vom Bild eines vor ihrem Küchenfenster herabfallenden Körpers heimgesucht, desselben Körpers, der kurz darauf zerschmettert im Gras des Parks vor dem Hochhaus lag.

Dennoch beharrte Arlene darauf, dass ihr Café ein Ort bleiben sollte, der jedem und jeder offenstand. Wie sehr sie auch missbilligte, was einige ihrer Gäste im Schilde führten, welchen Preis sie für die Taten anderer auch hatte zahlen müssen – sie zu vertreiben konnte nicht die Lösung sein. Denn das würde bedeuten zu leugnen, dass die jungen Männer und Frauen irgendjemandes Sohn oder Tochter, Freund oder Freundin, Partner oder Partnerin waren. Es würde sie nur noch mehr auf die Straße verbannen und ihnen einen Ort rauben, an dem sie ganz sie selbst sein konnten. Das Café war ein Ort, an dem man klatschen und tratschen und mit den älteren Leuten scherzen konnte. Dort konnte man um Hilfe bitten, wenn man jemanden brauchte, der auf die Kinder aufpasste, eine Party plante oder auf der Suche nach Arbeit war. Auch heute noch, auch nach der Schließung des Cafés, denken viele Anwohnerinnen und Anwohner von Caldwell voller Liebe an diesen Ort zurück. In diesen Erinnerungen bleibt das Café als Ort lebendig, an dem das Leben zu einem gemeinsamen Leben wurde. Und wie zerbrechlich die gemeinsamen Bande der gegenseitigen Fürsorge auch waren, so weigerte sich Arlene doch, den Raum, der ihnen zur Verfügung stand, noch weiter einzuengen.

Mia war ebenfalls nicht gut darin, sich rauszuhalten. Die ehemalige BBC-Dokumentarjournalistin mit polynesisch-deutschen Wurzeln hatte sich vor einiger Zeit selbstständig gemacht und leitete neben Tätigkeiten im Videobereich unter anderem auch Lernwerkstätten. Im Herzen von Caldwell war im Rahmen der Förderung des Viertels ein kreativer Drehpunkt entstanden, an dem Künstler, Selbstständige und Unternehmer arbeiten konnten, an dem Veranstaltungen stattfanden und an dem (zumindest theoretisch) der Gemeinde vor Ort etwas zurückgegeben werden sollte. Dort war Mia ein regelmäßiger Gast, zunächst beim lokalen Radiosender und später im eigenen »Studio«. Und durch sie hatte eine Gruppe von Freunden von den Straßen Caldwells dort ein Zuhause gefunden.

Angefangen hatte es damit, dass Jack, der Leiter des Radiosenders, mit dem Mikrofon in der Hand eine Gruppe befreundeter junger Leute auf der Straße angesprochen und sie um Interviews gebeten hatte – sie sollten von ihrem Leben im Viertel erzählen. Das taten sie auch, zogen dabei aber über eine Stunde über den kreativen Dreh- und Angelpunkt her: Wo war der eigentlich hergekommen, und warum profitierten so wenige Anwohner von ihm? Diese Kritik wiesen einige Nutznießer der Einrichtungen zurück, doch Jack und Mia wollten anders mit der Sache umgehen. Sie luden die jungen Leute dazu ein, ihre eigene Radiosendung zu machen. Unter der Ägide der Brüder Damon und Troy wurde die Sendung dann zunächst auch begeistert angenommen, verlor aber bald an Schwung. Doch das hatte bereits ausgereicht, um Damon, Troy und einige ihrer Freunde fortan öfter in die Einrichtungen zu locken.

Bei dieser Gruppe von Freunden hatte jeder seine eigene Geschichte. Mehrere von ihnen hatten im Gefängnis gesessen. Einige wenige waren in Gewaltdelikte verwickelt gewesen. Die meisten von ihnen machten einen taffen und einschüchternden Eindruck auf viele andere Kreative und Selbstständige, die sich über die Anwesenheit der Neuen nicht immer freuten. Ganz anders Mia: Sie scherzte mit ihnen oder plauderte mit Damon und Troy bis in die frühen Morgenstunden hinein. Die ewig fröhliche und häufig zu spät kommende, mit einem Berg an Videoausrüstung und einer übervollen Handtasche bepackte Mia bot manchmal einen seltsamen Anblick unter all den jüngeren sowie hauptsächlich Schwarzen und männlichen Kollegen, mit denen sie sich in letzter Zeit umgab. Ganz offensichtlich aber vertrauten diese Leute ihr und respektierten sie. Obwohl sie selbst keinen Alkohol trank, war sie häufig auf Partys vor Ort anzutreffen, ebenso wie bei Familienessen oder auf einen Plausch im Park. Allmählich entwickelte sich Mia zu der Person, die man aufsuchte, wenn man Ratschläge zum Lebensunterhalt brauchte, das Neueste über die Straßengemeinschaft erfahren wollte oder sonst etwas auf dem Herzen hatte: Schwierigkeiten in der Beziehung, häusliche Gewalt oder andere Unsicherheiten, Zweifel und Träume.

Innerhalb dieser Freundschaften und während der Zeit, die die Freunde in den kreativen Einrichtungen verbrachten, begannen allmählich weitere Veränderungen Fuß zu fassen. Damon machte eine Lehre als Handwerker und arbeitete sich schließlich bis zum stellvertretenden Verantwortlichen in einem kleinen Betrieb hinauf. Troy, der schon einigen Erfolg als Rapper in der lokalen Szene verzeichnen konnte, kehrte nicht nur ins Studio zurück, sondern dachte auch darüber nach, wie er Musik als Bildungsmittel nutzen konnte. Er arbeitete letztlich mit einem Theater vor Ort zusammen, wo er Workshops für jüngere Studentinnen und Studenten gab. Andere aus dem Freundeskreis entwarfen und verkauften Kleidung, versöhnten sich wieder mit ihren Partnerinnen oder suchten sich schlicht einen Job, um mit dem Dealen aufzuhören. Nicht alles änderte sich, und wenn sich etwas änderte, hielten die Veränderungen nicht immer an. Und doch war klar, dass zwischen diesen Freunden und um die kreativen Einrichtungen herum eine neue Art Raum entstand: ein Raum, an dem es neue Möglichkeiten oder zumindest ein neues Gefühl dessen, was möglich war, gab.

Die Veränderungen waren nie das Ergebnis eines direkten Anstoßens, weder von Mias Seite aus noch von irgendeiner anderen. Dennoch schienen alle irgendwie mit Mia zu tun zu haben. In ihren nächtlichen Unterhaltungen ging es bei Damon und Mia immer wieder um die Frage der Arbeit. Gab es denn überhaupt einen respektablen Job, wenn man aus dem Milieu kam und von Leuten schief angesehen wurde, nur weil man aussah, wie man aussah, und redete, wie man eben redete? Was bedeutete es, die Straße hinter sich lassen zu wollen, wenn Familie und Freunde verletzt oder getötet worden waren? Auf diese Fragen gab es keine wirklich zufriedenstellenden Antworten; sie waren aber immerhin so zufriedenstellend, dass Damon sich einen Job als Handwerker suchte. Auch dann gab es immer noch Augenblicke des Zweifelns, die er jedoch wieder und wieder mit Mia durchsprach. Als Troy beschloss, sich erneut der Musik zuzuwenden, half Mia ihm dabei, sich einen Raum in den kreativen Einrichtungen zu sichern und diesen in ein Aufnahmestudio umzubauen. Auch mit anderen tauschte Mia Geschäftstipps aus; sie gab Stellenanzeigen weiter, beriet bei Verhandlungen oder war einfach für ein Gespräch zu haben.

Die Veränderungen, die sich aus diesem Austausch ergaben, waren selten unmittelbar beabsichtigt. Sie stellten sich Stück für Stück ein, aus dem Gemeinsamen heraus, indirekt. Aus Gesprächen über die Bedeutung von Arbeit und Würde, über Probleme in der Beziehung, über die Ausstattung eines Aufnahmestudios, aus dem Feedback zum Entwurf einer Jacke. Und dabei veränderte auch Mia sich. Seit sie weiß, dass sie ein Talent dafür hat, Türen zu öffnen, leitet sie Film-Workshops – nicht für angehende Journalistinnen und Journalisten, sondern als Mittel der Befähigung: Sie hilft anderen dabei, ihre Stimme zu finden. Ebenso wie andere ihr vertrauen und dabei etwas Neues an sich selbst entdecken, vertraut sie auch ihnen.

Dass Arlene und Mia kleine, aber wichtige Veränderungen in Caldwell herbeiführen konnten, kommt von ihrer Haltung der politischen Liebe. Sie sahen die Jugendlichen um sich herum nicht als Problem, das gelöst werden musste, sondern als Menschen und Teil des eigenen Lebens. Die Wohltätigkeitsorganisationen und Gemeindegruppen, die die Jugendlichen als Störfaktor betrachteten, kamen mit ihren Versuchen, zu helfen, fast nie weiter. Die Jugendlichen hielten sich instinktiv von Projekten fern, die suggerierten, bei ihnen sei etwas »kaputt«, das »repariert« werden müsste. Gekünstelte Kunstworkshops oder salbadernde Bewerbungstrainingskurse konnten nur Gelächter und Spott ernten. Wenn die Jugendlichen doch einmal an derlei Projekten teilnahmen, gelang es ihnen meist nicht, eine Verbindung zu den Workshopleitern, Jobcoaches oder Jugendhelfern aufzubauen, da diese in ihren Augen stellvertretend für eine professionelle Unternehmenswelt standen, die keinen Platz für sie hatte. Es war paradox: Diejenigen, die gar nicht vorhatten, ein Problem zu lösen, erwiesen sich als die besten Problemlöser überhaupt.

Am besten versteht man dieses Paradoxon im Zusammenhang mit den Spannungen zwischen politischer Gleichheit und politischer Liebe. Die Gleichheit versucht, ihre Ziele – Freiheit, Gerechtigkeit – damit zu erreichen, dass sie Andersartigkeit eliminiert. Sie begreift Individuen oder Gruppen als insofern anders, als dass sie ein unterschiedliches Einkommen haben, ihnen unterschiedlicher Respekt entgegengebracht wird, ihnen unterschiedliche Möglichkeiten offenstehen. Das heißt nicht, dass die Befürworter der Gleichheit glaubten, Andersartigkeit sei etwas Schlechtes. Sie argumentieren eher damit, dass das Anderssein eine Folge freier Entscheidungen sein sollte, nicht etwas, das unsere Beziehungen zu anderen formt oder einschränkt, vor allem wenn dies zu ungleichen Ergebnissen führt. Gegen einige Arten des Andersseins wird sich die Gleichheit immer stellen. In Caldwell sahen Wohltätigkeitsorganisationen und Aktivisten die Arbeitslosigkeit, die Haltung und das Verhalten der Jugendlichen als Probleme, die aus der Welt geschafft werden mussten. In den meisten Fällen bestand ihr Ziel darin, die Jugendlichen mehr wie sie selbst zu machen: erwerbstätig, gesetzestreu, angenehm unauffällig in der Öffentlichkeit.

Hier stoßen wir auf die Grenzen der Gleichheit. Das Ideal der Gleichheit trägt sich ab, sowohl für diejenigen, denen es Rechte sichern soll, als auch für diejenigen, die Mühe haben, an eine Gleichheit zu glauben, die sich mit ihren Alltagserfahrungen nicht deckt. Die politische Liebe bietet eine radikal andere Herangehensweise an die Frage, wie wir miteinander leben könnten. Während die Vision der Gleichheit Andersartigkeit als Problem sieht, das gelöst werden muss, als etwas, das eingeebnet werden muss, sieht die Liebe die Andersartigkeit als Einladung, mehr zu werden, als man ist. Diese Liebe ist ein Akt des Glaubens an andere, sie fragt: »Was können wir gemeinsam sein?« Und in unseren Gemeinden, in der Politik, können wir aus dieser Liebe heraus handeln und auf andere in der Überzeugung zugehen, dass wir gemeinsam mehr erreichen und glücklicher sein können als alleine.

Das Potenzial, das andere in sich bergen, ist vielleicht nicht immer auf den ersten Blick erkennbar. Flüchtig betrachtet scheint der andere vielleicht unbegreiflich, verwirrend, ja sogar bedrohlich zu sein. Unsere miteinander verbundenen Geschichten bestehen vielleicht größtenteils aus Trennung und Konflikt. Die politische Liebe fordert das Aufgeben dieser Vorurteile und Ängste. Sie fordert das Vertrauen darauf, dass das Potenzial zutage tritt, wenn wir so handeln, als sei es immer schon sichtbar gewesen. Sie fordert ein Engagement, das Verbindungen aufrechterhalten kann, auch wenn Verständnis und Kooperation nicht immer reibungslos funktionieren. Und sie fordert Bescheidenheit, da sich das Potenzial vielleicht nicht immer zufriedenstellend entfaltet. Ebenso wie wir manchmal von Freunden oder der Familie im Stich gelassen werden, so werden wir manchmal möglicherweise auch von den Mitgliedern unserer politischen Gemeinde im Stich gelassen. Ebenso wie bei starken Freundschaften oder Familienbanden kommt es auch hier auf den Durchhaltewillen an, gestützt auf den Glauben, dass wir selbst in schwierigen Augenblicken gemeinsam besser sind oder sein können. Und obwohl dieser Glaube von jedem und jeder Einzelnen für sich kultiviert werden kann, wie wir im letzten Kapitel noch sehen werden, müssen wir ihn nicht allein aufbauen. Wie wir unsere öffentlichen Räume und Mittel gestalten, spielt eine gewichtige Rolle dabei, ob diese Liebe blüht oder am Wachsen gehindert wird.

Für James Baldwin war Liebe ein Akt des Glaubens an andere. Angesichts des hartnäckigen Alltagsrassismus in den Vereinigten Staaten und angesichts der zunehmenden Verbitterung vieler Gleichgesinnter in der Bürgerrechtsbewegung war dieser Glaube alles andere als leicht aufrechtzuerhalten. Manchmal schwankte Baldwin. Letztlich aber gab es für ihn wenig Hoffnung auf ein Leben jenseits dieses Glaubens – und jenseits der Liebe, die dieser hervorbringen konnte. Über die Fähigkeit des Menschen, zu obsiegen und zusammenzukommen, schrieb er:

> Sie ist ein mächtiges Erbe, das Erbe der Menschheit und alles, worauf wir vertrauen können [...]. Es werden weiter Generationen von Menschen auf die Welt kommen, und wir sind für sie verantwortlich, denn wir sind die einzigen Zeugen, die sie haben. Das Meer steigt, das Licht schwindet, Liebende klammern sich aneinander und Kinder klammern sich an uns. Wenn wir aufhören, einander zu halten, aufhören, aneinander zu glauben, wird das Meer uns verschlingen und das Licht ausgehen.[21]

Teil III
VERFLECHTEN

Kapitel 7
VERZAUBERUNGEN

Anfang März, als die Regierung Großbritanniens endlich begonnen hatte, ernsthaft Maßnahmen zu ergreifen, schien der Ausbruch bereits außer Kontrolle zu sein. Im Verlauf dieses Jahres und bis ins darauffolgende hinein brachte das tödliche Virus das öffentliche Leben in Gemeinden im ganzen Land zum Stillstand und versetzte die Bevölkerung in einen Zustand der Angst und Unsicherheit. Am Ende hatte es einen wirtschaftlichen Schaden in Milliardenhöhe verursacht, zigtausend Leben gekostet und tiefe Wunden hinterlassen.

Die Geschichte kommt Ihnen vielleicht bekannt vor. Die fraglichen Ereignisse fanden jedoch im Jahr 2001 statt, als Großbritannien von einer Epidemie der sogenannten Hand-Fuß-Mund-Krankheit heimgesucht wurde – einer viralen Erkrankung, die sich rasend schnell unter den Nutztieren ausbreitete und seit 1967 nicht mehr aufgetreten war. Die Schwierigkeit, mit dem Ausbruch umzugehen, ergab sich nicht nur aus dem Virus selbst, sondern auch aus der Uneinigkeit zwischen all den Expertinnen und Experten, wie die Krankheit zu diagnostizieren und zurückzuverfolgen sei und wie man auf sie reagieren sollte.[1] Die Tierärzte bemühten sich mittels der Beobachtung von Symptomen um eine Diagnose, die Laborwissenschaftler mittels Blutproben und Antikörperbestimmungen und die Epidemiologen mittels mathematischer Modelle, die den Kontakt zwischen Bauernhöfen und Tieren simulierten und anhand derer man die Verbreitungswahrscheinlichkeit errechnen konnte. Jede dieser Vorgehensweisen hatte ihre Grenzen: Die Symptome der Erkrankung zeigten sich bei manchen Tierarten selten bis gar nicht, zur Antikörperbestimmung musste man die Tests erst einmal vornehmen, und die Epidemiologie verließ sich auf die Mathematik, um möglichst korrekte Vorhersagen über das Verhalten von Menschen, Tieren und Viren zu treffen. Darüber hinaus mussten die Behörden zwischen mehreren verschiedenen epidemiologischen Modellen abwägen, die alle ihre eigenen Prämissen und blinde Flecken hatten.[2] Ein Modell beispielsweise war von einem Team des Imperial College London unter der Leitung von Dr. Neil Ferguson aufgestellt worden – er sollte später die britische Regierung auch zur Covid-19-Pandemie beraten. Im Imperial-Modell wurden die Tiere – Ziegen, Schafe, Kühe etc. – als austauschbar behandelt, in der Annahme, sie wiesen alle dieselbe Wahrscheinlichkeit auf, sich die Krankheit einzufangen und sie zu übertragen. Daten dazu, wo es tatsächlich zu Infektionen kam, umfasste das Modell nicht; stattdessen konzentrierte es sich darauf, Infektionsraten und Verbreitungsmuster zu schätzen. Bemerkenswerterweise insistierten jedoch alle Modelle auf der eigenen Objektivität und Wahrheit: Jeder behauptete, sein Modell sei »absolut aus dem Leben gegriffen«.[3]

Jeder dieser unterschiedlichen Standpunkte zog eine andere Vorgehensweise nach sich. Anfänglich gründete die Regierung Großbritanniens ihre Strategie auf ein epidemiologisches Modell, das Regierungswissenschaftler entwickelt hatten. Ende März jedoch, als sich die Krankheit weiter ausbreitete, wechselte die Regierung zum Imperial-Modell, das mit deutlich pessimistischeren Vorhersagen aufwartete. Dabei spielte die Politik eine wichtige Rolle. Über die Vorhersagen des Imperial College wurde in der Presse berichtet, was den öffentlichen Druck bezüglich entschiedenerer Maßnahmen erhöhte, außerdem standen sie in direkter Verbindung zu Premierminister Tony Blair. Auf der Basis des Imperial-Modells wurde von den politischen Entscheidungsträgern ein Programm der großflächigen Keulung beschlossen. Sechs Millionen Tiere wurden geschlachtet. Die wirtschaftlichen Gesamtkosten für das Land – von den toten Nutztieren bis zum Stillstand des Reisens, des Handels und des normalen Lebens – beliefen sich auf geschätzte acht Milliarden Pfund. Einige Jahre später attestierte eine von der Regierung in Auftrag gegebene Studie, dass die meisten Tötungen unnötig gewesen waren.[4]

Zwanzig Jahre später haben die Fragen von Wissenschaft und Wahrheit, von Wissen und Autorität, die den Ausbruch der Hand-Fuß-Mund-

Krankheit umgaben, ungeahnt an Ausmaß und Bedeutung zugenommen. Rund um die Welt beeinflussen Falschinformationen, wie die Bürgerinnen und Bürger über Angelegenheiten von öffentlicher Tragweite denken. Internationalen Untersuchungen zufolge überschätzen die Bürger fast überall die Mord- und Terrorismusrate, den Anteil von Zuwanderern an der Gesamtbevölkerung oder unter den Inhaftierten, die Raten der Teenagerschwangerschaft. Unterschätzt hingegen werden Risiken wie das für Fettleibigkeit, Krebs und Herzerkrankungen. Obwohl es keinerlei etablierte medizinische Beweise dafür gibt, dass Impfstoffe Autismus verursachen, glaubt in den meisten Ländern tatsächlich circa die Hälfte der Bevölkerung, dass sie es tun.[5] Und in der Zwischenzeit vertieft die Desinformation politische Gräben. In den USA streiten die Unterstützer und Anführer der beiden großen Parteien regelmäßig über die Wirklichkeit bestimmter Ereignisse – wer die Wahl 2020 gewonnen hat etwa oder ob Amokläufe an Schulen oder andere nationale Tragödien stattgefunden haben oder nicht. In der Klimawissenschaft herrscht weitestgehende Einigkeit darüber vor, dass der Klimawandel vom Menschen verursacht wird; eine Studie aus dem Jahr 2016, die verschiedene klimawissenschaftliche Untersuchungen miteinander verglich, schätzt diese Einigkeit sogar auf zwischen 90 und 100 Prozent.[6] In ganz Europa aber glaubt nur rund ein Drittel der Bürgerinnen und Bürger, dass »sich die überwiegende Mehrheit der Wissenschaftler einig ist, dass der Klimawandel tatsächlich geschieht und von Aktivitäten des Menschen verursacht wird«.[7] In Großbritannien hat die öffentliche Sorge bezüglich des Klimawandels zwar rasant zu-, das Wissen, was dagegen unternommen werden muss, hingegen aber abgenommen. Umfragen aus den Jahren 2019 und 2021 zeigen, dass die Briten in dieser Zeit immer schlechter darin geworden sind, effektive persönliche Maßnahmen gegen den Klimawandel zu erkennen: Sie überschätzen die Wirkung eher ineffektiver Maßnahmen wie beispielsweise des Recyclings und unterschätzen den Effekt wirkungsvollerer Entscheidungen – weniger Kinder in die Welt setzen, auf ein Auto verzichten und dergleichen mehr.[8]

Inmitten der Covid-19-Pandemie hat ein hoher Grad an Skepsis bezüglich FFP2- und anderer Masken, Impfungen, Lockdowns und weiterer präventiver Maßnahmen die Fähigkeit demokratischer Nationen, das Virus zu bekämpfen, geschmälert und dabei ebenfalls unzählige Leben gekostet. Selbst nach Monaten eines allmählichen Aufwärtstrends ergaben Statistiken vom April und Mai 2021, dass nur 44 Prozent der US-Republikaner bereit waren, sich impfen zu lassen (oder bereits geimpft waren). Einer Studie von sieben EU-Ländern zufolge, darunter Deutschland, Frankreich und Schweden, rangierte die Impfwilligkeit der Bürgerinnen und Bürger dort zwischen 44 und 66 Prozent.[9] Da vonseiten der Wissenschaft immer wieder betont wird, dass sich eine große Mehrheit der Bevölkerung impfen lassen muss, soll die Verbreitung von Covid-19 aufgehalten werden, wird diese Zögerlichkeit, wenn sie anhält, wahrscheinlich dazu führen, dass die Pandemie noch Jahre fortdauert. Wie der Fall der Hand-Fuß-Mund-Krankheit zeigt, sind Spannungen und Unsicherheiten bezüglich Wahrheit und Wissen keineswegs auf die allgemeine Öffentlichkeit beschränkt, sondern finden sich auch unter gewählten Spitzenpolitikern sowie zwischen rivalisierenden Expertengruppen. Die Verwirrung, die derzeit um Wahrheit und Wirklichkeit herrscht und die Bürger sowie Entscheidungsträger auf allen Ebenen gleichermaßen desorientiert und spaltet, stellt die Demokratie ganz offensichtlich vor eine ungeheure Herausforderung. Weniger offensichtlich ist, was dagegen getan werden kann.

Die Sturheit ist teilweise dem geschuldet, wie die Angelegenheiten gesehen und diskutiert werden. Die Covid-19-Pandemie ist ausgesprochen lehrreich. Die Menschen rund um den Globus sollen politischen Entscheidungsträgern vertrauen, auch wenn diese kostspielige Fehler machen oder der Bevölkerung Einschränkungen auferlegen, die mit großen Belastungen einhergehen. Sie sollen der Wissenschaft vertrauen, auch wenn sich Expertenempfehlungen ändern und die Medien sie mit verwirrenden, ja sogar widersprüchlichen Informationen überfluten. Und nicht zuletzt sollen sie einander vertrauen, da die eigene Sicherheit auch von den Handlungen anderer abhängt. Gleichzeitig hat die vorherrschende Rhetorik im öffentlichen Diskurs die Wichtigkeit des Vertrauens zugunsten einer Rhetorik der Objektivität heruntergespielt. Wahrheiten sind absolut und unanfechtbar, sie sollten jedem vernunftbegabten Bürger von Natur aus zwingend erkennbar sein. Interessanterweise bedienen sich selbst diejenigen, die sich öffentlich gegen überliefertes Wissen stellen – Demonstrierende, die die Notwendigkeit oder das Gerechtfertigtsein von Lockdowns infrage stellen, Skeptiker, die an Impfstoffen zweifeln –, derselben objektiven Sprache und beharren darauf, dass es nur eine Wahrheit gibt.

Auch hier ist die anthropologische Perspektive hilfreich. Denn sie erinnert uns daran, dass selbst diese Vorstellung der Objektivität eine spezifisch kulturelle ist – dass es viele andere Möglichkeiten gibt, sich vorzustellen, was Wissen ist oder tut, und dass verschiedene Vorstellungen von Wissen verschiedene Möglichkeiten nach sich ziehen und andere ausschließen.

Die Sprache der Objektivität kann Gräben vertiefen. Wenn das, was auf dem Spiel steht, nicht einfach eine Frage des Vertrauens ist – das schließlich aufgebaut werden kann –, sondern ein Versagen, »die Wahrheit« zu begreifen, dann wird die Arbeit über Gräben hinweg allmählich entmutigend. Denn zunächst müssen unsere Gegner erkennen, dass sie falschliegen, und sich korrigieren. Erst dann kann Kooperation entstehen. Der Impuls, das öffentliche Leben um einzelne Wahrheiten herum aufzubauen, kann eine dunkle Logik in sich bergen, die darauf bedacht ist, jegliche Form der Andersartigkeit, die diese öffentlichen Wahrheiten verkompliziert, zu eliminieren oder auszuschließen. Historisch gesehen trugen diese Impulse zur Einrichtung von Internaten in Kanada und den USA sowie zu den »Stolen Generations«, den »Gestohlenen Generationen«, in Australien bei. In beiden Fällen wurden indigene Kinder zwangsweise ihren Familien weggenommen und »umerzogen«. Diese systematische und häufig brutale, gewalttätige Entführung von Kindern wurde von dem Glauben angetrieben, die indigene Kultur sei inkompatibel mit der rationalen Weltsicht, die für das demokratische Bürgersein unabdingbar war.[10]

Doch auch wenn die Aufrechterhaltung singulärer Wahrheiten ohne den Versuch, Andersartigkeit auszumerzen, unmöglich ist, so bleibt der Umgang mit der Pluralität dennoch eine Herausforderung. Im Bereich der Politik kann sich die Offenheit allen Wahrheiten gegenüber als entzweiend und lähmend erweisen und die Handlungsfähigkeit untergraben. Wie wir am Beispiel der Hand-Fuß-Mund-Krankheit in Großbritannien gesehen haben, erheben selbst Experten und Expertinnen mitunter konkurrierende Ansprüche auf die Wahrheit, und die Fähigkeit, diese Ansprüche gegeneinander abzuwägen, kann über Leben und Tod entscheiden.

Wichtig ist, wie wir die Natur des öffentlichen Wissens verstehen und wie wir auf sie reagieren. Dies bestimmt generell darüber, ob wir mit anderen leben können oder nicht. Behauptet jemand, der um unsere Aufmerksamkeit und Bestätigung buhlt, dass Migranten uns die Arbeit wegnehmen, dass die Polizei Minderheiten diskriminiert oder dass eine gegnerische politische Partei korrupt ist – wie schätzen wir diese Behauptungen dann ein und wie reagieren wir auf sie? Tatsächlich sind die zwei Fragen, wie wir unterschiedliches Expertenwissen und wie wir Fremde verstehen, im Kern durch zwei verschiedene Sichtweisen dessen verbunden, was Wissen ist. Auch das geht auf die Traditionen des Liberalismus und des klassischen Republikanismus zurück. In Ersterer ist die Essenz der Wahrheit immer irgendwo da draußen, universell und unveränderlich, ob die Menschen sie nun erkennen oder nicht. In der Tradition des klassischen Republikanismus wird die Wahrheit – zumindest jede Wahrheit, die mit politischen Fragen des bestmöglichen Lebens verbunden ist – als gemeinsame Errungenschaft gesehen. Und als Produkt von Traditionen und Bemühungen ist sie offen für Verhandlungen. Bei beiden Sichtweisen von Wahrheit schwingen unterschiedliche Auffassungen des Wissens mit. Ist die Wahrheit einzigartig und festgelegt, kann sie in klaren Begriffen genannt und dargestellt werden – als Regeln, Gesetze oder mathematische Formeln. Ist die Wahrheit hingegen mehrdeutig und dynamisch, zeigt sie sich je nach Erfahrung in einer anderen Gestalt, dann gründet sie nicht nur in Darstellungen, sondern auch in empathisch körperlichem Wissen, dann sind Wahrheiten vergänglich und schwer zu kommunizieren sowie zu debattieren. Unser heutiges Verständnis dessen, was Wissen ist, greift stark auf das liberale Verständnis des Wissens zurück. Im Verborgenen jedoch kursieren beide Vorstellungen von Wissen – und geraten geräuschvoll aneinander.

In den vergangenen drei Kapiteln haben wir uns mit Liberalismus und klassischem Republikanismus als individuelle politische Traditionen beschäftigt. Wir haben gesehen, dass jede von ihnen wichtige Werkzeuge dafür bietet, mit der Andersartigkeit zu leben, Werkzeuge, die durch bestimmte Potenziale und Einschränkungen gekennzeichnet sind. Der Liberalismus erzeugt universelle Vorstellungen von Gemeinsamkeit; sie bilden die konzeptionellen Grundlagen von Bürgerschaft und Projekten zur Realisierung der Gleichberechtigung auch riesiger Gruppen anonymer Fremder. Statt ausgeschlossene Gruppen als Geisel öffentlicher Einstellungen zu halten, die häufig dazu dienen, diese Ausgeschlossenheit zu reproduzieren, stellt der Liberalismus eine Top-down-Garantie der Gleichheit und Gleichberechtigung zur Verfügung, und zwar in Form von staatlichen Gesetzen, Regeln und Vorschriften. Auch heute noch, zu einer Zeit, da Formen der Ungleichheit nach wie vor existieren, ist diese Vision der essenziellen menschlichen Gleichheit für Aktivistinnen und Aktivisten, für Reformer und Reformerinnen ein wichtiger Orientierungspunkt.

Der klassische Republikanismus wiederum bietet ein tieferes Gefühl der Verbundenheit und Solidarität, das sogar die vermeintlich »privaten« Gedanken umwandelt, auf die der Liberalismus keinen Zugriff hat, die aber oft für öffentlich schädliche Formen der Ungleichheit verantwortlich sind. Dabei stellt er eine Möglichkeit zum Aufbau einer gemeinsamen Sache zur Verfügung, die sich nicht nur einfach auf das Eliminieren von Unterschieden verlässt, sondern auch darauf reagiert, dass sich abstrakte Vorstellungen von Gleichheit häufig so flüchtig und künstlich auferlegt anfühlen. Eine wichtige Lektion dieser Betrachtungen besteht darin, dass die Potenziale und Grenzen des Liberalismus und des klassischen Republikanismus einander auf bedeutsame Art und Weise spiegeln: Die Mängel der beiden Traditionen werden von der jeweils anderen ausgeglichen. Historisch gesehen haben die verschiedenen Vorstellungen von der menschlichen Natur und dem politischen Leben Wissenschaftlerinnen, Aktivisten und Politikerinnen jedoch oft dazu geführt, die beiden Traditionen als einander entgegengesetzte Alternativen zu behandeln.

In den letzten drei Kapiteln dieses Buchs möchte ich diese Perspektive gern umkehren und erkunden, was wir von denjenigen lernen können, die versucht haben, die beiden Traditionen in produktiver Spannung zueinander zu halten. Was beispielsweise würde geschehen, wenn man die beiden Vorstellungen von Wahrheit, die mit dem Liberalismus und dem Republikanismus verbunden sind – die Wahrheit als universell und festgelegt versus die Wahrheit als auf bestimmte Erfahrungen bezogen und fließend –, als einander ergänzend statt einander ausschließend betrachtet?

*

Als ich die Tür öffnete und um die Ecke blickte, sah ich Imran mit dem Rücken zu mir sonor ein Gebet anstimmen, die Hände feierlich erhoben. Es war das *salāt al-dschum'a*, das Freitagsgebet, das die meisten Muslime verrichten und das als das wichtigste der Woche gilt. Imran gegenüber ahmte eine Gruppe von rund einem Dutzend Männer und Frauen seine Bewegungen in dem kleinen Vorderzimmer spiegelverkehrt nach. Imran stand in der Nähe der Tür. Da ich die Betenden nicht stören wollte, schlüpfte ich so leise ich nur konnte aus meinen Schuhen und schlich durch das mit Teppichen ausgelegte Vorderzimmer zu einer noch kleineren Küche, die daran anschloss. Ich hatte mich im Laufe der vergangenen Monate mit den Räumlichkeiten vertraut gemacht und kannte mich in der Küche aus. Ich brühte mir einen Tee auf, setzte mich mit meinem Laptop an den wackligen Küchentisch und arbeitete meine Forschungsnotizen aus, bis Imran fertig war und hereinkam, um Hallo zu sagen.

Der ungewöhnliche Ort war auch unter dem etwas rätselhaften Namen The Door – die Tür – bekannt. Wie ich später erfuhr, war dieser einem alten persischen Gedicht entlehnt, das Abū Sa'īd-i Abū l-Chair zugeschrieben wird:

Komm wieder, bitte, komm wieder
Wer auch immer du bist.
Gläubiger, Ungläubiger, Andersgläubiger oder Heide.
Selbst wenn du hundert Mal
Hoffnungslosigkeit und Missmut versprachst.
Hundert Mal hast du dein Versprechen gebrochen,
Diese Tür ist nicht die Tür
Die zu Hoffnungslosigkeit und Missmut führt.
Diese Tür ist offen für jeden.
Komm, so, wie du bist.[11]

The Door wurde von einer wechselnden Truppe junger, größtenteils muslimischer Freiwilliger geführt und war ein einzigartiges Mischwesen. In vielerlei Hinsicht war The Door ein spezifisch muslimischer Ort, an dem gebetet wurde und an dem Vorträge, Kurse sowie andere Veranstaltungen stattfanden, die sich auf Facetten des Islam konzentrierten. Trotz seiner muslimischen Gestalt aber war The Door ganz entschieden *nicht* konfessionsgebunden und legte Wert darauf, sich dem Islam von verschiedenen Standpunkten aus anzunähern. Im Einklang mit dieser Vielfalt scherzten zahlreiche der regelmäßigen Besucher über die eigene wenig strenge Einhaltung islamischer Praktiken oder sprachen ehrlicher und mitunter auch düsterer über ihre Gefühle der Frustration, des Zweifels oder der Unsicherheit. Manche kamen der Gemeinschaft wegen, manche, um freiwillig zu helfen, andere, um etwas über einen Glauben herauszufinden, dem sie sich noch nicht verschrieben hatten. Und alle waren sie willkommen.

Doch The Door reichte weit über die Konzentration auf den Islam hinaus und bot eine Reihe von Veranstaltungen, die sich auch mit anderen Themen befassten. Da das Zentrum auf die Arbeit von Freiwilligen und einigen schlecht bezahlten Teilzeitbeschäftigten angewiesen war, stand es während meines Aufenthalts in Kilburn mehr als einmal kurz vor der Schließung. Es erlebte andererseits aber auch Zeiten der anhaltenden, sprühenden Energie. Dann bestand ein typischer Monat dort vielleicht aus einer Handvoll Kursen zur Kalligrafie, zur Permakultur und zum Koran. Es gab Filmabende, Bücherklubs, Yoga- oder Kampfkunststunden und Treffen, die andere Gruppen organisiert und für die diese die Räumlichkeiten vermittelt hatten. Andernorts kümmerten sich die Freiwilligen um eine wöchentliche Suppenküche und eine Tafel, zu denen manchmal mehr als einhundert Menschen kamen. An einem Freitag- oder Samstagabend im Monat gab es eine offene Bühne, auf der Leute aus ganz London auftraten. Da die meisten dieser Veranstaltungen allen offenstanden, zog die eklektische Mischung an Angeboten eine ebenso bunte Mischung an Teilnehmerinnen und Teilnehmern an. Ob es nun um Gottesdienste oder Events für ein breiteres Publikum ging – die Leiter des Zentrums waren wild entschlossen, an einer Ethik der Offenheit festzuhalten und für jeden eine Einladung auszusprechen.

Imran und ich hatten uns eigentlich auf einen Plausch über sein Engagement bei The Door treffen wollen, das insbesondere eine prominente Rolle bei der Religionsausübung umfasste. Doch hatte Imran ein dringenderes Anliegen: das Mittagessen. Er fragte bei den Männern und Frauen herum, mit denen er gerade gemeinsam gebetet hatte, und diese wiederum verabredeten sich via SMS mit weiteren Freunden, sodass wir uns am Ende als kleine Gruppe auf den Weg machten – es sollte Brathähnchen geben, einen besonderen Freitagsleckerbissen. Ein paar Leute verabschiedeten sich mit der Entschuldigung, andere Verpflichtungen zu haben, und wurden dafür augenzwinkernd von Imran gescholten: Sie, so Imran, verpassten den *barakat* – Segen – einer gemeinsamen Mahlzeit.

Das war Ende April 2015, knapp eine Woche vor der britischen Unterhauswahl. In dem Versuch der Wiederwahl und der Hoffnung darauf, Widerspruch in der eigenen (konservativen) Partei im Keim zu ersticken, hatte der Premierminister David Cameron einem Referendum über Großbritanniens Mitgliedschaft in der EU zugestimmt. Dieser Schachzug führte zu einer Flut an öffentlichen Debatten über Fragen der Grenzen, Migration, nationalen Identität und Verbundenheit, die sich bis in Alltagsgespräche hinein erstreckten. Die Debatten allerdings schienen nicht von Cameron, sondern von Nigel Farage dominiert, einem wohlhabenden Rohstoffhändler mit einem Hang zum Hohn, der es zum Vorsitzenden der UKIP, der UK Independence Party (Partei für die Unabhängigkeit des Vereinigten Königreichs), gebracht hatte. Zu Farage, der sich selbst als Mann des Volkes pries und selbstverständlich ausschließlich die Wahrheit erzählte, hatte fast jeder eine Meinung, sei sie nun gut oder schlecht, auch Imran.

Als das Essen auf dem Tisch stand, kam das Gespräch auf die bevorstehende Wahl. Wählen wollte er nicht, erklärte Imran, und wurde sofort mit großer Zustimmung von anderen unterbrochen. Jeder schien die Nase voll zu haben. Nachdem der eine oder andere seinem Ärger Luft gemacht hatte, nahm Imran seinen Gedankengang wieder auf. Er hatte nicht die Absicht, zu wählen, stellte er klar, doch wenn er sie hätte, würde er sich für die UKIP entscheiden. Es war wichtig für Großbritannien, so Imran, die EU zu verlassen, das Land hatte die Kontrolle über seine Grenzen verloren.

Überrascht fragte ich Imran im Scherz, ob er darauf hoffte, dass seine Eltern des Landes verwiesen würden. Er war der Sohn von Einwanderern aus Ägypten und hatte mir von der Feindseligkeit erzählt, die ihnen als Neuankömmlingen in ihrem Kampf darum, akzeptiert zu werden, entgegengebracht worden war. Dieser Kampf hatte auch Imrans Kindheit und Jugend geprägt. Das Gefühl, fehl am Platz zu sein, hatten seine Eltern durch ein Gefühl der traditionellen Identität wettgemacht. Eine Geschichte, die man von vielen jungen Muslimen hörte, die The Door frequentierten: Sie empfanden den Traditionalismus der Eltern vor dem Hintergrund der eigenen britischen Erziehung als zunehmend befremdlich. Für Imran und andere war die Kindheit nicht nur durch Religion und Familie gekennzeichnet, sondern auch durch Erfahrungen auf den Straßen Londons, in den Sozialwohnungen und an den Schulen, die sie in verschiedene Richtungen zerrten – durch Fußball, Gehänseltwerden, Shisha-Cafés, Dizzee Rascal, *Call of Duty*, Schulklatsch, Verliebtsein, Disney, Technopartys, Spielen in einer Band, Experimentieren mit Mode ... Imran selbst deutete manchmal an, dass er als Teenager genügend Abreibung abbekommen hatte, bevor er die Kampfkunst für sich entdeckte und zu einem Verständnis von Religion gelangte, das sich viel lebendiger als das seiner Eltern anfühlte.

Bis ins Jahr 2015 hat sich Imran sein Leben in einem globalen Koordinatensystem eingerichtet. Seine Freunde von The Door und andernorts stammten aus aller Welt. Er war mittlerweile Experte in indonesischer Kampfkunst und ungeheuer stolz auf seine Arbeit als Sportlehrer an einer höchst diversen Schule, wo er es liebte, seinen Schülern und Schülerinnen, die alle ihre eigene Geschichte und ihre eigenen Probleme hatten, dabei zu helfen, ein Selbstwertgefühl zu entwickeln. So war Imrans Äußerung bezüglich der UKIP nicht nur deswegen schockierend, weil sie die Diskriminierung, unter der seine Eltern gelitten hatten, anklingen ließ, sondern auch, weil er sich in seinem Leben und besonders bei seiner Arbeit für The Door so unerschütterlich für Offenheit und Verbundenheit einsetzte.

Doch wie ich schnell herausfand, war ich mit meiner Überraschung ziemlich allein. Innerhalb unserer Gruppe – ungefähr acht Menschen, alle mit Migrationshintergrund – gab es nur eine Person, die ungläubig auf Imrans Äußerung reagierte, während die anderen Imran zustimmten. Imran führte seine Gedanken näher aus. Ihm fehlte die Geduld für Vorurteile oder bequeme Stereotypen, betonte er, doch er war auch fest davon überzeugt, dass die Einwanderung schärfer kontrolliert werden musste. Das fundamentale Problem, so Imran, war der Verlust eines gemeinsamen moralischen Ziels. Als frühere Generationen aus den Ländern des britischen Commonwealth migrierten, waren sie durch eine gemeinsame Identität und ein gemeinsames Schicksal geeint. Aus dem Commonwealth zu stammen, machte die Einwanderer glauben, sie seien Teil eines größeren Projekts, sie hätten einen Platz in der britischen Gesellschaft, was es den ansässigen Briten wiederum erleichterte, sie zu akzeptieren. Im Gegensatz dazu, fuhr Imran fort, kamen die heutigen Einwanderer von überall aus der Welt größtenteils des persönlichen Gewinns wegen, was zu verschiedenen Gemeinschaften führte, die für sich blieben und sich auf ihren eigenen Vorteil konzentrierten, auch dann, wenn dies zungunsten anderer geschah. Mit verstellt empörter Stimme witzelte Imran: »Diese Muslime, die mit uns nichts zu tun haben wollen, machen sich auf der Hauptstraße breit!« Die Gruppe lachte und ließ andere Imitationen folgen; jeder von ihnen hatte schon Ähnliches von Fremden gehört. Imran, der selbst lachen musste, versuchte, einen halb ernsten Ton anzuschlagen: »Aber mal ehrlich: Ich weiß auch nicht, was *die da* in der anderen *masjid* [Moschee] die Straße runter treiben!«

Imrans Engagement bei The Door mit seiner Ethik der Offenheit und seine Einstellung zur Einwanderung, sein Misstrauen gegenüber Neuankömmlingen, scheint auf den ersten Blick paradox zu sein. Es ist verlockend, diese Art von Ansichten als irrational und zusammenhanglos abzutun. In Imrans Äußerungen zur Einwanderung und zu Farage warf das Brexit-Referendum von 2016 seine Schatten voraus, bei dem eine schmale Mehrheit entschied, die Europäische Union zu verlassen – einer der größten Umbrüche in der modernen britischen Politik. Diejenigen, die für den Brexit waren, machten Einwanderungskontrollen und -beschränkungen zum zentralen Pfeiler ihrer Kampagne; ihre Rhetorik ließ durchblicken, dass die Briten allgemein genug von Einwanderern hatten, nicht nur von Einwanderern aus dem Rest Europas, sondern aus der ganzen Welt. Obwohl nur geschätzte 30 Prozent der Anwohnerinnen und Anwohner von Kilburn dafür stimmten, aus der EU auszutreten[12], lässt das schiere Ausmaß an Diversität im Viertel darauf schließen, dass viele dieser Stimmen von Menschen mit eigenem Migrationshintergrund kamen. Vielschichtige Haltungen wie die von Imran scheinen also keineswegs die Ausnahme zu sein.

Kritisiert man solche Haltungen lediglich als widersprüchlich oder irrational, riskiert man, aus den Augen zu verlieren, worum es dabei wirklich geht. Der Vorwurf der Irrationalität war der argumentative Hauptpfeiler der Brexit-Gegner. Sie führten die ökonomischen Nachteile des Brexit an, überprüften ihre Widersacher eifrig auf Faktentreue und brandmarkten die emotional aufgeladene Rhetorik der Brexit-Befürworter als substanzlos. Doch sie verloren das Referendum. Auch hier ist die anthropologische Sicht der Dinge hilfreich, die nicht fragt, womit andere vielleicht unrecht haben, sondern womit sie vielleicht recht haben. Wie also könnten die Arten von Offenheit und Sich-Verschließen, die Imrans Einstellung kennzeichnen, zusammenpassen?

*

Jahrhundertelang galten Bildung und Vernunft als Eckpfeiler einer gerechten Gesellschaft und funktionierenden Demokratie. Die Fähigkeit, informierte, vernunftbasierte Entscheidungen zu treffen, wurde als wesentlich für eine effektive öffentliche Beratschlagung und die Ausübung privater Freiheiten erachtet. In der öffentlichen Politik wurde die Bildung stets als besonders wichtige Maßnahme behandelt, die vor Korruption durch Macht sowie davor schützen sollte, dass aus der Herrschaft des Volkes Tyrannei wurde. Thomas Jefferson konstatierte zwei Jahre nach der Unabhängigkeitserklärung der Vereinigten Staaten, »den Geist des Volks insgesamt zu erhellen« sei das »wirkungsvollste« Mittel, um die Mächtigen im Zaum und die Tyrannei in Schach zu halten.[13] 1905 schrieb der einflussreiche britische Schriftsteller G. K. Chesterton, die Bildung des Volkes sei deshalb so wichtig, weil sie dem öffentlichen Leben ein ebenes Spielfeld bereite; trocken merkte er noch an: »Ohne die Bildung wären wir in der schrecklichen und unerträglichen Gefahr, gebildete Menschen ernst nehmen zu müssen.«[14] Nach dem Zweiten Weltkrieg gewann das Konzept des »kritischen Denkens« als ideales Fundament der öffentlichen Beratschlagung neu an Kraft, als Denkerinnen und Denker gegen die nationalistischen Mythen zu Felde zogen, die dem Faschismus eine solch tödliche Macht verliehen hatten.[15]

Bildung und Urteilsvermögen wurden sogar von einigen der bislang größten Verfechter der Freiheit als grundlegend für private Freiheiten erachtet. Der englische Philosoph und Politiker John Stuart Mill schrieb in seiner berühmten Abhandlung *Über die Freiheit*, die Bildung sei eine der »heiligsten Pflichten« der Eltern und des Staats.[16] Ebenso stellte der französische Diplomat und Schriftsteller Alexis de Tocqueville in seiner als Meilenstein geltenden Analyse *Über die Demokratie in Amerika* fest, dass ohne Bildung es die Bürger riskierten, die »enge Verbindung, die zwischen dem privaten Glück eines jeden von ihnen und dem Wohlergehen aller besteht«, aus den Augen zu verlieren; dabei riskierten sie auch, so zu handeln, dass ihre Fähigkeit, »ihr eigener Herr zu bleiben«, letztlich untergraben würde.[17] Heute haben, angetrieben von derlei Idealen, Whistleblower wie Chelsea Manning und Edward Snowden große Gefahren auf sich genommen, um geheime Informationen aufzudecken – sie haben den Wert der informierten Öffentlichkeit über den ihres eigenen Lebens und ihrer eigenen Freiheit gestellt.

Diese Vision der gebildeten, rationalen Öffentlichkeit baut auf Vorstellungen von Wissen auf, die sowohl mit dem klassischen Republikanismus als auch mit dem Liberalismus verbunden sind, wenngleich sie Ersteren entschieden dem Letzteren unterordnet. Einen guten Bürger erkennt man an seiner Fähigkeit, vernünftig zu urteilen und abzuwägen, doch wird die Wahrheit als etwas verstanden, das objektiv erkennbar ist, nicht als etwas, das dieser Bürger erzeugt. Anders ausgedrückt: Wissen und Vernunft werden als *Grundlage*, nicht als *Produkt* der Politik gesehen.

Diese Vision des objektiven Wissens steht zwei anderen Vorstellungen diametral gegenüber: der der *Subjektivität* und der des *Irrtums*. Man erwartet von den Bürgerinnen und Bürgern, die Welt um sie herum in unpersönlichen Begriffen zu verstehen, in Begriffen, die weder des Kontexts noch der persönlichen Erfahrung bedürfen, um einen Sinn zu ergeben. Das bedeutet, über örtliche Umstände hinaus zu abstrahieren, um Informationen hervorzubringen, die repräsentativ sind. Will ein Bürger Alarm bezüglich der Luftverschmutzung schlagen, ist er damit wahrscheinlich erfolgreicher, wenn er sich nicht über seine Schwierigkeiten beim Atmen beklagt, sondern mit Zahlen zum Ausmaß an in der Luft befindlichen Schadstoffen aufwarten kann. Will eine Biologin beweisen, dass eine neue Krankheit zum Sterben von Bäumen führt, ist sie damit in ähnlicher Weise wahrscheinlich erfolgreicher, wenn sie nicht Tausende von einzelnen Bäumen bis ins kleinste, spezifischste Detail hinein beschreibt, sondern eine Gemeinsamkeit findet – vielleicht eine verfaulte Stelle – und dann zählt, wie viele Bäume diese Gemeinsamkeit aufweisen. Man erwartet von den Bürgerinnen und Bürgern nicht nur, zu abstrahieren, ihre

Behauptungen – das ist entscheidend – sollen auch noch reproduzierbar sein. Mit bestimmten Prämissen und eventuell Zugang zur selben Beweisgrundlage sollen andere Bürger und Bürgerinnen zu identischen Schlüssen über die Welt kommen können, indem sie derselben Logik oder denselben investigativen Schritten folgen. Wissen, das nicht ausreichend abstrakt ist, wird als subjektiv erachtet und Wissen, das nicht reproduzierbar ist, als irrig.

Wie manifestiert sich dieses Ideal? Sprechen Kommentatoren von der »postfaktischen Ära«, implizieren sie damit eine gegensätzliche vergangene Ära, in der die Objektivität uneingeschränkt herrschte. Für viele Menschen besteht die Lösung derzeitiger Dispute über öffentliches Wissen – über Fake News und »alternative Fakten« – darin, in Bildung zu reinvestieren, härter daran zu arbeiten, das kritische Denken zu fördern, und die Fackel der Objektivität hoffentlich wieder zu entzünden. Beim genaueren Blick auf die verwobenen Geschichten von Demokratie und Wissenschaft sowie darauf, wie die Bürger demokratische Entscheidungen treffen, ergibt sich jedoch ein komplexeres Bild.

Das Ideal der Objektivität steht vor drei Herausforderungen. Die erste hat mit Komplexität zu tun. Selbst in den frühesten Tagen der Demokratie verliehen Denker wie Jefferson ihrer Sorge bezüglich des Niveaus des öffentlichen Denkvermögens Ausdruck. Seit damals sind das Ausmaß menschlichen Wissens und die Komplexität der Alltagswelt ins schier Unermessliche gestiegen. Wir führen unser Leben in starker Abhängigkeit von Technologien und Systemen – von Smartphones über Verkehrsleitsysteme bis hin zur industriellen Landwirtschaft –, für die man bei jedem Einzelnen ein ganzes Leben bräuchte, würde man sie vollständig begreifen wollen. Schon während der industriellen Revolution hat die drastische Ausbreitung der Naturwissenschaften der Vorstellung einen herben Schlag versetzt, irgendein Bürger, und sei er einer der größten Ausnahmetalente überhaupt, könne die ganze Breite des menschlichen Wissens auch nur annähernd erfassen.[18] Die Vorstellung bröckelte im Verlauf des neunzehnten Jahrhunderts immer mehr; darüber schrieb die Historikerin und Wissenschaftstheoretikerin Sheila Jasanoff:

Zu Beginn des zwanzigsten Jahrhunderts hatte der Glaube an eine offene öffentliche Sphäre angesichts einer wachsenden gesellschaftlichen Komplexität und angesichts des wachsenden Vertrauens auf Expertenwissen abgenommen. Manche hielten die Übergabe der politischen Macht an Technokraten für unerlässlich und unausweichlich [...], andere hielten sie für schädlich und übertrieben [...]. Auf beiden Seiten des Atlantiks wurden Rufe, den Einfluss der Experten einzuschränken, immer lauter: Dies sollte das Recht der Menschen schützen, über ihre eigene Zukunft nachzudenken und sie zu gestalten. Skeptiker konterten mit der Frage, ob das Konzept einer informierten Öffentlichkeit, die Conditio sine qua non funktionierender Demokratien, überhaupt noch sinnvoll sei.[19]

Als sich die wissenschaftliche Entwicklung im Verlauf des zwanzigsten Jahrhunderts immer mehr beschleunigte, verschärfte sich das Problem. Hannah Arendt nahm für ihre Überlegungen zur Rolle des klassischen Republikanismus im modernen Zeitalter, die sie in ihrem 1958 erschienenen Buch *Vita activa oder Vom tätigen Leben* festhielt, den Sputnik-Start und den atemberaubenden Fortschritt der modernen Wissenschaft, der diesen möglich gemacht hatte, zum Ausgangspunkt. Sie beklagte »die Tatsache, dass die ›Wahrheiten‹ der modernen wissenschaftlichen Weltsicht zwar in mathematischen Formeln dargestellt und technologisch bewiesen werden können, sich dem normalen Ausdruck in Sprache und Gedanken jedoch entziehen«. Dies, so Arendt, habe entscheidende Folgen für das politische Leben, denn: »Wir, die wir erdgebundene Wesen sind, aber begonnen haben, so zu handeln, als seien wir Bewohner des Universums, werden nun nie mehr fähig sein zu verstehen – das heißt über die Dinge nachzudenken und zu sprechen, die wir aber dennoch tun können.«[20]

Arendt machte sich nicht nur Sorgen darüber, dass die Wissenschaft das Denkvermögen der meisten Bürgerinnen und Bürger allmählich überstieg und sich deshalb zunehmend weniger politisch verhandeln ließ. Für sie war auch bedenklich, wie die Sprache des Expertenwissens durch das Verfechten einer einzigen, starren Ansicht Debatten im Keim erstickte. Komplexität und Singularität verstärken einander. Um zunehmend spezialisiertes Wissen zu kommunizieren, müssen die Expertinnen und Experten die Dinge herunterbrechen und dabei mögliche Komplexitäten und Unsicherheiten außer Acht lassen. Bei der Zusammenarbeit mit politischen Anführern oder der Öffentlichkeit im Allgemeinen müssen sie ihre Erkenntnisse und Methoden vielleicht als feststehender oder sicherer darstellen, als sie wirklich sind – wie im Fall der Epidemiologen während des Ausbruchs der Hand-Fuß-Mund-Krankheit in Großbritannien, die darauf beharrten, ihre Modelle seien »absolut aus dem Leben gegriffen«, selbst dann noch, als man daraus widersprüchliche Schlüsse ziehen konnte.

Die zweite Herausforderung hat damit zu tun, wie politische Urteile gefällt werden. Im Ideal der verständigen Öffentlichkeit ist es legitim für die Bürger und Bürgerinnen, unterschiedliche politische Werte und Vorlieben zu haben, doch wird diese Abweichung als in der gemeinsamen Fähigkeit zur Vernunft verankert verstanden. Trotzdem stellt die Politikwissenschaft in wachsendem Maße fest, dass selbst bei denjenigen, die im kritischen Denken geübt sind, die politischen Urteile immer mehr auf subjektiven Überlegungen zu Werten, Identität und Verbundenheit basieren, jenseits des abstrakteren, kalkulierteren Denkens.

In einer Reihe von Experimenten untersuchte der Jurist und Psychologe Dan Kahan in Amerika die Beziehung zwischen Wissen, Identität und politischer Überzeugung. In einer Studie gaben Kahan und sein Team den Probanden mehrere Aufgaben, die deren Fähigkeit des mathematischen Denkens messen sollten. Dann gaben sie den Probanden eine von zwei Versionen derselben Mathematikaufgabe. Bei der ersten Version mussten die Probanden herausfinden, ob eine getestete Wundcreme wirksam war oder nicht, und zwar auf der Basis der relativen Anzahl von Menschen, denen es besser oder schlechter ging, nachdem sie die Creme oder ein Placebo bekommen hatten. Bei der zweiten Version mussten die Probanden herausfinden, ob das Verbot des Tragens am Körper versteckter Handfeuerwaffen mit mehr oder weniger Kriminalität verbunden war, und zwar auf der Basis von Verbrechensstatistiken aus Städten, in denen das Verbot herrschte beziehungsweise nicht herrschte. Bei beiden Versionen variierte die richtige Antwort: Manchmal waren Creme und Verbot wirksam, manchmal nicht. Der Lösungsweg war bei beiden Aufgaben identisch – bei beiden mussten die Probanden Verhältnisse ausrechnen und diese miteinander vergleichen. Allerdings führten bei der Aufgabe mit der Wundcreme nur mathematische Fähigkeiten zur richtigen Lösung, während bei der Aufgabe mit der Schusswaffe eine politische Überzeugung im Einklang mit der korrekten Schlussfolgerung zum Erfolg führte. Mit anderen Worten: Selbst gute Mathematiker näherten sich Aufgaben mit politischen Implikationen als Fragen der Überzeugung.[21]

Dasselbe gilt für die Bildung. In einer anderen Studie fanden Kahan und sein Team heraus, dass man anhand der wissenschaftlichen Bildung nicht die Haltung zum Klimawandel vorhersagen konnte. Tatsächlich neigten die wissenschaftlich gebildeteren Probanden ein wenig *mehr* dazu, Klimaskeptiker zu sein. Für die Verfechter beider Seiten galt: Je höher der Grad an wissenschaftlicher Bildung, desto stärker die Überzeugung. Was die Haltung vorhersagte, war wiederum die politische Auffassung. Anscheinend gingen die Menschen von ihren bestehenden Ansichten aus und griffen dann auf diese zurück, um sich eine Reihe von Argumenten zurechtzulegen, mit denen sie für oder gegen die Realität des Klimawandels argumentieren konnten.[22] In einem dritten Experiment fanden Kahan und sein Team heraus, dass sich Probanden, die sich dasselbe Video einer Demonstration ansahen, hinterher verschieden an das Verhalten der Demonstrierenden erinnerten – ob diese sich bedrohlich verhalten hatten oder nicht. Die Unterschiede hingen damit zusammen, was man den Probanden bezüglich des Anlasses der Demonstration gesagt hatte und ob dieser Anlass zu den eigenen politischen Überzeugungen passte oder nicht.[23]

Politische Überzeugungen setzen nicht nur häufig das abstrakte Denken außer Kraft, sie spiegeln auch eine ganz eigene soziale Logik wider. Die Wahl von Donald Trump verschaffte den Psychologen Michael Barber und Jeremy Pope die einzigartige Gelegenheit, das politische Denken zu untersuchen. Der einstige Demokrat Trump weist die Neigung auf, sich seine politischen Vorstellungen wie Rosinen aus dem Kuchen zu picken, einzig auf der Grundlage dessen, was ihm Unterstützung einbringt und was nicht. Das nutzten Barber und Pope, um einen Test zu entwickeln, der Beispiele für sowohl die liberalen als auch die konservativen Maßnahmen enthielt, die Trump irgendwann einmal gutgeheißen hatte. Das Ergebnis: Ein beträchtlicher Teil der republikanischen Probanden urteilte über die Maßnahmen nicht auf der Basis ihres Inhalts, sondern auf der Basis der Tatsache, dass sie von Trump kamen.[24] Barbers und Popes Experiment passt zum Muster einer größeren Anzahl von Wählerinnen und Wählern aus dem gesamten politischen Spektrum, die Maßnahmen ebenfalls nicht nach ihrem Inhalt, sondern nach politischem Stamm und der Persönlichkeit von politischen Anführern bewerten.[25]

Diese Arten zu denken – angetrieben durch die Parameter Wert, Verbindung und Identität – scheinen nicht nur das abstraktere Denken einzuschränken, sondern auch unsere Motivation dazu zu mindern. Ein Team von Sozialpsychologinnen und -psychologen aus dem kanadischen Winnipeg und dem amerikanischen Illinois fand heraus, dass eine Mehrheit von Probanden freiwillig auf die Chance, Geld zu gewinnen, verzichtete, wenn sie sich dafür nicht von den ihren abweichende Meinungen zu den Themen gleichgeschlechtliche Ehe, Wahlen, Legalisierung von Cannabis, Klimawandel, Waffen und Abtreibung anhören musste.[26]

Das sollte uns nicht überraschen. Die Welt gewinnt ihre Realität durch Alltagserfahrungen, die Empathie und symbolisches Denken ineinander verwickeln. Wissen treibt nicht frei umher, sondern ist häufig Teil der Zugehörigkeit. Und wenn wir politische Fragen gestellt bekommen, wenn wir darüber nachdenken sollen, wie die Welt ist und wie sie hoffentlich einmal sein wird, dann gehen wir diesen Fragen anhand von weltlichen Denkweisen nach.

Die erste Herausforderung ist eine *praktische*, ein Problem des Zeitmanagements: Wie können angesichts der schwindelerregenden Komplexität der modernen Welt die Bürger und Bürgerinnen so mit dem richtigen Wissen und den Fähigkeiten des kritischen Denkens ausgestattet werden, dass sie auf dieser Basis gut informierte Entscheidungen treffen können? Keine leichte Herausforderung, doch eine, die möglicherweise zu bewältigen ist. Die westliche Kultur hat tiefes Vertrauen in die Fähigkeit gefasst, praktische Herausforderungen mit technischen Mitteln zu meistern – und Pädagogen sowie politische Entscheidungsträger suchen weiter nach Möglichkeiten, sicherzustellen, dass die Bildungssysteme mit der Komplexität der modernen Welt Schritt halten. Die zweite Herausforderung ist eine *institutionelle*. Sie ergibt sich nicht nur aus der Psychologie, sondern auch aus der spezifischen Weise, in der die Psychologie mit der Politik als Institution zur Organisierung des menschlichen Lebens zusammenwirkt. Diese Herausforderung scheint hartnäckiger zu sein. Um sie zu meistern, muss die Institution der demokratischen Politik selbst umgestaltet werden, in einer Weise, die vielleicht nicht immer wünschenswert ist. Regierungen haben auf komplexe Herausforderungen schon reagiert, indem sie sie de-politisierten und die Entscheidungsmacht von der Öffentlichkeit auf einflussreiche Expertengruppen verlagerten – Aufsichtsbehörden, Beratungsausschüsse, Berater und Bürokraten –, die größeren Anspruch auf objektives Wissen erheben. Eine solche Reaktion jedoch schränkt nicht nur die echte Demokratie ein, sie riskiert auch, gerade die öffentlichen Haltungen zu füttern, gegen die sie sich absetzen versucht, da nicht alle von einem Expertenwissen ohne Transparenz oder Rechenschaftspflicht überzeugt sind. Das Ideal der Objektivität steht allerdings noch vor einer dritten Herausforderung, und diese Herausforderung ist vielleicht noch grundlegender. Denn sie hat mit der Natur des Wissens selbst zu tun.

Innerhalb des Ideals der Objektivität wird Wissen von Wissenschaftlern und anderen Experten als der natürlichen Welt entsprechend erachtet. Das Problem daran ist nur, dass unser Erleben und Verstehen der natürlichen Welt immer ein *vermitteltes* ist – und diese Vermittlung ist immer politisch. Erinnern wir uns an Kapitel 1: Dort haben wir festgestellt, dass das, was unsere Augen sehen, vielleicht nicht die einzige Möglichkeit ist, die Dinge zu sehen, dass es beispielsweise verborgene Farben oder Muster geben könnte, die nur in ultraviolettem Licht sichtbar sind. Mehr noch: Wir wissen auch, dass sich diese Sichtweisen häufig gegenseitig ausschließen. Wir können die Muster, die unter UV-Licht sichtbar werden, sehen oder die Farben, wie sie bei Tageslicht erscheinen, aber nie beides gleichzeitig. Die Werkzeuge, die es uns ermöglichen, die Welt auf eine bestimmte Weise zu sehen – die Linsen und Nerven in unseren Augen, die Namen, die wir den verschiedenen Farben gegeben haben, UV-Lampen, Gleichungen, die die Wellenlängen des Lichts beschreiben –, können als *Mediatoren*, als Vermittler verstanden werden.

Die Erkenntnis, dass Wissen vermittelt ist, stellt die Vorstellung infrage, dass dieses Wissen der natürlichen Welt »entspricht«. Stattdessen suggeriert sie, dass jedes Wissen – auch das wissenschaftliche – plurale, unvollständige Sichtweisen nach sich zieht. Das wiederum verbindet Wissen und Politik, da wir ohne einzelnen, alles umfassenden Standpunkt, von dem aus wir die Welt verstehen könnten, gezwungen sind, bestimmte Standpunkte mitsamt ihren Folgen zu wählen und uns ihnen zu verpflichten. Das Ideal der Objektivität ist in der westlichen Geschichte zu einem mächtigen kulturellen Mythos aufgestiegen. Die Vorstellung eines pluralen, vermittelten Wissens kann schwer zu begreifen oder zu akzeptieren sein. Dennoch heißen viele Wissenschaftlerinnen und Wissenschaftler sie nicht nur willkommen, sondern machen sie auch zur Grundlage des wissenschaftlichen Fortschritts.

Als Beispiel soll hier die Geschichte der Erforschung von Mikroorganismen wie Bakterien, Viren und dergleichen mehr dienen. Frühere Systeme zur Klassifizierung der Spezies, etwa die des schwedischen Naturkundlers Carl von Linné aus dem sechzehnten Jahrhundert, ordneten Lebewesen anhand von Merkmalen wie Gestalt oder Funktion verschiedenen Arten und Unterarten zu. In der Biologie aber hat man später herausgefunden, dass viele Mikroorganismen diese Merkmale wechseln: Sie verändern Gestalt, Funktion und sogar ihr Erbgut entweder im Lauf ihres Lebens oder über mehrere Generationen hinweg.[27] Das machte sie innerhalb des Rahmens der modernen Wissenschaft schwer begreiflich, trug aber auch zum Entstehen solcher Rahmen bei.

Die Entwicklung moderner Methoden zur Isolierung und Züchtung von Mikroorganismen im Labor – auf diesem Gebiet haben Persönlichkeiten wie Robert Koch und Louis Pasteur wahre Pionierarbeit geleistet – hat die Situation etwas gefestigt. Plötzlich hatte man eine stimmigere Art, Mikroorganismen zu betrachten, eine Art, die in das Standardherangehen ans Experimentieren eingefügt werden konnte. Und trotzdem sind Mikroorganismen auch heute noch nicht leicht zu fassen, vor allem dann nicht, wenn man sie aus dem Labor heraus und zurück in ihre natürliche Umgebung lässt. Mithilfe moderner Technologien konnte das ganze Ausmaß ihres Schwer-zu-fassen-Seins enthüllt werden; so wurde beispielsweise gezeigt, dass zahlreiche Mikroorganismen über einen regelrechten Flickenteppich an genetischem Material verfügen, das scheinbar von jeweils anderen Arten stammt – womit sie unsere Vorstellung dessen, was eine Spezies ist, infrage stellen. Andere Wissenschaftlerinnen und Wissenschaftler bauten auf diesen Erkenntnissen auf, um die entscheidende Rolle zu untersuchen, die Bakterien und der Gentransfer beim Entstehen der Menschheit gespielt haben könnten.[28] Trotz dieser Infragestellung vorherrschender Sichtweisen macht die Wissenschaft laufend neue Entdeckungen auf der Basis der Annahme, Mikroorganismen – beziehungsweise tatsächlich alle Organismen – existierten getrennt voneinander und seien eindeutig kategorisierbar.[29] Gleichzeitig wurden andere wichtige Entdeckungen auf der Grundlage der Annahme gemacht, Organismen, seien sie nun klein oder groß, seien *keine* klar voneinander zu unterscheidenden Entitäten. Im Verhältnis zueinander werden beide Sichtweisen nicht als feststehende Fakten begriffen, sondern als »Als ob«-Vorschläge. Es ist überaus lohnend, die Dinge so zu betrachten, als ob sie wahr wären, und zu erkennen, dass diese Herangehensweise produktiver ist, als das eine oder das andere als absolute Wahrheit anzusehen. Die Wissenschaft macht auf die eine Weise Fortschritte, indem sie die Spezies als individuelle Kategorien behandelt, und auf andere Weisen, indem sie diese Vorstellung aufgibt und die Grenzen verschwimmen lässt.

Viele Wissenschaftler und Wissenschaftlerinnen verstehen den wissenschaftlichen Prozess in dieser pragmatischen Hinsicht; sie halten an

Theorien und Modellen nur insofern fest, als dass diese sie an nützliche oder interessante Orte führen. Tun sie das nicht, suchen sie nach alternativen Sichtweisen. Dennoch ist der Mythos der Objektivität ein sehr machtvoller. Es gibt Menschen, die ungeheuer viel Mühe darauf verwenden, die Arten, auf die Wissen vermittelt wird, zu leugnen, die auf der Objektivität bestehen, und versuchen, dem Knäuel aus Wissenschaft, Sichtweise und Politik zu entkommen.

Ein Merkmal der Politik allerdings ist, dass man ihr nie ganz entkommt. Die Wissenschaftshistoriker Lorraine Daston und Peter Galison zeichnen einen dieser Versuche bei Verfassern wissenschaftlicher Atlanten in Großbritannien, Frankreich und Deutschland vom Ende des siebzehnten bis zum Beginn des zwanzigsten Jahrhunderts nach. Sie konzentrieren sich dabei vor allem auf Atlanten der menschlichen Anatomie – Handbücher der Organe, Gelenke, Muskeln und Nerven, minutiös gezeichnet, in Radierungen festgehalten oder, später, fotografiert, um angehenden Ärzten und neugierigen Laien als Referenz zu dienen. Häufig stammten die Bilder von Toten, angefertigt von Künstlern unter der Anweisung medizinischer Experten.

Ähnlich wie die Biologen, die sich mit Mikroorganismen beschäftigen, standen jedoch auch die Verfasser der Atlanten vor einem Dilemma: Wie sollten die Teile des menschlichen Körpers dargestellt werden? Hierbei herrschten laut Daston und Galison widerstreitende Vorstellungen von Objektivität und Genauigkeit vor. Insbesondere ältere Atlanten, aus dem achtzehnten und frühen neunzehnten Jahrhundert, spiegeln diesen Widerstreit zwischen subtil anderen Vorstellungen der Repräsentativität wider, der sich darin äußerte, ob die Abbildungen als »typisch«, »charakteristisch«, »ideal« oder »dem Durchschnitt entsprechend« galten. »Typische« Abbildungen beispielsweise sah man als Muster – Urtypen, aus denen man hypothetisch alle Variationen ableiten konnte. »Ideale« Abbildungen galten als perfekte Beispiele, die ihr Gegenstück in der Natur haben konnten oder auch nicht, während »charakteristische« Abbildungen auf tatsächlichen Proben beruhten, die man als exemplarisch betrachtete. Da aber diese Bezeichnungen doch sehr von der Wahl des jeweiligen Gegenstands abhingen, bemühten sich die Atlantenverfasser im späten neunzehnten Jahrhundert um eine rein maschinelle Objektivität. Ihre Abbildungen basierten auf Fotografien oder Röntgenaufnahmen und wurden mit praktisch keinerlei Hinweisen darauf präsentiert, ob das Abgebildete nun typisch oder anormal war. In manchen Fällen wurden sogar mehrere Bilder übereinandergelegt, und aus diesem Kompositum sollte jeder dann seine eigenen Schlüsse ziehen. Der Versuch, sich aus der Verantwortung einer Interpretation zu stehlen, glückte selten. Als Abbildungen des menschlichen Körpers als forensische Beweise bei Gericht vorgelegt wurden, traten erzürnte Ärzte in den Zeugenstand, um darauf hinzuweisen, dass selbst Fotografien und Röntgenaufnahmen unterschiedliche Geschichten erzählen konnten, je nachdem, wie sie gemacht worden waren – was der Behauptung der Neutralität vonseiten der Atlantenverfasser einen erheblichen Stich versetzte. Nicht nur erwies es sich als unmöglich, sich der Politik der Interpretation zu entziehen, es war oft auch nicht hilfreich. Die Bemühungen, die unausweichliche Interpretation zu verschleiern, die sich aus der Auswahl und der Zusammensetzung der Abbildungen ergab, ließen die Betrachter ohne jeglichen Anhaltspunkt dafür zurück, das, was sie sahen, zu verstehen. Die Versuche, reine Objektivität zu präsentieren, dienten weniger dazu, Wissen zu erzeugen, als vielmehr dazu, es zunichtezumachen.

Statt zu sagen, jegliches Wissen ist vermittelt, könnte man auch sagen, dass jegliches Wissen auf *Beziehungen* beruht. Wir sehen eine bestimmte Grünschattierung aufgrund der Beziehungen zwischen den Linsen und Rezeptoren in unseren Augen, den Sehnerven, die zum Gehirn führen, dem Gehirn selbst und den kulturellen Vorstellungen, die unsere Wahrnehmung lenken und habitualisieren. Ändert man auch nur eine dieser Komponenten, ergibt sich ein ganz anderes Wissen. In ähnlicher Weise erfährt eine Wissenschaftlerin vielleicht etwas über Bakterien, indem sie eine Beziehung zwischen einer Probe in einer Petrischale, ihrem Mikroskop und den wissenschaftlichen Theorien, die sie zur Hand hat, herstellt. Ein Laie hingegen erfährt vielleicht etwas über Bakterien, indem er eine Beziehung zu der Wissenschaftlerin selbst herstellt – über ein Fernsehinterview beispielsweise – und sie als weitere Verbindung in einem Netzwerk aus Mediatoren behandelt, die Wissen möglich machen.

Und ebenso wie bei den unvollständigen Sichtweisen, die sie erzeugen, ist es auch immer möglich, andere Beziehungen herzustellen und die Welt anders zu verstehen. Unsere Wissenschaftlerin erfährt vielleicht eine Sache über Bakterien, indem sie eine Beziehung zwischen ihnen und einer sterilen Petrischale herstellt, und eine ganz andere Sache, indem sie den Verbindungen der Bakterien außerhalb des Labors nachgeht. Wir können uns Wissen über Bakterien über die Wissenschaft, über YouTube oder über eigene Experimente aneignen. Relationales Wissen ist immer plural: Selbst eine allgemeine Wahrheit kann von unterschiedlichen Menschen unterschiedlich verstanden werden. Das bedeutet jedoch nicht, dass wir Wissen nicht einschätzen könnten. Im Sinne der Relationalität hängt die Verlässlichkeit des Wissens von der Fähigkeit der Beziehungen, zusammenzuhalten, ab. Was also etwa im Mikroskop sichtbar ist, muss zu dem passen, was in der Presse darüber berichtet oder vom Fernsehen darüber gezeigt wird. Oder, wie der Wissenschaftstheoretiker Bruno Latour es ausdrückte: »Tatsachen bleiben nur so lange unzweifelhaft, wie es eine gemeinsame Kultur gibt, die sie stützt, Institutionen, auf die sich bauen lässt, wie es eine einigermaßen anständige Öffentlichkeit, halbwegs vertrauenswürdige Medien gibt.«[30]

Das verändert die Art und Weise, wie wir mit öffentlichem Wissen umgehen könnten. Ebenso wie an Beziehungen zu anderen Menschen können wir auch an unsere Beziehungen zu Mediatoren und dem Wissen, das sie ermöglichen, auf vielfältige Weisen herangehen: mit Misstrauen oder Vertrauen, mit Neugier oder Gleichgültigkeit. Wir können Wissen als praktisch und nützlich behandeln oder es um seiner selbst willen schätzen, unabhängig von seinem Nutzen. Wie wir Wissen verstehen und wie wir uns zu Mediatoren in Beziehung setzen, geht Hand in Hand. Schätzen wir beispielsweise die Neugier, bevorzugen wir vielleicht Mediatoren, die das Erkunden ermöglichen. Schätzen wir das Vertrauen, sind uns autoritäre Mediatoren möglicherweise lieber. Das Ideal der Objektivität betont vor allem eine Art von Beziehung, nämlich die, bei der Wissen etwas ist, das alle Bürgerinnen und Bürger *besitzen*. Es gibt aber noch viele andere Möglichkeiten. Wenn jegliches Wissen relational ist, welche Arten von Beziehung führen dann zu einer gesunden Demokratie?

*

Bei seiner ersten Begegnung mit The Door war Fareed mit seinem Latein am Ende. Wie Imran hatte auch er in seiner Kindheit und Jugend über seine Eltern mit einer Version des Islam Bekanntschaft gemacht, die mit seinem Leben nichts zu tun zu haben schien. Als Student hatte er später dann versucht, sich einer Glaubensgruppe anzuschließen, in der Hoffnung, eine Gemeinschaft von jungen Leuten zu finden, die seine Sorgen und seinen Frust teilten.

Was er aber fand, war ein Grabenkampf. Verschiedene islamische Gesellschaften auf dem Campus, die für verschiedene Richtungen und Schulen standen, stritten sich darüber, wessen Interpretation die richtige war und wer die meisten Mitglieder verzeichnen konnte, und bestanden dabei auf ihren eigenen starren Interpretationen der Dinge. »Sie hatten sich ›Gemeinschaft‹ auf die Fahnen geschrieben«, so Fareed, »dabei ging es eher darum vorzuschreiben, was Muslimsein zu bedeuten hat. Sie verstanden einfach nicht, dass man auch anders sein konnte.« Frustriert mied Fareed lange Zeit alles, das wie organisierter Islam aussah, und konzentrierte sich stattdessen auf seine aufblühende Karriere als Dichter und Multimediakünstler. Jahre später und nur weil seine Frau ihn hartnäckig dazu überredet hatte, besuchte Fareed erstmals The Door, um an einer offenen Bühne teilzunehmen. Auf der Suche nach einem Thema fiel ihm ein, dass der Konflikt zwischen den verschiedenen islamischen Gesellschaften an der Uni ihn an einen Bandenkrieg erinnerte. Dazu komponierte er einen Rap, bei dem jede Strophe aus der Perspektive einer anderen Schule des Islam vorgetragen wurde und der mit seinen gewalttätigen Rivalitäten und der absurden Prahlerei am Ende wie ein echter Gangsta-Rap klang. Zu seiner Überraschung waren die Muslime im Publikum nicht im Geringsten empört, sondern beklatschten Fareeds Auftritt begeistert.

Von da an war Fareed bei The Door häufiger zu Gast. Obwohl er immer noch skeptisch war, was die organisierte Religion anging, fühlte sich Fareed zu der Gemeinschaft an Künstlern und Musikern hingezogen, die bei The Door ein- und ausgingen. Bald schon beschloss er, eine Philosophiediskussionsgruppe zu eröffnen. Durch die Diskussion über Philosophie konnte sich Fareed besser mit einigen seiner unbeantworteten Fragen zum Glauben auseinandersetzen, ohne sich dabei einem bestimmten religiösen Bezugsrahmen zu verpflichten oder diesen abzulehnen. Als Khadiija, die damalige Leiterin von The Door, ein Jahr Auszeit machte, fragte man Fareed, ob er an ihrer Stelle übernehmen wollte. Er wollte. Während des Jahres, als er The Door leitete, sorgte er für ein buntes Veranstaltungsprogramm, hörte den Teilnehmenden genau zu und half ihnen dabei, je nach individuellem Interesse selbst Dinge zu organisieren. Er spielte zudem eine Schlüsselrolle dabei, auch nicht-muslimische Gemeindegruppen ins Zentrum einzuladen, an die er die Räumlichkeiten vergab beziehungsweise vermietete. Fareed förderte solcherlei extern organisierte Versammlungen innerhalb von The Door und trug damit zu einer zunehmenden Durchmischung des Publikums bei. Ihm half diese Tätigkeit dabei, sich mit der eigenen Religion auszusöhnen. Die gemeinsamen Gebete oder Gespräche über Religion eröffneten ihm neue Perspektiven zu Glauben und Zugehörigkeit, die sich weniger erstickend oder spalterisch anfühlten als die, die er schon kannte.

Fareeds Erlebnisse bestätigen die Vorstellung, dass Wissen vermittelt ist und dass es eine Rolle spielt, wie es vermittelt wird. In seiner Kindheit und Jugend war Fareed der Islam erst durch seine traditionell orientierten Eltern vermittelt worden und dann durch die streitlustigen, allzu selbstsicheren Studenten an der Uni. Für Fareed und andere mit ähnlichem Hintergrund formten diese Arten von Beziehungen ein Verständnis des Islam als rigide, engstirnig und losgelöst vom Rest des Lebens sowie von der Diversität um sie herum. Umgekehrt war auch The Door als Ort und Gemeinschaft ein Mediator. Durch die Vereinigung verschiedener Erfahrungen, Veranstaltungen, Gruppen und persönlicher Geschichten an ein und demselben Ort und als loses Kollektiv förderte das Zentrum ein Verständnis des Islam als etwas viel Weltlicheres, Mehrschichtigeres und Offeneres.

Diese vermittelnde Rolle betonte Khadiija besonders, als sie The Door mit ihren Erfahrungen mit anderen muslimischen Institutionen verglich. Die Tochter jamaikanisch-christlicher Eltern entdeckte den Islam für sich und konvertierte gemeinsam mit ihrer besten Freundin. Wie seltsam, erzählte sie mir, dass sie quasi gegenüber einer Moschee aufgewachsen war, als Kind aber so gut wie gar nichts über die Religion gewusst hatte. »Niemand hat uns eingeladen. [...] Wie schade! [...] Deshalb glaube ich, dass es wichtig ist, einen Ort zu haben, den man einfach betreten und an dem man sein kann, wer man ist.« Das Problem, so Khadiija, war, dass sich Organisationen, die sich bezüglich der Bedeutung des Islam allzu sicher waren, kaum mit Menschen beschäftigten, die zwar noch Unsicherheiten verspürten, aber dennoch eine Beziehung zu dieser Religion aufbauen wollten. Sie lachte bei der Erinnerung an die muffig wirkende Moschee aus ihrer Kindheit und fragte mich: »Kannst du dir vorstellen, was passieren würde, würde ein blondes Mädchen in Leggings einfach da hineinspazieren?« Khadiija hatte es sich im Lotossitz auf dem Teppich gemütlich gemacht, warf sich jetzt aber in einem gespielten Rugby-Angriff plötzlich nach vorn: »Bärtige Männer würden sich auf sie stürzen, bevor sie noch den Kopf zur Tür hineingesteckt hätte: ›Nein, nein, nein! Unrein! Haram!‹«

Im Vergleich mit anderen Institutionen fungierte The Door Khadiijas Meinung nach als Ort, an dem man dem Islam von verschiedenen Standpunkten aus begegnen konnte. Während ihrer Zeit als Leiterin von The Door war Khadiija ein Spruch ans Herz gewachsen, der an al-Khayrs Gedicht erinnert: Komm, wie du bist, zum Islam, wie er ist. Dieser Spruch hatte sich allmählich zum Slogan des Zentrums entwickelt. Er lehnte den Islam als etwas Festgelegtes, Wiedererkennbares keineswegs ab, wollte ihn nicht als »Hier geht alles« interpretiert wissen. Er suggerierte jedoch, dass jeder und jede einen Weg finden konnte, sich mit dem Islam in Beziehung zu setzen, und dass The Door ein Ort war, der diese Beziehung vermitteln konnte.[31] Dies wiederum ermöglichte es den Besuchern von

The Door, an der Vorstellung festzuhalten, dass sie sich alle auf einer ähnlichen Reise befanden, dass sie alle zu einem gemeinsamen Ziel unterwegs waren, wie unterschiedlich sie in der Gegenwart auch sein mochten. In seinem 1937 erschienenen Buch über die ethnische Gruppe der Azande lieferte der Anthropologe E. E. Evans-Pritchard einen der berühmtesten Berichte seines Fachs über Hexerei.[32] Einst waren die Azande ein Volk von Kriegern, die sich mittels Eroberung im gesamten nördlich-zentralen Afrika verbreiteten, heute leben sie überwiegend vom Ackerbau. Die Hexerei, fand Evans-Pritchard heraus, steht als wesentliche Kraft im Mittelpunkt ihrer Welt. Bei den Azande ist es an der Tagesordnung, Hexerei zu vermuten oder andere der Hexerei zu beschuldigen, wenn es zu Krankheit, Unfällen oder anderen Unglücken kommt. Dabei erkennen die Azande durchaus auch andere Ursachen der betreffenden Ereignisse an – dass vielleicht ein Erreger Schuld an der Krankheit ist oder Termiten den Kornspeicher zum Einsturz gebracht haben. Allerdings sind solche Erklärungen für sie nicht ausreichend. Häufig werden Hexereivorwürfe als weitere Erklärung ins Spiel gebracht, weil das, was erklärt werden muss, nicht einfach auf dem physikalischen Prinzip von Ursache und Wirkung basiert, sondern weil die Ereignisse darüber hinaus eine moralische Bedeutung haben. Hexerei ins Spiel zu bringen ermöglicht die moralische Betrachtung scheinbar feststehender Fakten: Klar, die Termiten haben den Kornspeicher unterhöhlt, sodass er schließlich eingestürzt ist, doch warum ist das ausgerechnet in dem Augenblick passiert, als sich dieser bestimmte Mensch im Kornspeicher befand? War daran nicht auch eine böse Absicht oder eine Missgunst beteiligt? Der Anthropologe Webb Keane schreibt, diese Überzeugungen ermöglichten es den Azande, mehr, nicht weniger von der Welt zu erklären oder das zumindest zu versuchen.[33] Auf Fragen der Hexerei gibt es meist keine definitiven Antworten, allerdings erschließen die Fragen neue Bereiche des Suchens. So können die Azande Ereignisse, die zufällig oder von menschlichem Einfluss losgelöst scheinen, als Hinweise auf funktionierende oder eben nicht funktionierende soziale Beziehungen erforschen. Umgekehrt betrachtet verleiht diese aktive Fehlersuche der Hexerei teilweise ihre Realität.

Bei diesen Anschuldigungen verstärken Gewissheit und Ungewissheit einander. Die Gewissheit, dass die Hexerei als Kraft in der Welt existiert, setzt einen Prozess des moralischen Suchens in Gang, der die Beziehungen der Menschen untereinander mitbestimmt. Und diese aktive, ungewisse Suche verleiht wiederum der Hexerei Wirklichkeit, sie macht sie zu etwas, das sich auf eine Reihe von Alltagssituationen und -erfahrungen anwenden lässt. Khadiijas, Imrans und Fareeds Erkundung des Glaubens bei The Door ist durch ein ähnliches Wechselspiel zwischen festgelegten Fakten und ergebnisoffener Suche gekennzeichnet. Bevor sie zu The Door gekommen waren, waren sie auf unterschiedliche Weise mit einem Bild des Islam als starre, absolute Wahrheit konfrontiert worden. Diese Starrheit hatte ihre eigenen Erfahrungsmöglichkeiten mit der Glaubensrichtung erheblich eingeschränkt. Bei The Door hatten sie die Vorstellung der starren Wahrheit zwar nicht aufgegeben, sie in Bezug zu potenziellen Arten der Erkundung aber neu positioniert.

Bruno Latour unterscheidet zwischen »Tatsachen« und »Anliegen«. Tatsachen betreffen das, was als festgelegt und gegeben hinsichtlich der Welt angenommen wird, Anliegen betreffen das, was offen, ungewiss und verhandelbar ist. Latour verdiente sich die Sporen mit anthropologischer Forschung, damit, Wissenschaftlerinnen und Wissenschaftler bei ihrer Arbeit zu begleiten. Hexerei bei den Azande, religiöse Überzeugung bei The Door und wissenschaftliche Arbeit sind drei ganz verschiedene Dinge, deren wichtige Gemeinsamkeiten jedoch von Latour hervorgehoben wurden. Alle drei gehen an Tatsachen und Anliegen in Bezug zueinander heran. In der Wissenschaft sitzt man nicht in Labors herum und spricht über das, was man ohnehin schon weiß. Man experimentiert und forscht, um herauszufinden, was man noch nicht weiß. Dieses aktive Suchen aber baut notwendigerweise auf vorhandenem Wissen auf – auf dem verlässlichen Funktionieren von Geräten, auf etablierten Theorien und Methoden, auf Daten und Analysen anderer Forscher und Forscherinnen. So wird die Wissenschaft für Wissenschaftler nicht durch Gewissheit oder Ungewissheit möglich gemacht, sondern durch eine dynamische Bewegung zwischen diesen beiden Polen, bei der das Erkunden durch festgelegte Wahrheiten verankert wird und festgelegte Wahrheiten durch das Erkunden überprüft werden.

Dieses dynamische Hin und Her zwischen starr und fließend steht in krassem Gegensatz dazu, wie die Öffentlichkeit mit wissenschaftlichen Kenntnissen umgehen soll – sowie dazu, wie junge Muslime bei The Door den Islam in anderen Kontexten erlebten. In beiden Fällen wird Wahrheit als fixe Tatsache dargestellt. Die Folge ist ein Gefühl der Entfremdung, das Gefühl, dass bestimmte Wahrheiten bestenfalls irrelevant für die Erfahrungen und Zwickmühlen des alltäglichen Lebens sind und schlimmstenfalls aktiv verhindern, dass die Welt begriffen wird und darauf aufbauend gehandelt werden kann. Diese Folgen sind nicht das Ergebnis der Tatsachen selbst: Sie ergeben sich daraus, wie wir uns zu diesen Tatsachen in Beziehung setzen. Sowohl im Fall der öffentlichen versus wissenschaftlichen Reaktion auf wissenschaftliche Kenntnisse als auch im Fall der Reaktion auf den Islam innerhalb versus außerhalb von The Door gilt: Die jeweiligen Fakten sind dieselben. Anders ausgedrückt sind es nicht die starren Sichtweisen von Wahrheit an sich, die die Entfremdung antreiben, sondern die Arten, wie die Starrheit in Bezug zu ergebnisoffenem Erforschen gesetzt oder nicht gesetzt wird.

Im Umkehrschluss können wir die Verbindung zwischen Tatsachen und Anliegen als Prozess der *Verzauberung* begreifen. Einfach gesagt setzt die Verzauberung voraus, dass Wissen stets die Dimension des Geheimnisvollen, des Rätselhaften beinhaltet. Dieses Gefühl des Mysteriösen entsteht aus der Fähigkeit etablierten Wissens heraus, auf Bereiche des Erkundens und Handelns zu verweisen. Die Politik, so Hannah Arendt, fußt auf einem solchen Schritt ins Unbekannte. Arendt verbindet Politik mit der Möglichkeit dessen, was sie als Natalität bezeichnet – als Möglichkeit, etwas Neues in die Welt zu bringen. Zum Streben nach Veränderung gehören Risiko und Ungewissheit immer dazu. Diese Art, zu handeln, ist unausweichlich auf andere Handelnde in der Welt angewiesen und kann nicht vorhergesagt werden. Arendt schreibt: »Es liegt in der Natur eines jeden Anfangs, dass er, von dem Gewesenen und Geschehenen her gesehen, schlechterdings unerwartet und unerrechenbar in die Welt bricht.

Die Unvorhersehbarkeit des Ereignisses ist allen Anfängen und allen Ursprüngen inhärent.«[34] Das mag zwar pompös klingen, doch interpretiert die Anthropologin Cheryl Mattingly Arendts Konzept der Natalität als zum gewöhnlichen Leben gehörend. Zwischen 1997 und 2011 beobachtete Mattingly eine Gruppe von annähernd fünfzig afroamerikanischen Familien in Los Angeles, in denen Kinder mit chronischen Erkrankungen oder Behinderungen aufwuchsen. Sie beschreibt, wie die Familien jedes Mal einen Schritt ins Unbekannte wagten, wenn sie es mit einem Alltagsdilemma zu tun bekamen: Sollte man einem körperlich verletzlichen, an den Rollstuhl gefesselten Kind erlauben, einer Fußballmannschaft beizutreten? Wie sollten die Eltern ihre Zeit zwischen Kindern mit besonderen medizinischen Bedürfnissen und den anderen Kindern aufteilen? Wie reagiert man, wenn der eigene Bruder einer Gangfehde zum Opfer fiel? Werden diese Fragen im Vorhinein von Expertinnen und Experten beantwortet, passen die Antworten am Ende fast immer schlecht. Die Menschen brauchen keine definitiven Antworten, sondern Wissensformen, die Raum fürs Erforschen und Experimentieren beinhalten –»Morallabors«, die »Experimente der Hoffnung und Machbarkeit« ermöglichen.[35]

Verzauberung – das klingt ein wenig abgehoben. Doch da die Verzauberung Räume für das Erforschen und Handeln eröffnet, ist sie absolut pragmatisch. Die bloße Tatsache, dass wir den Begriff als abgehoben empfinden, ist das Ergebnis derselben Kulturgeschichte, die das Ideal der Objektivität geformt hat. Der Anthropologe Talal Asad schreibt, im antiken Griechenland sei mit der Vorstellung des Mythos »nie eine symbolische Geschichte gemeint« gewesen, »nie eine Geschichte, die entschlüsselt hätte werden müssen – also eigentlich eine unwahre Geschichte«.[36] Von den Mythenerzählern und ihrem Publikum erwartete man durchaus die Fähigkeit des rationalen Denkens, doch unterschied diese alte Vorstellung von Vernunft nicht zwischen Emotion, Evidenz und Logik. Vernunft war Vernunft, und Wissen war Wissen, insofern sie in der Welt wirksam waren. Die Trennung des Mythos oder anderer Formen von Geschichten von der »Realität« kam zwar von den griechischen Sophisten, fasste aber erst in der Moderne wirklich Fuß. Auf der Suche nach einem singulären Wissen versuchte man, unterschiedliche Komponenten des Wissens – Emotion, Meinung, Beobachtung – zu bestimmen und sie unterschiedlichen Bereichen zuzuordnen, um die Essenz der Wahrheit zu destillieren. Die Evidenz – Indizien, Befunde, Beweise – wurde der Wissenschaft zugeschlagen, die Ratio der Politik und der Philosophie, die Emotion der Psychologie und so weiter. In dem Versuch, Wissen zu purifizieren, fragmentierte die moderne westliche Kultur es paradoxerweise schließlich: Sie unterteilte es in verschiedene Formen des Wissens, deren Ansprüche sich aber nie ganz summierten.[37] Sie hob genau die Begriffe hervor, anhand derer universelle Ansprüche auf die Wahrheit infrage gestellt werden könnten, und nahm damit die Gräben vorweg, mit denen wir uns heute konfrontiert sehen.

Asads Darstellung des Mythos in der Antike offenbart die Macht der Verzauberung. Auffällig am antiken Mythos war, dass er zwischen verschiedenen Formen des Wissens vermitteln konnte. Er war so etwas wie ein kulturelles Schweizer Offiziersmesser: Der Mythos konnte einerseits dazu genutzt werden, etabliertes Wissen weiterzugeben, andererseits aber auch dazu, Fragen zu den Mechanismen der natürlichen Welt zu stellen, politische und moralische Angelegenheiten abzuwägen oder Menschen zusammenzubringen. Indem man diese unterschiedlichen Formen des Wissens als Teile desselben Ganzen behandelte, konnten die unterschiedlichen Sichtweisen einander modulieren und Ansprüche aufeinander erheben. Diese Verbundenheit, diese Fähigkeit, unterschiedliche Arten von Beziehungen zu erzeugen und unterschiedliche Möglichkeiten von Wissen aufrechtzuerhalten, fehlt dem modernen Expertenwissen oft. Was, anders ausgedrückt, nötig ist, ist, öffentliches Wissen durch das Verflechten von mehr festgelegten Tatsachen mit Möglichkeiten des Erforschens und Handelns aufzubauen.

Zum Glück gibt es bereits eine starke Gegentradition in der Geschichte der Demokratie, die auf die oben beschriebene Art an Wissen herangeht. In ihrer Monumentalgeschichte der Vereinigten Staaten von Amerika, *Diese Wahrheiten. Geschichte der Vereinigten Staaten von Amerika*, sieht sich die Historikerin Jill Lepore die zentralen Festlegungen der Unabhängigkeitserklärung an. Für sie waren Aussagen wie »Wir halten diese Wahrheiten für ausgemacht, dass alle Menschen gleich erschaffen wurden« (oder, wie es in Thomas Jeffersons grobem Entwurf hieß: »Wir halten diese Wahrheiten für heilig & unbestreitbar«) nicht als Absteckung von etwas Selbstverständlichem gemeint, sondern als idealer Horizont, auf den man sich zubewegen wollte. Lepore stellt eine amerikanische Herangehensweise an »Wahrheit« als Prozess des anhaltenden Forschens und Experimentierens dar. Sie verweist einerseits auf Persönlichkeiten aus der gesamten amerikanischen Geschichte, die unkritische und plumpe Visionen des Universalismus vertreten und mehr daran interessiert sind, einen Konsens zu erzwingen, statt Ungerechtigkeiten zu beseitigen und sich mit Andersartigkeit auseinanderzusetzen. Sie verweist aber auch auf andere, die die »Wahrheiten« von Gleichheit, Rechten und Freiheit nicht als gegebene Tatsachen erachten, sondern als etwas, das entdeckt werden muss.

In ähnlicher Weise schreibt die Literatur- und Politiktheoretikerin Amanda Anderson über die Tradition des »trostlosen Liberalismus«. In dieser Tradition werden liberale Ideale als unvollkommene Passformen für eine chaotischere Welt erkannt. Für die trostlosen Liberalen, die sie beschreibt, wäre das ungeschickte Aufzwingen dieser Ideale kontraproduktiv und zwecklos. Dennoch haben die Ideale, so unerreichbar sie auch sein mögen, einen Wert als Richtlinien in der Welt, die auf der Basis von Erfahrungen jederzeit aktualisiert werden können. Betrachtet man den Liberalismus durch diese Brille, sieht er schwer nach klassischem Republikanismus aus. Betrachten wir den Liberalismus als nicht mit unbekümmerter Selbstgewissheit, sondern mit Hoffnung und Zweifel ausgestattet, landen wir statt beim puren Liberalismus bei einer produktiven Spannung zwischen einer liberalen und einer republikanischen Hinwendung zur Wahrheit.

Was für hochtrabende Ansprüche auf die Wahrheit und das Wissen gilt, gilt auch für die Politik. Wenn, wie Hannah Arendt behauptet, jegliche Politik eines Sprungs ins Unbekannte bedarf, dann ist die Verzauberung etwas, das die Politik eher belebt, als dass sie sie mindern würde. Die

Kritiker der zeitgenössischen Politik kritisieren gern den persönlichen, emotionalen Ton der politischen Debatte. Machen wir die Politik jedoch persönlich und emotional, könnte dies Formen des Denkens, Wissens, Handelns und Erforschens eröffnen, die sonst so häufig verschlossen bleiben. Ein anschauliches Beispiel dafür kommt von einem Anthropologenteam der London School of Economics, das Reaktionen auf die Covid-19-Pandemie untersucht. Zu Beginn der britischen Impfkampagne stellten die Expertinnen und Experten fest, dass einige Minderheitengemeinschaften den Impfstoffen besonders skeptisch gegenüberstanden. Dass viele dann doch vom Gegenteil überzeugt wurden, so das Team, lag nicht am Bestehen auf den Tatsachen rund um die Impfstoffsicherheit, sondern an einer anderen Art, sich zur Impfung in Beziehung zu setzen. Man richtete in Tempeln und Moscheen Impfzentren ein, Sozialarbeiter organisierten Veranstaltungen, um sich den Sorgen und Ängsten der Betroffenen zu stellen, und Gemeinde»botschafter« nutzten die sozialen Netzwerke, um ihren Piks öffentlich zu machen und zu feiern. In einer postfaktischen Ära, gegen das eifrige Faktenchecken und das Beharren auf der Vernunft vonseiten derjenigen, die am Ideal der Objektivität festhalten, sind es jene, die die Möglichkeit einer umfassenderen politischen Welt heraufbeschwören, die den Sieg davontragen.

Obwohl seine Sicht der Dinge etwas ungewöhnlich war, war Imran bei Weitem nicht die einzige Person mit Migrationshintergrund in Kilburn, die positiv zu Farage stand. An einem sonnigen Sommertag unterhielt ich mich mit Ray, Sohn karibischstämmiger Einwanderer, Mitte vierzig und in Caldwell gut bekannt. Mit Nachdruck versuchte er, mir zu erklären, warum sich seiner Meinung nach so viele Leute zu dem umstrittenen Politiker hingezogen fühlten.»Er wirkt wie einer, mit dem man im Pub ein Bier trinken würde, mit dem man sich einfach unterhalten könnte – verstehst du, was ich meine?«

Kapitel 8
DIE GESCHICHTE UMSCHREIBEN

An einem eisigen Novemberabend begleitete ich Simon und Evelyn sowie einige ihrer Freundinnen und Freunde zu einer »Nacht der irischen Musik« im Duchy, einem Pub in der Nähe von Caldwell. Simon und Evelyn, beide über sechzig, wohnten schon seit über drei Jahrzehnten in der Gegend, immer in derselben Sozialwohnung, und waren irgendwann zu den Leitern der dortigen Anwohnervereinigung aufgestiegen. Sie sprachen von einem starken Gefühl der Gemeinschaft und Verbundenheit in Kilburn, das sie überwiegend mit der schwindenden irischen Gemeinde im Viertel assoziierten.

Heute sind die sichtbarsten Spuren der irischen Vergangenheit in Kilburn die Namen auf den Straßenschildern: Kylemore Road, Glengall Road. Viele Dekaden lang war Kilburn jedoch als hauptsächlich irisches Viertel bekannt gewesen: Selbst nachdem es nach dem Zweiten Weltkrieg immer diverser geworden war, hatten die Iren trotzdem noch einen beträchtlichen Anteil am bunten Bevölkerungsmix. Ältere irische Anwohnerinnen und Anwohner erzählten mir, dass ihre Eltern oder Großeltern Kilburn noch als erste Anlaufstelle für irische Einwanderer kannten, die diese unmittelbar nach ihrer Ankunft an der Paddington Station ansteuerten. In dieser Zeit, in der die Iren als essenzielle Arbeitskräfte für die sich gerade erst industrialisierende Nation und unverhohlen rassistisch als »von Natur aus degeneriert«, »mit einem Hang zur Kriminalität« und »Unruhestifter« betrachtet wurden, war Kilburn vom Zentrum Londons aus einfach der am nächsten gelegene Ort, an dem die irischen Zuwanderer willkommen waren. Mit der Zeit sah man Kilburn als irischen Mikrokosmos, den man von der grünen Insel nach London verpflanzt hatte. Als der Nordirlandkonflikt ausbrach, war das Viertel so eng mit dem irischen

Leben verknüpft, dass es zum einzigen Schauplatz eines loyalistischen, paramilitärischen Bombenattentats auf englischem Boden wurde.

Simon war von Irland nach Kilburn gezogen, hatte während seiner Zeit im Viertel aber miterlebt, wie das Gefühl der irischen Identität dort allmählich abnahm. Man verteilte sich über ganz London, Gemeindezentren schlossen. Evelyn beschrieb die Musiknacht als Versuch, die irische Gemeinde vor Ort »zusammenzubringen« und »wiederzubeleben«, und lud mich ein mitzukommen. Zu Beginn des Abends erläuterte Simon das tiefe Gefühl der Zugehörigkeit, das mit seiner irischen Identität verbunden war. »Ich bin kein spirituell veranlagter Mensch«, so Simon, »aber anders kann ich das Gefühl nicht beschreiben.«

Als auf der Bühne, auf einem Barhocker in der Ecke, etwas unerwartet eine Version von »Folsom Prison Blues« angestimmt wurde, warf ich einen Blick auf die Leute um mich herum: Die meisten von ihnen waren schon älter, die Mehrheit war weiß. Es gab aber auch andere – einige wenige mit afrokaribischem Hintergrund und mehrere, die südostasiatisch aussahen. Unter der weißen Mehrheit schien, dem Akzent und der Handvoll Leute nach zu urteilen, die ich kannte, höchstens die Hälfte irisch zu sein. Evelyn war Amerikanerin. Der Veranstalter, der ebenfalls Simon hieß, war selbst kein Ire und mit einer Polin verheiratet, die wiederum ihre polnischen Freunde mitgebracht hatte. Ich tippte »meinen« Simon auf den Arm, um über die Musik hinweg seine Aufmerksamkeit zu erregen:

»Wie viel Prozent des Publikums, schätzt du, sind Iren?«

»Hm?«, schrie er zurück und überlegte dann einen Augenblick. »Achtundneunzig, neunundneunzig Prozent mit Sicherheit. Der ganze Pub. Irisch durch und durch.«

Ich sah ihn überrascht an. »Ich glaube, viele Leute hier kommen von woandersher.«

»Die sind alle miteinander verwandt.« Simon zuckte mit den Schultern. »Neunundneunzig Prozent irisch oder verwandt! Das läuft aufs Gleiche raus.«

Später am Abend erzählten Simon und Evelyn mir etwas über die

Wurzeln dieser »irischen« Gemeinde. Im Oktober 1974, so Evelyn, wurden zwei Pubs in Guildford, Surrey, von der Provisional IRA in die Luft gesprengt. Im Dezember wurden ein in Kilburn ansässiges Paar, die Maguires, ihre beiden Kinder im Teenageralter sowie ein Freund der Familie verhaftet. Sie kamen ins Gefängnis, weil man ihnen vorwarf, die IRA mit den Materialien beliefert zu haben, aus denen diese die Bomben gebastelt hatte. Das jüngste Kind, damals vierzehn, saß vier Jahre, über Mr und Mrs Maguire hatte man eine Haftstrafe von vierzehn Jahren verhängt. 1991 wurden die Urteile aufgehoben, nachdem immer offensichtlicher geworden war, dass die Beweise gegen die Inhaftierten gefälscht gewesen waren. Während ihrer Zeit im Gefängnis hatte sich eine Gruppe von Aktivisten, Nachbarn und Freunden zusammengefunden und für die Freilassung der Verurteilten stark gemacht. Dieselbe Gruppe zog später gegen Ungerechtigkeiten der britischen Armee in Nordirland zu Felde. Unterdessen wuchs die irische Gemeinde in Kilburn und lockte Menschen, darunter auch Evelyn, aus anderen Teilen der Welt an, zusammengebracht durch das Gefühl der gemeinsamen Sache. Für Simon machten Solidarität und Bekanntschaft die Zugezogenen praktisch selbst zu Iren.

Die Maguires führten eine Art Doppelleben. Sie waren Einheimische – vertraute Gesichter, die nach ihrer Freilassung wieder im Pub zu sehen waren. Ihr anderes Leben aber erzählte von Vorurteilen und Ungerechtigkeit; dies mobilisierte Menschen im ganzen Vereinigten Königreich und Irland, die sich für die Sache der Maguires einsetzten und Lobbying für eine Berufung betrieben. Auf ihrer Reise verwickelte sich die Geschichte der Maguires mit anderen Geschichten. Nach dem Zweiten Weltkrieg, als karibische und asiatische Zuwanderer in großer Zahl nach Kilburn kamen, sahen sie sich mit einem ähnlichen Kampf wie die Iren konfrontiert. Viele Vermieter, Arbeitgeber und Gemeinden knallten den Neuankömmlingen die Tür vor der Nase zu. Den irischen Anwohnerinnen und Anwohnern kam dieses Verhalten, geprägt von der britischen Kolonialherrschaft und anhaltender Diskriminierung, nur allzu bekannt vor, und diese gemeinsame Geschichte bildete dann die Grundlage für ein Gefühl der Solidarität und den Aufbau von Netzwerken der gegenseitigen Unterstützung zwischen den älteren irischen und den neueren Zuwanderern.[1] Während meines Aufenthalts in Kilburn bezeichneten nichtweiße Anwohner das Viertel manchmal als Heimat für ausgeschlossene Völker; als Beweis dafür führten sie teilweise die Schwierigkeiten an, vor denen die Iren damals gestanden hatten.

1983 veröffentlichte der Historiker und Politikwissenschaftler Benedict Anderson sein bahnbrechendes Buch *Die Erfindung der Nation. Zur Karriere eines folgenreichen Konzepts*. Der Sohn irischer und englischer Eltern kam im chinesischen Kunming zur Welt und zog mit der Familie 1941 in die Vereinigten Staaten sowie später nach Irland, um der japanischen Invasion Chinas im Zweiten Weltkrieg zu entkommen. In Irland wuchs Anderson inmitten schwelender ethnischer Konflikte auf. Die katholischen Jungs hatten es auf ihn und seine Geschwister abgesehen, weil sie sie für Engländer und damit Protestanten hielten. Diese frühen Erfahrungen prägten Andersons lebenslange Faszination an den Themen Volkszugehörigkeit, Politik und Nationalismus.[2] Sein Buch beginnt mit der Frage: Was haben Nationen an sich, dass sie eine solch erbitterte Loyalität verlangen? Wie der englische Titel des Buchs andeutet, sind Nationen laut Anderson »imagined communities«, imaginäre, erfundene Gemeinschaften, Gemeinschaften also, die so nur in den Köpfen der Menschen existieren. Was keineswegs bedeuten sollte, dass sie irgendwie instabil oder nicht real waren, im Gegenteil. Anderson wollte mit dem Begriff »imaginär« darauf verweisen, wie mächtig Loyalitäten sein konnten, die unter Gruppen von Fremden entstanden, deren Zusammenhalt auf symbolischen Verbindungen beruhte. Weiterhin geht Anderson der Frage nach, wie das Storytelling, von der Dichtung bis zu den Nachrichten, Menschen zusammenschweißen und dafür sorgen kann, dass sie sich ihrer Nation unbedingt verpflichtet fühlen. Dabei betont Anderson, dass solche Nationen erschaffenden Geschichten häufig universell und speziell waren. Universell, weil neue Kommunikationstechnologien es ermöglichten, dass die Geschichten identisch unter großen, anonymen Gruppen erzählt und verbreitet werden konnten. Diese Technologien trugen auch dazu bei, das Gefühl eines gemeinsamen Alltagsrhythmus zu erzeugen – die Zeitung etwa machte es möglich, dass die Öffentlichkeit nationale Ereignisse gleichzeitig »erlebte«. Und speziell, weil die Geschichten höchst persönliche Emotionen in ihrem Publikum auslösen konnten. Durch das Verschmelzen dieser individuellen Emotionen zu einem universellen Rahmen entstand, so Anderson, ein »›kameradschaftlicher‹ Verbund von Gleichen«.[3]

Seit Andersons Buch ist eine ganze Flut von Arbeiten erschienen, die sich auf Andersons zentrale Erkenntnis konzentrieren und sich damit beschäftigen, wie gemeinsame Narrative Nationen zusammenschweißen können. Seit zahlreiche Länder jedoch immer diverser werden, scheinen die gemeinsamen Geschichten und starken emotionalen Bindungen, die Anderson und seine Nachfolger festgestellt haben, zu schwinden. Andersartigkeit, nicht nur hinsichtlich des ethnischen Hintergrunds, sondern auch hinsichtlich dessen, wie wir unser Leben leben und Medien konsumieren, führt zu einer Vervielfachung der Geschichten, die wir benutzen, um unsere Welt zu verstehen, während die Schnittmengen dieser Geschichten gleichzeitig schrumpfen. Wenn es Anderson bei nationalen Identitäten teilweise um deren Fähigkeit ging, die Menschen dazu zu motivieren, sich um Fremde zu kümmern, ja sogar beträchtliche Opfer für sie zu bringen, dann scheint das mittlerweile in Gefahr zu sein. Dies ist tatsächlich die Gefahr, auf die die Wissenschaft hinweist, wenn sie anmerkt, eine zunehmende Diversität gehe häufig mit der Forderung nach einer enger gefassten, weniger inklusiven Sozialpolitik vonseiten der Bürgerinnen und Bürger einher.[4] Je weniger wir in der Lage sind, so scheint es, andere als durch gemeinsame Geschichten mit uns verbunden zu sehen, desto weniger wollen wir für diese anderen tun. Im Vergleich zu der wachsenden Herausforderung, vor die Probleme wie der Klimawandel oder die globale Ungleichheit uns stellen, mag uns der Kampf um den Erhalt nationaler Wohlfahrtssysteme eher unwichtig oder leicht vorkommen. Zusammen aber werfen die beiden Herausforderungen eine zunehmend dringliche Frage auf: Ist es möglich, in einer immer vielgestaltigeren Welt einigende Geschichten zu erzählen?

Natürlich ist die Suche nach Geschichten, die uns einen, nicht die einzige Möglichkeit, in einer immer diverseren Welt zu leben. Sie ist vielleicht auch nicht die fairste oder wünschenswerteste. Die vorherrschende Art, auf die wir mittlerweile Geschichten in Bezug auf die Pluralität um uns herum erzählen, ist die, *mehr* Geschichten zu erzählen, hundert Blumen blühen zu lassen. In manchen Fällen war dies die Folge von zunehmenden persönlichen Wahlmöglichkeiten und zunehmend zugänglicher Technologie. Die Menschen fühlten sich sowohl immer gezwungener als auch immer fähiger, einem bestimmten Publikum ihre eigenen Geschichten zu erzählen. In anderen Fällen hingegen war dies ein hart erkämpfter Sieg, bei dem Mitglieder ausgeschlossener Gruppen um Medienrepräsentanz gefochten hatten. Es ist wichtig, andere Stimmen anzuerkennen. Das aber führt zu Fragmentierung, zu unterschiedlichen Geschichtensammlungen, meist gebunden an unterschiedliche Kommunikationsnetzwerke, die parallel operieren – zu einer Art »Getrennt, aber gleich«-Situation. Dies spielt der Vorstellung zu, dass wir einander wenig schulden, dass jeder der Urheber der eigenen Geschichte ist und dass diese Geschichten nicht unbedingt aufeinander verweisen müssen. Eine Gefahr davon ist, dass wir in den eigenen narrativen Gemeinschaften die gemeinsamen Elemente mit anderen Geschichten nicht erkennen oder die umfassenderen Probleme übersehen, die andere Geschichten in ähnlicher Weise strukturieren. Genau das war es, was Saabira in Kapitel 5 beklagte, als sie sich frustriert über den verloren gegangenen Gedanken des politischen Schwarzseins in Großbritannien äußerte, also des Schwarzseins, das eine ganze Reihe von Ethnien unter seinem Banner vereinte. Das politische Schwarzsein argumentierte, die auf der Ethnie beruhende mangelnde Gleichberechtigung würde durch gemeinsame Faktoren angetrieben, die ebenso wichtig oder wichtiger waren als die Erfahrungen der einzelnen Gemeinschaften.

Damit ist Saabira bei Weitem nicht allein.[5] Wissenschaftlerinnen und Wissenschaftler, Aktivisten und Aktivistinnen in der ganzen demokratischen Welt weisen auf die wachsende Schwierigkeit hin, weiter gefasste Geschichten zu entwickeln, die die Menschen über ihre individuellen Unterschiede hinweg miteinander verflechten, damit gemeinsam etwas verändert werden kann. Aber es sind nicht nur diejenigen, die sich für Minderheitenstimmen einsetzen, die so argumentieren. Weiße nationalistische Anführer und Gruppen, von Richard Spencer in den USA bis zur europäischen ethno-nationalistischen Identitären Bewegung, räumen häufig ein, dass unterschiedliche Gruppen ein Recht auf ihre jeweils eigene Geschichte haben, auf ihre eigene Kultur und ihr eigenes Erbe, die sie selbst gestalten können.[6] Anschließend jedoch nutzen sie dieses Zugeständnis für die Forderung, Minderheiten aus Ländern mit einer überwiegend weißen Bevölkerung zu vertreiben. Das hatte zur Folge, dass bestimmte Kommentatoren, etwa der Politikwissenschaftler Mark Lilla oder der Psychologe Jonathan Haidt, lauter werdende Rufe nach mehr diversen Geschichten und Räumen direkt oder indirekt mit dem Niedergang der liberalen Demokratie und der Zunahme des radikalen Nationalismus verbunden haben.[7] Anscheinend impliziert diese Art von Argumenten, dass wir alle zu universellen, übergreifenden Narrativen zurückkehren und aufhören müssen, uns so viele Gedanken über Andersartigkeit zu machen, wenn wir die Politik der gemeinsamen Sache wieder einsetzen und uns der schlimmsten Spalter und Konflikttreiber erwehren wollen.

Wie wir jedoch gesehen haben, können die Geschichten, die wir erzählen, mitunter über Leben und Tod entscheiden. Vor allem in liberalen Demokratien definieren die öffentlichen Geschichten die Möglichkeiten des Bürgerseins und der Verbundenheit. Blicken wir in der Geschichte zurück, zeigt sich, dass das Beharren auf gemeinsamen Narrativen herrschende Gruppen begünstigte und es gleichzeitig schwierig machte, sich Alternativen vorzustellen und diese zu kommunizieren. Eine gemeinsame Politik ist zwar wichtig; mindestens ebenso wichtig ist es jedoch, diese Politik so zu gestalten, dass andere Geschichten, andere Erfahrungen von Kampf und Freude, ein anderes Identitätsgefühl von Kommentatoren wie Haidt oder Lilla nicht einfach als politisch gerade nicht passend vom Tisch gefegt werden.

Glücklicherweise muss die Wahl zwischen Gleichsein und Gemeinsamkeit, die die Andersartigkeit nicht ausschließt, kein Entweder-oder sein. Es gibt tatsächlich Möglichkeiten des Geschichtenerzählens, die die beiden Konzepte in produktiver Spannung zueinander halten. Diese Herangehensweise an das Geschichtenerzählen widersteht der Vorstellung, jede Gruppe oder jedes Individuum sollte der alleinige Autor ihrer beziehungsweise seiner eigenen Geschichte sein; sie widersteht auch der Vorstellung, dass es der einzige Weg nach vorn wäre, gänzlich von Neuem zu beginnen, wenn man an die Grenzen vorheriger Geschichten stößt. Diese Art des Geschichtenerzählens beginnt mit der Welt, in der wir leben, und versucht, die Geschichten, die wir geerbt haben, umzuschreiben – mit all ihren Makeln und Einschränkungen. Sie versucht, diese Geschichten nicht nur neu zu beleben, sondern sie auch miteinander zu verflechten. Diese Art des Geschichtenerzählens beginnt mit vertrauten Sichtweisen, Kategorien, Beziehungen und Narrativen; sie kriecht gewissermaßen in sie hinein und verwandelt sie von innen heraus.

Es gibt drei Schlüssellektionen für diese Art des Geschichtenerzählens. Erstens hat die Weise, wie die Geschichten gestaltet werden, Einfluss darauf, was mit ihnen getan werden kann. Zweitens sind diese Geschichten nicht fantastisch: Um glaubhaft zu sein, müssen sie in der Welt um uns herum spielen, in den Möglichkeiten, die wir haben, in der Art, wie wir leben. Glaubhafte Geschichten werden durch die Infrastruktur unseres Alltags gestützt. Geschichten, denen es an dieser physischen Dimension mangelt, fühlen sich wie von unbeteiligten Eliten aufgezwungen an, von Eliten, die lediglich Drehbücher für andere schreiben. Drittens – und das ist vielleicht am wichtigsten – kann eine einzelne Geschichte nie alles umfassen, auch die nicht, die behauptet, die Welt zu umspannen und die ganze Menschheit einzuschließen. Infolgedessen sind Geschichten, die sowohl inklusiv als auch vereinheitlichend sind, auf Übersetzung angewiesen: auf Geschichten, die von anderen Leben in anderen Gemeinschaften handeln und die anders erzählt werden, während sie gleichzeitig die Verbindung zueinander halten. Zu übersetzen ist nicht immer leicht, aber unverzichtbar für das Schaffen von Gemeinsamkeit.

*

Die Jahre der Konflikte zwischen selbst ernannten Republikanern, die wollten, dass sich Nordirland vom Vereinigten Königreich abspaltete und Irland anschloss, und Loyalisten, die im Vereinigten Königreich bleiben wollten, können als Zeit betrachtet werden, in der Gruppenidentitäten rigoroser wurden. Häufig wird der Nordirlandkonflikt als gewalttätiger Streit unterschiedlicher religiöser Gruppen dargestellt, bei dem die irischen Katholiken meist die republikanische Seite unterstützten und die Protestanten die loyalistische. Unter der Oberfläche aber sorgte der Konflikt für kleine, alltägliche Umarbeitungen dieser Identitäten.

Ebenso wie der Aktivismus die irischen Anwohnerinnen und Anwohner von Kilburn dazu befähigte, sich die irische Volkszugehörigkeit in einem weiteren Sinn vorzustellen, ermöglichte es das Engagement in der Gemeinde Frauen in Nordirland, Geschlechterstereotype herauszufordern. Die Politikwissenschaftlerin Melanie Hoewer befragte Frauen im Belfast von heute zu ihren Erfahrungen im Nordirlandkonflikt. Damals waren viele Männer im Gefängnis gelandet oder hatten fliehen müssen. Die Abwesenheit der Männer machte den Dörfern und Städten häufig schwer zu schaffen: Zahlreiche Familien hatten plötzlich kein Einkommen mehr, kleine Unternehmen kämpften um ihre Existenz, die Polizei kam ihrer Schutzpflicht nicht mehr nach. Angesichts dieser Schwierigkeiten übernahmen einige Frauen die Rolle als Anführer der Gemeinde. Eine Katholikin namens Eilish erzählte Hoewer:

> Wir Frauen begannen, das gesellschaftliche Gefüge zu verändern [...]. Wir hatten unsere kleinen Siege, keine großen, die die ganze Kraft der Frauen gezeigt hätten, aber praktische, bei denen sich die Frauen, die vorher nicht beteiligt gewesen waren, dachten: »Okay, wir können das.« [...] Wir kümmerten uns nicht nur um die Nationalisten, auch um andere Frauen. Ja, auch um andere Frauen, wir waren recht offen dafür, mit [protestantischen] Frauen aus [dem] Shankill [-Viertel von Belfast] zusammenzuarbeiten, denn die litten genauso große Not wie wir [...], was zeigt, dass die republikanische Bewegung viel mehr umfasste als nur die IRA.[8]

Auf republikanischer Seite war der Konflikt überwiegend durch Militanz und eine ganze Kohorte größtenteils männlicher Anführer geprägt, doch beschreibt Hoewer, dass sich viele Frauen auf dieser Seite still und heimlich ihre eigene Sicht der Dinge schmiedeten. Sie nahmen die wohletablierten Werte der irisch-republikanischen Bewegung, etwa »sich um die eigenen Leute kümmern« oder »Gerechtigkeit«, und verknüpften diese mit Fragen des täglichen Überlebens, gegenseitiger nachbarschaftlicher Fürsorge und Frauenrechten. Hoewer zufolge identifizierten sich diese Frauen nicht unbedingt mit der weiter gefassten Frauenrechtsbewegung, die sie eher als »von außen« auferlegt, von der Realität ihres Lebens losgelöst und mit der britischen Herrschaft assoziiert empfanden. Allerdings kämpften sie für viele der Prinzipien der Frauenrechtsbewegung, war es ihnen erst gelungen, sie in der eigenen republikanischen Identität zu verankern. Danach, so Hoewer, begannen die Aktivistinnen, die »Fürsorge für die Menschen in der Gemeinde« als »etwas Natürliches« zu bezeichnen, »als Form der spirituellen Verbundenheit mit der [eigenen] ethnischen Identität [...] mit ihrer Art des Irischseins«.[9] Die Frauenrechte zu einem Teil des irisch-republikanischen Kampfes zu machen eröffnete weitere Handlungsräume, so Eilish, womit sie beispielsweise eine Kampagne gegen häusliche Gewalt meinte, an der sie sich beteiligt hatte: »Wenn wir erfuhren, dass ein Mann seine Frau geschlagen hatte, gingen wir in die Pubs und Klubs und verlangten: ›Bedient den nicht mehr, denn jedes Mal, wenn ihr dem ein Bier gebt, schlägt er hinterher seine Frau.‹ [...] Das war zwar nicht viel, aber immerhin eine kleine Veränderung, die später tatsächlich zu größeren Veränderungen im System führte.«[10]

Für die Aktivistinnen, die Hoewer interviewte, bildeten die irische Volkszugehörigkeit und der irische Republikanismus einen Rahmen, innerhalb dessen man über feministische Prinzipien in vertrauten, heimatlichen Begriffen nachdenken und entsprechend handeln konnte, in Begriffen, die etwas mit dem täglichen Kampf ums Überleben zu tun hatten. Dass die Frauen mit diesem Bezugsrahmen etwas anfangen konnten, dass er sich mit Erfahrungen aus dem eigenen Leben deckte, trug letztlich dazu bei, dass sich die Frauen allmählich ähnliche Prinzipien wie die der feministischen Bewegung zu eigen machten und sich einige der Frauen deshalb sogar als Feministinnen bezeichneten.

In Kilburn war es nicht nur die irische Gemeinde, die neue, umwandlerische oder inklusive Geschichten innerhalb wohletablierter Narrative erzählen konnte. Diese Fähigkeit zeigte sich auch bei vielen Veranstaltungen von The Door. Auf der offenen Bühne wurde eine Reihe von Themen in Angriff genommen, von allgemeinen Zweifeln bis hin zum Drogenkonsum. An einem Abend sang eine Frau mit Turban, rauchiger Stimme und akustischer Gitarre drei ausgesprochen eindringliche Lieder, in denen es unterschwellig um Lust und Begierde ging. Vor vielen dieser Themen, so hätte man annehmen können, wären die religiöseren Besucher von The Door zurückgeschreckt, oder sie hätten sie zumindest geschmacklos gefunden. Die Moderatoren der offenen Bühne hatten jedoch ein Talent dafür, solcherlei Auftritte sowohl Muslimen als auch Nicht-Muslimen schmackhaft zu machen. Nach dem Auftritt der oben genannten Sängerin etwa ging eine Moderatorin durch den Raum und forderte das Publikum mit den Worten »Ah, da möchte man doch gleich selbst heiraten!« zum Applaus auf. Nach jeder Darbietung unterhielten die Moderatoren sich noch kurz im Plauderton mit dem Darsteller oder der Darstellerin und ließen ihn oder sie Fragen aus dem Publikum beantworten. Das eröffnete andere Perspektiven: Jemand aus dem Publikum beispielsweise merkte an, dass das erotische Begehren auch ein großes Thema in der Sufi-Dichtung ist, mit dem die Sehnsucht nach einer Verbindung mit Allah zum Ausdruck gebracht wird. Viele im Publikum und manchmal auch die Moderatoren selbst gaben zu, dass die Dinge nicht immer perfekt zusammenpassten – natürlich gibt es entscheidende Unterschiede zwischen Lust und spirituellem Verlangen. Doch da eine Sichtweise gewissermaßen zu einem Teil der anderen gemacht wurde, warfen die Unterschiede keine Gräben auf; sie dienten eher als Diskussionsgrundlage und Gefühl der gemeinsamen Erkundung des jeweiligen Themas.[11]

Geschichten in vertraute Begriffe zu fassen macht sie einem breiteren Publikum zugänglich, doch kommt es dennoch auf das Wie an. Der Anthropologe Webb Keane spricht von den *Affordanzen* der Vorstellungen und Dinge – den Terminus hat er sich von dem Psychologen James Gibson ausgeliehen. Für Keane sind Affordanzen die Denk- und Handlungskapazitäten, die eine Vorstellung oder ein Gegenstand enthält. In der Psychologie spricht man hier auch vom Angebotscharakter eines Gegenstands. Ein Stuhl beispielsweise macht das Angebot, sich auf ihm niederzulassen, eine Schere lädt dazu ein, mit ihr zu schneiden. Natürlich kann man mit den Gegenständen auch etwas anderes machen, doch werden einige dieser Möglichkeiten leichter sein als andere, und einige werden gar nicht möglich sein.

In ähnlicher Weise machen unsere gemeinsamen Kategorien bestimmte Möglichkeiten leichter vorstellbar als andere. In Nordirland beispielsweise, darauf legt Hoewer Wert, hatten die Frauen unterschiedliche Einstellungen zu den Schwierigkeiten, vor die sie sich gestellt sahen. Diejenigen, die auf der Gemeindeebene aktiv waren, beschäftigten sich eher mit Geschlechterdiskriminierung, während diejenigen, die militanteren Gruppen wie etwa der IRA angehörten, Geschlechterprobleme zugunsten einer Geschichte der Kameradschaft vielfach herunterspielten. In vielerlei Hinsicht basierte die Vorstellung des irischen Republikanismus – insbesondere im Kontext einer großen militanten Bewegung – auf einer Reihe von verwandten Konzepten, die seine Fähigkeit zur Inklusion einschränkten. Er beschwor die Vorstellung eines geeinten Volks herauf, das in erster Linie durch den Wunsch nach Unabhängigkeit motiviert war. Gleichzeitig suggerierte er sehr deutlich, dass diejenigen, die sich der Unabhängigkeit entgegenstellten, fundamental anders waren – auf der gegenüberliegenden Seite einer scheinbar unüberbrückbaren Kluft standen, die Gewalt notwendig machte. Obwohl es möglich war, die Ideen des irischen Republikanismus dazu zu nutzen, um über mangelnde Geschlechtergleichberechtigung oder religionsübergreifende Formen der Gemeindearbeit nachzudenken und zu sprechen, liefen solche Projekte Gefahr, mit Vorstellungen der inneren Einheit und äußeren Abspaltung zu kollidieren, die im Republikanismus so häufig waren.

Im Jahr 2013 feierte die nordirische Stadt Derry ihren vierhundertsten Geburtstag. Im Laufe der vergangenen fünfzig Jahre ist Derry, das manche auch Londonderry nennen, von Gewalt zerrissen gewesen. Der jahrzehntelange Nordirlandkonflikt war durch einen Vorfall bei der Derry-Parade ausgelöst worden, auch die furchtbaren Ereignisse des Bloody Sunday, des »Blutsonntags« – an diesem Tag hatte die britische Armee friedlich Demonstrierende niedergeschossen –, hatten in Derry stattgefunden. Selbst als sich der Konflikt allmählich gelegt hatte, war Derry ein Ort der gespaltenen Identitäten geblieben, gezeichnet durch eine grausame Geschichte. Wie also konnte man die Stadt auf eine Art und Weise feiern, die die schwelende Glut nicht erneut entfachte?

Ein Teil der Antwort auf diese Frage lag in der Kunst. Im Vorfeld der Feierlichkeiten hatte Derry den Antrag gestellt, die erste UK City of Culture zu werden, und die Aufmerksamkeit und Unterstützung, die dies nach sich zog, dazu genutzt, eine Reihe von groß angelegten öffentlichen Veranstaltungen zu organisieren. Zu denjenigen, die daran beteiligt waren, gehörte auch Frank Cottrell-Boyce, Kinderbuchautor und Verfasser von Drehbüchern. Cottrell-Boyce grub sich durch Derrys Vergangenheit, auf der Suche nach einer neuen Art, die Geschichte der Stadt zu erzählen, einer Art, die die langen Schatten des Nordirlandkonflikts umging, ohne dabei scheinheilig zu wirken. Er wurde in der Figur des Columban von Iona fündig, auch bekannt als Colmcille. Als einer der frühesten christlichen Missionare in Irland ging er der protestantisch-katholischen Spaltung der Kirche voraus. Auf seinen Reisen gründete er an der Stelle des heutigen Derry ein Kloster und gab der Stadt ihren ursprünglichen irischen Namen: Doire Colmcille. In seinem späteren Leben begab sich Colmcille ins freiwillige Exil nach Schottland, um für eine Reihe von blutigen Kämpfen Buße zu tun, in die er sich hatte verwickeln lassen. Auch dort gründete der Mönch ein Kloster: auf der Insel Iona. In diesem Kloster arbeiteten er und seine Mitbrüder an der händischen Transkribierung von Hunderten von Büchern, die sich anschließend in der gesamten christlichen Welt verbreiteten. Dadurch wurde Iona zu einem frühen Zentrum der Gelehrsamkeit und trug Jahrhunderte später zum Beginn der europäischen Renaissance bei. Cottrell-Boyce nutzte das Leben des Heiligen, um ein neues Bild von Derry heraufzubeschwören: als Ort des

Wissens und der Weisheit, dessen Einfluss in die Welt hinausstrahlte und mithalf, Europa aus der Unwissenheit des finsteren Mittelalters zu befreien. Ironie des Schicksals: Trotz Colmcilles Bemühungen, den Menschen das Lesen und Schreiben beizubringen, ist seine eigene Geschichte überwiegend in mündlichen Überlieferungen erhalten und damit Änderungen, Ausschmückungen und Anpassungen unterworfen. Dieses vielgestaltige mündliche Repertoire aber bot reichlich Quellen, um Colmcilles Geschichte noch einmal zu adaptieren und die Vergangenheit in der Gegenwart neu zu gestalten.[12] Im Rahmen der Feierlichkeiten benannte Cottrell-Boyce Straßen mit Wörtern aus dem Leben des Heiligen um, ließ einen gigantischen Drachen den River Foyle hinuntertreiben und sammelte Geschichten von den Anwohnerinnen und Anwohnern. Damit half er, die Geschichte Derrys umzuschreiben. Auf einmal hatten die Bewohner eine neue Sprache der Gemeinsamkeit – deren Anklänge sich zunehmend in der Sprache von Aktivistengruppen finden oder die bei Ausstellungsstücken im Museum zu sehen ist. Fragt man Cottrell-Boyce heute danach, warum er Geschichtenerzähler geworden ist, zitiert er gern Colmcille selbst: »Das Leben ist eine Geschichte. Der Tod ist eine Geschichte. Alles ist nur eine Geschichte. Unsere Aufgabe ist es, die überdauerndste dieser Geschichten zu finden.«[13]

*

Nicht jeder in Derry war glücklich mit den »City of Culture«-Feierlichkeiten. Die wachsende Ungleichheit und Jahrzehnte der Vernachlässigung machen einen Teil von Derrys heutigen Problemen aus. Der Niedergang der Industrie und der Verfall älterer Gebäude schufen einen Flickenteppich aus heruntergekommenen Gegenden. Viele Anwohnerinnen und Anwohner hatten Schwierigkeiten, Arbeit zu finden und zu behalten. Die Kritiker hatten Sorge, dass mit den Zuschüssen zu den Feierlichkeiten nur Geld in ohnehin schon wohlhabende Viertel gepumpt würde, statt es dazu zu verwenden, wirklich in Derrys Zukunft oder diejenigen, die das Geld am meisten brauchten, zu investieren.[14]

Bei anderen löste das anhaltende Gefühl der Ungerechtigkeit eine persönlichere zwiespältige Haltung zu den Feierlichkeiten aus. Einige hielten sie für verfrüht. 1972 veröffentlichte die britische Regierung den Widgery Report zu den Ereignissen am Bloody Sunday, der die Schuld an den Todesfällen den Demonstrierenden zuwies. Jahrelange, sorgfältige aktivistische Arbeit förderte allmählich die politischen Beweggründe hinter diesem Narrativ zutage: In einer Unterhaltung mit Lord Widgery hatten der damalige Premierminister sowie der Chancellor explizit von der Wichtigkeit des Berichts als Teil des »Propagandakriegs« im Nordirlandkonflikt gesprochen.[15] Im Juni 2010, nur einen Monat, bevor Derry zur ersten UK City of Culture ernannt wurde, brachen die Ergebnisse einer neuen Untersuchung, des Saville Reports, das jahrzehntelange offizielle Schweigen. Der sich auf stattliche fünftausend Seiten summierende Bericht sezierte die Bloody-Sunday-Ereignisse und ihre Folgen in allen Einzelheiten. Er erklärte die Demonstrierenden für unschuldig und sprach die alleinige Verantwortung für die Todesfälle den britischen Fallschirmjägern zu, die ohne Warnung geschossen und dies später abgestritten hatten. Für diejenigen, die die ganze Zeit damit verbracht hatten, für Gerechtigkeit zu kämpfen – unter ihnen etwa John Kelly, dessen Bruder Michael getötet worden war –, eröffnete der Bericht die Möglichkeit, endlich Anklage gegen das britische Militär zu erheben. Kelly arbeitete viele Jahre lang auch als Freiwilliger für das Museum of Free Derry, wo er seine Geschichte erzählte. Er nahm zwar an den »City of Culture«-Feierlichkeiten teil, doch für ihn war die Geschichte noch nicht zu Ende. Erst musste der Gerechtigkeit Genüge getan werden.[16]

Diese Spannungen verweisen auf die zweite Schlüssellektion: Geschichten werden in der Welt um uns herum geschrieben. Sie werden nicht nur in Worten und Bildern erzählt, sondern auch durch das Verhalten anderer und in den Strukturen unseres Umfelds. Die Häuser, in denen wir leben, die Berufe, denen wir nachgehen, die Menschen, mit denen wir uns umgeben – all dies und mehr entscheidet, welche Arten von Geschichten wahrscheinlich glaubhaft sind und uns überzeugen können. Auf diesen Punkt bin ich im Laufe dieses Buchs schon mehrfach zurückgekommen, er enthält wichtige Implikationen im Hinblick darauf, wie Geschichten umgeschrieben werden könnten. Wenn wir versuchen, Geschichten zu erzählen, die die Fähigkeit haben, Menschen zusammenzubringen, dann ist es unerlässlich, dass sie in unserem gesamten Alltag widerhallen. In der liberalen Demokratie herrscht oft die Meinung vor, die Gültigkeit und das Gewicht anderer Geschichten hingen von Debatte und Dialog ab. Vor dem Hintergrund der subtilen und unauffälligen Art und Weise aber, auf die Geschichten im Alltag reproduziert werden, laufen solcherlei Bemühungen Gefahr, hoffnungslos abstrakt und losgelöst zu wirken. Halten sich entzweiende Geschichten indes hartnäckig, sollten wir uns ansehen, inwiefern auch sie unausgesprochen immer wieder erzählt werden. Hier zeigen sich alternative Vorstellungen davon, was als Überzeugung zählt, Vorstellungen, bei denen auch die Überzeugung ein weltlicher Akt sein muss. Das sind nur Worte, heißt es, doch um Geschichten alltäglicher zu erzählen, bedarf es des Erfindungsreichtums und des Engagements. Erkennen wir das nicht, wird der Kampf gegen in Fleisch und Blut übergegangene Narrative ewig ein Kampf gegen Windmühlen bleiben.

In vielen Fällen wird den Geschichten, die die Medien oder die öffentliche Debatte beherrschen, meist flächendeckend Glauben geschenkt. Tatsächlich gibt es eine wachsende Anzahl an Studien, die auf die Schlüsselrolle der staatlichen und Massenmedien beim Bilden der öffentlichen Meinung hindeuten. Beispielsweise haben Studien in Großbritannien gezeigt, dass die Sprache der parlamentarischen Debatten zum Thema Sozialhilfe oder die der Massenmedien zum Thema Zuwanderung der öffentlichen Meinung zuvorkommt – also Ansichten und Gefühle ausdrückt, die persönliche und gemeinschaftliche Haltungen verändern.[17] Das könnte die Schlussfolgerung nahelegen, dass unsere kollektiven Narrative von Machtinstitutionen geformt werden. Doch so einfach ist es nicht. Der Annahme, mächtige Spieler besäßen die uneingeschränkte Fähigkeit, Einfluss auf Meinungen zu nehmen, halte ich entgegen, dass die Narrative, die hängen bleiben, diejenigen sind, die ihren Widerhall in einem breiteren Querschnitt bestehender physischer und gesellschaftlicher Beziehungen finden sowie eine Möglichkeit bieten, schlau aus Letzteren zu werden. Mit anderen Worten: Es besteht eine Wechselbeziehung zwischen den Geschichten, die überzeugend erzählt werden können, und der Welt, die sie betreffen – wobei sich die Affordanzen gegenseitig formen und beschränken. Das wird vor allem in Fällen offensichtlich, in denen das Top-down-Storytelling versagt.

Mitte der 2000er-Jahre verbrachte der israelischstämmige Anthropologe Nitzan Shoshan anderthalb Jahre damit, die zornigen jungen Männer und Frauen der Berliner extremen Rechten kennenzulernen. Shoshans Bericht beginnt mit einer Geschichte, die das moderne Deutschland über sich selbst erzählt. Nach dem Kalten Krieg und der deutschen Wiedervereinigung standen die Staatslenker vor dem Dilemma der nationalen Identität. Einerseits musste eine erneuerte Geschichte der kollektiven Identität her, die den ehemaligen Osten und den Westen vereinte und Antworten auf Fragen wie »Wer darf deutscher Staatsbürger sein?« oder »Welche Rolle soll Deutschland auf der Weltbühne spielen?« gab. Andererseits durfte diese Geschichte die Skepsis bezüglich des Nationalismus als Kraft, die zu den Gräueln des Zweiten Weltkriegs geführt hatte, nicht außen vor lassen. Daraus entstand das Bild Deutschlands als fleißige, innovative und weltoffene Nation. Als rechtschaffene Bürgerin oder rechtschaffener Bürger galt, wer wirtschaftlichen Erfolg, multikulturelle Offenheit und die Ablehnung der nationalistischen Vergangenheit verkörperte.

Als Shoshan die Rechtsextremen Berlins immer besser kennenlernte, wurde ihm etwas Erstaunliches klar: »Rassismus und fremdenfeindlicher Nationalismus waren tief verwurzelt und weit verbreitet, wohingegen die allgemeinen politischen Kenntnisse … nun ja, sagen wir mal: überraschend rudimentär waren. Einige meiner Informantinnen und Informanten beispielsweise wussten noch nicht einmal, wer damals Bundeskanzlerin war. Nur wenige waren Mitglieder in organisierten politischen Gruppen oder nahmen an Demonstrationen teil.«[18] Die Nationalisten konnten sich nicht darüber einigen, wer die »guten« und die »bösen« Fremden oder warum Fremde angeblich so bedrohlich waren.

Häufig widersprachen ihre Handlungen ihren geäußerten Ansichten. Gemeinsam war den jungen Leuten allerdings häufig, wie sie aufgewachsen waren: Sie stammten aus Arbeiterfamilien oder waren schlicht arm, konnten kaum Qualifikationen vorweisen, hatten zu Hause Missbrauch oder Gewalt erlebt, waren schon kriminell geworden oder neigten dazu, von der Sozialhilfe zu leben oder nur unregelmäßig beschäftigt zu sein. Was Shoshan klar wurde, war, dass rechtsextreme Ansichten oft eine Reaktion darauf waren, wie die Umstände von Herkunft und Chancen im Leben bestimmte Menschen aus der deutschen Nationalgeschichte herausschrieben. Manche Menschen konnten einfach nie wirklich gute Bürgerinnen und Bürger sein – sie waren bestenfalls ein Problem, das gelöst werden musste. Indem sie sich dem Rechtsextremismus zuwandten, fochten sie diese Geschichte an. Gleichzeitig verliehen sie damit aber auch den Gefühlen der Frustration und der Vernachlässigung Ausdruck, die die Jugendlichen nicht nur empfanden, sondern zudem in ihrem alltäglichen Umfeld abgebildet sahen: in Form von identischen grauen Wohnblöcken, heruntergekommenen Sozialwohnungen und Sackgassenjobs. Die rechtsextreme Jugend war vielleicht nicht ideologisch kohärent, ihre Überzeugungen aber waren durch gemeinsame Gefühle des Zorns und der Verletzlichkeit geeint.

Wenn jedoch Gefühle der Frustration und der Vernachlässigung mit extremen Ansichten verbunden sind, dann ist diese Verbindung niemals eine zwangsläufige. Ein anschauliches Beispiel dafür stammt von einem weiteren in Deutschland tätigen Anthropologen, Felix Ringel. Er lebte und arbeitete in Hoyerswerda, einer Stadt im äußersten Osten Deutschlands, auch bekannt als Deutschlands am schnellsten schrumpfende Kommune. Seit der Wiedervereinigung des ehemaligen Ost- und Westdeutschlands sinkt die Bevölkerungszahl von Hoyerswerda rasant, trotz der Unsummen, die investiert worden sind, um die Lebensumstände im einstigen kommunistischen Osten zu verbessern und die Menschen zum Bleiben zu bewegen. In manchen Fällen hat dieser Niedergang heftige Ressentiments hervorgebracht. 1991 etwa war Deutschland von einer ganzen Welle an gewalttätigen Ausschreitungen gegen zugewanderte Arbeiter und Geflüchtete schockiert; die Ausschreitungen ließen darauf schließen, dass der an die Naziära erinnernde Rechtsextremismus in der frisch wiedervereinigten Nation gesund und munter war. Im Jahr 2008, zu der Zeit, als Ringel in Hoyerswerda lebte, erzählten verschiedene Gruppen von Neonazis ihm eine ganz ähnliche Geschichte, die vom »geplanten Volkstod« der Deutschen, der sich angeblich ebenfalls im Niedergang Hoyerswerdas zeigte.

Ringel jedoch war in erster Linie daran interessiert, wie es den Menschen in Hoyerswerda gelang, sich eine sinnvolle Zukunftsperspektive zu erschaffen, die sie den Narrativen des Niedergangs entgegensetzen konnten. Er zeigte auf, dass alternative Geschichten über Hoyerswerdas Zukunft nur erzählt werden konnten, wenn man bestimmte Dinge in der Gegenwart veränderte. Dazu zwei Beispiele: In einem Vortrag in einer Bildungseinrichtung für Senioren erzählte ein ehemaliger Hydrologe von seiner Vision, Hoyerswerda zu einem Brennpunkt der grünen Industrie zu machen, und zwar mittels Wasserwegen, die die ganze Stadt durchziehen und sie ins »Venedig der Lausitz« verwandeln würden. Um dieses Narrativ zum Leben zu erwecken, begann der Hydrologe seinen Vortrag mit der letzten Eiszeit, von der aus er die Geschichte von Hoyerswerdas Wasserwegen und Industrie nachzeichnete und so einen langen historischen Bogen der Veränderung schlug, der noch längst nicht zu Ende war. Ein anderer Einwohner von Hoyerswerda, Helfried, ein ehemaliger Bergbauingenieur, machte mit Ringel einen Ausflug in die Umgebung, wo eine Reihe von künstlichen Seen und wiederaufgeforstetes Land gerade in ein »natürliches« Naherholungsgebiet umgewandelt wurden. Helfried verband diese Entwicklungen mit der Geschichte der Industrialisierung im Laufe der vergangenen hundert Jahre und zeichnete somit ebenfalls eine anhaltende, noch nicht abgeschlossene Historie nach. Auffällig war, dass sich vor allem Einwohnerinnen und Einwohner, die in Bürgervereinen tätig waren, eine lebenswerte Zukunft in Hoyerswerda vorstellen konnten. Diese Vereine waren Zentren der Verbundenheit, Kreativität und Zugehörigkeit, durch die sich die Stadt sowohl lebenswert als auch langlebig anfühlte. Das Entscheidende, so Ringel, war, dass sich die Menschen insbesondere dann alternative Zukunftsnarrative vorstellen konnten, wenn sie sich auf die Potenziale ihres Alltagsmaterials und ihrer sozialen Welt konzentrierten und aus diesen Elementen neue Geschichten spannen.

Befinden sich abstrakte Narrative nicht im Einklang mit den Realitäten der Welt, scheitern die Geschichten. Doch wie wir am Beispiel Hoyerswerda gesehen haben, finden sich in Alltagswelten reichlich Elemente zum Gestalten neuer Geschichten. Das politische Leben kann als Bemühung gesehen werden, weltliche Geschichten zusammenzuhalten.

Zur Politik gehört nicht nur, darüber zu diskutieren, wie Ressourcen verteilt werden oder Institutionen arbeiten sollten, sondern vor allem auch, Geschichten zu erfinden, wie die Bürgerinnen und Bürger aus der Welt, in der sie leben, Sinn schöpfen können. Ungleichheit beispielsweise kann als Versagen des Staats oder des Markts oder so dargestellt werden, als seien die Zuwanderer oder Milliardäre daran schuld. Und die Bürger und Bürgerinnen können auf diese Ungleichheit mit Akzeptanz, Zorn oder Hass reagieren, je nachdem, welche Beziehung sie zu den jeweiligen Narrativen haben. Allerdings ist das Spinnen von Geschichten und das Erproben ihres Zusammenhalts nicht nur eine Sache der nationalen Politik, sondern auch der Stoff des Alltags.

In Kilburn half ich an den Dienstagabenden immer in einem Jugendtreff in Caldwell aus. Der Dienstag war dem Fußball vorbehalten, gespielt wurde in einer nicht mehr ganz taufrischen Turnhalle im hinteren Teil des Treffs. Die Spiele in der kleinen Halle waren schnell, laut und ruppig, voller wüster Fluchereien und verdeckter Körperkontakte, was sie für die Jugendlichen zu einem Ventil für aufgestauten Frust machte. Ich saß am Spielfeldrand und hörte mir die Geschichten der jungen Leute an, die mir aus der Schule oder von zu Hause erzählten. Ollie etwa war fünfzehn, untersetzt und mürrisch und deutete an, dass die Beziehung zu seinen Eltern mehr als wechselhaft war: Oft weigerten sie sich, Schulschreiben zu unterzeichnen, meist brüllten sie herum, manchmal flogen auch Gegenstände. Er sprach aber auch über die resignierte Haltung der Lehrer und Lehrerinnen. Einmal zeigte er mir vor einem Spiel im Büro des Jugendtreffs heimlich eine Mathe-Klassenarbeit, für die er die Bestnote A bekommen hatte – worauf Ollie ungeheuer stolz war, hatte er doch schwer dafür gebüffelt, was er allerdings nur zögerlich zugab. Sowohl der Lehrer als auch Ollies Eltern hatten die Note als Glückstreffer abgetan, erzählte er mir verletzt. Und als ich ihn eine Woche später nach dem Ergebnis einer nachfolgenden Klassenarbeit fragte, funkelte er mich nur zornig an: »Was soll der ganze Scheiß überhaupt?«

Ollies Selbstverständnis – als jemand, der Erfolg hat, oder als Versager, als jemand, der sich Mühe gibt, oder als jemand, der von vornherein zum Scheitern verurteilt ist – hing ungemein von den Menschen in seiner Umgebung ab. Damit war er nicht allein. Ollies Zorn war nicht nur seinem schwierigen Zuhause geschuldet, sondern auch dem umfassenderen Muster, wie die Jugendlichen in Caldwell generell behandelt wurden. Von abgestumpften Lehrern bis zur feindseligen Polizei – häufig schien es, als sei die Zukunft der Jugendlichen schon längst geschrieben. Mir wurde erst nach Monaten in Caldwell klar, wie klaustrophobisch sich das anfühlen kann. Die Jugendlichen erzählten mir von aggressiven Körperdurchsuchungen vonseiten der Polizei; manchmal waren sie sogar mehrmals am Tag angehalten worden, als sei man sich ohnehin schon sicher, dass die jungen Leute Dreck am Stecken hatten, und suchte nur noch nach den entsprechenden Beweisen. Man erzählte mir von einer Familie, die monatelang ohne Haustür leben musste, nachdem die Polizei diese im Rahmen einer morgendlichen Razzia eingetreten hatte. Ich sprach mit Referendaren, die angesichts der Gleichgültigkeit ihrer älteren Kollegen vor Wut kochten – diese Kollegen schrieben jedes Kind, das auch nur ein Fünkchen Störverhalten aufwies, im Handumdrehen als nicht der Mühe wert ab.

Aus diesen Erfahrungen leiteten die jungen Leute häufig Schlussfolgerungen darüber ab, was und wie sie es tun konnten und wohin sie gehörten. Nach einem Workshop, der die Anwohner über ihre Rechte im Umgang mit der Polizei informieren sollte, unterhielt ich mich mit Damon, der bezweifelte, dass die Leute in Caldwell überhaupt Rechte im eigentlichen Sinn des Wortes hatten:

Auch wenn du dich wie ein Brite fühlst: Siehst du wie ein Ausländer aus, wirst du auch wie einer behandelt [...]. Manchmal kriegst du Probleme in der Schule, weil die denken, du passt da nicht rein. Und die Polizei hält Leute auf der Straße an und durchsucht sie, weil sie anders aussehen oder sich anders verhalten, stimmt's? So kann man den Leuten natürlich auch sagen, dass sie keine echten Briten sind. Und wusstest du, dass sie dir den Pass wegnehmen, wenn du für länger als zwei Jahre ins Gefängnis kommst? Sie können ihn dir einfach wegnehmen! Also wie britisch ist man da, bitteschön?![19]

Damons Sicht der Dinge ist auch deshalb besonders wichtig, weil er, wie wir in Kapitel 5 gesehen haben, zu denjenigen gehört, die Erfahrungen mit dem Straßenleben gemacht haben, sich aber davon lösen konnten. Trotz der Veränderungen in seinem Leben blieb ihm schmerzhaft bewusst, was es bedeutete, in Caldwell jung und Schwarz zu sein. Durch das Verbinden der Punkte Schule, Polizei und Staatsbürgerschaftsrecht demonstrierte er anschaulich und geschickt, warum Briten mit Migrationshintergrund es schwer glauben konnten, dass sie tatsächlich dieselben Chancen bekamen wie die anderen Bürger und Bürgerinnen. Bei anderen Gelegenheiten sprach Damon darüber, dass das Straßenleben Zuflucht vor dem Geflecht aus Misstrauen, Geringschätzung und niedrigen Erwartungen bot, das das Leben in Caldwell mit sich bringen konnte. Sich mit Jugendlichen aus rivalisierenden Gegenden zu prügeln oder Geld mit Dealen zu verdienen war eine Art, trotzigen Stolz zu zeigen.

Für Damon bedeutete die Entwicklung über die Straße hinaus nicht, mit Caldwell zu brechen, sondern auf die Möglichkeiten des Orts zurückzugreifen, eine andere Art von Geschichte zusammenzustellen. Als er Mia in Caldwells Kreativzentrum kennenlernte, halfen die Tatsache, dass das Zentrum allmählich zu einer dortigen Institution aufgestiegen war – zu einem Ort für Geburtstagspartys, inoffizielle Plaudereien oder Faschingsfeiern –, und die Tatsache, dass Mia in Caldwell gut bekannt war, Damon dabei, Mia vertrauen zu können. Später, als er sich auf die Suche nach einem seriösen, langfristigen Job begab, war es Sarah, ebenfalls im Kreativzentrum tätig, die ihm bei der Jobsuche half. Er hatte seinen Anteil an Sackgassenjobs und zwecklosen Bewerbungskursen hinter sich und machte Mia und Sarah deutlich, dass er ihretwegen darauf vertraute, dass es dieses Mal anders sein würde. Im Laufe der Zeit wurde ihm klar, dass sein Geld nicht mehr auf der Straße verdienen zu wollen nicht zwangsläufig bedeutete, sich von den Menschen, die ihm wichtig waren, abzuwenden – den Menschen, die ihm dabei geholfen hatten, ein Gefühl der Würde zu entwickeln. Er konnte immer noch mit »denen da draußen« quatschen, auf Partys Hof halten oder den Leuten einen ausgeben, genau wie vorher. Was auch immer die Polizei oder die Lehrer gesagt hatten: »Straßenleben« und »anständiges Leben« waren eben doch nicht zwei getrennte Welten. All das formte Damons Zugehörigkeitsgefühl und die Arten von Geschichten, die er über sich selbst erzählen konnte. »London ist alles, was ich kenne«, sagte er einmal in einer Unterhaltung mit seinen Freunden. »Aber ich mag es, glaub ich, nicht besonders. Es nimmt dir irgendwas weg.« Jemand anders, ein DJ vom Lokalradio, stimmte ihm zu: Manche Städte, sagte er, seien mal ganz anders gewesen, im gemeinsamen Besitz ihrer Bewohner. »Ich habe nicht das Gefühl, dass ich London besitze«, fuhr Damon fort, »Kilburn schon.«

*

Die dritte Schlüssellektion ist die der Übersetzung. Das Übersetzen allerdings kann eine knifflige Angelegenheit sein, wie ich an einem Vormittag im August 2015 am eigenen Leib erfuhr.

Das Wetter machte ganz und gar keine Laune. Was als sonniger Tag mit strahlend blauem Himmel begonnen hatte, war inzwischen zu einem drückend schwülen geworden, die zarten Wölkchen hatten sich zu einer einheitlichen, grauweißen Wand zusammengeballt. Obwohl es zu nieseln begonnen hatte, war es immer noch warm und stickig, was die Vorstellung, in einen Regenmantel zu schlüpfen, höchst unerfreulich machte. Es war klar, dass die meisten Passanten einfach ihre Einkäufe erledigen und dann nichts wie nach Hause wollten – das konnte man schon daran erkennen, dass viele von ihnen direkten Blickkontakt mieden. So mussten sich Straßenprediger fühlen, dachte ich, keine Frage.

Ich war mit einer Gruppe von Umweltschützern unterwegs, die von Kilburn zum nahe gelegenen Willesden Market gefahren waren. Der Marktleiter hatte ihnen erlaubt, kostenfrei einen Stand aufzustellen; auch er machte sich Sorgen wegen des Klimawandels und verstand ihr Anliegen, das Bewusstsein der Öffentlichkeit für das Problem zu schärfen. Die Gruppe hatte schon Erfahrungen mit derlei Ständen gesammelt, bei Sommerfesten etwa oder kulturellen Veranstaltungen, doch Willesden Market war neu. Hier bekam man so ziemlich alles für wenig Geld, es war ein ausgesprochen praktischer Alltagsmarkt. Weshalb die Aussicht darauf, den Stand gerade dort aufzustellen, für die Umweltschützer sowohl abschreckend als auch verlockend war. Schließlich waren sie davon überzeugt, dass der Klimawandel jeden anging – warum also nicht an einem Ort für das Tätigwerden plädieren, der von »jedem« frequentiert wurde? Und so beschlossen sie, es mit dem Stand zu versuchen, und luden mich ein, mitzukommen und ihnen zu helfen.

Es ging quälend langsam voran. Hauptsächlich wollten wir die Leute dazu bringen, an ihren Abgeordneten zu schreiben und diesen zum Handeln aufzufordern. Auf unserem Tisch lag ein Stapel vorgedruckter Briefe, die nur noch unterschrieben und abgeschickt werden mussten, und alternativ eine Liste mit Tipps zum Verfassen eines eigenen Briefs. Wenn es wirklich gut lief, so hoffte die Gruppe, würde sie sogar einige neue Mitglieder gewinnen. Jill, eine der Vorsitzenden der Gruppe, erklärte mir, wir würden die Leute am besten erreichen, gäben wir ihnen Raum, ihre eigenen Gedanken zum Thema zum Ausdruck zu bringen. Sie schlug Gesprächseröffner wie beispielsweise diesen vor: »Wir denken, der Klimawandel betrifft eigentlich jeden. Was meinen Sie?«, oder: »Wir haben hier einen Brief, den Sie an Ihren Abgeordneten schicken können, aber was denken *Sie* über den Klimawandel?«

Ich hatte zunächst die Aufgabe, Passanten anzusprechen. Manchmal benutzte ich Jills Fragen dafür, manchmal fragte ich auch nur, ob sie einen Augenblick Zeit hätten, um über den Klimawandel zu reden. In der Mehrzahl der Fälle erntete ich dafür einen Gesichtsausdruck der einstudierten Gleichgültigkeit oder einen raschen verächtlichen Blick. Manchmal bekam ich aber auch eine kurze Erwiderung, während die Leute schon weitergingen, etwa »So ein Unsinn!« oder »Gott wird's schon richten«. Obwohl ich in meiner Eigenschaft als Anthropologe dort war – also aus erster Hand aus Erfahrungen lernen wollte –, fühlte ich mich durch den stetigen Strom an Abweisung doch allmählich etwas angeschlagen und war froh, als ich mich endlich an den Stand stellen konnte und jemand anders meine Aufgabe übernahm.

Alle paar Minuten ließ sich tatsächlich jemand auf ein Gespräch ein und antwortete aus seiner Perspektive auf unsere Fragen. Ein Mann aus Uganda beispielsweise wollte wissen: »Was meint ihr damit? Wollt ihr mehr Bäume? Oder weniger?« Ich zögerte einen Augenblick – der Brief, den die Gruppe entworfen hatte, konzentrierte sich in erster Linie auf die Reduzierung von Treibhausgasemissionen als oberste Priorität, doch schien mir auch das Pflanzen von Bäumen durchaus sinnvoll. Sollte ich dem Mann das alles erklären? Schließlich entschied ich mich dafür, lediglich zu sagen: »Na ja, Bäume sind nur ein Teil der Lösung, aber ja, sicher: Wir wollen mehr Bäume. Mehr Bäume und weniger Abholzung würden die Dinge sicherlich positiv beeinflussen. Also ja: mehr Bäume!« Der Mann begann, übers ganze Gesicht zu strahlen, und unterschrieb einen der Briefe, ohne ihn vorher wirklich gelesen zu haben. Dabei erzählte er mir, dass er auf seinem zehneinhalb Hektar großen Grundstück in Uganda schnell wachsende Eukalyptusbäume anpflanzte. Voller Stolz berichtete er davon, dass er im Rahmen verschiedener internationaler Projekte Stecklinge zum Anpflanzen neuer Bäume verkauft hatte, Projekte, die zum Teil von der EU und den Vereinten Nationen unterstützt wurden. Seine zwanzigtausend Bäume, fuhr er fort, mussten mittlerweile schon über eine Million andere hervorgebracht haben – er war also definitiv auch für mehr Bäume!

Ein anderer Mann hielt an, er kam aus Barbados. »Wir sprechen ja inzwischen jeden Tag vom Klimawandel«, begann er. Die Menschen nähmen ihn jetzt sehr ernst, so der Mann weiter, weil sie miterlebten, dass die

Hurrikans von Jahr zu Jahr schlimmer werden. Und obwohl das nicht erst seit gestern so ist, fügte er hinzu, ist bislang wenig passiert. In den letzten hundert Jahren, als die kubanische Rohrzuckerindustrie immer mehr wuchs und die auf Barbados heimische allmählich verdrängte, mussten die Menschen viele ihrer Zuckerrohrfelder roden und stattdessen auf Holz umsteigen, was, davon war der Mann überzeugt, alles nur schlimmer gemacht hatte. Wieder war ich um eine Antwort verlegen. Dass man Zuckerrohr durch Bäume ersetzte, schien mir keine Ursache für den Klimawandel zu sein, so, wie ich ihn verstand. Wenn das überhaupt etwas miteinander zu tun hatte, dann war es doch sicherlich etwas Positives (»mehr Bäume!«). Für den Mann aber bestand eine ganz offensichtliche Verbindung zwischen dem Niedergang der Rohrzuckerindustrie und den immer heftiger wütenden Hurrikans der vergangenen Jahre. Ich dachte an Jills Einlassung zurück und biss mir auf die Zunge. Der Mann unterschrieb einen Brief, wünschte uns Glück und ging weiter.

Manchmal wurde die Vielfalt der Sichtweisen zur echten Herausforderung. Die Aktivisten der Gruppe beklagten sich oft darüber, wie schwierig es war, Interesse und Verständnis für Umweltfragen zu wecken. Im Oktober reiste ein anderes Team der Gruppe zu einer großen Niederlassung der Barclays-Bank, um dagegen zu demonstrieren, dass die Bank Fracking-Projekte finanzierte. Das Fracking, kurz für »hydraulic fracturing«, ist eine umstrittene Methode, schwer zugängliches Öl und Gas zu gewinnen; dabei werden Druckwasser und andere Chemikalien in den Boden gepumpt und die Brennstoffe so in leichter zugängliche Bereiche gedrückt. Sowohl Wissenschaftler und Wissenschaftlerinnen als auch Aktivistinnen und Aktivisten haben darauf hingewiesen, dass bei diesem Verfahren das Grundwasser schwer kontaminiert werden kann und die Gefahr einer seismischen Instabilität entsteht. Beide haben sich auch mit dem einfacheren Argument gegen das Fracking ausgesprochen, aufgrund der Dringlichkeit des Klimawandels müsse jegliche Gewinnung fossiler Brennstoffe so schnell wie möglich gestoppt werden. Das Fracking ist eine komplexe Angelegenheit, und so diskutierten die Mitglieder der Gruppe vor der Demonstration darüber, ob man bei dem Protest eher auf örtliche Umweltschäden oder allgemeiner auf den Klimawandel eingehen sollte. Am Ende einigte man sich darauf, sicherzustellen, dass man auf jeden Fall die Aufmerksamkeit der Öffentlichkeit erregte, und Infoflyer in der Hoffnung darauf zu verteilen, dass sich die Menschen auf dieser Grundlage ihre eigene Meinung bildeten und entsprechend handelten.

Für die Demo hatte sich Jan, eine ursprünglich aus Australien stammende Sozialarbeiterin Mitte vierzig, einen griffigen Slogan ausgedacht: »Barclays investiert ins Fracking – das ist kein Privatkundengeschäft!« Manchmal wurde auch noch ein rhetorisches »Oder?« an den Slogan angehängt. »Glaubst du, dass die meisten Passanten wissen, was Fracking ist?«, fragte ich sie. Sie war skeptisch: »Wahrscheinlich nicht, aber worum es geht, ist, Aufmerksamkeit zu erregen mit etwas, das hängenbleibt. Dann gehen die Leute nach Hause und finden die Hintergründe selbst heraus.« Doch selbst diesem einfachen Ziel – Menschen mit unterschiedlichen Sichtweisen durch eine minimalistische, einprägsame Botschaft zu erreichen – konnte genau diese Unterschiedlichkeit einen Strich durch die Rechnung machen. Jan hatte eine Freundin mitgebracht; sie war in ihrem Alter und arbeitete als Lehrerin an einer Schule vor Ort. Nachdem sie von einem nahöstlich aussehenden Mann abgewiesen worden war, der der ganzen Gruppe einen skeptischen Blick zuwarf, sagte Jans Freundin zu uns: »Ich glaube, er weiß nicht, was das Privatkundengeschäft ist. Eine Menge Leute hier verstehen wahrscheinlich nicht, was los ist. Das macht es so schwer, sie endlich wachzurütteln – die Big Players nutzen sie aus, und sie merken das nicht einmal.« Kurz darauf fügte sie noch mit Nachdruck hinzu: »Ihr müsst Englisch lernen!« Jan stimmte ihr zu: »Die Gegend hier ist ausgesprochen divers. Da ist es nicht leicht, aktivistisch tätig zu sein. Ich meine, wir gehen auf die Leute zu, ›hey, du!‹, sind uns aber nie sicher, ob sie uns auch verstanden haben.«

Im Laufe der vergangenen Jahrhunderte wurde die Welt immer vernetzter – zuerst durch den Kolonialismus und in jüngerer Zeit aufgrund der technologischen Entwicklungen sowie neuer Formen der globalen Migration. Wir haben uns darüber hinaus auch mehr an ökologische Zusammenhänge gewöhnt, die immer schon existierten. Dennoch hat man die Politik, vor allem die demokratische Politik, in erster Linie als etwas verstanden, das innerhalb einzelner Länder stattfindet. Es gibt jedoch eine wachsende Anzahl von Problemen – den Klimawandel etwa, weltumspannende Wellen von Geflüchteten, Lebensmittelsicherheit, Krankheiten oder die komplizierten Lieferketten zur Herstellung von Waren –, die eine globale Perspektive erfordern. Ein Teil der Besorgnis und des Frusts, die diese Probleme umgeben, ist der Tatsache geschuldet, dass unsere ethische und politische Vorstellungskraft häufig zu eingeschränkt ist. Infolgedessen haben sich Aktivisten, Pädagogen und Politiker oftmals für die Kultivierung weiter gefasster Sichtweisen eingesetzt, die in der Lage sind, den gesamten Umfang der Probleme zu überschauen. Die moderne Umweltschutzbewegung beispielsweise wird vielfach auf den Augenblick im Jahr 1968 zurückgeführt, in dem die erste Farbfotografie der Erde vom Mond aus entstand: Sie lieferte uns buchstäblich eine globale Sichtweise unseres Planeten und regte dazu an, über unsere Verbindung mit der Erde und unsere gegenseitige Abhängigkeit nachzudenken.

Und trotzdem stolpert der Vorstoß in Richtung umfassenderer, das große Ganze überschauender Sichtweisen über das Anderssein. In den schlimmsten Fällen hat dies Aktivisten und Aktivistinnen in dem Bemühen, den Dingen ein allumfassendes Narrativ aufzuzwingen, dazu geführt, diversere Erfahrungen der Geschichte, des Schmerzes und der Besonderheit einzuebnen. Ich denke da beispielsweise an Roger Hallam, den Mitbegründer des globalen klimaaktivistischen Netzwerks Extinction Rebellion. Hallam zufolge hat es die Bedeutung, die der Erinnerung an den Holocaust beigemessen wird, schwierig gemacht, sich anderen vergangenen und heutigen Tragödien zuzuwenden; darüber hinaus hat Hallam es abgelehnt, sich im Rahmen seiner Umweltschutzbewegung mit Fragen der mangelnden ethnischen Gleichberechtigung auseinanderzusetzen, die sich sowohl aus dem Klimawandel als auch aus potenziellen Nachhaltigkeitsmaßnahmen ergibt.[20]

Als die in Kanada geborene Klimawissenschaftlerin Katharine Hayhoe in Lubbock, Texas, ankam, um eine neue Stelle anzutreten, hatte sie davor einzig Erfahrungen mit den das große Ganze betreffenden Fragen des Klimawandels gemacht. In ihren Forschungen beschäftigt sie sich mit den Auswirkungen verschiedener Treibhausgase auf Veränderungsmuster, häufig auf globaler Ebene. Aufgrund ihres Fachwissens hat sie für die Regierung der Vereinigten Staaten, die National Academy of Sciences und als Gutachterin für das Intergovernmental Panel on Climate Change gearbeitet. In ihrem unmittelbaren Umfeld aber hatte sie Mühe, mit ihrer Arbeit ernst genommen zu werden. Für sie lag es auf der Hand, dass der Klimawandel vom Menschen verursacht wird – viele Texaner waren sich da jedoch nicht so sicher.

Das Aha-Erlebnis kam, als man Dr. Hayhoe einlud, vor einer ortsansässigen Kirchengruppe einen Vortrag über ihre Tätigkeit als Wissenschaftlerin zu halten. In diesem Vortrag appellierte sie eindringlich an das Publikum, den Klimawandel nicht auf die leichte Schulter zu nehmen – was bei den Zuhörerinnen und Zuhörern offensichtlich nicht ankam. In der Diskussionsrunde jedoch wurde sie gefragt, was sie zu ihren Forschungen motivierte. Sie sei in einem evangelisch-christlichen Haushalt aufgewachsen, antwortete Hayhoe, und werde vom Glauben zu ihrer Arbeit motiviert. Plötzlich veränderte sich irgendetwas im Raum, und Hayhoe fand sich inmitten einer lebhaften Diskussion wieder, bei der es um die Frage der verantwortungsvollen Verwaltung der Schöpfung und die mögliche Rolle der Wissenschaft dabei ging. In vertraute religiöse Begriffe umformuliert wurden ihre Appelle auf einmal mit Begeisterung aufgenommen.

Seit damals ist Dr. Hayhoe zu einer prominenten öffentlichen Sprecherin zum Thema Klimawandel geworden – nur, dass sie ihn meist nicht so nennt. »Klimawandel« ist ihrer Meinung nach ein Begriff, der für die Öffentlichkeit mittlerweile für eine ganz bestimmte politische Agenda steht. Er ist zu weit gefasst, zu strittig und zu abstrakt, als dass die Menschen ihn als relevant für ihre Entscheidungen im alltäglichen Leben empfinden würden. Deshalb schneidert Hayhoe ihre Botschaft auf diejenigen zu, mit denen sie spricht. Mit Kirchengängerinnen und Kirchengängern spricht sie über Glauben und Fürsorge, über Herrschaft und

Verwaltung. Mit Eltern spricht sie über deren Kinder. Mit einem jüngeren Publikum erkundet sie Hoffnungen für die Zukunft und wie diese sich in die Systeme der Natur einfügen. Und bei Fachleuten formuliert sie das Problem häufig so um, dass deren Fachkenntnisse im Mittelpunkt stehen. Durch das Anführen dieser vertrauteren Bezugsrahmen und Kategorien will sie verdeutlichen, dass auch sie Möglichkeiten sind, uber den Klimawandel nachzudenken und zu sprechen.

Der Klimawandel, so Dr. Hayhoe, ist eine nützliche Bezeichnung für Wissenschaftler und Politiker. Die ganz gewöhnlichen Bürgerinnen und Bürger, mit denen sie sprach, jedoch fühlten sich mehr angesprochen, wenn die politischen, wirtschaftlichen, ökologischen und gesellschaftlichen Probleme, die als »Klimawandel« zusammengefasst werden, auseinandergenommen und dann unter dem Banner der persönlicheren Belange wieder zusammengesetzt wurden. Dr. Hayhoe also ist etwas sehr Seltenes, etwas, das wir heute dringend brauchen: eine Übersetzerin. Ein bekannter feministischer Slogan besagt, das Persönliche sei politisch. Mit ihrer engagierten Arbeit macht Dr. Hayhoe das Politische persönlich. Und dabei macht sie den Umweltschutzaktivismus einem breiteren Spektrum von Menschen zugänglich, über die Menschen hinaus, die ohnehin schon prädisponiert dafür sind, sich für den Umweltschutz einzusetzen.

Diese Art der Übersetzung befindet sich im Einklang mit der repräsentierenden Politik des Liberalismus; sie ermöglicht es den Menschen, über Geschichten und Symbole Alltagsbelange zu verhandeln, ohne dass sie sich dafür persönlich kennen müssten. Dennoch verändert sie die liberale Politik auf drei wichtige Weisen. Erstens macht sie die repräsentierende Politik wieder bodenständig. Das bloße Konzept der Übersetzung hält an der Vorstellung fest, dass bestimmte Angelegenheiten uns alle betreffen. Abgelehnt wird dagegen die Vorstellung, es gäbe eine einzelne universelle Sprache, in der diese Angelegenheiten zum Ausdruck gebracht werden könnten. Das Konzept der Übersetzung berücksichtigt die Nuancen des alltäglichen Lebens, die dadurch unsere Sichtweise beeinflussen können, ohne dabei die Hoffnung aufzugeben, dass es möglich ist, sich auf einen gemeinsamen Nenner zu einigen.

Zweitens mäßigt die Übersetzung die universalisierende Logik des Liberalismus. Verallgemeinernde Vorstellungen des Menschseins oder der kollektiven Gruppenidentität haben immer auch ihr Außen; werden sie als maßgeblich betrachtet, bedeutet aus ihnen herauszufallen, auch aus der Kategorie des Menschseins zu fallen. Die Übersetzung bricht diese Form der Maßgeblichkeit auf. Durch sie können wir die vielfältigen Vorstellungen vom Menschsein in Relation zueinander sehen. Wir könnten beispielsweise Logik, Mitgefühl, evidenzbasierte Schlussfolgerungen und Ansichten alle als Formen der »Vernunft« erkennen, was die Grundlage, von der aus die Bürgerinnen und Bürger Ansprüche an den Staat und aneinander stellen, erweitern würde, ohne dabei auf die Vorstellung zu verzichten, dass das Bürgersein einem gemeinsamen Kern entspringt. Damit erweitert die Übersetzung drittens den Rahmen des Politischen. Für diejenigen, die nicht glauben, dass die Auferlegung von Gleichheit mittels Gesetz und Zwang bedeutungsvolle Veränderungen herbeigeführt hat, und für diejenigen, die solche Auferlegungen als plump und verfehlt empfinden, kann die Übersetzung einen Raum eröffnen, den die oben genannte Maßgeblichkeit nicht eröffnet.

Die Übersetzung also ist entscheidend wichtig – aber selten einfach. Auf der Anti-Fracking-Demo vor der Barclays-Bank verfolgte Tessa, eine jüngere Schwarze Frau, eine neue Strategie. Die Bank hatte zu, was für einen Samstag ungewöhnlich war. Darauf aufbauend probierte sie ein paar neue Schlachtrufe über das Megafon aus. »Barclays hat zu, die sind alle beim Fracking!«, rief sie empört. »Die Bank hat zu, der Geldautomat ist kaputt, und Barclays ist damit beschäftigt, das Geld der Kunden ins Fracking zu stecken!«

Wir waren nicht die Einzigen, die sich am Eingang der Bank versammelt hatten. Während der Demo kamen auch Kunden, die nun vor unerwartet verschlossenen Türen standen. Hin und wieder blieb der eine oder andere unschlüssig stehen. Zu meiner Überraschung erregte Tessas neuer Schlachtruf die Aufmerksamkeit einiger dieser Passanten. Wie als Antwort auf Jans Stereotype sprach keiner von ihnen wirklich fließend Englisch. Doch sie kamen zu uns herüber, und Tessa und Jan versuchten, ihnen zu erklären, worum es bei der Demo ging. Ganz offensichtlich verstanden die Passanten nicht alles; doch ebenso offensichtlich war, dass sie begriffen, dass es hier irgendwie um ein soziales Unrecht und die Schädigung der Umwelt ging, was bei den Versammelten ihrerseits Empörung auslöste. Ihr Ärger darüber, dass die Bank geschlossen war, schien Mitgefühl mit den Demonstrierenden zu erzeugen und half ihnen dabei, deren allgemeinere Botschaft zu verstehen. Tessa reichte das Klemmbrett herum, das sie unter dem Arm gehalten hatte, und bekam für unsere Anti-Fracking-Petition tatsächlich mehrere Unterschriften, bevor die Leute wieder ihrer Wege gingen.

Bei der Umweltschutzgruppe und bei vielen anderen in Kilburn funktionierte die Übersetzung mal, und mal funktionierte sie nicht. Manchmal gelang sie auf sehr wirkungsvolle oder unerwartete Weise und brachte die Menschen trotz ihrer Unterschiede zusammen. Tatsächlich hatte fast jedes Kernmitglied der Umweltschutzgruppe sein eigenes, idiosynkratisches Verständnis von Klimawandel oder »der Umwelt«. Doch hatte die Gruppe gelernt, die unterschiedlichen Sichtweisen sich gegenseitig befruchten zu lassen. Trotz der deutlichen Unterschiede zwischen den Mitgliedern – eines ein Homöopath, ein anderes sehr am Urban Gardening interessiert, eine der Leitenden der Gruppe, Jill, eine Sozialistin alter Schule, die den Umweltschutz mit Fragen der Gleichberechtigung verband, und so weiter – hatten sie eine gemeinsame Sache, der sie sich verpflichteten. Die Übersetzung verlangte sowohl eine Anstrengung als auch Umsicht, und beides war nicht einfach aufrechtzuerhalten. Oder, wie Jill es einmal mir gegenüber formulierte, als sie über ihre Jahre als Aktivistin nachdachte: Es war eine Sache, zu wissen, was auf dem Papier funktionierte, aber eine ganz andere, dann auch so zu handeln, wenn die eigene Leidenschaft entfacht, wenn man wütend, mit den Nerven fertig oder einfach nur erschöpft war. Dann erinnerte man sich nicht so leicht daran, anderen Raum für ihre Stimme, für ihre Sicht der Dinge zu geben und sich selbst so weit zurückzunehmen, dass beides verflochten werden konnte. Wie bei dem Frust, den Jan und ihre Freundin angesichts der Diversität in Kilburn empfanden, kann diese Erfordernis der Anstrengung und Umsicht manchmal wirklich demotivierend sein und sich sogar wie ein Hindernis auf dem Weg zu echter Veränderung anfühlen.

Dies hat die Übersetzung mit den Herangehensweisen ans Geschichtenerzählen gemein, mit denen wir uns in diesem Kapitel beschäftigt haben. Vertraute und doch effektive Bezugsrahmen zu finden, sicherzustellen, dass sie in der Realität verwurzelt sind, und sie so zu übersetzen, dass sie unterschiedliche Adressaten und Sichtweisen in Beziehung zueinander setzen – all das sind langwierige, aufwendige Strategien, die sowohl der Zeit als auch physischer Ressourcen bedürfen. Ein Teil des Reizes, bei für selbstverständlich gehaltenen, abstrakten, singulären Geschichten zu bleiben, besteht darin, dass dies viel leichter ist. Solche Geschichten lassen sich viel leichter vorstellen, erzählen und aufrechterhalten. Die Antwort der liberalen Moderne auf die zunehmende Diversität in den letzten Jahrhunderten war es, diesen breiten, umfassenden und leichten Möglichkeiten, Menschen zusammenzuhalten, den Vorzug zu geben. Ihre Antwort war es, nach Universalien zu streben, die Fremde vereinen konnten und ihnen in Abwesenheit engagierter, persönlicher Beziehungen den Austausch untereinander gestatteten.

Wir haben gesehen, dass diese verallgemeinernden, großen Narrative mitunter unhaltbar sind. Dennoch ist es schwer, Geschichten im Plural zu erzählen – es geht nur langsam vonstatten, ist anspruchsvoll und anstrengend. Um uns dieser Art von Geschichtenerzählen zu verpflichten, brauchen wir demnach eine andere Sichtweise dessen, was wertvoll ist – was sich hinsichtlich Zeit und Ressourcen lohnt. Diese andere Sichtweise des Werts kann nicht aus dem Geschichtenerzählen oder der liberalen Tradition allein heraus entstehen. Im folgenden, letzten Kapitel werden wir der Frage nachgehen, wie ein neu gedachter Republikanismus – wiederum im Spannungsverhältnis zum Liberalismus, nicht auf sich gestellt – uns zu neuen Möglichkeiten der gegenseitigen Wertschätzung sowie zur Wertschätzung der Bande führen kann, die uns zusammenbringen können.

Kapitel 9

NEUE REPUBLIKEN

Megan Phelps-Roper war fünf, als sie das erste Mal an einer Demonstration teilnahm.[1] In diesem Alter konnte sie noch nicht lesen, was auf dem Schild stand, das sie umklammert hielt – das aber fand sie später heraus: »Schwule haben den Tod verdient«. Seit dem Tag ihrer Geburt war Megan ein Mitglied der Westboro Baptist Church, der Megans charismatischer Großvater Fred Phelps und ihre Mutter Shirley Phelps-Roper als dessen rechte Hand vorstanden. Die Mitglieder der Kirche hielten Amerika für zutiefst verdorben und der göttlichen Strafe für mehr als würdig und machten es sich deshalb zur Mission, mittels öffentlicher Demonstrationen die Verdorbenheit anzuprangern und die Strafe Gottes zu feiern. So tauchten sie beispielsweise nach Amokläufen an Schulen mit Schildern auf, auf denen »Betet für mehr tote Kinder« stand. Sie griffen andere Gotteshäuser an (»Gott hasst die Juden«) und traten bei Beisetzungen von Soldaten oder HIV-/Aids-Opfern aggressiv auf. Diese selbstgerechte öffentliche Giftigkeit war rasch in aller Munde und veranlasste den BBC-Dokumentarfilmer Louis Theroux dazu, von der »verhasstesten Familie Amerikas« zu sprechen.

In Erinnerungen an ihre Kindheit stellte Megan das Gift der öffentlichen Auftritte der Wärme und Fürsorge gegenüber, die sie im Schoß ihrer Familie erfahren hatte. Für Megan und ihre Geschwister war der Glaube an Westboros radikale Doktrinen ein sorgsam eingepflanzter, kein aufgezwungener. Die Welt, die Megan beschreibt, ist eine Welt der liebevollen Verwandten, der fürsorglichen Gemeinde, der geduldigen, vernünftigen Diskussion bei Familientreffen und in der Bibelstunde. Für die Kirchenmitglieder bildeten starke Familienbande nicht nur ein sicheres Fundament, von dem aus sie die Welt in Angriff nehmen konnten, sie verknüpften auch die Gefühle der religiösen Rechtschaffenheit mit denen der familiären Liebe. Über ihre frühe Beziehung zu ihrer Mutter, kurz nachdem sie begonnen hatte, an den Demonstrationen teilzunehmen, schreibt Megan:

> Zu dieser Zeit saß ich in der Kirche immer zu ihrer Linken, während sie die Kirchenlieder so hoch und so laut hinausschmetterte, dass mir die Ohren wehtaten. Um mich vor dieser Sangesattacke zu schützen, so fand ich heraus, konnte ich mir einen Finger ins linke Ohr stecken, mich an die Seite meiner Mutter drücken und mir den Gesang gewissermaßen *aus dem Inneren ihres Körpers* anhören. Das war ungeheuer tröstlich: die Wärme, die Schwingungen, der Arm, den sie um mich gelegt hatte und mit dem sie mich an sich presste. Ich wusste damals noch nicht, dass dieser besondere Platz an ihrer Seite immer meiner sein würde. Dass ich als ihre älteste Tochter für sie werden würde, was sie für ihren Vater geworden war – und dass diese Beziehung mich bestimmen würde, ebenso wie die Beziehung zu ihrem Vater meine Mutter bestimmt hatte. *Denn in den Augen meiner Mutter war ich etwas Zartes und einzig Geliebtes.*[2]

Für Megan und ihre Familie gehörten Demonstrationen zu dieser innigen Atmosphäre voller Leidenschaft einfach dazu. Überzeugung und gegenseitige Fürsorge machten die Kirchenmitglieder in ihrem Glauben scheinbar unerschütterlich. Aufrecht und mit einem Bibelzitat auf den Lippen verließen sie ihre öffentlichen Kundgebungen fast immer mit dem Gefühl des Triumphs. Megan betätigte sich auch online, auf Twitter, als Kreuzzüglerin für ihre Kirche, wo sie sich mit deren zahlreichen Kritikern stritt – stets überzeugt von der eigenen Rechtschaffenheit.

Wie bereits erwähnt, erzählen wir häufig die gleiche Geschichte über die Andersartigkeit: dass sie bedrohlich ist. Diese Geschichte entstammt dem Dilemma, gemeinsam in einer endlichen Welt leben zu müssen. In unseren Gemeinden werden wir – sei es nun von Angesicht zu Angesicht oder anonym und »imaginär« – durch bestimmte symbolische, praktische und physische Mittel zusammengehalten. Wir erschaffen Kategorien, die unser Menschsein oder unseren gemeinsamen Hintergrund definieren, und erzählen Geschichten, die diese Kategorien zum Leben erwecken und ihnen emotionales Gewicht und emotionale Anziehungskraft verleihen. Wir pflegen bestimmte Ausrichtungen auf andere, die uns verbinden und trennen: Wir verhalten uns gegenüber Fremden im Zug höflich gleichgültig, gewöhnen uns an unvertraute Sprachen, bis sie alltaglich sind, oder lernen, die Klänge, Gerüche oder Geschmäcker anderer Kulturen ganz bewusst zu schätzen. Wir begegnen anderen in Parks oder Bibliotheken, nehmen an Gemeindefesten teil oder bauen Organisationen auf, die es uns ermöglichen, auf neue Arten und Weisen zusammenzuarbeiten. Gemeinsam können diese symbolischen, praktischen und physischen Mittel als Diversitätsgemeingut gesehen werden – als kollektiv zugänglicher Pool an Mitteln, die es uns möglich machen, mit der Andersartigkeit zu leben.

Wie wir gesehen haben, hängt die Fähigkeit dieser Mittel, uns miteinander zu verbinden, davon ab, wie sie verknüpft werden. Die Glaubhaftigkeit einer Geschichte beispielsweise hängt einerseits davon ab, ob sie ein Drehbuch zum Handeln liefert, und andererseits von den materiellen Realitäten, die sie untermauern. Gleichzeitig aber schwindet das Potenzial dieser Mittel, wenn sie gegensätzlichen Ansprüchen unterworfen sind. Dafür ist die Westboro Baptist Church ein gutes Beispiel. Ihre Mitglieder lehnen öffentliche Geschichten über Gleichberechtigung und Toleranz ab und entlarven sie damit als schwächer, als zu sein sie vorgeben – sie offenbaren, dass es auch in Demokratien jede Menge Raum für Hass geben kann. Ihre Überzeugungen formen Gewohnheiten des öffentlichen Verhaltens anderen gegenüber, das diesen anderen die gleiche Würde abspricht, während es auch zu mehr organisierten politischen Anforderungen an die Gesetze und Prinzipien führt, die das öffentliche Leben regeln. Zudem nehmen sie öffentliche Mittel in Anspruch, was Kosten für andere Bürgerinnen und Bürger verursacht. Mit ihren Protesten besetzen sie öffentliche Parks, bedienen sich des Polizeischutzes und zwingen andere dazu – Synagogen etwa oder Bestattungsinstitute –, in mehr Sicherheit zu investieren. An diesem Punkt tritt die vertraute Geschichte der Andersartigkeitsartigkeit auf den Plan: Wenn unterschiedliche Gruppen Anspruch auf kollektive Mittel erheben, läuft dies auf ein Nullsummenspiel hinaus – eine Situation, bei der der Gewinn einer Partei der Verlust einer anderen ist.

Zwar ist die Westboro Baptist Church ein extremes Beispiel, doch sagt uns unsere Geschichte über Andersartigkeit und Konflikt, dass es jedes Mal zu irgendeiner Form von Verlust kommt, wenn unsere kollektiven Mittel unterschiedlichen Ansprüchen unterworfen sind. In Kapitel 4 haben wir das an den Einstellungen der Anwohner von Kilburn zum Eid-al-Fitr-Fest und sogar zum ganz normalen Grillen im öffentlichen Park gesehen. Auch hier ging es um Ängste, die besagten Veranstaltungen könnten vielleicht andere Möglichkeiten verdrängen. Noch subtiler findet sich die Geschichte in den nur allzu vertrauten Fällen, in denen Menschen dafür beschimpft werden, dass sie in der Öffentlichkeit irgendwie anders auftreten – eine unbekannte Sprache sprechen, ein Kopftuch tragen, Händchen mit einem Partner des gleichen Geschlechts halten. Diesen harmlosen Anzeichen von Anderssein wird oft unterstellt, sie schränkten andere Möglichkeiten ein: »Bald ist es schon strafbar, auch nur zu *sagen*, dass man Engländer ist!«, »Die Ehe bedeutet bald gar nichts mehr.« Was die Sache noch schwieriger macht, ist, dass die Menschen häufig auf ihrem eigenen unvereinbaren Anderssein bestehen.³ Gegner der Abtreibung etwa bestehen auf einer anderen Definition von »Leben« als diejenigen, die das Recht der Frau, selbst über ihren Körper zu bestimmen, in den Mittelpunkt ihrer Argumentation stellen. Bürger und Bürgerinnen, die sich von Glauben oder politischer Überzeugung leiten lassen, haben ihre eigenen Wahrheiten, bei denen andere vielleicht *nicht* moralisch gleich sind, sondern anhand ihres Festhaltens an verschiedenen Doktrinen definiert werden. Und wie wir bei Wyatts Vision vom Schwarzsein als spiritueller Wesenskern in Kapitel 5 gesehen haben, leben die Menschen auch ohne organisierten Glauben oder Politik in ihrem jeweils eigenen Universum. Für sie ist dieses Universum real und kann nicht als bloßer »Glaube« relativiert werden, der gleichberechtigt neben allen anderen Haltungen steht. Diese Augenblicke der Konfrontation und des echten, gewichtigen Andersseins können Wasser auf die Mühlen der bekannten Nullsummengeschichte sein.

Diese pessimistische Darstellung kann zu folgenreichen Schlüssen führen. 1968 prägte der Biologe Garrett Hardin einen Begriff, der sich zu einem der einflussreichsten Konzepte der Moderne entwickeln sollte: den Begriff der »Tragik der Allmende«.[4] In Auseinandersetzung mit dem Problem der wachsenden Weltbevölkerung entwarf Hardin das Bild einer Weide, auf der verschiedene Hirten ihre Tiere grasen ließen. Jeder der Hirten erachtete es als rational sinnvoll, es seinen Tieren zu gestatten, so viel Gras wie möglich zu fressen. Folgte allerdings jeder dieser Strategie, wäre die Weide bald übergrast und ohne Bewuchs, was die Hirten allesamt ruinieren würde. Dennoch würde jeder im vollen Bewusstsein dieses Risikos seine Tiere wahrscheinlich trotzdem so viel wie möglich grasen lassen, so Hardin. Denn jeder, der sich zurückhielt, würde einem anderen einen Vorteil gewähren, den er selbst dann nicht mehr hätte. Für Hardin war die Weide eine Metapher für unseren Planeten: Ließe man die Menschen machen, würden sie die Erde bis zu ihrem Ruin auszehren. Einige Jahre später benutzte Hardin dieses Argument, um die Zuwanderungspolitik der geschlossenen Grenzen sowie strikte Einschränkungen in puncto humanitäre Hilfe zu rechtfertigen.[5] Die Erde, so Hardin, könne nur eine bestimmte Anzahl von Menschen auf einem gesunden, komfortablen Niveau versorgen. Versuchte man, die Weltbevölkerung auf dieses Niveau zu heben, würde dies unweigerlich zur Erschöpfung aller Ressourcen führen. In diesem Sinn hätten wohlhabendere Länder größtenteils das Recht, ihre Grenzen zu schließen beziehungsweise sich zu weigern, ihre Ressourcen mit anderen zu teilen. Es sei tragisch, so Hardin, dass Wohlstand nicht allen möglich war und dass manche Menschen an wohlhabenderen Orten zur Welt kamen, während andere in die Armut hineingeboren werden würden. Dennoch: Würden die Grenzen nicht geschlossen, würde das nur den Ruin für alle bedeuten. Deshalb sei ein solcher Schritt schlicht unumgänglich.

Wo Hardin für geschlossene Grenzen plädierte, um Wohlstand zu sichern, führten andere seine Logik noch einen Schritt weiter und wendeten sie auf Ressourcen an, die Gruppen allgemeiner zusammenhielten. Ebenfalls 1968 hielt der englische Politiker Enoch Powell seine berüchtigte Rede (siehe Kapitel 2), in der er sich gegen Migranten ereiferte, die die weiße britische Bevölkerung aus den Schulen und Vierteln verdrängten. Sieben Monate, nachdem diese Rede Großbritannien in Aufruhr versetzt hatte, legte Powell noch einmal nach:

Der Westinder oder Asiate wird kein Engländer, nur weil er in England geboren wurde. Das Gesetz macht ihn zu einem Bürger des Vereinigten Königreichs durch Geburt; in Wirklichkeit aber ist er immer noch ein Westinder oder Asiate. Gehört er nicht zu einer kleinen Minderheit [...], wird er, das liegt in der Natur der Dinge, ein Land verloren, ohne ein anderes gewonnen zu haben, eine Nationalität verloren, ohne sich eine neue angeeignet zu haben. Uns und ihnen läuft die Zeit davon.[6]

Für Powell funktionierte der Verlust der Identität in beide Richtungen. Außer für eine »kleine Minderheit«, die sich vielleicht anpassen konnte, war die Identität durch das Erbe bestimmt, nicht durch das Zusammenleben. Die Migration schwächte sowohl die Migranten als auch die Gesellschaft, in die diese zogen; sie setzte beide Parteien Formen der Andersartigkeit aus, die mit der jeweiligen Sicht der Welt kollidierten. Heute hallt Powells Behauptung bei Nationalisten jeglicher Couleur wider, von der indischen Bharatiya-Janata-Partei bis zur deutschen AfD, die sich nach einer Welt der kulturell homogenen Nationalstaaten sehnen. Für Hardin bestand die einzige Antwort auf die Tragik der Allmende darin, sich einzuschließen und den offenen Zugang zum Allgemeingut entweder durch staatliche oder durch private Kontrolle zu ersetzen. Powell und andere Nationalisten folgen diesem Fazit: Ihrer Meinung nach ist die einzige Möglichkeit, kollektive kulturelle und politische Ressourcen zu erhalten, die, diejenigen zu verbannen, die sie erschöpfen könnten. Doch die Gefahren bleiben bestehen, auch innerhalb nationaler Grenzen. Gruppen wie die Westboro Baptist Church – bei denen die Bürger und Bürgerinnen selbst[7] durch nicht miteinander zu vereinbarende Unterschiede gekennzeichnet sind, wodurch kollektive Ressourcen geschwächt werden – verdeutlichen, wie begrenzt ein solches Sicheinschließen als Lösung ist, sogar für diejenigen, die es befürworten. All die auszuschließen, die konkurrierende Ansprüche auf kollektive Ressourcen erheben, ist nicht nur praktisch unmöglich, es ist auch fundamental inkompatibel mit dem Recht demokratischer Bürgerinnen und Bürger, sich voneinander zu unterscheiden und anderer Meinung zu sein.

Hardins düstere Vorhersagen und unsere Nullsummensicht des Allgemeinguts sind auch heute noch ungeheuer einflussreich. Und doch kann diese Geschichte auch anders erzählt werden. Ende der 1950er-Jahre – zu dieser Zeit waren Hardins Vorhersagen noch kaum bekannt geworden – war die in Los Angeles lebende Elinor Ostrom von ihrem Dasein als Frau eines Juristen zunehmend gelangweilt. Um sich beschäftigt zu halten, belegte sie an der University of California, Los Angeles, einen Kurs in öffentlicher Verwaltung, der ihr so gut gefiel, dass sie darin erst ihren Masterabschluss und dann, 1964, ihren Doktor machte. Statt wie Hardin mit großartigen philosophischen Erklärungen zur menschlichen Fehlbarkeit und irdischen Endlichkeit aufzuwarten, sah Ostrom sich an, wie die Menschen im echten Leben mit »kollektiven Handlungsdilemmata« umgingen. Sie konzentrierte sich dabei auf örtliche Besonderheiten, zuerst in Kalifornien und später auf der ganzen Welt, und kam zu der Schlussfolgerung, dass die Tragik der Allmende zwar eine Möglichkeit, aber längst nicht unausweichlich war. Vom Grasen auf gefährdeten Weiden in den Schweizer Bergen über das Fischen in offenen Gewässern in der Türkei bis hin zu forstwirtschaftlichen Traditionen in Japan sammelte Ostrom Geschichten von Menschen, die erfolgreich das verwalteten und erhielten, was sie »Allmendegut« nannte. Nebenbei ließ sie sich noch scheiden, heiratete wieder, gründete gemeinsam mit ihrem neuen Ehemann Vincent eines der richtungsweisenden Politologielabors der Welt und bekam im Jahr 2009 als erste Frau überhaupt den Nobelpreis in Ökonomie verliehen.

Ostroms Forschungen ermöglichen einen anderen Blick auf unser

»Diversitätsgemeingut« – nicht als etwas, das durch das Anderssein überstrapaziert wird, sondern als etwas, das Menschen verschiedener Herkunft gemeinsam erhalten können. Auf diesen Forschungen aufbauend können wir vier Schlüsselprinzipien herausarbeiten, die besonders wichtig für die Verwaltung des Diversitätsgemeinguts sind: die *gemeinsame Verpflichtung*, die *Vielseitigkeit*, die *Eingrenzung* und die *Einbettung*.[8]

*

Die Männer tauchten spät auf. Zu dieser Zeit waren die Straßen praktisch leer, nur die eine oder andere Nachteule war noch auf dem Weg nach Hause. Sie schienen sich der Überwachungskameras bewusst zu sein, die die Kilburn High Road hier und dort säumten, denn sie waren sorgfältig darauf bedacht, ihr Gesicht nicht zu zeigen. Sie arbeiteten rasch, verstauten das Zielobjekt im Laderaum eines Transporters und fuhren mit ihm davon. Erst am nächsten Morgen wurde ihre Tat ruchbar und Len darüber informiert.

Jemand hatte die Bank entführt.

Len war der Leiter einer kleinen, zusammengestückelten Gemeindegruppe mit dem Namen Kilburn Ageing Together, besser bekannt als KAT. Auf den ersten Blick schien KAT eine relativ normale Seniorenorganisation zu sein, die Filmabende oder Treffen in Cafés veranstaltete. Ihr stand gerade so viel Geld zur Verfügung, dass Len teilzeitbeschäftigt eine einfache Website einrichten und pflegen und gelegentlich Flyer drucken und verteilen lassen konnte, – wobei sowohl Website als auch Publikationen wirkten, als stammten sie aus der Zeit vor der Erfindung des Computers. Dieser vergleichsweise bescheidene Eindruck verschleierte jedoch die Tatsache, dass KAT zu den wirkmächtigsten und hintergründigsten Gemeindeorganisationen in Kilburn gehörte.

Immer wieder bereitete die Kilburn High Road den Anwohnerinnen und Anwohnern Kummer. Selbst die, die das Viertel liebten, die sich nicht vorstellen konnten, woanders zu wohnen, selbst sie ließen an der High Road meist kein gutes Haar. Die Bürgersteige waren schmutzig und mit skrupellosen, aggressiven Händlern verstopft, die Raum für sich beanspruchten, der eigentlich den Passanten vorbehalten war. Doch nicht nur die Menschen drängten sich auf den Gehwegen, die Autos taten dasselbe auf der Straße, die seit den Römern den Zweck erfüllte, als eine der Hauptstraßen aus London herauszuführen – ungeachtet der Tatsache, dass sie in jede Richtung nur einspurig verlief. Und wenn Menschenstau auf Fahrzeugstau traf, waren Unfälle nicht selten die Folge. Mindestens einmal im Monat, so schien es, trugen Fußgänger oder Radfahrer ernsthafte Verletzungen davon. Die Geschäfte machten einen schäbigen Eindruck und führten fast nie, was man gerade brauchte. Wenn einem tatsächlich mal ein Laden gefiel, war dies ein in der Regel untrügliches Anzeichen dafür, dass es diesen binnen drei Monaten nicht mehr geben würde. Die einzigen Etablissements, die es fertigbrachten, sich zu halten, waren Wettbüros und Pfandleiher, die seit einiger Zeit wie Pilze aus dem Boden schossen. Alles dagegen, was einigermaßen als öffentlicher Raum gelten konnte, war entweder verwahrlost oder praktisch privatisiert. Ein »öffentlicher Platz« bestand aus drei niedrigen Pflanzenständern mit Bänken, die im Allgemeinen in Taubenhinterlassenschaften versanken, neben einem hohen blauen Zaun, der Kilburns am Hungertuch nagenden Freiluftmarkt umgrenzte. Ein Gebäude, einst Europas größtes Kino und dem Empire State Building nachempfunden, war zu einer wenig einladenden Megakirche umfunktioniert worden, nachdem man den Antrag, es als Gemeindezentrum zu gestalten, abgelehnt hatte. Und Kilburns berühmte Musikveranstaltungsorte, wo sich in den 1960er- und 1970er-Jahren große Namen die Sporen verdient hatten, waren mittlerweile geschlossen.

Dem Muster der Nebenstraßen folgend zweigten die Beschwerden von der High Road ab und betrafen auch die Bushaltestelle mit den eingeschlagenen Scheiben eine Straße weiter weg, die Spritzen, die jemand im Gebüsch im Park gefunden hatte, die nahe gelegenen verfallenden Gebäude. Diesem wahren Kaleidoskop an Beschwerden schien das Gefühl der Menschen zugrunde zu liegen, ihr Viertel sei nicht mehr wirklich das ihre – die Gefahr, der Verfall und die Unbeständigkeit machten viele der öffentlichen Plätze des Viertels gelinde gesagt abweisend. Meist wurden die Beschwerden im Ton der Resignation geäußert: Die Dinge sind, wie sie sind, da kann man nichts machen. KAT aber war alles andere als resigniert. Die Gruppe hatte sich der friedlich-radikalen Idee des »Alterns an Ort und Stelle« verschrieben – der Idee, dass alt zu werden nicht automatisch bedeutete, sich aus der Öffentlichkeit zurückziehen zu müssen. Wenn das Altern Veränderung verlangte, so die Mitglieder der Gruppe, warum sollten es dann nicht die Orte sein, die sich veränderten, um den Älterwerdenden gerecht zu werden, statt umgekehrt? In der Praxis hieß das, dass die KAT-Mitglieder entschlossen für kleine, aber entscheidende Veränderungen vor Ort kämpften. Fußgängerampeln etwa, die nicht nur länger auf Grün geschaltet waren, sondern den Fußgängern auch anzeigten, wie lange sie noch grün waren. Mehr Bänke. Fußpflegerinnen und -pfleger, die ins Haus kamen und den Menschen beim Nägelschneiden halfen – eine Tätigkeit, die sich im Alter nun einmal nicht mehr so leicht bewerkstelligen lässt. Abgeflachte Bordsteinkanten vor Bushaltestellen. Durch Kampagnen und Spendensammeln, durch öffentliche Veranstaltungen und private Verhandlungen war es KAT gelungen, Kilburns öffentliche Bereiche Stück für Stück umzugestalten.

Allerdings setzte sich KAT nicht nur dafür ein, die physische Gestalt des Viertels, sondern auch die Wahrnehmungen und Erfahrungen der Menschen darin zu verändern. Vielleicht musste die Organisation das auch, denn ihre Arbeit stieß auf überraschend viel Widerstand. Während meines Aufenthalts in Kilburn rief KAT ein Projekt ins Leben, das die Gruppe »Von Bank zu Bank« nannte. In dem Versuch, der Isolation entgegenzuwirken, älteren Menschen dabei zu helfen, neue Kontakte zu knüpfen, und Kilburn für ebenjene ältere Menschen zugänglich zu erhalten, legte KAT eine Karte der vorhandenen Bänke in der Gegend an, betrieb Lobbyarbeit für neue Bänke und verzeichnete zehn Spaziergänge »von Bank zu Bank«, anhand derer sich die Älteren im Viertel zurechtfinden konnten. Im Rahmen dieser Arbeit erfuhr ich zu meiner Erheiterung, dass Bänke anscheinend ein kontroverses Thema waren. Beim Lobbying oder Spendensammeln stießen Len und seine Mitstreiter mehr als einmal auf Gegenwehr. Besorgte Anwohner und Anwohnerinnen befürchteten, die Bänke würden Obdachlose oder Säufer anlocken. Eltern machten sich Sorgen über potenziellen Drogenmissbrauch, Ladeninhaber sahen sich herumlungernden Jugendlichen und Vandalismus ausgesetzt. Als KAT jedoch nicht nachgeben wollte, nahmen die Gegner die Angelegenheit selbst in die Hand. Außer der entführten Bank, so Len, gab es eine weitere, die aussah, als hätte jemand sie mit einer Axt in Stücke gehauen. In anderen Fällen war schlichte Gleichgültigkeit alles, was nötig war, um die Bemühungen der Gruppe zu unterminieren: Hier lösten sich die Bänke durch morsches Holz und Vernachlässigung von ganz allein in Luft auf.

»Von Bank zu Bank« war jedoch mehr als eine bloße Übung im Kartenzeichnen. Im Winter 2014 machte ich mich gemeinsam mit Len auf den Weg, um die Standorte der Bänke festzuhalten und mögliche Routen für Spaziergänge auszuprobieren. Unterwegs hielten wir immer wieder an, um uns mit Ladeninhabern, Cafébesitzern oder Friedhofswärtern zu unterhalten. Dabei erfuhren wir dies und das aus der Lokalgeschichte, wer es Spaziergängern gestattete, die Toilette zu benutzen, ohne etwas zu kaufen oder zu verzehren, und wir erklärten, was wir mit dem Projekt vorhatten. Wir optimierten die Karten und trugen unsere Entdeckungen ein – einen bislang nicht verzeichneten Fußgängerüberweg beispielsweise, ein nettes Café, historische Häuser, die eine interessante Geschichte hatten.

Im Frühjahr begann Len damit, »Probespaziergänge« zu organisieren, die sich zu regelmäßig veranstalteten Ausflügen entwickelten. Die Tatsache, dass die Spaziergänge *gemeinsam* unternommen wurden, spielte eine entscheidende Rolle: Nicht nur, dass andere einem Gesellschaft leisteten, auch dass man etwas gemeinsam unternahm verwandelte die Spaziergänge in so etwas wie eine kollektive Errungenschaft. Die fitteren Teilnehmer und Teilnehmerinnen schoben diejenigen, die im Rollstuhl saßen, oder boten einen Arm, an dem man sich beim Treppensteigen festhalten konnte. Man wies sich gegenseitig auf kleine architektonische

Details hin oder erzählte sich Geschichten über bestimmte Gegenden. Kam man in größeren Gruppen bei den Bänken an, wechselte man sich mit dem Sitzen und Stehen ab, damit jeder Gelegenheit hatte, sich ein wenig auszuruhen. Man lud Freunde ein oder half sich gegenseitig beim Planen der Anfahrt mit dem Bus, damit alle pünktlich zu Beginn des Spaziergangs vor Ort waren. Häufig wurden auch andere in dieses Gefühl des kollektiven Zustandebringens mit einbezogen. Einmal trafen wir auf ein paar Bänken im Park einige Leute an, die sich dort niedergelassen hatten, etwas tranken und die Sonne genossen. Wir zögerten, waren uns nicht sicher, ob wir die Leute ansprechen sollten, doch bevor wir uns entscheiden konnten, stand einer der Männer auf und bat seine Kumpels darum, die Bänke für uns frei zu machen. An diesem Tag schoben Len und ich jeder einen Rollstuhl, und als wir uns auf einer der Bänke niederließen, strahlte mich der Mann begeistert an: »Ich hab auch mal als Pfleger gearbeitet, jetzt bist du einer, wir alle sind es – tolle Arbeit, die ihr da macht!«

Die Bemühungen der Gruppe, die städtischen Räume umzugestalten, blieben umstritten. Wurde ihr jedoch Widerstand entgegengebracht, versuchten Len und seine Mitstreiter, dasselbe Gefühl der Anerkennung und kollektiven Leistung zu erzeugen, das wir an diesem Tag im Park erlebt hatten. Sie luden Bedenkenträger zu KAT-Treffen ein oder arbeiteten mit ortsansässigen Künstlerinnen und Künstlern zusammen, um die Mobilitätsschwierigkeiten hervorzuheben, vor die ältere Menschen sich oft gestellt sahen. Sie nahmen sich die Zeit, um Ladeninhabern und Anwohnern zu verdeutlichen, wie wichtig Bänke oder frei zugängliche Toiletten für Ältere waren, und um mit ihnen über Lösungen zu verhandeln – vielleicht gab es ja einen anderen Ort für die Bank, die Bushaltestelle, den Fußgängerüberweg, der ihre Bedenken zerstreuen konnte.

Die Philosophin Margaret Gilbert bezeichnet diese Art von gemeinsamer Anstrengung, bei der zwischen den Möglichkeiten und Zielen eine gegenseitige Abhängigkeit besteht, als »gemeinsame Verpflichtungen«.[9] Gilberts Meinung nach stimmen uns solcherlei Verpflichtungen aufeinander ein, sie verflechten unsere Interessen. Gemeinsame Verpflichtungen motivieren uns zu kollektiven Anstrengungen, sie entstehen aber auch aus ihnen. Dies legt nahe, dass beim Aufbau von Verständnis über Unterschiede hinweg der Weg ebenso wichtig ist wie das Ziel. Gilbert nähert sich den gemeinsamen Verpflichtungen beschreibend an: Sie sieht sie als Grundlagen des sozialen Lebens und im Kern dessen, was uns zum Menschen macht.

Eine andere Philosophin wiederum, Donna Haraway, führt das Argument an, dass viele unserer Probleme in unserer Unfähigkeit wurzeln, die grundlegende Tatsache der gegenseitigen Abhängigkeit, der Interdependenz, anzuerkennen. In den westlichen Demokratien, so Haraway, sind zahlreiche unserer politischen und ethischen Vorstellungen von der Fantasie von Freiheit und Herrschaft geprägt. Mittels Ethik und Politik können wir unser Schicksal in die eigene Hand nehmen sowie unser Leben und die Welt gestalten. Diese Fantasie der Selbstgenügsamkeit und Herrschaft ist für einen Großteil unserer derzeitigen Schwierigkeiten verantwortlich, von der Zerstörung der Umwelt bis zur politischen Spaltung. Sie macht uns glauben, wir könnten ohne Rücksicht auf die gegenseitigen Abhängigkeiten, die uns ausmachen, handeln, wir könnten eine saubere Grenze zwischen uns und der Welt ziehen, mit der wir aber doch nun einmal verflochten sind. Dies rügt Haraway scharf – »wir können der Welt im Namen einer idealen Welt nicht einfach so kündigen«[10] – und fordert stattdessen eine verzwickte, aber notwendige Alternative: »bei den Problemen zu bleiben« und uns immer wieder bewusst zu machen, dass unsere Handlungen unausweichlich von anderen abhängen. Für diese seien wir verantwortlich: »Entscheidungen müssen im Angesicht derer getroffen werden, die die Konsequenzen dafür tragen müssen.«[11]

Erkennen wir die gemeinsamen Verpflichtungen, die uns tragen, an – bleiben wir bei den Problemen unserer heutigen Welt – und streben wir danach, neue Verpflichtungen einzugehen, verändern sich unsere politischen Haltungen. Die gemeinsamen Verpflichtungen zu berücksichtigen eliminiert Unterschiede nicht, es macht sie greifbarer. Das lässt sich beispielsweise unter Abtreibungsgegnern beobachten. Zweifelsohne ist die Abtreibung ein Thema, das emotional ungeheuer aufgeladen ist. Während es in den meisten demokratischen Ländern einen soliden Anteil an Menschen gibt, die sich bezüglich des Themas unsicher sind oder die Abtreibung in manchen Fällen für gerechtfertigt, in anderen hingegen für nicht gerechtfertigt halten, gibt es sehr viele Menschen, die eine radikale Sichtweise vertreten. In den USA gehörte im Jahr 2020 fast die Hälfte der Bevölkerung letzterem Lager an: 20 Prozent der Menschen waren der Ansicht, Abtreibung sollte »unter allen Umständen illegal« sein, 29 Prozent forderten, Abtreibung sollte »unter allen Umständen legal« sein.[12]

Wenn das Thema so radikal gegensätzliche Ansichten hervorrufen kann, wäre zu erwarten, dass diejenigen, die sich für oder gegen die Abtreibung einsetzen, die striktesten Ansichten überhaupt hätten. In Großbritannien beispielsweise ist das Lager der eindeutigen Abtreibungsgegner viel kleiner als in den USA. In den vergangenen Jahrzehnten waren bei Umfragen weniger als zehn Prozent der Befragten – je nach Kategorisierung manchmal auch nur drei Prozent – absolut gegen die Abtreibung.[13]

Trotz dieser kleinen Anzahl verursachen Abtreibungsgegner jedoch eine Menge Aufruhr – was unter anderem dazu geführt hat, dass Gemeinderäte entsprechende Demonstrationen vor Abtreibungskliniken verboten haben, aufgrund »der Einschüchterung, des Bedrängens und des Leids«, das die Demonstrationen zur Folge hatten.[14]

Jahrzehntelang war man sich in der Sozialwissenschaft einig, dass Abtreibungsgegner und -befürworter jeweils von strikten Überzeugungen angetrieben werden. Um die Jahrtausendwende aber machte der amerikanische Soziologe Ziad Munson eine erstaunliche Entdeckung. Er verbrachte viel Zeit sowohl mit aktivistisch tätigen Abtreibungsgegnern als auch mit Menschen, die zwar gegen Abtreibung, aber nicht aktivistisch tätig waren. Ganz ähnlich den Berliner Rechtsextremisten, mit denen Shoshan sich beschäftigt hatte und die sich in der deutschen Politik der Zeit nicht wirklich ausgekannt hatten, vertraten Munsons Nicht-Aktivisten zwar strikte Überzeugungen, ohne dass sie jedoch dazu in der Lage gewesen wären, diese durch Fakten zu untermauern. Munson schreibt: »Die Nicht-Aktivisten äußern unzusammenhängende und vage Behauptungen zum Thema. Sie können selten selbst grundlegende Anti-Abtreibungsargumente formulieren, etwa warum Abtreibung falsch ist oder illegal sein sollte.«[15] Die Aktivisten hingegen hatten keineswegs von Anfang an strikte Überzeugungen. Einige von ihnen hatten »bestenfalls eine ambivalente Einstellung« zur Abtreibung, andere »waren sogar ganz entschieden für das Recht der Selbstbestimmung«.[16] Warum also wurden sie Aktivisten, die sich vehement gegen die Abtreibung einsetzten?

Munson fand heraus, dass die aktive Beteiligung in der Gemeinde und in Organisationen, die mit Abtreibungsgegneraktivismus assoziiert waren, der Entwicklung strikter Abtreibungsgegneransichten meist vorausging, nicht umgekehrt. Die Beteiligung in solchen Gruppen war häufig durch Gründe motiviert, die nichts mit Abtreibung zu tun hatten. Als anschauliches Beispiel führt Munson die Geschichte von Ruth an, einer ehemaligen Kinderkrankenschwester aus Minneapolis-Saint Paul, die kündigte, um Vollzeitmutter zu werden. Als ihre Kinder größer wurden, begann Ruth, sich nach Möglichkeiten der ehrenamtlichen Arbeit umzusehen, und entschied sich letztlich für die Tätigkeit als Bewährungshelferin, bei der sie sich um junge Straffällige kümmerte. Trotz ihres katholischen Elternhauses überwies sie im Zuge ihrer Arbeit regelmäßig junge Menschen an Abbruchsberatungsstellen – ohne jegliche Gewissensbisse. Eine dieser Einrichtungen trug den Namen »Birthright« – Geburtsrecht –, bei der jedoch der Zusatz vermerkt war: »Überweisung nur, wenn die Schwangerschaft ausgetragen werden soll«.[17] Irgendwann kontaktierte Ruth die Einrichtung, um mehr über ihre Arbeit herauszufinden; sie wollte gute Beziehungen zu Partnerorganisationen pflegen und ihre Kenntnisse um der jungen Leute willen, mit denen sie arbeitete, ausbauen. Sie besuchte einen Kurs zur Beratung von Frauen mit Risikoschwangerschaft und blieb auch danach noch mit Birthright in Verbindung. Dabei eignete sie sich nach und nach die Überzeugung der Einrichtung an, eine Abtreibung bedeute nicht nur den Verlust von Leben, sondern auch den Verlust menschlichen Potenzials. Oder, wie Ruth es formulierte: »Bei Birthright fand ich erst wirklich heraus, was sie da taten, dass sie nicht in der politischen Arena tätig waren, keine Fotos von abgetriebenen Föten zeigten; sie konzentrierten sich nicht auf die Zerstörung, sondern auf die positiven Punkte.«[18] Schließlich gab Ruth ihre ehrenamtliche Tätigkeit als Bewährungshelferin auf und wurde Beraterin sowie später örtliche Leiterin bei Birthright – und verbrachte mehr als dreißig Stunden in der Woche mit Anti-Abtreibungsaktionen.

Wenn Menschen wie Ruth mit Organisationen in Kontakt kommen, die sich gegen die Abtreibung aussprechen, entwickeln sie stärkere und fundiertere Überzeugungen. Diese Überzeugungen jedoch sind anders als die derjenigen, die abstrakt, ohne direkte Beteiligung, zu den Überzeugungen gelangt sind. Politikern, die gegen die Abtreibung sind, wird häufig vorgeworfen, sie bedienten sich des Begriffs »pro-life« – für das Leben –, sähen aber ungerührt dabei zu, wie Kinder ohne jegliche Unterstützung in ungeheuer schwierige, ja sogar lebensbedrohliche Lebensumstände hineingeboren werden. Aktivistinnen und Aktivisten, die wie Ruth jedoch durch Beteiligung zu ihren Überzeugungen gelangten, erkennen meist besser, was für die Betroffenen auf dem Spiel steht und vor welch schwieriges Dilemma eine Abtreibung sie stellt. Das wiederum kann zu einem ganz eigenen Ansichtenmuster führen, so Munson: »Einerseits können die Überzeugungen der Aktivisten nicht eindeutig als entweder konservativ oder liberal eingeordnet werden, so, wie die Kategorien derzeit von den politischen Lagern in Amerika definiert werden. Andererseits verändert der Aktivismus selbst die Einstellung der Aktivisten zu anderen Problemen. Beispielsweise sind viele Abtreibungsgegner auch gegen die Todesstrafe, weil sie ›konsequent für das Leben‹ sein wollen.«[19] In ähnlicher Weise waren die Aktivisten im Gegensatz zu den Nicht-Aktivisten mit starker Anti-Abtreibungsüberzeugung auch eher dagegen, Sozialhilfen zu kürzen. Für sie war die Vorstellung, gegen die Abtreibung zu sein, nicht einfach ein abstraktes Prinzip, sondern eine weltliche Verpflichtung, geformt im Bezug zu anderen. Um sich aktivistisch zu engagieren – sich mit jungen Straffälligen zu beschäftigen, die mit einer Teenagerschwangerschaft zu kämpfen hatten, oder sich mit den Schwierigkeiten kinderreicher, aber mittelloser Familien auseinanderzusetzen –, musste man erkennen, wie die Abtreibung mit anderen Problemen zusammenhing. Da reichte die Behauptung, abzutreiben sei falsch, allein nicht aus. Man musste sie in Bezug setzen, zumindest bis zu einem gewissen Grad, zu den Bedürfnissen, Standpunkten und Sichtweisen anderer, die vielleicht anderer Meinung waren. Munson beschreibt eine Situation, in der die Aktivisten gezwungen waren, bei den Problemen zu bleiben. Sie mussten ihre Sache so begründen, dass sie Möglichkeiten für andere eröffnete, nicht verschloss.

Öffentliche Ressourcen werden oft als Ersatz für private Ressourcen erachtet. Züge und Busse etwa sind Alternativen zum eigenen Auto. Für die Befürworter der öffentlichen Ressourcen, die typischerweise eher im Spektrum links von der Mitte zu finden sind, beinhalten diese Alternativen Formen des wirtschaftlichen Ausgleichs: das Reduzieren der Risiken und Kosten für benachteiligte Bürgerinnen und Bürger und den gleichzeitigen Versuch, die öffentlichen Kosten privater Handlungen zu minimieren – beispielsweise die Kosten, die Autos durch die Umweltverschmutzung verursachen. Für die Gegner der öffentlichen Ressourcen, die typischerweise eher im Spektrum rechts von der Mitte zu finden sind, normieren diese öffentlichen Ressourcen das Leben: Sie schränken die persönliche Wahlmöglichkeit auf Kosten des Steuerzahlers ein. Beide Sichtweisen bewerten öffentliche Ressourcen in Bezug zur Freiheit – Freiheit von ökonomischen und sozialen Einschränkungen beziehungsweise Freiheit der Wahl. Sieht man öffentliche Ressourcen jedoch als Gemeingut – als Produkt gemeinsamer Verpflichtungen –, verlagert dies die Sichtweise etwas. Die Kultivierung gemeinsamer Verpflichtungen weitet die Freiheit weniger aus oder schränkt sie ein; vielmehr gestaltet sie sie in Bezug zu anderen um. Durch gemeinsame Verpflichtungen entstehen neue Möglichkeiten, sie eröffnen einen Raum der Freiheit. Allerdings hängen diese Möglichkeiten unausweichlich voneinander ab. So wird Freiheit zur kollektiven Fähigkeit.

Nicht lange nach unserem Spaziergang, als die Männer die Bänke für uns frei gemacht hatten, bekam ich eine Mail von Len. Er leitete mir einen Dankesbrief von der Frau weiter, deren Rollstuhl ich geschoben hatte. Der Brief begann so: »Ein Gefühl von Gemeinschaft ist eine wunderbare Sache, und dieses Gefühl hatte ich am Mittwoch zuhauf!« Obwohl sie abgesehen von der Freundin, die sie zu dem Spaziergang eingeladen hatte, niemanden in der Gruppe gekannt hatte, war sie am Ende des Ausflugs mit jedem »ins Gespräch gekommen«. Es waren aber nicht nur die neuen Kontakte, die sie schätzte, in ihrem Brief erwähnte sie auch die verschiedenen Entdeckungen, die sie unterwegs gemacht hatte – darunter Gemeindeprojekte und -veranstaltungen in ihrem unmittelbaren Umfeld. Sie selbst hatte seit einiger Zeit das Haus nicht mehr verlassen, doch boten ihr die Projekte und Veranstaltungen nun willkommene Möglichkeiten, wieder unter Leute zu gehen. »Verstehen Sie, was ich mit Gemeinschaftsgefühl meine?«, schloss sie ihren Brief. »Die Leute da haben es verstanden. Man kennt seine Nachbarn. Man ist nicht mehr isoliert. Und je älter man wird, desto wichtiger ist das.«

*

Megan Phelps-Roper trat mit achtundzwanzig aus der Westboro Baptist Church aus. Das hatten zwei Dinge möglich gemacht. Zum einen der Einfluss einiger Fremder auf Twitter. Neben den üblichen streitlustigen Kommentaren gab es auf einmal auch welche, die echtes Interesse an Megans Überzeugungen zeigten. Obwohl auch sie skeptisch oder ablehnend wirkten, vermittelten sie Megan das Gefühl, dass sich diese neuen Bekanntschaften mit der eigenen Meinung zurückhielten, um mehr über die ihre herauszufinden; statt mit Vorwürfen oder Anklagen versuchten sie, Megan mit allgemeinen, neugierigen Fragen aus der Reserve zu locken. Sie schreibt es dem jüdischen Blogger David Abitbol, der unter dem Decknamen »Jewlicious« bloggt, zu, dass sie die Doktrin ihrer Kirche erstmals infrage stellte. Als Megan den Aufruf der Westboro Baptist Church verteidigte, Homosexualität zum Kapitalverbrechen zu erklären, überraschte Abitbol sie, indem er Jesus zitierte: »Wer von euch ohne Sünde ist, der werfe den ersten Stein auf sie.« Megan war mit der Bibelpassage zwar vertraut, hatte sie aber immer als »allgemeinen Aufruf zur Demut« gesehen: »Ich hatte nie daran gedacht, dass sich Jesus hier möglicherweise explizit gegen die Todesstrafe gestellt hat.« Aus diesen Erfahrungen leitete sie vier wichtige Dinge ab, die sie dazu brachten, zuzuhören und sich mit der Meinung anderer auseinanderzusetzen. Erstens unterstellten diejenigen, denen Megan aufgeschlossen gegenüberstand, ihr keine böse Absicht – sie vertraten andere Ansichten, erkannten andererseits aber auch an, dass »ich fest daran glaubte, das Richtige zu tun«. Zweitens stellten sie Fragen, statt sie direkt zu kritisieren oder ihr ihre eigenen Werte aufdrängen zu wollen. Drittens blieben sie ruhig und geduldig und versuchten es mit Deeskalation, wenn man in der Debatte auf unüberbrückbare Differenzen stieß. Und viertens hielten sie ihre eigene Haltung nicht für selbstverständlich, sondern machten sich wie David die Mühe, auch die Haltung anderer ernst zu nehmen.

Allerdings reichte der Austausch via Twitter nicht aus. Die Onlinedebatten machten Megan zwar offen für andere Standpunkte, diese schüttelte sie jedoch meist reflexartig ab. Was ihre Skepsis erst wirklich entfachte, war die Art, wie ihre engste Familie behandelt wurde. Zuerst wurde ihre Mutter, die seit Langem die Seele der Kirche war, beinahe verbannt, als eine Gruppe männlicher »Ältester« versuchte, Megans alterndem Großvater das Ruder aus der Hand zu reißen. Megan musste mit ansehen, wie die Geißelung vonseiten einer Kirche, die sie ihr ganzes Leben lang geliebt hatten, ihren Eltern fast das Herz brach. Als Nächstes wurde Megans jüngere Schwester Grace zum Angriffsziel der Ältesten. Grace war lebhaft und freundlich – was die Ältesten als absichtliche sexuelle Provokation auffassten. Ihre Ermahnungen und die Androhung, sowohl Megans Mutter als auch Grace aus der Kirche auszuschließen, sollten sie es weiterhin an Gehorsam mangeln lassen, wurden wie immer mit der Heiligen Schrift sowie der felsenfesten Selbstsicherheit begründet, für die die Westboro Baptist Church berüchtigt war. Doch für Megan klangen diese Begründungen allmählich hohl. Zum ersten Mal begann sie, die Dinge ernsthaft zu hinterfragen, wobei der Onlineaustausch mit Außenstehenden keine geringe Rolle spielte. Die Vorwürfe gegen Grace wurden im Sommer erhoben, und im November, nach einer schweren Zeit der Gewissenserforschung, waren Megan und Grace weg.

Die Orte, mit denen sich Ostrom beschäftigte, wurden selten nur auf eine einzige Art genutzt. Ein Wald kann eine Quelle für Bau- und Feuerholz sein, aber auch ein Ort für Jäger und Sammler. Ein Fischereigewässer kann dem kommerziellen Fischen und der wissenschaftlichen Forschung dienen. Beim Nutzen und Verwalten dieser Ressourcen stimmten sich die jeweiligen Gemeinden auf die Möglichkeiten dieser Orte ein. Häufig lernten sie, diese gemäß allgemeinerer Vorstellungen von Nachhaltigkeit zu bewirtschaften, die eine Reihe unterschiedlicher Möglichkeiten offenließen. Anders ausgedrückt erkannten erfolgreiche Verwalter das natürliche Gemeingut meist als vielseitig an und pflegten es entsprechend.

Auch im Hinblick auf das Diversitätsgemeingut ist Vielseitigkeit wichtig, nimmt aber einen größeren Umfang an. Das Diversitätsgemeingut besteht nicht nur aus physischen Ressourcen, sondern auch aus symbolischen und praktischen. Alle drei können flexibel sein, können eine Reihe von unterschiedlichen Möglichkeiten zulassen oder erzeugen, was häufig das Ergebnis dessen ist, wie sich diese Ressourcen gegenseitig beeinflussen. Um Vielseitigkeit zu erschaffen, muss man verschiedene Arten von Sichtweisen und Beziehungen sowie die unterschiedlichen Möglichkeiten, die sich aus ihnen ergeben, übereinanderschichten.

In Kapitel 2 haben wir ein bunt gemischtes Gemeindecafé in Caldwell besucht. Es war als einer der diversesten Orte der Gegend gut bekannt und lockte Eltern – überwiegend Mütter – an, deren Familien aus allen Ecken der Welt stammten. Es wurde in einer Kirche betrieben, in der auch sonst so einiges stattfand – von der Schuldenberatung bis zu Fitnesskursen. Doch für Emma und Jacob, das Ehepaar, das die Kirche leitete, war das Café das Herz ihrer Arbeit. Tatsächlich war es dieses Café, so erzählte mir Emma, das einen Großteil ihrer anderen Arbeit überhaupt erst möglich machte.

Kam man an einem typischen Freitagnachmittag, konnte man unter Umständen nicht auf den ersten Blick erkennen, warum Emma das Café für so wichtig hielt. An seinem hellen, aber schon in die Jahre gekommenen Multifunktionsstandort war das Café bescheiden und chaotisch zugleich. Die Hälfte des Raums war mit Klapptischen und robusten Kirchenstühlen gefüllt, die eng beieinanderstanden, um das Beste aus dem vorhandenen Platz zu machen, und an denen die Eltern saßen, miteinander plauderten oder etwas aßen. Die andere Hälfte des Raums war den Kindern vorbehalten, die sich in diesem ausgewiesenen Spielbereich austobten. Ähnlich wie The Door – die Einrichtung haben wir in Kapitel 7 kennengelernt – war auch das Café ein ganz entschieden vielseitiger Ort. Hier trafen sich Mütter mit ihren engsten Freundinnen, die sie manchmal schon ihr ganzes Leben lang kannten, hier aber begegnete man auch Fremden. Man tauschte Erziehungstipps aus oder zog über Ehemänner her, konnte aber auch für eine kurze Zeit aus der Elternrolle schlüpfen. Das Café war auch ein zweckfreier Ort. Und die unterschiedlichen Möglichkeiten dieses Ortes beeinflussten sich gegenseitig. Es war ein Ort des Schon-Kennens und Kennenlernens, des Sich-zugehörig-Fühlens und des Neuseins, der gezielten Unterstützung und der allgemeinen Offenheit.

Durch diese Vermengung von Möglichkeiten im Café, so erklärte Emma mir, konnten sie und Jacob schwierigere Arbeiten erledigen. Sie verdeutlichte dies am Beispiel der Schuldenberatung, die sie anboten: Schulden waren für die Betroffenen oft eine ungeheure Belastung, von Stigma umgeben und häufig auch mit dem Gefühl der Aussichtslosigkeit verbunden. Darüber ließ sich nicht leicht reden, schon gar nicht offen und ehrlich. Das hatte zur Folge, dass die meisten Schuldenberatungsdienste kaum Kunden gewannen und dazu neigten, allgemeinere Ratschläge zu geben, die sich in der Regel nicht passend anfühlten.»Hat man aber«, so erklärte Emma mir weiter, »erst einmal eine Verbindung zu den Leuten aufgebaut und Vertrauen geschaffen, öffnen sie sich dir und lassen dich ihnen bei den schwierigen Problemen in ihrem Leben helfen.« Das Café war deshalb ein so wichtiger Ort, weil man sich hier der Geduld erfordernden und ungewissen Aufgabe des Vertrauensbildens widmen konnte.

Die Sache hatte allerdings einen Haken. Bei den typischen Beratungsstellen mussten die Leute Eigenangaben machen, sie mussten ihre Situation selbst richtig einschätzen können und durften sich nicht scheuen, auch die unangenehmeren Einzelheiten zu erzählen. Dadurch fielen viele Leute durchs Raster. Emma und Jacob standen vor der umgekehrten Herausforderung: Sie konnten das, was sie anboten, nicht als Dienst präsentieren. Stattdessen ließen sie sich auf ein Vorgehen mit ungewissem Ausgang ein, bei dem der eine Cafébesucher vielleicht irgendwann über seine Schuldensorgen sprach, während der andere eher Unterstützung bei der Erziehung oder im Umgang mit einem gewalttätigen oder kriminellen Partner brauchte – und wieder andere nur der Atmosphäre wegen kamen. Bei vielen Problemen konnten Emma und Jacob helfen und taten das auch, doch wussten sie nie, was sich ergeben würde. Dementsprechend konnten sie sich auch keine Ziele setzen oder Geldgebern beziehungsweise Partnerorganisationen irgendetwas versprechen. Tatsächlich war es sogar kontraproduktiv, das Café als einen Ort zu behandeln, an dem man Probleme aus den Kundinnen und Kunden herauskitzelte. Emma betonte, dass die Leute eher dichtmachten, wenn man ihnen Angebote wie die Schuldenberatung aufdrängte oder bohrende Fragen stellte, bevor sie bereit dazu waren. Was jedoch funktionierte, so Emma, war, das Café in erster Linie als Ort zu sehen, an dem sich die Menschen treffen konnten, und sich erst dann den ergebnisoffenen Möglichkeiten zu widmen, die sich daraus ergaben.

Emma erinnerte sich an eine Unterhaltung mit der Leiterin einer anderen Sozialhilfeorganisation, die zwar beeindruckt von Emmas und Jacobs Erfolg, aber auch zunehmend verärgert war, als Emma ihr erklärte, wie sie das anstellten. Schließlich blaffte sie Emma an: »Natürlich können wir nicht mit euch mithalten! ... Für euch ist es ja kein Job, oder?« Emma dachte kurz nach und erwiderte dann: »Da hast du wirklich recht. Ich werde nicht bezahlt. Ich bekomme einen Zuschuss zu den Lebenshaltungskosten, dadurch kann ich hier sein und tun, was ich tue, aber das ist etwas ganz anderes, oder nicht?« Durch die ergebnisoffene Vorgehensweise, bei der sie keine spezifischen Ziele verfolgten, konnten Emma und Jacob paradoxerweise genau die Ergebnisse erzielen, die sich ehrgeizigere Organisationen mit engerem Fokus wünschten.

Als Megan und Grace aus der Westboro Baptist Church flohen, fühlten sie sich wie am Boden zerstört. Wenn die brutale Behandlung derjenigen, die ihnen am Herzen lagen, sie vertrieben hatte, dann war es die Fürsorge, die andere ihnen entgegenbrachten, die es ihnen ermöglichte, sich ein neues Leben aufzubauen. Kurz nachdem sie die Kirche verlassen hatten, landeten die Schwestern in einer Pension in Deadwood, South Dakota. Dort begegneten ihnen weitgehend Fremde mit ungeheurem Verständnis – Cora etwa, Barfrau in einem Spielkasino vor Ort, die einer ähnlich kontrollsüchtigen, hochspirituellen Mutter entkommen war, oder Laura und Dustin, denen die Pension gehörte und die Megan und Grace nicht nur für längere Zeit aufnahmen, sondern die sich auch mit ihnen zusammensetzten, um ihre Fragen und Zweifel mit ihnen durchzusprechen. Megans Onlineaustausch war überraschenderweise von einer ähnlichen Fürsorge und Zuwendung geprägt, was sich in den Lektionen, von denen sie spricht, widerspiegelt. David überging nicht nur ihre Vergangenheit – die Zeit, in der sie »Gott hasst die Juden«-Schilder geschwungen hatte –, er lud sie auch nach Los Angeles ein, wo Megan und Grace von einem orthodox-jüdischen Rabbi und seiner Frau auf das Gütigste und Herzlichste empfangen wurden. In New York traf sich Megan mit zwei Schwulen, mit denen sie sich via Twitter gestritten hatte und mit denen sie nun über den Schmerz sprach, der folgt, wenn man mit der eigenen Familie bricht. Die sanfteste und vielleicht wirksamste Unterstützung erfuhr sie jedoch von einem großen, ruhigen Mann aus Norwegen, den Megan anfangs nur als C. G. kannte. Mit seinen aufrichtig neugierigen Fragen, seiner entschlossen menschenfreundlichen, aber keineswegs lauten Nicht-Zustimmung und seiner beharrlichen Anerkennung all dessen, was sie menschlich machte, wurde C. G. oder Chad schließlich Megans Ehemann.

Die Fürsorge – sich um andere zu kümmern, ihnen achtsam gegenüberzutreten – hat eine ungeheure Macht, Leben zu verändern. Die niederländische Soziologin und Philosophin Annemarie Mol definiert den mit der Care-Ethik und der Ethik der Achtsamkeit verbundenen Begriff als »kontinuierliches Ausprobieren in einer Welt voller komplexer Ambivalenz und wechselnder Spannungen«. Für Mol ist die Fürsorge eine

Form des Verstehens und Handelns, die die Menschen gewissermaßen dort abholt, wo sie sind: Sie widersteht vorgefertigten Lösungen und wendet sich stattdessen achtsam und sensibel den veränderlichen persönlichen Umständen des Gegenübers zu. Die Fürsorge durchbricht abstrakte Kategorien und versucht, unserem eigenen Ich- und Zugehörigkeitsgefühl gemäß zu uns zu sprechen. Megan konnte dadurch, dass andere sie so akzeptierten, wie sie war, zu einem neuen Ich-Gefühl finden. Sie ist heute als Aktivistin und Aufklärerin tätig und kämpft gegen Entzweiung und Spaltung an. Sie kann das, weil sie fähig ist, bei den Problemen ihrer Vergangenheit zu bleiben: »Ich konnte nicht zulassen«, schreibt sie, »dass die Bitterkeit das Schöne in meiner Familie stiehlt oder die Liebe die Zerstörungskraft in ihr verdeckt. Ich wollte die Geschichte nicht umschreiben. Ich wollte die ganze unschöne Wahrheit in mir lebendig halten.« Megan hatte Glück: Zu ihr kam die Fürsorge durch den Mut und die Güte anderer. Die Vielseitigkeit bietet Institutionen, nicht Individuen, die Möglichkeit, fürsorgliche Beziehungen zu pflegen. Gestatten es Institutionen wie das Caldwell-Gemeindecafé den Menschen, sie zu ihren eigenen Bedingungen zu nutzen, schaffen sie dadurch einen Raum, in dem sich diese Menschen öffnen können. Indem sie unterschiedliche Möglichkeiten in sich vereinen – Schuldenberatung, Erziehungstipps, Freundschaft und Unterstützung –, bieten sie den Menschen die Gelegenheit, diese Möglichkeiten in Bezug zu ihrem Ich-Gefühl zu erkunden.

Ebenso wie diejenigen, die Megan die Hand reichten, als sie noch Mitglied der Westboro Baptist Church war, Mut bewiesen haben, muss man auch beim Aufbau vielseitiger Institutionen Mut beweisen. Man könnte sogar sagen, sich auf diese Weise zu engagieren hat etwas Radikales. Die Vielseitigkeit erfordert es, mehrere Möglichkeiten offenzuhalten, ohne vorher zu wissen, welche dieser Möglichkeiten sich als nützlich erweisen werden und welche nicht. Deshalb sehen vielseitige Institutionen von einer direkten Bewertung ab. So mag es auf den ersten Blick nicht immer erkennbar sein, wozu sie da sind – sie mögen chaotisch wirken. Aus diesem Grund überrascht es nicht, dass die vielseitigsten Institutionen in Kilburn häufig Mühe hatten, ausreichend Geldgeber zu finden oder so viel Umsatz zu machen, dass ihr Fortbestehen gesichert war. Die Vielseitigkeit fordert die Logik des Staats und des Markts heraus, die Wert meist in Bezug auf glasklare Kategorien bestimmen. Beim Kauf von Waren beispielsweise wird uns vorher gesagt, was wir von ihnen erwarten können und wie viel sie kosten. Der Wert der Vielseitigkeit aber kann nicht im Voraus festgelegt oder berechnet werden – er ergibt sich mit der Zeit. Es wäre jedoch falsch, diesen Wert zu ignorieren oder ihn als Verschwendung abzutun. Wie man am Beispiel von Emma und Jacob sieht, ist es die Verpflichtung zur Offenheit, die es den Organisationen gestattet, Veränderungen herbeizuführen. Indem sie Anerkennung und Zugehörigkeit mit praktischer Unterstützung verbinden, führen vielseitige Organisationen sogar tiefgreifendere Arten von Veränderung herbei.

Welche Möglichkeiten Gemeinschaft, Fürsorge und Verbundenheit in sich bergen, ist selten im Vorhinein zu erkennen. Sich ihnen zu verpflichten erfordert Mut und geht mit Risiken einher. In Chicago haben die Psychologen Nicholas Epley und Juliana Schroeder ein Experiment mithilfe von Pendlern durchgeführt. Sie baten einige Freiwillige, ein Gespräch mit Fremden im öffentlichen Personennahverkehr anzufangen, während andere jegliche Interaktion vermeiden sollten und eine dritte Gruppe angewiesen wurde, sich »so wie immer« zu verhalten (was eher in Richtung Kontaktaufnahme vermeiden ging). Die Freiwilligen vermuteten, sie würden sich wohler fühlen, wenn sie für sich bleiben könnten, doch tatsächlich berichtete die Kontaktaufnahmegruppe von mehr positiven Erfahrungen.[20] Während sich manche Menschen danach sehnen, nach der Covid-19-Pandemie ins Büro zurückzukehren und auch anderweitige Sozialkontakte wieder zu pflegen, gibt es andere, die die Aussicht auf größere Einsamkeit genießen. In Großbritannien und den USA hatte die Pandemie einen wahren Exodus aus den Städten in die Vororte und aufs Land sowie einen Anstieg an Homeoffice-Arbeit zur Folge, der sich wahrscheinlich nie wieder ganz rückgängig machen lassen wird.[21] Diese Verlagerungen finden zu einer Zeit statt, in der öffentlicher Raum und die Möglichkeiten der Verbindung rasant abnehmen. In Großbritannien beispielsweise wurde im Laufe der vergangenen zehn Jahre mehr als ein Viertel aller Bibliotheken entweder geschlossen oder mit ehrenamtlich Tätigen besetzt. Orte wie Jugendtreffs werden zunehmend in private Hand gegeben, was zu eingeschränkteren Öffnungszeiten sowie dazu geführt hat, dass fast ausschließlich Veranstaltungen angeboten werden, die auch profitabel sind. Kirchen werden zu Nachtclubs umgebaut, Gemeindezentren zu Wohnungen. Und das sieht in anderen Ländern nicht wesentlich anders aus. In den USA etwa, wo die Autos seit Langem die Stadtplanung beherrschen, wohnt die überwiegende Mehrheit der Bevölkerung in Vierteln, in denen die meisten Freizeitanlagen oder andere öffentliche Räume zu Fuß nicht mehr erreichbar sind.[22] In Chinas schnell wachsenden Riesenstädten liegen viele »öffentliche« Räume in den Innenhöfen von Gebäudekomplexen oder auf deren Dächern – womit sie nur denjenigen offenstehen, die die richtigen Schlüssel haben. Häufig werden diese Veränderungen als wünschenswert erachtet und von Stadtplanern sowie Bürgern gleichermaßen befürwortet. Allerdings scheint es die Stadtbewohnerinnen und -bewohner nicht unbedingt glücklich zu machen, wenn sie von anderen abgeschnitten sind.[23] Wie die Freiwilligen in Epleys und Schroeders Studie gezeigt haben, verwechseln wir anscheinend Gewohnheit mit Vorliebe, wenn es um unser Privatleben geht. Umgekehrt neigen wir zunehmend dazu, uns angesichts der Herausforderung, miteinander zu leben, in den privaten Raum zurückzuziehen, statt zu versuchen, neue Arten der öffentlichen Interaktion zu kultivieren.

*

Die Gemeingüter, mit denen sich Ostrom beschäftigte, waren zwar kollektiv verwaltet, aber keineswegs jedem zugänglich. Die Gemeinden erhielten diese Ressourcen mittels sorgfältig aufgestellter und gemeinsam verhandelter Regeln und Konventionen. Nachhaltige, inklusive Gemeingüter, so Ostrom, waren die mit klaren Grenzen, die über Zugang und Bewirtschaftung entschieden.
Das Beharren auf Grenzen mag zunächst kontraintuitiv erscheinen.

Warum Grenzen jedoch wichtig sind, wird beim Blick darauf deutlich, wie sich das Potenzial von Gemeingütern mit der Zeit entfaltet. Wie wir gesehen haben, entstehen gemeinsame Verpflichtungen allmählich. Das Gleiche gilt für den Wert, den man aus Gemeingütern gewinnen kann, bei dem die Menschen durch das »kontinuierliche Ausprobieren« der alltäglichen Fürsorge herausfinden, was sie brauchen und wie sie sich gegenseitig unterstützen können. Doch wenn Verpflichtung und Wert erst im Laufe der Zeit entstehen – was motiviert die Menschen dann überhaupt erst dazu, sich zu engagieren?

Hier kommen die Grenzen ins Spiel. Indem sie die Welt einteilen, indem sie spezifizieren, wer wohin gehört und zu welchen Bedingungen, machen Grenzen die Dinge lesbar. Das Gemeindecafé in Caldwell beispielsweise war trotz der allgemeinen Vielfalt seiner Kundschaft fast ausschließlich von Frauen besucht. Ein paar Wochen, nachdem Jenny ihre freiwillige Arbeit im Café begonnen hatte – Jenny gehörte zur eng verbundenen Truppe der britischen, sonstigen europäischen und karibischen Frauen, die es immer schafften, sich den Ecktisch zu schnappen –, lud sie mich ein, gemeinsam mit ihr und ihren Freundinnen zu Mittag zu essen. Als die Rede auf die Erziehung kam und ich zugab, selbst keine Kinder zu haben, entwickelte sich rasch ein Spiel. Die Frauen tauschten amüsierte Blicke oder sahen mir mit vorgetäuschtem Ernst in die Augen und sprachen verschiedene Themen an – das Trauma der Geburt, Windelmalheurs, Sex, attraktive Männer und »nutzlose« Ehemänner –, die mich ganz offensichtlich verunsichern sollten. Und in den darauffolgenden Wochen bekam ich immer wieder mit, dass auch andere männliche Besucher des Cafés auf ähnliche Weise geneckt wurden. Die Stammkundschaft sah das Café augenfällig als einen Ort, der Müttern vorbehalten war. Diese Grenzziehung aber machte das Café auch zu einem Ort, an dem die Mütter ein gemeinsames Verständnis annehmen konnten – ob es nun um Familienstreitigkeiten, elterliche Erschöpfung oder Ärger mit der Schwiegermutter ging. Diese Grenzziehung grenzte die Dinge also nicht ein, sie eröffnete sie.

Zu Jennys Freundeskreis gehörte auch Klara. Sie war Deutsche, ihr

Mann kam aus der Demokratischen Republik Kongo. Beide waren mit traditionellen Vorstellungen von Ehe und Geschlechterrollen aufgewachsen. Als ihr Sohn geboren wurde, entschied sich Klara dafür, zu Hause zu bleiben und sich um ihn zu kümmern. Jetzt ging ihr Sohn zur Schule, und Klara fühlte sich unruhig und unausgefüllt. Sie wollte arbeiten, war sich aber nicht sicher, wie sie das anstellen sollte. Ebenso wenig wusste sie, wie sie das Thema ihrem Mann gegenüber ansprechen konnte – sie befürchtete, er wäre dagegen. Im Grunde beruhten Klaras Befürchtungen auf dem hartnäckigen Gefühl, wieder zu arbeiten – oder das auch nur zu *wollen* – mache sie zu einer schlechten Mutter, vielleicht auch zu einer schlechten Ehefrau. Sie befürchtete, wieder arbeiten zu wollen verstoße gegen ihr eigenes Verständnis vom Muttersein und die stillschweigenden Übereinkünfte hinsichtlich der Rollen in der Familie, auf denen ihre Ehe fußte.

Als Klara über ihre Befürchtungen sprach, erzählten andere von ihren Erfahrungen: Jenny riss entnervt Witze über die Absurditäten, die es mit sich bringt, mit gemischten kulturellen Traditionen umgehen zu müssen. Andere sprachen von übergriffigen Verwandten, von den Schwierigkeiten, einen Job zu finden, oder von der Unruhe, die sie packte, wenn die Kinder das Haus verließen, um zur Schule zu gehen. Diese unterschiedlichen Beiträge beschworen unterschiedliche Bilder vom Familienleben herauf, verwurzelt in unterschiedlichen kulturellen Traditionen. Einige waren glücklich als eingefleischte Traditionalisten, andere sprachen über andere Formen der Unruhe. Die gemeinsame Annahme aber, dass letztlich alle über dasselbe sprachen, ermöglichte es Klara, sich ihr Verständnis vom Muttersein mit der Zeit aus diesem und jenem von Freundinnen und Bekannten neu zusammenzubasteln. Nach ein paar Monaten fühlte sich Klara bereit dazu, mit ihrem Mann über ihre Ambitionen und Befürchtungen zu sprechen, und hatte begonnen, sich zu bewerben.

Grenzen spielten eine wichtige Rolle dabei, die Mütter aufeinander auszurichten. Wenn bis zu einem gewissen Grad die Arten von Verständnis, die in nahen, persönlichen Begegnungen entstehen, immer im Fluss des Lebens gefangen sind, also immer wieder neu aufkommen und beständig umgeschrieben werden, dann stehen Grenzen für die Möglichkeit des Haltgebens. Einem Großteil der Menschen in diesem Buch ist es gelungen, verschiedene Sichtweisen in einer gemeinsamen Sache zusammenzuführen – unterschiedliche Beziehungen zum Islam, ein unterschiedliches Verständnis vom öffentlichen Raum, unterschiedliche Auffassungen von Umwelt –, indem sie in irgendeiner Form auf Grenzen setzten. Wenn die Vielheit der Welt uns in unterschiedliche Richtungen zieht, bieten uns Grenzen einen Rahmen, in dem wir die Unterschiedlichkeiten vereinen können. Es ist dieses Vereinen, das substanziellere Veränderungen gewährt: das allmähliche Umarbeiten von Werten und Identitäten, wie wir es bei Klara, den Besuchern des Kreativzentrums in Caldwell und den jungen Muslimen bei The Door gesehen haben. Grenzen verflechten Unterschiede und Fließendes mit der Zeit zu ethischen und politischen Anliegen.

Grenzen also sind wichtig, müssen aber nicht notwendigerweise starr sein. Sie sind im Gegenteil mitunter selbst Prozessen des kollektiven Erkundens und Umarbeitens unterworfen. Als Emma und Jacob ihr Kirchenzentrum gründeten, in dem das Gemeindecafé von Caldwell lag, hatten sie dabei an einen in erster Linie christlichen Ort gedacht. Aber erst als die Kinder auf die Welt kamen, interessierten sich die Anwohnerinnen in der Umgebung für die Einrichtung. Sie sahen das Café nicht als religiösen Ort im engeren Sinne, sondern eher als Möglichkeit, die Art von Gemeinde aufzubauen, in der sie ihre Kinder aufwachsen sehen wollten. Indem sie so ziemlich alles von der Schuldenberatung bis zum Seniorensport anboten, konnten Emma und Jacob dem Zentrum neues Leben einhauchen. Darüber hinaus veränderte es ihre Einstellung zum Glauben. Sie erkannten das Verbinden und Unterstützen derjenigen um sich herum als entscheidende Glaubensäußerungen über das reine Bekehren und andere Kirchentätigkeiten hinaus. Für Emma und Jacob wurde es wichtiger, die Gemeinde an sich aufzubauen und zu unterstützen.

Grenzen, so die Anthropologin Vered Amit, eignen sich gut für »Gedankenexperimente«.[24] Sie müssen nicht zwangsläufig als dauerhaft gesehen werden, sind aber nützlich, will man Menschen denken lassen, sie spielten dasselbe Spiel. Jede Form der Grenzziehung wird allerdings unweigerlich dazu führen, die einen ein- und die anderen auszuschließen. Dieses Spannungsverhältnis bedeutet, dass es keine universell anwendbare Schablone für Gemeinschaft gibt, nicht die eine Art des Miteinanders. Vielleicht ist auch das Ausmaß dessen, wie viel Andersartigkeit eine Gemeinschaft zu einem bestimmten Zeitpunkt verträgt, fundamental beschränkt. Die Notwendigkeit von Grenzen verweist demnach auf die Notwendigkeit, ein breites Spektrum an Gemeinschaftsressourcen zu pflegen – um sich nicht mit einzelnen Visionen des Miteinanders zufrieden zu geben, sondern hundert Blumen blühen zu lassen.

*

Die Kritiker des liberalen Universalismus, die sich seiner Misserfolge und Schwierigkeiten in der Vergangenheit bewusst sind, stellen ihn sich manchmal als unabgeschlossenes Projekt vor.[25] Einstige Staatsordnungen sind zwar durch ihre Grenzen und Ausschließungen gekennzeichnet, doch ist es noch immer möglich, aus ihnen zu lernen. Wir können eine inklusivere Sichtweise vom Menschsein entwickeln, auf der neue Staatsordnungen gegründet werden könnten. In manchen Fällen hat der Versuch, die Grenzen zu überwinden, zu einigen besonders kreativen Vorschlägen geführt. Der einflussreiche britische Philosoph Paul Gilroy beispielsweise hat für einen »planetaren Humanismus« plädiert, der mit der Vorstellung bricht, die Welt sei in Ethnien, Kulturen oder Nationen eingeteilt; dieser Humanismus versteht die Menschheit schlicht als den gesamten Globus umfassend und ohne jegliche wesentliche Form.[26] Doch selbst wenn es eines Tages möglich wäre, diese Utopien Wirklichkeit werden zu lassen, bleiben die Dilemmata der Andersartigkeit bestehen. Ohne feste Definition des Menschseins wird es schwierig, wenn nicht gar unmöglich, öffentlich Recht über Ungerechtigkeiten zu sprechen. Ist das Menschsein *nicht* durch irgendein Kernäquivalent definiert – verzichten wir beispielsweise auf die Maßstäbe der menschlichen Rationalität oder Würde –, wie könnten wir dann sagen, was als unvernünftig oder ungerecht gilt und was nicht? Ohne gemeinsame Maße könnten sich Rechte und Pflichten, Strafe und Wiedergutmachung, staatliche Intervention und Autonomie nicht die Waage halten.²⁷ Und wenn wir das Menschsein anhand bestimmter Standards definieren, bleibt trotzdem die anthropologische Schwierigkeit, dass diese Standards kulturell spezifisch sind und damit immer auch ein Außen haben.

Dieses Dilemma ist für diejenigen, die für eine gerechtere Gesellschaft kämpfen, zum konstanten Stolperstein geworden. Eine Folge davon ist, dass zwischen Politik und alltägliches Leben, zwischen liberale und republikanische Tradition ein immer größerer Keil getrieben wurde. Das Streben nach wahrhaft universeller Gerechtigkeit, wahrhaft universeller Inklusion, hat sozialen Bewegungen und Politikern eine abstrakte Topdown-Sicht der Menschheit beschert. Heute allerdings werden diese universellen Horizonte nicht nur von Gruppen, die um Gleichberechtigung wetteifern, für sich beansprucht, sondern auch von politischen Akteuren jeglicher Couleur – was die Politik zu einer rechthaberischen, oppositionellen Angelegenheit macht, bei der unterschiedliche universelle Visionen aufeinanderprallen.

Während die formellen Institutionen der republikanischen Politik immer mehr bröckeln, ist es zur Wucherung einer Art von zersplittertem, privatem Republikanismus gekommen. Hierbei bestehen die Bürgerinnen und Bürger auf dem Primat persönlicher, ausgehandelter Sichtweisen von Wahrheit und Gerechtigkeit, die in Alltagswelten und -beziehungen gründen, Außenseitern aber verschlossen bleiben. Diese privaten Überzeugungen werden oft als Wahrheiten bekräftigt, die andere nicht legitimerweise infrage stellen können. Mit diesen »Wahrheiten« werden öffentliche Ansprüche erhoben, ohne die öffentlichen Bedingungen der Zuerkennung zu versprechen.

Diese immer tiefer werdende Kluft kann als Radikalisierungsprozess sowohl der liberalen als auch der klassisch republikanischen Tradition betrachtet werden, bei dem jede sich in zunehmend krassem Gegensatz zur jeweils anderen neu definiert. In dieser Gegensatzstellung erscheint die Andersartigkeit in beiden Traditionen als mit Konflikt verbunden, als etwas, das uns dezimiert. Die Welt ist voll von unterschiedlichen Weltsichten, ob wir dabei nun an die Inuit denken, die an die Beseeltheit und Moralität aller Dinge glauben, an das orthodox-jüdische Gesetz, das regelt, wann Männer und Frauen sich durchmischen dürfen und wann nicht, an New-Age-Verschwörungstheorien oder an die Yoruba, die an ein vorherbestimmtes Schicksal glauben. Für einen Liberalismus, der darauf besteht, bei der Natur der Menschlichkeit das letzte Wort zu haben, ist der Anspruch, in einer anderen Welt zu leben, suspekt, denn er bedroht die einzigartige Ordnung des Universums, auf der die öffentliche Politik beruht. Letzten Endes hat der Liberalismus immer den Impuls, solche Unterschiede zu eliminieren. Insofern diverse Kulturen und Verständnisse etwas über die Natur der Menschheit oder unserer gemeinsamen Welt zu sagen haben, bleiben sie eine öffentliche Bedrohung und müssen – bestenfalls – zurückgeschnitten werden: von der Wahrheit oder vom Wissen auf private »Überzeugungen«, »Meinungen« oder »Vorlieben«.

Für einen Republikanismus hingegen, der die Quelle der politischen und ethischen Wahrheit ausschließlich in sich selbst sucht, ist die einzig bewohnbare Welt die, die durch beinahe beständigen Konflikt gekennzeichnet ist. Hier wird die Wahrheit durch unzählige Alternativen bedroht. In der Vergangenheit hatte der bürgerliche Republikanismus Schwierigkeiten, den Umfang der politischen Gemeinde zu definieren, wenn seine Sicht der Politik auf persönlicher Verbindung und Verhandlung beruhte. Heute hat dies zu einer tiefgreifenden Zersplitterung geführt: Wir bewohnen unterschiedliche gesellschaftliche, kulturelle und politische Welten, die sich aber alle für eigenständige moralische Instanzen halten.

Doch selbst innerhalb westlicher demokratischer Staaten und innerhalb der Grenzen und Schwierigkeiten unserer heutigen Zeit ist dieser Spannungszustand nicht die einzige Möglichkeit. Wie wir gesehen haben, wird unsere Fähigkeit, uns miteinander zu verbinden, durch die liberale und bürgerlich republikanische Tradition nicht erschöpft, auch wenn die beiden Traditionen vielleicht aus ihr schöpfen und sie auf bestimmte Weisen lenken. Wichtiger noch: Es liegt auf der Hand, dass die beiden Traditionen nie singulär waren und dass man verschiedentlich auf sie aufbauen kann. In der gesamten demokratischen Welt sind Menschen an Orten wie Kilburn mit Experimenten des Miteinanders beschäftigt. Und dieser Alltagserfindungsreichtum ermöglicht es uns, beim Potenzial und den Problemen unserer demokratischen Gesellschaften zu bleiben und sie von innen heraus umzugestalten.

In dem Versuch, die liberale und republikanische Tradition in Spannung zueinander zu halten, sehen wir uns das letzte Gestaltungsprinzip von Elinor Ostrom an, das hier Aufschluss geben kann. Ostrom erkannte die Wichtigkeit eingegrenzter, verpflichteter Gemeinschaften, wusste aber auch, dass nicht alle Probleme auf lokaler Ebene angegangen werden können. Und so schlug sie ein System der »eingebetteten« Gemeingüter vor, das die Politik von Angesicht zu Angesicht mit der auf Vertretern beruhenden Politik verflocht. Dieser Vorschlag vereinte ein hohes Maß an örtlicher Autonomie mit übereinandergeschichteten Kontroll-, Verhandlungs- und Koordinationsstrukturen. Örtliche Gemeinden entsendeten Delegierte zu größeren Versammlungen. Diese größeren Versammlungen operierten ebenfalls gemäß den Gestaltungsprinzipien – sie betrieben kollektives, verhandeltes Ressourcenmanagement. Allerdings mussten die Delegierten die Gemeinden, aus denen sie kamen, auch *repräsentieren*: ihre ungeordneten Anliegen und komplexen Praktiken zu klareren Positionen destillieren, die sich einfach kommunizieren ließen. Damit ist Ostroms Vorschlag letztlich einer für *viel mehr* Demokratie – für Demokratie überall dort, wo es um gemeinschaftliche Interessen geht.

Dieses Prinzip der Einbettung stellt das Bottom-up-Gegenstück zum Prinzip der Übersetzung dar, mit dem wir uns im vorhergehenden Kapitel beschäftigt haben. Wenn die Übersetzung es ermöglicht, dass kollektive Geschichten im Hinblick auf unterschiedliche Gemeinschaften gefiltert und in der Sprache ihrer Alltagsangelegenheiten und -sorgen umgeschrieben werden, dann macht die Einbettung die alltägliche Verhandlung persönlicher Beziehungen und Verpflichtungen zumindest teilweise davon abhängig, inwieweit sich Letztere in weiter gefasste politische Belange einfügen. In der Praxis, angewandt auf die Diversitätsgemeingüter, würde dies bedeuten, Körperschaften aus örtlich verantwortlichen Gemeinderepräsentanten einzurichten, die bei Disputen vermitteln, Unterschiede verhandeln und Ressourcen aufteilen. Es würde bedeuten, Gemeinschaften nicht als Mosaik aus separaten Gruppen zu sehen, sondern als Gobelin aus miteinander verflochtenen Fäden.

*

Nur wenige Monate nach meiner Ankunft in Kilburn, als ich mich noch orientierungslos fühlte – zwischen verschiedenen Gemeindegruppen hin und her rannte, schwindlig von der offensichtlichen Diversität des Viertels, unsicher, wie ich das alles zusammenfügen sollte –, fiel mir etwas Seltsames auf. Vor meinem Umzug nach Kilburn hatte mir ein Freund einen alten anthropologischen Forschungstrick verraten: Bitte am Ende jedes Gesprächs darum, jemand anderem vorgestellt zu werden. Obwohl es mir manchmal unangenehm war, versuchte ich, mich stets an den Rat zu halten. Es dauerte allerdings nicht lange, bis meine Gesprächspartner das ebenfalls taten und mich ihrerseits nach Empfehlungen fragten. Umweltaktivistinnen und -aktivisten waren auf der Suche nach potenziellen Verbündeten, Eltern wollten einen Tipp, wen sie zum nächsten Fest einladen könnten, Anwohnervereinigungen suchten Unterstützung für das nächste Gemeinderattreffen, auf dem sie Beschwerden über den vernachlässigten öffentlichen Raum vorbringen wollten.

Ich denke daran zurück, als ich Kilburn zum ersten Mal besuchte, um an der »Pop-Up University« teilzunehmen, als Architekten und Akademiker erklärten, jedes Viertel sei durch ganz eigene Muster und einen ganz bestimmten Charakter definiert. Während meines Aufenthalts in Kilburn, bei dem ich die Gegend allmählich besser kennenlernte, hat mich das Gefühl, dass die Aussage auf diese superdiverse Ecke von London nicht wirklich zutrifft, nie ganz verlassen. Ich glaube nicht, dass es je ein einzelnes Muster gegeben hat. Und wenn ich mir die dortige Gemeinde in Aktion so ansehe, sehe, wie sie daran gearbeitet hat, sich das Viertel zu eigen zu machen und es anderen zu öffnen, dann glaube ich auch nicht, dass es ein solches Muster braucht. Kilburn nahm weder durch eine einzelne

Geschichte noch als unkontrollierbares Durcheinander von Unterschieden Gestalt an, sondern durch Verbindungsstränge, die unterschiedliche Leben miteinander verflochten – und es ihnen gestatteten, immer wieder aufs Neue verflochten zu werden.

Anmerkungen

Kapitel 1

1 Diese These stammt aus Stuart Halls »Culture, community, nation«, 1993, S. 361: »Ob wir fähig sind, trotz Andersartigkeit miteinander zu leben, wird meiner Ansicht nach die Frage des 21. Jahrhunderts sein.« Sie scheint W. E. B. Du Bois' äradefinierende Feststellung wieder aufzunehmen, »das Problem des zwanzigsten Jahrhunderts« sei »das Problem der Trennung von Schwarz und Weiß«. (Aus einer Rede zur Ersten Pan-Afrikanischen Konferenz in London im Juli 1900 und 1903 erneut formuliert in seinem Buch The Souls of Black Folk.) Die historischen Veränderungen, die die Unterschiede zwischen den beiden Aussagen ausmachen – das Problem gibt es immer noch, hat sich aber gewandelt –, bilden den grundlegenden Bezugsrahmen dieses Buchs.

2 Foa et al., »The Global Satisfaction with Democracy Report 2020«, 2020.

3 Siehe Pildes, »Romanticizing Democracy«, 2015; Rooduijn et al., »Expressing or fuelling discontent?«, 2016; Pellikaan et al., »The Centre Does Not Hold«, 2016; Elchardus und Spruyt, »Populism, Persistent Republicanism and Declinism«, 2014.

4 Sehr gut umrissen ist das in Harsin, »Regimes of Posttruth«, 2015. Um das zu verdeutlichen: Anscheinend verlässt sich die Mehrheit der Nachrichtenkonsumenten – und zwar sowohl on- als auch offline – auf einen im Großen und Ganzen einheitlichen Pool an Mainstreamquellen (Fletcher und Nielsen, »Are News Audiences Increasingly Fragmented?«, 2017; Mukerjee et al., »Networks of Audience Overlap«, 2018), nur wenige, möglicherweise unverhältnismäßig Laute oder politisch Aktive (Nelson und Taneja, »The small, disloyal fake news audience«, 2018; Tewksbury und Riles, »Polarization as a Function of Citizen Predispositions«, 2015) nutzen auch andere Quellen. Die Differenzen hinsichtlich des Vertrauens in die Quellen scheinen da schon bedeutsamer zu sein: Das größte Vertrauen hatten die am häufigsten konsumierten Medien, vor allem bei den parteilich Engagierten (Kantar Media, »Brand and trust in a fragmented news environment«, 2017; Suiter und Fletcher, »Polarization and partisanship«, 2020), wobei es jedoch auch Belege dafür gibt, dass das Vertrauen in die Mainstreammedien ganz allgemein nachlässt, unabhängig von der Polarisierung – dass die Menschen also schlicht immer unsicherer werden (Guess et al., »The consequences of online partisan media«, 2021) –, und dass sowohl die Mainstream- als auch die Nicht-Mainstream-Berichterstattung immer polarisierender und sensationslüsterner wird (Van Aelst et al., »Political communication in a high-choice media environment«, 2017).

5 In Großbritannien beispielsweise behauptet ein jüngst veröffentlichter Bericht über rassistische Diskriminierung, den die Regierung nach den »Black Lives Matter«-Demonstrationen 2020 in Auftrag gegeben hat, es gäbe »keinerlei Beweise für einen

strukturellen oder institutionellen Rassismus« im Vereinigten Königreich (Sewell, »Commission on Race and Ethnic Disparities«, 2021, S. 77). Der Bericht ist für diese Schlussfolgerung weithin kritisiert worden; er argumentiert, andere Faktoren wie etwa die Geografie, die Armut und die familiäre Struktur seien bessere Indikatoren einer Benachteiligung. Tatsächlich aber sind alle diese Faktoren erwiesenermaßen stark vom ethnischen Hintergrund beeinflusst. Der Bericht verlagert also die Bezugspunkte, um rassistische Diskriminierung wegzudefinieren.

6 Zadie Smith, London NW, 2014, S. 55 f.
7 Hickman et al., Migration and Social Cohesion in the UK, 2012.
8 Vertovec, »Super-diversity and its implications«, 2007.
9 In der 2011 durchgeführten Volkszählung sind 31 Prozent der Einwohnerinnen und Einwohner von Kilburn als »weiß, britisch« verzeichnet. Die mit 18 Prozent zweitgrößte Gruppe ist die der europäischen Einwanderer verschiedener Nationalitäten, die als »Sonstige, weiß« zusammengefasst werden. An dritter Stelle folgen mit 11 Prozent schwarze Afrikaner, die restliche Bevölkerung von Kilburn besteht aus einer Mischung aus fünfzehn weiteren Gruppen. London ist schon eine der diversesten Städte der Welt, doch Kilburn schlägt London noch, und zwar sowohl hinsichtlich ethnischer als auch hinsichtlich sprachlicher Gruppen. (Mit Diversität ist in diesem Zusammenhang die Anzahl der verschiedenen vorhandenen Gruppen nebst deren relativem Anteil an der Bevölkerung gemeint.)
10 Fryer, Staying Power, 1984, S. 372.
11 Insbesondere der British Nationality Act von 1981 ermöglicht den Entzug der britischen Staatsbürgerschaft, vorausgesetzt, es ist nach menschlichem Ermessen nicht zu erwarten, dass dieses Vorgehen die betreffende Person staatenlos macht. In der tatsächlichen Anwendung und in der Rechtsprechung bedeutet diese Bedingung allerdings nicht, die betreffende Person müsse im Besitz eines zweiten Passes sein; sie bedeutet lediglich, dass davon ausgegangen wird, die Person eigne sich potenziell für eine anderweitige Staatsbürgerschaft. Das Gesetz zielt somit zwar nicht explizit auf Menschen mit Migrationshintergrund ab, trifft in der Praxis aber ausschließlich auf diese zu.
12 Massey, A Global Sense of Place, 1991, S. 28.
13 Willcox, International Migrations, 1929.
14 Die Kolonialbehörden führten nicht immer akribisch Buch über die Migration zwischen den einzelnen Kolonialgebieten; deshalb sind die Bewegungen von Nicht-Europäern in dieser Zeit schwerer einzuschätzen.
15 Meredith, The Fortunes of Africa, 2014.
16 Czaika und de Haas, »The Globalization of Migration«, 2014.
17 Ebenda; Castles et al., The Age of Migration, 2014; Flahaux und de Haas, »African migration«, 2016.
18 Frey, Diversity Explosion, 2014.
19 Lomax et al., What the UK population will look like, 2019.
20 Siehe dazu beispielsweise Meissner und Vertovec, »Comparing Superdiversity«, 2015;

Scholten et al., Coming to Terms with Superdiversity, 2018; Acosta-García und Martínez-Ortiz, »Mexico through a superdiversity lens«, 2015. Ausführlich erkundet werden kann dieser Trend mit den Daten und Darstellungen unter https://superdiv.mmg.mpg.de; die Daten stammen aus Kanada, Australien und Neuseeland.
21 Wallman, Eight London Households, 1984; Dürrschmidt, Everyday Lives in the Global City, 2013.
22 Li et al., »Does ethnic diversity affect well-being«, 2021; Jonsson und Demireva, »Does the ethno-religious diversity of a neighbourhood affect the perceived health of its residents?«, 2018.
23 Siehe dazu Portes und Vickstrom, »Diversity, Social Capital, and Cohesion«, 2011, und Dinesen et al., »Ethnic Diversity and Social Trust«, 2020. Beide Arbeiten bieten einen guten Überblick über eine Reihe von Studien; einige wenige Studien scheinen zwar den gegenteiligen Effekt festzustellen, doch im Allgemeinen herrscht die Tendenz zu negativen Beziehungen zwischen Diversität und Vertrauen/Beteiligung am gemeinschaftlichen Leben vor.
24 Siehe Habyarimana et al., Coethnicity, 2009; Koopmans und Veit, »Cooperation in Ethnically Diverse Neighborhoods«, 2013; Gereke et al., »Ethnic diversity, poverty and social trust in Germany«, 2018; Koning, Immigration and the Politics of Welfare Exclusion, 2019.
25 Pickett und Wilkinson, »Income inequality and health«, 2015. Siehe dazu auch Anmerkung 4, vor allem Peter Van Aelst et al.
26 Wilkes und Wu, »Ethnicity, Democracy, Trust«, 2018.
27 Norris et al., »The paranoid style of American elections«, 2019; Myers und Levy, »Racial Population Projections«, 2018.
28 Blinder und Richards, »UK Public Opinion toward Immigration«, 2020.
29 Clarke et al., Brexit, 2017; Arnorsson und Zoega, »On the causes of Brexit«, 2018.
30 Z. B. Hatton, »Public Opinion on Immigration in Europe«, 2017; Ruedin, »Attitudes to immigrants in South Africa«, 2019.
31 Siehe dazu Anmerkung 23, vor allem Dinesen et al.
32 Main, »We knew platypuses were incredible«, 2020; Buehler, »Flying squirrels secretly glow pink«, 2019; Cronin und Bok, »Photoreception and vision in the ultraviolet«, 2016.
33 Bateson, Steps to an Ecology of Mind, 1972.
34 Siehe dazu Regier und Kay, »Language, thought, and color«, 2009; Davidoff et al., »Colour categories in a stone-age tribe«, 1999; Roberson et al., »Color categories«, 2005.
35 Shore, Culture in Mind, 1998, S. 3.
36 Ebenda; Keane, Ethical Life, 2015.
37 Carsten, »The Substance of Kinship«, 1995. Carsten beschreibt die malaiischen Vorstellungen von Verwandtschaft eher als Frage des Grades denn als eine der Art oder Gattung. Die Geburt schafft die stärkste Verwandtschaft, dann kommen Stillen und das Füttern mit Reis vom Familienherd. Gleichzeitig kann der Grad an auf Geburt

basierender Verwandtschaft abnehmen, wenn die Kinder nicht gestillt oder am Familienherd gefüttert werden.
38 Blackless et al., »How sexually dimorphic are we?«, 2000.
39 Pison und D'Addato, »Frequency of Twin Births«, 2012. Die Daten aus dieser Untersuchung sowie die aus der von Blackless et al. (siehe Anmerkung 38) stammen aus ähnlichen Zeiträumen und können deshalb gut miteinander verglichen werden.
40 Davies, Gender Diversity in Indonesia, 2010, Peletz, »Transgenderism and Gender Pluralism in Southeast Asia«, 2006.
41 Vowel, Indigenous Writes, 2016.
42 Renne und Bastian, »Reviewing Twinship in Africa«, 2001.
43 Smith et al., »A Time of Revolution?«, 2016.
44 Williamson, Sprawl, Justice, and Citizenship, 2010.
45 Allen, »A Decade of Immigration in the British Press«, 2016.
46 Siehe Kapitel 8, Anmerkung 17.

Kapitel 2
1 Carrey, William Golding, 2012, S. 82.
2 Ebenda, S. 127.
3 Golding und Baker, »An Interview with William Golding«, 1982.
4 Weidman, »Do humans really have a killer instinct«, 2020.
5 Powell, Freedom and Reality, 1969. Powell schätzte, dass mit Beginn des neuen Jahrtausends fünf bis sieben Millionen Menschen mit Migrationshintergrund in Großbritannien leben würden. In der Volkszählung 2001 waren 4,9 Millionen Einwohner Großbritanniens als im Ausland geboren verzeichnet; da die Kinder von Zuwanderern nicht in diese Kategorie fielen, waren Powells Schätzungen vermutlich korrekt oder sogar noch zu niedrig.
6 Deveney, Callaghan's Journey, 2010, S. 32.
7 Ich borge mir diesen Namen von Zadie Smith. Meine Forschungen in Kilburn waren mit der Übereinkunft verbunden, sämtliche Namen zu anonymisieren und in manchen Fällen auch andere Details, die auf die jeweilige Identität schließen lassen könnten, zu verschleiern. Im Zuge dessen wurden teilweise auch Ortsnamen geändert, darunter dieser hier. In Smiths Roman London NW spricht sie ebenfalls von der »Caldwell«-Siedlung, einer fiktiven Siedlung, die sie in die ansonsten authentische Geografie Kilburns einfügt.
8 Dinesen et al., 2020; Kaufmann und Harris, »White Flight«, 2015. Wichtig ist, dass Kaufmann und Harris auch belegen konnten, dass der Unterschied in der Haltung nicht der »weißen Flucht« geschuldet war, also nicht darauf beruhte, dass die Voreingenommeneren schlicht aus zunehmend gemischten Vierteln wegzogen und deshalb als toleranter erschienen.
9 Dunbar, »Neocortex size as a constraint on group size in primates«, 1992; Dunbar, »Coevolution of neocortical size«, 1993; Dunbar, »The social brain hypothesis«, 1998.

10 Lamm und Majdandžić, »The role of shared neural activations«, 2015; Firth und Firth, »Mechanisms of Social Cognition«, 2012; Decety und Jackson, »The Functional Architecture of Human Empathy«, 2004.
11 Meltzof, »›Like me‹«, 2007; Reddy, »On being the object of attention«, 2003; Zeedyk, »From intersubjectivity to subjectivity«, 2006.
12 Csibra und Gergely, »Social learning and social cognition«, 2006; Flom und Johnson, »The effects of adults' affective expression«, 2011.
13 Soussignan et al., »Mimicking emotions«, 2018.
14 Broesch et al., »Cultural Variations in Children's Mirror Self-Recognition«, 2011; Keller et al., »Parenting styles and the development of the categorical self«, 2005; Ross et al., »Cultural differences in self-recognition«, 2017.
15 Bayliss und Tipper, »Predictive gaze cues and personality judgments«, 2006; Bayliss et al., »Gaze cuing and affective judgments«, 2006.
16 Lyons et al., »The scope and limits of overimitation«, 2011; Nicola McGuigan et al., »From over-imitation to super-copying«, 2011; Horner und Whiten, »Causal knowledge and imitation/emulation switching«, 2005.
17 Keupp et al., »Why do children overimitate?«, 2013; Hoehl et al., »Over-imitation«, 2019.
18 Firth und Firth, 2012.
19 Willerslev, Soul Hunters, 2007; Willerslev, »Not Animal, Not Not Animal«, 2004.
20 Hier zeigt sich eine gewisse Übereinstimmung mit dem, was in der Psychologie als Kontakthypothese bezeichnet wird – die inzwischen gut belegte Annahme, der Kontakt mit Menschen, die anders sind als man selbst, könne die Einstellung und das Vertrauen zu den Gruppen verbessern, für die diese Menschen anscheinend stehen (siehe dazu Hewstone und Swart, »Fiftyodd years of inter-group contact«, 2011; sowie Pettigrew und Tropp, »A meta-analytic test of intergroup contact theory«, 2006). Trotzdem verstehen wir die Auswirkungen eines solchen Kontakts auf das alltägliche Verhalten jenseits explizit geäußerter Meinungen noch nicht ganz. Wie Gill Valentine (»Living with Difference«, 2008) anmerkt, sind nicht die allgemeinen Haltungen, sondern die tatsächlichen Muster der Alltagsbeziehungen, die sich festsetzen, wichtig: Sie spiegeln vermutlich bedeutend mehr Komplexität wider als die geäußerten Meinungen. Die Freundschaften beispielsweise, die im Café entstanden, beinhalteten durchaus auch Spannungen, Missverständnisse und Reibungen zwischen den Menschen mit unterschiedlichem kulturellem Hintergrund, aus ihnen ergab sich nicht automatisch die Haltung, dass Unterschiede keine Rolle spielen. Allerdings waren die Menschen aufgrund dieser Freundschaften eher bereit, Differenzen beizulegen oder zumindest auszuklammern.
21 Mitchell, The Kaleka Dance, 1956.
22 Behrends et al., »Moving in and out of synchrony«, 2012; McGarry, »Mirroring in Dance/Movement Therapy«, 2011.
23 Perry, »The view from the boys«, 2014; Perry, The Lost Boys, 2018. Auch in einer anderen Arbeit (Behind the Shock Machine, 2013) kommt Perry zu ähnlichen Schlüs-

sen, dieses Mal im Zusammenhang mit Stanley Milgrams berühmten Experimenten. In diesen Experimenten waren Freiwillige aufgefordert, einem völlig Fremden Elektroschocks zuzufügen. Eigenen Angaben zufolge hatte Milgram die Experimente nach dem Eichmann-Prozess entwickelt: Adolf Eichmann, der Hauptorganisator des Holocaust, hatte sich darauf herauszureden versucht, lediglich Befehle befolgt zu haben. Mit seiner Studie wollte Milgram den Hang des Menschen beweisen, sich Autoritäten immer und bedingungslos unterzuordnen. Als Perry verschiedene Varianten der Versuchsanordnung miteinander verglich, fand sie jedoch heraus, dass die Probanden den Anweisungen immer weniger Folge leisteten, je mehr sie glaubten, tatsächlich einer realen Person Schmerzen zuzufügen. Einige berichteten sogar davon, aggressiv zum Gehorchen gedrängt worden zu sein – was Milgrams Behauptung widerspricht, er habe den Grad an freiwilliger, nicht erzwungener Gehorsamkeit gemessen.

24 Weathers et al., »Differences in the Communication of Affect«, 2002; Soto und Levenson, »Emotion recognition across cultures«, 2009; Beaupré und Hess, »Cross-Cultural Emotion Recognition«, 2005; Elfenbein und Ambady, »On the universality and cultural specificity of emotion recognition«, 2002.
25 Thibault et al., »The effect of group-identification on emotion recognition«, 2006; siehe auch Friesen et al., »Perceiving happiness in an intergroup context«, 2019.
26 Avenanti et al., »Racial Bias Reduces Empathic Sensorimotor Resonance with Other-Race Pain«, 2010; siehe Chiao und Mathur, »Intergroup Empathy«, 2010, zu einem Überblick über ähnliche Studien.
27 Mazzarella, »The Anthropology of Populism«, 2019, S. 53.
28 Bloom, Against Empathy, 2017.
29 Tomasello et al., »Two key steps in the evolution of human cooperation«, 2012.
30 Chiao und Mathur, 2010; Richeson et al., »African Americans' Implicit Racial Attitudes«, 2005; Richeson und Trawalter, »Why do interracial interactions impair executive function«, 2005.
31 Schläpfer et al., »The scaling of human interactions«, 2014. Die Bevölkerungszahlen, die ich hier erwähne, stammen aus der Zeit der Studie.
32 Eine jüngere sozialwissenschaftliche Strömung befürwortet eine Wahrnehmungstheorie, die sogenannte Non-representational Theory, in der die Kultur im Allgemeinen und mentale Repräsentationen im Besonderen eine weniger wichtige Rolle spielen. Die psychologisch geprägte Anthropologie lehnt diesen Ansatz durchweg ab. Neuere Arbeiten beispielsweise zeigen auf, wie verschiedene Theories of Mind – wie Menschen sich selbst und einander verstehen – Erfahrungen, Emotionen und Sichtweisen auf sehr unterschiedliche Arten lenken (siehe Luhrmann, »Mind and Spirit«, 2020). Teilweise, wie Webb Keane (»Signs are not the Garb of Meaning«, 2005) ausführt, entstammt das Beharren auf dem nicht-repräsentationalen Denken einer eng gefassten Sicht der mentalen Repräsentation, die auf die sinnbildhafte Dimension der Sprache beschränkt ist und die materielle Welt ausschließt. Ich wandere hier auf schmalem Grat. Ich ziele nicht darauf ab, das sinnbildhafte und das empathische

Denken als völlig getrennt voneinander darzustellen, glaube jedoch, dass bestimmte gedankliche Prozesse empathischer oder sinnbildhafter sein könnten als andere. Dass sinnbildhaftes Denken noch sinnbildhafter werden kann, verstehe ich als Abstraktion, die meine Hauptvergleichsachse bildet.

33 Rappaport, Ritual and Religion in the Making of Humanity, 1999, S. 8.
34 Oatley, »Worlds of the possible«, 2013.
35 Dunbar, »The Social Brain«, 2003; Dunbar, The Human Story, 2004.
36 Vor allem bei Medien wie beispielsweise den mündlich tradierten Epen oder der bildenden Kunst, aber auch generell bei der Kommunikation ist die symbolische Repräsentation selten das Einzige, was stattfindet. In linguistischer Hinsicht gehören zur Kommunikation häufig auch ikonische Qualitäten und indexikalische Gesten. Worauf ich hinauswill, ist die Fähigkeit von Medien jeglicher Art, das Nachdenken über die Natur der referentiellen Bedeutung anzuregen – die notwendigerweise auf einer sinnbildhaften Sprachebene operiert. (Anders ausgedrückt: Die Vorstellungen von Ikonizität und Indexikalität selbst operieren auf einer symbolhaften Ebene.)
37 Mithen, The Prehistory of the Mind, 1996; Olson, »Literacy and the languages of rationality«, 2013. Olson stellt das Lesenkönnen in den Mittelpunkt, betont aber auch, dass dies nicht bedeutet, dass Menschen, die nicht lesen können, nicht verstehen würden, dass Wörter (unterschiedliche) Bedeutungen haben. Er schreibt zwar: »Zum Lesen gehört die metalinguistische Kenntnis von Phonemen, Wörtern und Sätzen, das heißt das Wissen über Wörter als zählbare Einheiten, deren Definitionen dem Gebrauchskontext abgerungen werden müssen und die in Synonym-, Antonym- sowie Hyponymbeziehungen zueinanderstehen können.« (S. 434) Doch dieses Wissen kann auch anders als durch das Schreiben kultiviert und übermittelt werden.
38 Hockett, The Origin of Speech, 1982, S. 6.
39 Bateson, 1972.
40 Laugrand und Oosten, Hunters, Predators and Prey, 2014.
41 Ravin und Leacock, »Polysemy: an overview«, 2000.
42 Krupnik und Müller-Wille, »Franz Boas and Inuktitut Terminology for Ice and Snow«, 2010. Problematisch beim Verifizieren von Boas' Behauptung ist, dass viele Inuit-Dialekte polysynthetisch sind: Hierbei können die Wörter extrem modifiziert werden, wenn man ihnen andere Wörter als Suffix anhängt – so extrem, dass mitunter ein einzelnes Wort dieselbe Bedeutung transportiert wie in anderen Sprachen ein ganzer Satz. Krupnik und Müller-Wille legen deshalb großen Wert darauf, sich nur die Basiswörter anzusehen, und vermuten, dass Boas das bei seiner ursprünglichen Behauptung auch getan hat.
43 Wenn auch nicht uneingeschränkt; siehe dazu Keen, Empathy and the Novel, 2007; Bal und Veltkamp, »How Does Fiction Reading Influence Empathy?«, 2013; Panero et al., »Does Reading a Single Passage of Literary Fiction Really Improve Theory of Mind?«, 2016.
44 Västfjäll et al., »Compassion Fade«, 2014; Galesic und Garcia-Retamero, »The Risks We Dread«, 2012. Galesic und Garcia-Retamero betonen ausdrücklich, dass im

Rahmen der eigenen, durchschnittlich großen Gemeinde die Wahrnehmung von Gefahr oder Verlust zwar proportional zur Anzahl der betroffenen Menschen ansteigt, sie das in größerem Rahmen aber nicht mehr proportional oder gar nicht mehr tut.

Kapitel 3

1 Der Begriff »Double Bind« stammt aus Gregory Batesons 1973 erschienenem Buch Ökologie des Geistes: Anthropologische, psychologische, biologische und epistemologische Perspektiven, in dem ihn der Anthropologe dazu benutzt, widersprüchlichen Druck zu beschreiben, der durch ein und denselben Vorgang erzeugt wird. John Nagle (Multiculturalism's Double Bind, 2008) demonstriert mit dem Begriff den Druck, unter den sich westliche Minderheiten gesetzt fühlen, die in multikulturelle Staaten einzig aufgrund ihrer Andersartigkeit inkludiert werden. So erwartet man einerseits von ihnen, sich zu integrieren und interkulturelle Beziehungen aufzubauen, während sie andererseits eben nur aufgrund besagter Andersartigkeit akzeptiert werden. Auch andere Wissenschaftlerinnen und Wissenschaftler beschreiben ähnliche Spannungen: Häufig wird die Sicht als dauerhaft oder angeboren anders von außen an die Betreffenden herangetragen, während gleichzeitig gefordert wird, sich anzupassen, die Andersartigkeit also abzulegen (Hage, White Nation, 1999; Nayak, »Race, religion and British multiculturalism«, 2012).
2 Griffiths, »Fragmentation and Consolidation«, 2000; Griffiths, Somali and Kurdish Refugees in London, 2002; Hopkins, »Somali Community Organizations in London and Toronto«, 2006.
3 Sharp, »Tribe«, 2003. In After Kinship (2004) bezeichnet Janet Carsten das Nachverfolgen der Abstammung ebenfalls als vorherrschendes Interessengebiet der britischen Sozialanthropologie Mitte des zwanzigsten Jahrhunderts. Das Schlüsselwerk, das das System der Abstammungslinien als Modell aller nicht-staatlichen Gesellschaften verallgemeinerte, war Meyer Fortes' und Edward Evan Evans-Pritchards African Political Systems (2006 [erstmals 1940]). Es eröffnete eine Debatte über die auf der Abstammung basierenden Sichtweisen von Verwandtschaft – vertreten durch Autoren wie Evans-Pritchard, Radcliffe-Brown und Fortes, die sich auf afrikanische Fallstudien konzentrierten – und die auf Allianzen basierenden Sichtweisen – vertreten durch die Arbeiten von Claude Lévi-Strauss; diese konzentrierten sich auf symbolische und soziale Allianzen, die dadurch geschmiedet wurden, dass man einander Frauen aus der eigenen Sippe zur Heirat übergab. Die Somalis waren innerhalb dieser Debatte bis in die 1990er-Jahre hinein interessant, teilweise aufgrund der prominenten Rolle, die man sowohl der Berechnung der Abstammung als auch dem Schmieden neuer Allianzen durch Heirat zuschrieb – wenngleich man Ersteres bis vor Kurzem im Allgemeinen für wichtiger hielt (siehe Lewis, Blood and Bone, 1994; und Lewis, Understanding Somalia and Somaliland, 2008, in dem er diese Vorstellung von Clan für den somalischen Bürgerkrieg verantwortlich macht).

4 Die letzten beiden Gruppen werden manchmal als eine gezählt.
5 Mukhtar, »Islam in Somali History«, 1995; Cassanelli, »Speculations on the Historical Origins of the ›Total Somali Genealogy‹«, 2010.
6 Lewis, Blood and Bone, 1994, S. 233.
7 Barth, Ethnic Groups and Boundaries, 1969
8 Horowitz, Ethnic Identity, 1975.
9 Ebenda.
10 Powell, 1969, S. 237.
11 Viele Jahre später betonte Lila Abu-Lughod (Writing Against Culture, 1991, S. 137) dies noch einmal, als sie schrieb: »Die ›Kultur‹ verstärkt im anthropologischen Diskurs Trennungen, bei denen unweigerlich Vorstellungen von Hierarchie mitschwingen.«
12 Zitiert in Krieger, The Kosovo Conflict, 2001, S. 10.
13 Tone, Being Muslim the Bosnian Way, 1995; Gellner, Nations and Nationalism, 2008; Denich, »Dismembering Yugoslavia«, 1994; Halpern und Kideckel, Neighbors at War, 2000.
14 Greenberg, Language and Identity in the Balkans, 2004. Wie Greenberg anmerkt, ist die Frage, ob Serbisch, Bosnisch und Kroatisch »ursprünglich« eine Sprache waren oder drei, immer noch umstritten, was teilweise an verschiedenen Sichtweisen dessen liegt, was eine gemeinsame Sprache ausmacht. Greenberg geht differenzierter an die Sache heran: Er beschreibt, wie man im neunzehnten Jahrhundert sowie in kommunistischer Zeit versuchte, die Sprachen zu vereinen und wechselseitig verständlich zu machen – was nicht bei allen gleich gut ankam –, und wie man in den 1990er-Jahren hingegen versuchte, Serbisch, Bosnisch und Kroatisch als völlig eigenständige Sprachen zu etablieren. Siehe annualreviews.org/doi/pdf/10.1146/annurev.soc.24.1.423.
15 Bailyn, »To What Degree Are Croatian and Serbian the Same Language?«, 2010.
16 Mukhtar, 1994, S. 14.
17 Mohamed, »Kinship and Contract in Somali Politics«, 2007; Cassanelli, 2010; Kusow, »The Somali Origin: Myth or Reality?«, 1995.
18 Das ist vor allem bei von postmodernen und dekonstruktivistischen Herangehensweisen beeinflussten Disziplinen der Fall (siehe Cahoone, Introduction, 2003). Manchmal wird die Vorstellung, das Ich konstituiere sich grundsätzlich durch die Abgrenzung gegen andere, sogar als in der jeweiligen Disziplin unangefochten dargestellt. In der International Encyclopedia of Human Geography etwa schreibt Jean-François Staszak (2008, S. 44): »Die ethnozentrische Tendenz, die die Andersartigkeit hervorbringt, ist zweifelsohne eine anthropologische Konstante. Jede Gruppe neigt dazu, sich selbst wertzuschätzen und von anderen, deren Wert sie wiederum infrage stellt, abzugrenzen.« Es gibt jedoch auch viele subtile und ganz offene Variationen in der wissenschaftlichen Sicht der Andersartigkeit und ihres Bezugs zum Ich (mehr oder weniger absolut, mehr oder weniger konstitutiv, mehr oder weniger abgrenzend und so weiter). Meine Absicht hier ist es nicht, ein homogenes Bild zu zeichnen, sondern ein Schlaglicht auf einen hervorstechenden Denkstrang zu werfen.
19 Bird-David, Us, Relatives, 2017, S. 201.

20 Berger, Und unsere Gesichter, mein Herz, vergänglich wie Fotos, 1992, S. 97.
21 In dieser Definition von Zugehörigkeit (sowie in ihren späteren Einschränkungen und ihrer Fähigkeit, ein Gefühl von Ganzheit zu evozieren) folge ich am ehesten Floya Anthias (»Thinking through the lens of translocational positionality«, 2008; »Belongings in a Globalising and Unequal World«, 2006).
22 Coleman, The Art of Work, 1988.
23 Ebenda, S. 37.
24 Over, »The origins of belonging«, 2016.
25 Ich möchte hier den sanften Anstoß geben, das sozialpsychologische Modell der Zugehörigkeit (z. B. in Over, 2016) zu überdenken: Vielleicht sollte es nicht nur positive Verbindungen zu Menschen beinhalten, sondern auch anerkennen, dass Kultur, Sprache und Materialität untrennbar am Entstehen sozialer Bande sowie des Sicherheits- und Ich-Gefühls beteiligt sind und so selbst zu Grundlagen der Zugehörigkeit werden können.
26 Hutchins, Cognition in the Wild, 1995; Ingold, The Perception of the Environment, 2000.
27 Anthias, 2006, S. 21.
28 Sie greift dabei stark auf Peter Burke zurück, der sich bei seiner Darstellung auf Europa konzentriert (Languages and Communities in Early Modern Europe, 2004).
29 Mitchell, Language, Emotion, and Politics in South India, 2009.
30 Anthias, 2008, S. 8. Das wirkt zunächst so, als sei die Geschichte damit zu Ende. Wenn das Zugehörigkeitsgefühl ein so tiefsitzendes und zwingendes Bedürfnis ist, wenn der Verlust desselben ein so mächtiger Motivator sein kann und wenn Begegnungen mit anderen Seinsweisen in der Welt das Gefühl des Verlusts auslösen können, scheint dies ein sehr guter Grund dafür zu sein, warum kollektive Identitäten so verlockend sind. Man könnte zu der Schlussfolgerung verleitet werden, dass die Menschen ihre Identität in erster Linie dann verteidigen oder behaupten wollen, wenn sie den Eindruck bekommen, ihr Zugehörigkeitsgefühl werde von außen bedroht. Andererseits zeigt das Leben an von Diversität geprägten Orten wie Kilburn jedoch, dass das Erleben anderer Ansprüche auf die Welt solche Gefühle der Bedrohung nicht notwendigerweise nach sich ziehen muss. In diesem Kapitel wird Identität teilweise als koordinierender Rahmen des sozialen Lebens dargestellt – was auf einen gewissen intrinsischen Wert der Identität schließen lässt, unabhängig von Abgrenzung oder Bedrohung.
31 Anthias, 2006, S. 21. Vor dem obigen Zitat von Berger (Anmerkung 20) hat auch er bereits versucht, mit der Vorstellung von der sorglosen Zugehörigkeit aufzuräumen: »Alle Ursprünge sind unerreichbar – ebenso wie es auf persönlicher Ebene unmöglich ist, sich ein Ich vor der Empfängnis vorzustellen.«
32 Abu-Lughod, Veiled Sentiments, 2016; Abu-Lughod, »The Romance of Resistance«, 1990.
33 Cohen, The Symbolic Construction of Community, 1985; siehe auch Cohen, »Of symbols and boundaries«, 1986.

34 Cohen, 1985, S. 14 f.
35 Frühe Arbeiten zu diesem Ansatz stammen überwiegend aus der Manchester School of Anthropology, etwa von Mitchell (1956) und Epstein (Politics in an Urban African Community, 1958).
36 Southall, zitiert in Astuti et al., »Constraints on Conceptual Development«, 2004, S. 19.
37 Astuti, »Food for pregnancy«, 1993; Astuti, »It's a Boy, It's a Girl!«, 1998.
38 Astuti et al., 2004, S. 22; siehe dazu auch Astuti, »The Vezo Are Not a Kind of People«, 1995.
39 Wimmer, Ethnic Boundary Making, 2013. Ich beziehe mich hier auf eine gewissermaßen abgespeckte Version von Wimmers systematischerem Rahmenkonzept und konzentriere mich auf seine übergreifende These, nach der sich Gruppen intern durch hegemonialen Konsens bilden, sowie auf seine Betonung von Institutionen und Macht (wobei ich die »Netzwerke«, wie er sie nennt, auslasse, obwohl sie sicherlich entscheidend mitbestimmen, wer Zugang zur Macht hat und wer nicht). Wimmers Arbeit baut auf einem relativ rationalistischen Verständnis von ethnischer Bedeutung aus Gründen des Zugewinns an politischer Macht und Wohlstand auf – obwohl manchmal auch die Würde als Teil dieses Bilds anerkannt wird. Meiner Meinung nach lässt diese Auffassung allerdings die vielen Beispiele außer Betracht, bei denen Menschen im Namen ihrer Identität handeln, ohne einen unmittelbaren Vorteil davon zu haben. Dazu gehören Fälle von kollektiven Ritualen, Sozialisierung und anderen zugehörigkeitsfördernden Handlungen innerhalb bestimmter Gruppen, aber auch Fälle von Konflikten zwischen verschiedenen Gruppen, bei denen die Gruppen im Namen der Identität gegen ihr eigenes Interesse handeln. Dennoch ist Wimmers Betonung der Macht und der Institutionen hilfreich und hat ihren Platz in der Diskussion über durch das Zugehörigkeitsgefühl angetriebene Handlungen.
40 Baumann, Contesting Culture, 1996.
41 Stasch, Society of Others, 2009.

Kapitel 4

1 Die Berechnungen stammen von mir, die Zahlen hinsichtlich der Kirchen und Moscheen von Full Fact (»Don't trust claims«, 2019) und die der Christen und Muslime in London vom London Data Store (»Population by Religion«, 2018), wobei die Bevölkerungszahlen demselben Jahr entnommen sind wie die Kirchen-/Moscheenzahlen.
2 Arendt, Eichmann in Jerusalem, 2006.
3 Eine gute Zusammenfassung der Debatte um Arendts Darstellung Eichmanns und ihr Konzept der Banalität des Bösen liefert Berkowitz (»Misreading ›Eichmann in Jerusalem‹«, 2013).
4 Stonebridge, Placeless People, 2018.
5 Arendt, Elemente und Ursprünge totaler Herrschaft, 2008.

6   Stonebridge, 2018.
7   Whitehead, Process and Reality, 1978, S. 39.
8   Platon, Der Staat. Buch 6, über Projekt Gutenberg. Übersetzt von Karl von Prantl.
9   Dieser Dimension der Dramatik haben sich zahlreiche klassische Gelehrte bedient (siehe Finley, »Athenian Demagogues«, 1962; Hammer, »Plebiscitary Politics in Archaic Greece«, 2005).
10 Arendt, Wir Flüchtlinge. In: Arendt, Wir Juden, 2019, S. 48.
11 Arendt, Eichmann in Jerusalem, 1996, S. 126.
12 Arendt, Vita activa oder Vom tätigen Leben, 2008, S. 62.
13 Der klassische Republikanismus der modernen Zeit hat sich zu einer Reihe von halb eigenständigen Traditionen diversifiziert, die nicht immer einheitlich benannt werden. Manchmal ist mit klassischem Republikanismus sowohl der neo-athenische als auch der neo-römische Ansatz gemeint, manchmal nur Letzterer, wobei man zu dieser Zeit noch von bürgerlichem Humanismus sprach. Hin und wieder werden Kommunitarismus und »Tugendethik« jeweils synonym zu neo-athenisch/bürgerlich-humanistisch gebraucht, in anderen Fällen unterscheidet man zwischen diesen: Dann gilt die zugesprochene oder ererbte Mitgliedschaft in der Gemeinde als Voraussetzung für die politische Beteiligung, beziehungsweise es wird besonderer Wert auf die ethische Erziehung der Bürger innerhalb bestehender kosmologischer Traditionen gelegt. Diese Unterscheidungen werden vor allem im Zusammenhang mit Fragen des politischen Prozesses, der Inklusion und der Gerechtigkeit relevant. Da ich mich hier darauf konzentriere, wie sich die genannten Traditionen menschliche Unterschiedlichkeit vorstellen und welche Möglichkeiten sie anbieten, sich zu ihr zu positionieren, benutze ich »klassischen Republikanismus« als Oberbegriff, wenngleich ich dabei besonders oder sogar ausschließlich auf neo-athenisch/bürgerlich-humanistische Ansätze zurückgreife. Weiter gefasst folge ich Habermas (»Drei normative Modelle der Demokratie«, 1992), sowohl in der Anerkennung des Liberalismus und des Republikanismus als vorherrschende demokratische Traditionen als auch im Dialog mit diesen, um wenn möglich eine Alternative zu formulieren.
14 Der Begriff »Anerkennung« selbst ist problematisch und umstritten. Der vorherrschende Gebrauch in akademischen Kreisen (siehe die »Politik der Anerkennung«) konzentriert sich auf eine Anerkennung auf der Basis bestimmter Identitätskategorien, also auf der Anerkennung als etwas – als muslimisch, schwul, schwarz etc. Dies wird häufig deswegen kritisiert, weil das Zuteilen von Rechten und Verantwortlichkeiten hier in einem engen Zusammenhang mit dem Denken in Schubladen steht. So möchte ich den Begriff nicht gebrauchen. Ich verwende ihn eher in einem Alltagssinn, in dem die Anerkennung unterschiedliche Formen annehmen kann. Patchen Markell (Bound by Recognition, 2003) befürwortet exakt eine solche Politik der Anerkennung, die im Gegensatz zur an bestimmte Kategorien gebundenen Anerkennung steht; auch er bezieht sich auf Hannah Arendt. Er führt die Dynamiken der Anerkennung in diesem Sinn auf zweierlei Weisen aus. Zum einen schreibt er: »Hier verlangt es die demokratische Gerechtigkeit nicht, dass alle Menschen als das erkannt und respektiert

werden, was sie wirklich sind. Stattdessen verlangt sie, dass niemand auf eine Darstellung seiner oder ihrer Identität reduziert wird, weil dies einem anderen das Gefühl der Überlegenheit oder Unantastbarkeit vermittelt, unabhängig davon, ob die Darstellung negativ oder positiv ist [...]. Sie verlangt, dass jeder einen Teil der Last und des Risikos mitträgt, die das ungewisse, ergebnisoffene, manchmal unerträglich und manchmal wunderbar überraschende Miteinander mit sich bringt.« (S. 7) Zum anderen betont er, dass sowohl die Gerechtigkeit als auch die persönliche Identität aus dem Prozess heraus entstehen, andere beständig zu ergründen, beständig daran zu arbeiten, sich auf sie einzustellen: »Statt die Identität als vorausgehende Tatsache zu behandeln, die das Verhalten von Menschen bestimmt, ist für Arendt Identität das Ergebnis von öffentlichem Handeln und Sprechen, das auf andere wirkt und so enthüllt, wer man ist [...], Für Arendt entsteht Identität demnach durch das ›Auftreten‹.« (S. 13)
15 Overing, »In Praise of the Everyday«, 2003, S. 293.
16 Overing und Passes, The Anthropology of Love and Anger, 2000.
17 Overing, 2003, S. 300. Die Piaroa mit dem klassischen Republikanismus in Verbindung zu bringen geschieht nicht willkürlich. Overing analysiert die Praktiken der Piaroa in Anlehnung an die Philosophin Annette Baier, die eine dezidert feministische Lesart des Tugendethik-Ablegers der modernen Republikanismusphilosophie anbietet. Baiers Ansatz ersetzt die Bedeutung der Tradition durch ein dynamisches Modell von Vertrauen – als etwas, das beständig aufgebaut und erneut aufgebaut werden muss –, das stark an den klassischen Republikanismus, wie ich ihn hier meine, erinnert.
18 Marcelo González Gálvez, »The Truth of Experience and its Communication«, 2015, S. 145.
19 Ebenda, S. 147.
20 Ebenda, S. 151.
21 Calhoun, »Civil Society and the Public Sphere«, 2015.
22 Das Bedürfnis, den habitualisierten Konsens beizubehalten, drückte der berühmte konservative Intellektuelle Roger Scruton so aus: »Vielleicht sind unsere notwendigsten Überzeugungen sowohl ungerechtfertigt als auch von unserem Standpunkt aus nicht zu rechtfertigen, und der Versuch, sie zu rechtfertigen, würde nur zu ihrem Verlust führen.« (»Why I became a conservative«, 2003) Was das kritische Denken der Eliten angeht, so zeigt sich Scruton jedoch viel toleranter (siehe z. B. »In Defense of Elitism«, 2014) und deutet auch den Hang der republikanischen Tradition zur Aristokratie an. In dieser Tradition galt das kritische Denken sowohl als entscheidend für die Demokratie als auch als den Konsens zersetzend; so sollte es am besten einer kulturellen Elite vorbehalten bleiben, deren Amt und Aufgabe es war, den kulturellen Status quo zu erhalten.
23 Catlos, Kingdoms of Faith, 2018.
24 Tronto, Moral Boundaries, 1993.
25 Ebenda, S. 33.
26 Ebenda, S. 31.

27 Smith, Der Wohlstand der Nationen: eine Untersuchung seiner Natur und seiner Ursachen, 1974, S. 17.
28 Die Betonung der Anerkennung bei Smith taucht zwar auch bei Tronto auf, ich entlehne sie größtenteils aber Kalyvas und Katznelson (Liberal Beginnings, 2008). Zudem ist meine Interpretation Smiths durch Montes gefärbt (»Adam Smith's foundational idea of sympathetic persuasion«, 2019).
29 Tronto, 1993.
30 Srividhya Swaminathan (»Adam Smith's Moral Economy«, 2007, S. 483) merkt an: Untersuchung über die Natur und die Ursachen des Nationalreichthums enthielt Ideen, die die Abolitionisten für sich nutzten; damit zwangen sie diejenigen, die die Sklaverei entschuldigten, dazu, Smith infrage zu stellen oder ihn sich ihrerseits zunutze zu machen.«
31 Brett, Changes of State, 2011.
32 Tronto merkt an, dass die Feminisierung von Gefühl und Mitgefühl erst stattfand, nachdem das Gefühl als wichtige Grundlage des politischen Lebens demontiert und stattdessen der berechnenden Rationalität der Vorzug gegeben worden war: »Vor dem achtzehnten Jahrhundert wurde wenig über die Denkfähigkeit der Frau gesprochen, ebenso wenig wie über ihre Fähigkeit zu fühlen. Sie war nicht immer den Frauen vorbehalten; im achtzehnten Jahrhundert galt sie in den englischsprachigen Ländern ursprünglich als essenzielle Eigenschaft des rechtschaffenen Mannes.« (1993, S. 52) Im weiteren Sinne geht es darum, dass das, was eine fortschrittliche, also zunehmend inklusive oder faire Überarbeitung des Liberalismus zu sein scheint, tatsächlich vielleicht eine Verankerung von Eigeninteressen ist und dass eine solche Verankerung dem liberalen »Fortschritt« möglicherweise nicht nur im Weg steht, sondern sich symbiotisch mit ihm entwickeln kann. Mögliche liberale Horizonte sind immer vielfältig, und die Wahl zwischen ihnen ist immer politisch.
33 Povinelli, The Cunning of Recognition, 2002; Povinelli, »Beyond Good and Evil«, 2009; Povinelli, Economies of Abandonment, 2011.
34 Diese Möglichkeiten und Grenzen sind meist die beiden Seiten derselben Medaille. Adam Smiths Sicht des menschlichen Gedeihens, das im Streben nach rationalem Eigennutz (primär innerhalb kapitalistischer Märkte) wurzelt, war beispielsweise ein schlagkräftiges Argument gegen bestimmte Formen der Knechtschaft, von der Sklaverei im neunzehnten Jahrhundert bis zur extremen Armut im zwanzigsten. Gleichzeitig aber suggerierte sie, dass alle Menschen in der Lage sein sollten, selbstständig zu gedeihen, waren sie erst von den ärgsten Zwängen befreit. Diese zweischneidige Sicht lenkte einen Großteil der humanitären Anstrengungen im zwanzigsten Jahrhundert: Einerseits bemühte man sich, die drastischsten Hindernisse der Unabhängigkeit und Selbstständigkeit aus dem Weg zu räumen – man versuchte, Krankheiten auszurotten oder Hygienestandards anzuheben –, beharrte andererseits aber häufig zwanghaft auf marktbasierten Reformen als Grundlage für jedwede weitere Verbesserung des Wohlergehens.
35 Arendt, Eichmann in Jerusalem, 2022, S. 401.

Kapitel 5

1 Martinez-Alier, Marriage, Class, and Colour in Nineteenth-Century Cuba, 1989, S. 72.
2 Hickman, »The Devil and the One Drop Rule«, 1997.
3 Stoler, Carnal Knowledge, 2020, S. 86.
4 Ebenda, S. 81.
5 Hanchard, The Spectre of Race, 2018; Hall et al., Policing the Crisis, 1978.
6 Back (»VIEWPOINT: There Ain't No Black«, 2019) erinnert an den Sprechchor englischer Fußballfans: »There ain't no black in the Union Jack, send the bastards back.« (Im Union Jack gibt es kein Schwarz, also schickt die Bastarde zurück.)
7 Alexander, »Beyond Black«, 2002; Alexander, »Breaking Black«, 2018.
8 Ungar, »Campus speech protests don't only target conservatives«, 2018.
9 Haider, Mistaken Identity, 2018, S. 31.
10 Press und Ehrenreich, »On the Origins of the Professional-Managerial Class«, 2019.
11 Pardy, »The Shame of Waiting«, 2009, S. 198.
12 Lorde, Sister Outsider, 2021, S. 165 f.
13 Ahmed, Cultural Politics of Emotion, 2014.
14 Der Großteil dieser Forschungen ist an amerikanischen Schulen durchgeführt worden. Eine Analyse allgemeinerer Trends bietet Tenenbaum und Ruck (»Are Teachers' Expectations Different«, 2007).
15 Strand, »The White British-Black Caribbean achievement gap«, 2012.
16 Rubie-Davies et al., »Expecting the Best for Students«, 2010.
17 Gershenson und Papageorge, »The Power of Teacher Expectations«, 2018; Papageorge et al., »Teacher Expectations Matter«, 2020; Sorhagen, »Early teacher expectations disproportionately affect poor children's high school performance«, 2013; Howe und Abedin, »Classroom dialogue«, 2013.
18 Ouazad, »Assessed by a Teacher Like Me«, 2014.
19 Zschirnt und Ruedin, »Ethnic Discrimination in Hiring Decisions«, 2016; Quillian et al., »Meta-analysis of field experiments«, 2017; Ndobo, »The ethno-racial segmentation jobs«, 2018.
20 Profit et al., »Racial/Ethnic Disparity in NICU Quality of Care Delivery«, 2017.
21 Zebrowitz und Montepare, »Social Psychological Face Perception«, 2008.
22 Frumkin und Stone, »Not All Eyewitnesses Are Equal«, 2020.
23 Werker und Tees, »Cross-language speech perception«, 1984; Njoroge et al. (»What are infants learning about race?«, 2009) merken an, dass dies wahrscheinlich die früheste Art ist, auf die Säuglinge Unterschiede bemerken. Des Weiteren merken sie auch die Fülle psychologischer Arbeiten an, die sich auf die Entwicklung der ethnischen Identität bei Minderheitenkindern – vor allem afrikanisch-amerikanischen Kindern – konzentrieren, sowie das Fehlen ähnlicher Arbeiten zu weißen Kindern. Interkulturelle Studien sind sogar noch seltener. Daraus ergibt sich ein zwangsläufig sehr suggestives Bild.
24 Kelly et al., »Three-month-olds, but not newborns«, 2005; Dunham et al., »The development of implicit intergroup cognition«, 2008.

25 Meltzoff, 2007.
26 Katz und Kofkin, »Race, gender, and young children«, 1997.
27 Kendi, Stamped – Rassismus und Antirassismus in Amerika, 2021.
28 Jhally und Hall, »Race, the Floating Signifier«, 1997.
29 Kendi, 2021.
30 Amin-Smith, »Grunwick Changed Me«, 2016.
31 Ebenda; Anitha und Pearson, Striking Women, 2018. Die Labourregierung der Zeit spielte bei der Spaltung zwischen den Gewerkschaftlern ebenfalls eine Rolle. Sie machte sich Sorgen, weil der Streik außerordentlich unbeliebt war, und drängte die Führer der Landesgewerkschaften dazu, sich nicht daran zu beteiligen; wenn sie es doch täten, so wurde angedeutet, würde das ihrem Ansehen bei der Regierung erheblich schaden. Siehe dazu auch Travis (»Callaghan had Scargill watched«, 2007).
32 Anitha und Pearson, 2018, S. 7.
33 Hall, »The Long Civil Rights Movement«, 2005.
34 Korstad und Lichtenstein, »Opportunities Found and Lost«, 1988.
35 Ebenda, S. 791.
36 Ebenda.
37 Hier beziehe ich mich hauptsächlich auf Susan Carle (»Debunking the Myth«, 2008), die hinsichtlich Fortune ähnliche Aspekte wie ich beleuchtet.
38 Die *Age* hieß unter Fortune zunächst *Rumor* und durchlief mehrere Umbenennungen, bevor sie von 1887 bis 1960 als *New York Age* firmierte.
39 Carle, 2009, S. 1511.
40 Freeman, »Delivering the goods«, 1978.
41 Bernstein, »Racism, Railroad Unions, and Labor Regulations«, 2000.
42 Hill, »The Problem of Race in American Labor History«, 1996.
43 Ebenda.
44 Du Bois, Black Reconstruction in America, 1998, S. 357.
45 Fryer, 1984.
46 Waters, »›Dark strangers‹ in our Midst«, 1997.
47 Paul, Whitewashing Britain, 1997; Fryer, 1984.
48 Hall et al., 1978.
49 Bain, Industrial Relations in Britain, 1983.
50 Amin-Smith, 2016.
51 Evans, »›The Aboriginal People of England‹«, 2012, S. 62.
52 Korstad und Lichtenstein, 1988.
53 Carle, 2009; Brown-Nagin, »Race as Identity Caricature«, 2003. Siehe aber auch Kenneth W. Mack (»Rethinking Civil Rights Lawyering«, 2005): Er stellt die Behauptung infrage, Bürgerrechtsanwälte hätten sich auf eine Veränderung auf hoher politischer Ebene konzentriert, insbesondere bei der Frage der Aufhebung der Rassentrennung. Viele Anwälte, so Mack, hätten eher das Verbessern der Alltagsumstände im Blick gehabt. Obwohl es die Sache zusätzlich verkompliziert, betont Mack aber auch, dass das Anstrengen von Gerichtsverfahren, der Kampf für den Rechtswandel

und letztlich die von oben verhängte Gleichheit für die Bürgerrechtsbewegung zentral gewesen seien.
54 Dobbin, Inventing Equal Opportunity, 2009.
55 Hall, 2005; Dickens, »Gender, Race and Employment Equality in Britain«, 1997; Orleck, Common Sense and a Little Fire, 2000.
56 Skocpol, Diminished Democracy, 2013.
57 Siehe beispielsweise Hill, »Fosterites and Feminists«, 1998; Hancock, Solidarity Politics for Millennials, 2011.
58 Brown-Nagin, 2003.
59 Morrison, »Portland State, Black Studies Center public dialogue«, 1975.
60 King, »I Have a Dream«, 1963.
61 Markell, 2003, S. 11.
62 hooks, »Homeplace«, 1990.

Kapitel 6

1 Baldwin, The Price of the Ticket, 1985, S. 690.
2 Gates, »The Fire Last Time«, 1992.
3 Baldwin, Nach der Flut das Feuer, 2019, S. 104.
4 Das soll nicht heißen, dass alle Schwarzen Anführer an der Vision der unabhängigen Souveränität festgehalten hätten – selbst damals wurde viel über die Grenzen dieser Vision debattiert, und es wurden auch radikal andere Vorstellungen von Freiheit und Nationentum befürwortet. Siehe Adom Getachew (Worldmaking after Empire, 2019).
5 Rose et al., »CONSOLIDATED BRIEF OF AMICI CURIAE«, 2014.
6 Rudder, »Race and Attraction«, 2014.
7 Siehe Bedi, Private Racism, 2019.
8 Bonilla-Silva, Racism without Racists, 2006. Siehe auch: Brewster und Rusche, »Quantitative Evidence of the Continuing Significance of Race«, 2012; Coates, »Covert Racism in the USA and Globally«, 2008.
9 Díaz-Morales, »Gender-Based Perspectives about Women's and Men's Health«, 2017.
10 Patnaik, »Revisiting the ›Drain‹«, 2017.
11 Davis, Late Victorian Holocausts, 2001.
12 Jordan, »Little public support for slave trade reparations«, 2014; Williams und Nasir, »AP-NORC Poll«, 2019.
13 Jefferson, Notes on the State of Virginia, 1787, S. 234.
14 Honig und designboom, »25 Countries Photoshop Esther Honig to Make Her Beautiful«, 2014.
15 Aristoteles, Aristotle in 23 Volumes, Band 19, 1934, in der Perseus Digital Library, Aristot. Nic. Eth.
16 Honneth hat sich sehr intensiv mit dem Konzept der Anerkennung bei Hegel und Mead auseinandergesetzt, insbesondere in Kampf um Anerkennung (1994) und Umverteilung oder Anerkennung? (2003), das er gemeinsam mit Nancy Fraser

verfasst hat. Taylors 1992 erschienener Essay »Multiculturalism and ›The Politics of Recognition‹« (Multiculturalism, 1994) wird weithin als der Funke erachtet, der das wissenschaftliche Interesse am Konzept der Anerkennung entfachte.
17 Nancy, The Inoperative Community, 1991, S. 12.
18 Nancy, Being Singular Plural, 2000, S. 3.
19 Ich denke hier besonders an die Arbeiten von Joan Tronto (1994), Selma Sevenhuijsen (Citizenship and the Ethics of Care, 1998) und Annmarie Mol (The Logic of Care, 2008; Möl et al., »Care«, 2010)
20 Ich setze den Begriff »Gang« hier in Anführungszeichen, um zum einen zu betonen, dass sich viele junge Leute, die sich auf der Straße sozialisierten und in Straßenkriminalität verwickelt waren, selbst so nicht sahen (einige allerdings schon), und zum anderen, dass der Begriff typischerweise ein Etikett war, das die Polizei und die Medien den Jugendlichen auferlegten. Für viele junge Leute gab es keine klare Grenze zwischen dem Straßenleben und einem »anständigen« Leben. Das Straßenleben konnte schlicht bedeuten, mit Freunden abzuhängen, oder einen bestimmten Lebensstil verkörpern, es konnte sich aber auch auf Verwicklungen in kriminelle Aktivitäten beziehen. Einige, die darin verwickelt waren, waren das nur »bei Gelegenheit«. Obwohl Caldwell als in gewalttätige Rivalitäten mit mindestens zwei benachbarten Gegenden involviert galt, so fühlten sich die jungen Leute auf der Straße doch unterschiedlich von diesen Rivalitäten betroffen oder wurden umgekehrt von den Gegnern auch nicht alle gleich stark als lohnendes Ziel erachtet, wenn es darum ging, Rache zu üben oder der eigenen Reputation zu neuem Glanz zu verhelfen. Hinsichtlich Engagement, Beteiligung und Organisierung war die Straßengemeinschaft in Caldwell also viel mehrdeutiger und fließender, als mit dem Label »Gang« ausgedrückt werden kann – auch wenn Letzteres weiterverwendet wurde und als Basis für das Kontrollieren, Kommentieren und allgemeine Vorgehen diente.
21 Baldwin, Nothing Personal, 2021, S. 49 f.

Kapitel 7
1 Hier folge ich in erster Linie John Law und Vicky Singleton, »ANT, multiplicity and policy«, 2014.
2 Siehe dazu auch Kao, »The role of mathematical modelling«, 2002.
3 Ebenda, S. 286.
4 Taylor, »Review of the use of models«, 2003.
5 Ipsos Mori, »Perils of Perception 2015«, 2015; Ipsos Mori, »The Perils of Perception 2017«, 2017; Ipsos Mori, »The Perils of Perception 2020«, 2020.
6 Cook et al., »Consensus on consensus«, 2016.
7 Ipsos Mori, »Have we had enough of climate experts?«, 2017.
8 Ipsos Mori, »Britons hugely underestimate how hot planet has become«, 2019; Ipsos Mori, »Ipsos Perils of Perception: climate change«, 2021.
9 Cohen, »Covid-19 Vaccine Hesitancy Is Worse In E. U. Than U. S.«, 2021.

10 Woolford, This Benevolent Experiment, 2015; Parry, »Identifying the Process«, 1995.
11 Ich muss mich hier der dichterischen Freiheit bedienen, um verschiedene Bedenken zu umschiffen. »The Door« steht als Pseudonym für die Organisation und soll ihre Anonymität wahren – ihr echter Name hat mit dem Gedicht absolut nichts zu tun. Darüber hinaus ist Al-Khayr zwar der wahrscheinlichste Urheber des Gedichts, doch wird es häufiger Dschalāl ad-Dīn Rūmī zugeschrieben, und die verschiedenen englischen Übersetzungen weisen zudem recht signifikante Abweichungen voneinander auf, vor allem hinsichtlich der zentralen Metapher: Die »Tür« wurde auch als Karawane oder Königshof übersetzt. In einer Unterhaltung sagten die Angestellten und Freiwilligen von The Door zu mir, das Gedicht – das sie Rūmī zuschrieben – veranschauliche ihr Ethos, ebenso wie es der echte Name der Organisation tat, weshalb ich auf meiner Suche nach einem Pseudonym auf das Gedicht zurückgegriffen habe. Die englische Übersetzung, die ich gewählt habe (von Nevit Ergan, Rumi, Crazy As We Are, 2017), unterscheidet sich von der, über die wir bei unserer Unterhaltung gesprochen haben, da sie ein Pseudonym bietet, das einerseits der islamischen Tradition nicht fremd ist und andererseits einladend auf ein weltliches Publikum wirkt – wiederum ähnlich dem echten Namen der Organisation.
12 Die Schätzung basiert auf Berechnungen der BBC zu einzelnen Wahlbezirken, die Daten stammen von Rosenbaum (»Local voting figures shed new light on EU referendum«, 2017).
13 Jefferson, A Bill for the More General Diffusion of Knowledge, 1950 [1779], S. 526.
14 Zitiert in Schall, Schall on Chesterton, 2010.
15 Adorno, Minima Moralia, 2006.
16 Mill, Über die Freiheit, 2008.
17 De Tocqueville, Über die Demokratie in Amerika, 2021.
18 Als letzte Persönlichkeiten, die das Renaissance-Ideal des Universalgelehrten verkörperten, gelten beispielsweise Thomas Young und Hermann von Helmholtz, Menschen, die im späten achtzehnten und frühen neunzehnten Jahrhundert tätig waren (siehe Schmidgen, The Last Polymath, 2018; Robinson, The Last Man Who Knew Everything, 2007).
19 Jasanoff, »Science and Democracy«, 2017.
20 Arendt, 2013, S. 3.
21 Kahan et al., »Motivated Numeracy«, 2013; siehe dazu auch Kahan, »Ideology, Motivated Reasoning«, 2012.
22 Kahan et al., »The polarizing impact of science literacy«, 2012.
23 Kahan et al., »›They Saw a Protest‹«, 2012.
24 Barber und Pope, »Does Party Trump Ideology?«, 2018. Laut Barber und Pope gilt dieser Effekt für mehrere Gruppen: Befragte mit wenigen Kenntnissen, überzeugte Republikaner, Trump-Anhänger und Menschen, die sich selbst als Demokraten bezeichnen. Das suggeriert zwar, dass die Konservativen eher dazu neigen, die Partei über die Politik zu stellen, doch darf man auch nicht vergessen, dass sich der Test allein auf von Trump gutgeheißene Maßnahmen bezog. Andere Studien (siehe An-

merkungen 25 und 26 unten) zeitigten gemischte Ergebnisse: Bei einigen trat der Effekt im gesamten politischen Spektrum auf, bei anderen stellte sich heraus, dass die Konservativen Informationen ebenfalls mehr nach der politischen Etikettierung beurteilten.

25 Cohen, »Party over policy«, 2003; Slothuus und de Vreese, »Political Parties, Motivated Reasoning, and Issue Framing Effects«, 2010; Lenz, Follow the Leader?, 2013.
26 Firmer et al., »Liberals and conservatives are similarly motivated«, 2017.
27 Hiermit und auch im Weiteren folge ich Maureen O'Malley (»Microbiology, philosophy and education«, 2016; Hooks und O'Malley, »Dysbiosis and Its Discontents«, 2017; O'Malley und Soyer, »The roles of integration in molecular systems biology«, 2012).
28 Donna Haraway (Staying with the Trouble, 2016) beispielsweise gehört zu denjenigen, die in dieser Richtung forschen.
29 O'Malley, 2016.
30 Latour, Das terrestrische Manifest, 2018, S. 32.
31 In unseren Gesprächen beschwor jemand sogar einmal ganz explizit den postkolonialen Theoretiker Homi Bhabha und sein Konzept des »Dritten Raums« herauf (The Location of Culture, 1994). Damit sollte betont werden, dass The Door als Dazwischen empfunden wurde.
32 Evans-Pritchard, Witchcraft, Oracles and Magic, 1976. Hier lehne ich mich an die ethisch orientierte Interpretation Evans-Pritchards von Keane und Laidlaw an (The Subject of Virtue, 2013, S. 198), in der Evans-Pritchard zitiert wird, um zu betonen, dass »die Hexerei keine ›notwendige Verbindung in einer Reihe von Ereignissen‹ ist, ›sondern etwas außerhalb dieser Ereignisse, das an ihnen teilhat und ihnen einen bestimmten Wert verleiht‹«. Statt der Untersuchung der primären Ursache von Ereignissen zu dienen, so Laidlaw, liefern Spekulationen über Hexerei eine zusätzliche moralische Dimension.
33 Keane, 2015, S. 173.
34 Arendt, Vita activa oder Vom tätigen Leben, 2008, S. 166 f.
35 Mattingly, Moral Laboratories, 2014, S. 15.
36 Asad, Formations of the Secular, S. 27.
37 Hier ist es hilfreich, Asad im Vergleich zu Latour zu lesen (Wir sind nie modern gewesen, 2008).

Kapitel 8

1 Hickman et al., 2012.
2 Anderson, A Life Beyond Boundaries, 2016.
3 Anderson, Die Erfindung der Nation, 1996, S. 17.
4 Siehe Kapitel 1, Anmerkungen 22 und 23.
5 Hancock, 2011; Alexander, 2002, 2018; Spencer und Patterson, »Abridging the acronym«, 2017; Winant, The World Is A Ghetto, 2001.

6 Williams, »The French Origins«, 2017. Ein Schlüsseltext für diese Bewegung ist Alain de Benoists und Charles Champetiers Manifesto for a European Renaissance (2012).
7 Lilla, The Once and Future Liberal, 2018; Haidt und Lukianoff, The Coddling of the American Mind, 2018.
8 Hoewer, Crossing Boundaries during Peace and Conflict, 2014, S. 77 f.
9 Ebenda, S. 78.
10 Ebenda, S. 80 f.
11 Sowohl Les Back (New Ethnicities and Urban Culture, 1996) als auch Gillian Evans (Educational Failure, 2006) – beide haben wichtige ethnografische Studien zu verschiedenen Londoner Vierteln verfasst – verweist auf lokale Identitäten als besonders bedeutenden Bezugsrahmen, um zusammenzuhalten oder den Fokus von anderen Unterschieden weg zu verlagern. Evans allerdings betont, dass diese Art von »Lokalismus« durchaus auch rassistisch gefärbt sein kann. In Kilburn hatte ich eher das Gefühl, dass die Bezugsrahmen, um Menschen zusammenzubringen, von Ort, Erfahrungen, Bedürfnissen und Gelegenheiten abhingen – und dass lokale Identitäten zwar oft heraufbeschworen und manchmal auch gepriesen, häufig aber auch als zu begrenzt erachtet wurden, als dass sie das ganze Leben der Menschen oder all das, was sie vielleicht zusammenbringt, beinhalten könnten. Wie ich im Folgenden noch hervorheben werde, waren das Wichtigste narrative Affordanzen.
12 Nic Craith, »Living Heritage and Religious Traditions«, 2013.
13 Kearney, »Frank Cottrell-Boyce on The Return of Colmcille«, 2013.
14 Gordon-Nesbitt, »Analysing UK City of Culture«, 2013; Doak, »Beyond Derry or Londonderry«, 2014; Doak, »Cultural policy as conflict transformation?«, 2020; Boland et al., »Neoliberal place competition and culturephilia«, 2020.
15 Campbell (Setting the Truth Free, 2014) verweist auf zahlreiche der wichtigsten Primärdokumente, aber auch auf die vorausgehende Arbeit, die diese erst ans Tageslicht brachte.
16 EUROM, »John Kelly«, 2015; Alfaro, »The rhythms of temporal displacement«, 2018.
17 Zum Thema Sozialhilfe siehe O'Grady (»How politicians created«, 2017). Zum allgemeinen Ton der Zeitungsberichterstattung siehe Blinder und Allen (»Constructing Immigrants«, 2018) sowie Baker et al. (»A useful methodological synergy?«, 2008). Dazu, wie dieser Ton die öffentliche Meinung beeinflusst, siehe Blinder und Jeannet (»The ›illegal‹ and the skilled«, 2018).
18 Shoshan, The Management of Hate, 2016, S. 25.
19 Damon irrt sich etwas, was die genauen Bedingungen angeht, hat aber recht bezüglich der grundsätzlichen Tatsache, dass Bürgerinnen und Bürgern mit Migrationshintergrund die Staatsbürgerschaft entzogen werden kann, was auch schon geschehen ist. Das machte der British Nationality Act von 1981 in Fällen möglich, in denen dies nicht die Staatenlosigkeit nach sich ziehen würde und in denen der Außenminister das Verfahren für »dem Wohl der Allgemeinheit zuträglich« hält. Der Immigration Act von 2014 weitete diese Macht aus: Bei ihm spielte eine mögliche nachfolgende Staatenlosigkeit keine Rolle mehr, vorausgesetzt, die Betroffenen hatten sich auf eine

Art und Weise verhalten, die als »den vitalen Interessen des Vereinigten Königreichs ernsthaft abträglich« erachtet werden konnte. In der Praxis hat die britische Regierung das Gesetz von 1981 häufig auf britische Bürgerinnen und Bürger mit Migrationshintergrund angewandt, die zumindest auf dem Papier Anspruch auf die Staatsbürgerschaft in ihrem Herkunftsland oder dem Herkunftsland ihrer Eltern hatten – auch wenn diese Staatsbürgerschaft nie beantragt worden war oder später aus politischen oder verfahrenstechnischen Gründen zurückgezogen werden konnte.
20 Knuth, »Extinction Rebellion«, 2019; DeChristopher, »It's Not as Simple as Rebellion«, 2020.

Kapitel 9

1 Meine Informationen zu Megan Phelps-Roper beziehe ich aus Phelps-Roper, Unfollow, 2019; I Grew Up in the Westboro Baptist Church, 2017.
2 Phelps-Roper, 2019, S. 11. Hervorhebung im Original.
3 Gidley, »Landscapes of Belonging«, 2013.
4 Hardin, »The Tragedy of the Commons«, 1968.
5 Hardin, »Lifeboat Ethics«, 1974.
6 Powell, 1969, S. 237.
7 In diesem Fall durch den Obersten Gerichtshof der Vereinigten Staaten bestätigt.
8 Ich beziehe mich hier auf die »Gestaltungsprinzipien«, die Ostrom in Governing the Commons (1990) darlegt, übersetze sie aber etwas freier, damit sie nicht nur auf Gemeingüter aus natürlichen Ressourcen, sondern weiter gefasst auch auf die Diversitätsgemeingüter angewandt werden können. Die »gemeinsame Verpflichtung« ist meine Umarbeitung von Ostroms Gestaltungsprinzip Nummer drei, demzufolge die »meisten Personen, die von einem Ressourcensystem betroffen sind, [...] an Entscheidungen zur Bestimmung und Änderung der Nutzungsregeln teilnehmen« können (S. 90). Die »Vielseitigkeit« ist meine Umarbeitung von Ostroms Gestaltungsprinzip Nummer zwei, demzufolge die »Regeln für die Aneignung und Reproduktion einer Ressource [...] den örtlichen Bedingungen« entsprechen (S. 90). Beide Prinzipien, wie ich sie hier verwende, umfassen auch Erkenntnisse aus Ostroms anderen Gestaltungsprinzipien sowie Erkenntnisse von anderen Denkerinnen und Denkern. »Eingrenzung« und »Einbettung« hingegen entsprechen direkter den Gestaltungsprinzipien eins und acht, wenngleich auch sie anderweitig als lediglich von Ostrom inspiriert sind.
9 Gilbert, Remarks on Collective Belief, 1994; Gilbert, Joint Commitment, 2013.
10 Haraway, 2016, S. 12.
11 Ebenda.
12 Gallup, »Abortion«, 2007.
13 Dies ist meine sehr grobe Berechnung aus einer Reiher verschiedener Datensätze, die von Clements und Field durchgesehen wurden (»Abortion and public opinion in Great Britain«, 2018); einige dieser Datensätze verzeichnen einen Anteil an Abtrei-

bungsgegnern, der etwas (aber nicht dramatisch oder durchweg) höher liegt als zehn Prozent. Seltsamerweise aber ist sich ein größerer Anteil (z. B. 31 Prozent im Jahr 1981 und 23 Prozent im Jahr 2008) einig, dass Abtreibung nie gerechtfertigt sei – was vom Befürworten der Abtreibungsmöglichkeit oder der Abtreibungsbeschränkung abweicht.

14 Perraudin, »Council ban on protests outside abortion clinic«, 2019.
15 Munson, The Making of Pro-life Activists, 2010, S. 20.
16 Ebenda, S. 5.
17 Ebenda, S. 28.
18 Ebenda, S. 29.
19 Ebenda, S. 25.
20 Epley und Schroeder, »Mistakenly seeking solitude«, 2014.
21 Gallagher, »Escape to the Country«, 2020; Patino et al., »Where Americans are Moving«, 2021; Farhat, »London's Suburbs Draw Young People Looking for Space in Pandemic«, 2021; Sidders, »London Home Buyers Are Heading for the Suburbs in Record Numbers«, 2021.
22 Schmitt, »Public Health Experts Give America an ›F‹ on Walkability«, 2017.
23 Steuteville, »Preference for walkable communities strong«, 2021.
24 Amit, »Part I: An anthropology without community?«, 2002.
25 Dies hat vor allem Charles W. Mills gut (und betont kritisch) herausgestellt (siehe besonders Black Rights/White Wrongs, 2017).
26 Bezeichnenderweise nennt er diesen Ansatz »postanthropologisch« – das heißt jenseits einer spezifischen Sicht der Menschheit (Against Race, 2002, S. 271). Interessant ist auch, dass Gilroy, und darin ist er Mills nicht unähnlich, zwar ein vehementer Kritiker derzeitiger Formen des Liberalismus ist, sein Projekt gleichzeitig aber (im selben Werk) eindeutig in der Tradition der Aufklärung verortet. Auch sein Projekt versucht, diese Tradition zu purifizieren und zu verfeinern.
27 Robotham, »Cosmopolitanism and Planetary Humanism«, 2005.

Literatur

Abu-Lughod, Lila, »The Romance of Resistance: Tracing Transformations of Power Through Bedouin Women«, American Ethnologist 17 (1), (1990), S. 41–55.
— »Writing Against Culture«, In Recapturing Anthropology: Working in the Present, hrsg. von Richard G. Fox (Santa Fe, School of American Research Press, 1991), S. 137–162.
— Veiled Sentiments: Honor and Poetry in a Bedouin Society (Oakland, University of California Press, 2016).

Acosta-García, Raúl, und Esperanza Martínez-Ortiz, »Mexico through a Superdiversity Lens: Already-Existing Diversity Meets New Immigration«, Ethnic and Racial Studies 38 (4), (2015), S. 636–649
DOI: 10.1080/01419870.2015.980289.

Adorno, Theodor W., »Minima Moralia: Reflexionen aus dem beschädigten Leben«, in Schlüsseltexte der Kritischen Theorie, hrsg. von Axel Honneth (Wiesbaden, VS Verlag für Sozialwissenschaften, 2006).

Aelst, Peter Van, Jesper Strömbäck, Toril Aalberg, Frank Esser, Claes de Vreese, Jörg Matthes, David Hopmann et al., »Political Communication in a High-Choice Media Environment: A Challenge for Democracy?«, Annals of the International Communication Association 41 (1) (2017), S. 3–27
DOI: 10.1080/23808985.2017.1288551.

Ahmed, Sara, The Cultural Politics of Emotion, 2. Aufl. (Edinburgh, Edinburgh University Press, 2004).

Alan, Travis, »Callaghan Had Scargill Watched as Grunwick Dispute Escalated«, Guardian, 28. Dezember 2007, sec. UK news; theguardian.com/uk/2007/dec/28/past.politics4.

Alexander, Claire, »Beyond Black: Re-Thinking the Colour/Culture Divide«, Ethnic and Racial Studies 25 (4), (2002), S. 552–571
DOI: 10.1080/01419870220136637.
— »Breaking Black: The Death of Ethnic and Racial Studies in Britain«, Ethnic and Racial Studies 41 (6), (2018), S. 1034–1054
DOI: 10.1080/01419870.2018.1409902.

Alfaro, Garikoitz Gomez, »The Rhythms of Temporal Displacement. On Space and Memory in Post-Conflict Derry«. Vortrag bei »The social life of time: power, discrimination and transformation« (2018), University of Edinburgh.

Allen, William, »A Decade of Immigration in the British Press«, Migration Observatory (2016), University of Oxford; migrationobservatory.ox.ac.uk/resources/briefings/uk-public-opinion-toward-immigration-overall-attitudes-and-levelof-concern/.

Amin-Smith, Maya, »Grunwick Changed Me«, BBC Radio 4 (2016) bbc.co.uk/programmes/b07npvfh.

Amit, Vered, »Part I: An Anthropology without Community?«, in The Trouble with Community: Anthropological Reflections on Movement, Identity and Collectivity, hrsg. von Vered Amit und Nigel Rapport (London, Pluto Press, 2002).

Anderson, Benedict, Die Erfindung der Nation. Zur Karriere eines folgenreichen Konzepts (Frankfurt am Main, Campus, 1996). Aus dem Englischen von Benedikt Burkard.

— A Life Beyond Boundaries: A Memoir (London & New York, Verso, 2016).

Anitha, Sundari, und Ruth Pearson, Striking Women: Struggles & Strategies of South Asian Women Workers from Grunwick to Gate Gourmet (London, Lawrence & Wishart, 2018).

Anthias, Floya, »Belongings in a Globalising and Unequal World: Rethinking Translocations«, in The Situated Politics of Belonging, hrsg. von Nira Yuval-Davis, Kalpana Kannabiran und Ulrike Vieten. (London, Thousand Oaks & New Delhi, SAGE, 2006).

— »Thinking through the Lens of Translocational Positionality: An Intersectionality Frame for Understanding Identity and Belonging«, Translocations: Migration and Social Change 4 (Januar 2008), S. 5-20.

Arendt, Hannah, Vita activa oder Vom tätigen Leben (München, Piper, 2008).

— Eichmann in Jerusalem. Ein Bericht von der Banalität des Bösen (München, Piper, 2022).

— Wir Flüchtlinge. In: Arendt, Wir Juden (München, Piper Verlag, 2019).

— The Human Condition (Chicago, University of Chicago Press, 2013).

— Elemente und Ursprünge totaler Herrschaft (München, Piper, 2008).

Aristotle, Aristotle in 23 Volumes, Bd. 19, übersetzt von H. Rackham (Cambridge, MA, Harvard University Press, 1975).

Arnorsson, Agust, und Gylfi Zoega, »On the Causes of Brexit«, European Journal of Political Economy 55 (Dezember 2018), S. 301-323
DOI: 10.1016/j.ejpoleco.2018.02.001.

Asad, Talal, Formations of the Secular: Christianity, Islam, Modernity (Stanford, Stanford University Press, 2003).

Astuti, Rita, »Food for Pregnancy: Procreation, Marriage and Images of Gender among the Vezo of Western Madagascar«, Social Anthropology 1 (3), (1993), S. 277-290
DOI: 10.1111/j.1469-8676.1993.tb00257.x.

— »›The Vezo Are Not a Kind of People‹: Identity, Difference, and ›Ethnicity‹ among a Fishing People of Western Madagascar«, American Ethnologist 22 (3), (1995), S. 464-482.

— »›It's a Boy, It's a Girl!‹: Reflections on Sex and Gender in Madagascar and Beyond«, in Bodies and Persons: Comparative Perspectives from Africa and Melanesia, hrsg. von Michael Lambek und Andrew Strathern (Cambridge, Cambridge University Press, 1998).

Astuti, Rita, Gregg E. A. Solomon und Susan Carey, »Constraints on Conceptual Development: A Case Study of the Acquisition of Folkbiological and Folksociological

Knowledge in Madagascar«, Monographs of the Society for Research in Child Development 69 (3), (2004), S. i–161.

Avenanti, Alessio, Angela Sirigu und Salvatore M. Aglioti, »Racial Bias Reduces Empathic Sensorimotor Resonance with Other-Race Pain«, Current Biology 20 (11), (2010), S. 1018–1022
DOI: 10.1016/j.cub.2010.03.071.

Back, Les, New Ethnicities and Urban Culture: Racisms and Multiculture in Young Lives (London, UCL Press, 1996).
— »VIEWPOINT: There Ain't No Black in the Union Jack @Thirty«, Discover Society (Blog), 2. Januar 2019; archive.discoversociety.org/2019/01/02/viewpoint-there-aint-no-black-intheunion-jack-thirty/.

Bailyn, John Frederick, »To What Degree Are Croatian and Serbian the Same Language? Evidence from a Translation Study«, Journal of Slavic Linguistics 18 (2), (2010), S. 181–219.

Bain, George Sayers (Hrsg.), Industrial Relations in Britain, 1. Aufl. (Oxford, Blackwell Publishers, 1983).

Baker, Paul, Costas Gabrielatos, Majid KhosraviNik, Michał Krzyżanowski, Tony McEnery und Ruth Wodak, »A Useful Methodological Synergy? Combining Critical Discourse Analysis and Corpus Linguistics to Examine Discourses of Refugees and Asylum Seekers in the UK Press«, Discourse & Society 19 (3), (2008), S. 273–306
DOI: 10.1177/0957926508088962.

Bal, P. Matthijs, und Martijn Veltkamp, »How Does Fiction Reading Influence Empathy? An Experimental Investigation on the Role of Emotional Transportation«, PLOS ONE 8 (1), (2013), e55341
DOI: 10.1371/journal.pone.0055341.

Baldwin, James, The Price of the Ticket: Collected Nonfiction, 1948–1985 (London & New York, St Martin's Press, 1985).
— Nach der Flut das Feuer (München, dtv, 2019). Aus dem Englischen von Miriam Mandelkow.
— Nothing Personal (Boston, Beacon Press, 2021).

Baquiran, Chin Lorelei C., und Elena Nicoladis, »A Doctor's Foreign Accent Affects Perceptions of Competence«, Health Communication 35 (6), (2020), S. 726–730
DOI: 10.1080/10410236.2019.1584779.

Barber, Michael, und Jeremy C. Pope, »Does Party Trump Ideology? Disentangling Party and Ideology in America«, American Political Science Review 113 (1), (2019), S. 38–54
DOI: 10.1017/S0003055418000795.

Barth, Fredrik, Ethnic Groups and Boundaries: The Social Organization of Culture Difference (Boston, Little Brown and Company, 1969).

Bateson, Gregory, Steps to an Ecology of Mind: Collected Essays in Anthropology, Psychiatry, Evolution, and Epistemology (Chicago, University of Chicago Press, 1972).

Baumann, Gerd, Contesting Culture: Discourses of Identity in Multi-Ethnic London (Cambridge, Cambridge University Press, 1996).

Bayliss, Andrew P., Matthew A. Paul, Peter R. Cannon und Steven P. Tipper, »Gaze Cuing and Affective Judgments of Objects: I Like What You Look At«, Psychonomic Bulletin & Review 13 (6), (2006), S. 1061–1066
DOI: 10.3758/BF03213926.

Bayliss, Andrew P., und Steven P. Tipper, »Predictive Gaze Cues and Personality Judgments: Should Eye Trust You?«, Psychological Science 17 (6), (2006), S. 514–520
DOI: 10.1111/j.1467-9280.2006.01737.x.

Beaupré, Martin G., und Ursula Hess, »Cross-Cultural Emotion Recognition among Canadian Ethnic Groups«, Journal of Cross-Cultural Psychology 36 (3), (2005), S. 355–370
DOI: 10.1177/0022022104273656.

Bedi, Sonu, Private Racism (Cambridge, Cambridge University Press, 2019).

Behrends, Andrea, Sybille Müller und Isabel Dziobek, »Moving in and out of Synchrony: A Concept for a New Intervention Fostering Empathy through Interactional Movement and Dance«, The Arts in Psychotherapy 39 (2), (2012), S. 107–116
DOI: 10.1016/j.aip.2012.02.003.

Benoist, Alain de, und Charles Champetier, Manifesto for an? European Renaissance (London, Arktos, 2012).

Berger, John, Und unsere Gesichter, mein Herz, vergänglich wie Fotos (München, dtv, 1992). Aus dem Englischen übersetzt von Karin Kersten.

Berkowitz, Roger, »Misreading ›Eichmann in Jerusalem‹«, The New York Times, 7. Juli 2013; opinionator.blogs.nytimes.com/2013/07/07/misreading-hannah-arendts-eichmann-in-jerusalem/.

Bernstein, David E., »Racism, Railroad Unions, and Labor Regulations«, ID 249309, Law and Economics Working Papers Series. Rochester, NY, George Mason University School of Law (2000)
DOI: 10.2139/ssrn.249309.

Bhabha, Homi K., The Location of Culture (London & New York, Routledge, 1994).

Bird-David, Nurit, Us, Relatives: Scaling and Plural Life in a Forager World (Oakland, University of California Press, 2017).

Blackless, Melanie, Anthony Charuvastra, Amanda Derryck, Anne Fausto-Sterling, Karl Lauzanne und Ellen Lee, »How Sexually Dimorphic Are We? Review and Synthesis«, American Journal of Human Biology 12 (2), (2000), S. 151–166
DOI: 10.1002/(SICI)1520-6300(200003/04)12:2<151::AID-AJHB1>3.0.CO;2-F.

Blinder, Scott, und William L. Allen, »Constructing Immigrants: Portrayals of Migrant Groups in British National Newspapers, 2010–2012«, International Migration Review 50 (1), (2016), S. 3–40
DOI: 10.1111/imre.12206.

Blinder, Scott, und Anne-Marie Jeannet, »The ›Illegal‹ and the Skilled: Effects of Media Portrayals on Perceptions of Immigrants in Britain«, Journal of Ethnic and Migration Studies 44 (9), (2018), S. 1444–1462
DOI: 10.1080/1369183X.2017.1412253.

Blinder, Scott, und Lindsay Richards, »UK Public Opinion toward Immigration: Overall Attitudes and Level of Concern«, Migration Observatory (2018), University of Oxford; migrationobservatory. ox.ac.uk/resources/briefings/uk-public-opinion-towardimmigration-overall-attitudes-and-level-of-concern/.

— »UK Public Opinion toward Immigration: Overall Attitudes and Level of Concern – 7th Revision«, Migration Observatory (2020), University of Oxford migrationobservatory.ox.ac.uk/resources/briefings/uk-public-opinion-toward-immigration-overall-attitudesand-level-of-concern/.

Bloom, Paul, Against Empathy: The Case for Rational Compassion (London, Bodley Head, 2017).

Boland, Philip, Brendan Murtagh und Peter Shirlow, »Neoliberal Place Competition and Culturephilia: Explored through the Lens of Derry~Londonderry«, Social & Cultural Geography 21 (6), (2020), S. 788–809
DOI: 10.1080/14649365.2018.1514649.

Bonilla-Silva, Eduardo, Racism without Racists: Color-Blind Racism and the Persistence of Racial Inequality in the United States (Oxford, Rowman & Littlefield Publishers, 2006).

Brett, Annabel S., Changes of State: Nature and the Limits of the City in Early Modern Natural Law (Princeton, Princeton University Press, 2011).

Brewster, Zachary W., und Sarah Nell Rusche, »Quantitative Evidence of the Continuing Significance of Race: Tableside Racism in Full-Service Restaurants«, Journal of Black Studies 43 (4), (2012), S. 359–384
DOI: 10.1177/0021934711433310.

Bringa, Tone, Being Muslim the Bosnian Way: Identity and Community in a Central Bosnian Village (Princeton, Princeton University Press, 1995).

Broesch, Tanya, Tara Callaghan, Joseph Henrich, Christine Murphy und Philippe Rochat, »Cultural Variations in Children's Mirror Self-Recognition«, Journal of Cross-Cultural Psychology 42 (6), (2011), S. 1018–1029
DOI: 10.1177/0022022110381114.

Brown-Nagin, Tomiko, »Race as Identity Caricature: A Local Legal History Lesson in the Salience of Intraracial Conflict«, University of Pennsylvania Law Review 151 (6), (2003), S. 1913.

Buehler, Jake, »Flying Squirrels Secretly Glow Pink, Thanks to Fluorescence«, National Geographic, 31. Januar 2019; nationalgeographic.com/animals/article/flying-squirrels-fluorescent-secretly-glow-pink.

Burke, Peter, Languages and Communities in Early Modern Europe (Cambridge, Cambridge University Press, 2004).

Cahoone, Lawrence E., »Introduction«, in From Modernism to Postmodernism: An Anthology Expanded, hrsg. von Lawrence E. Cahoone (London, Wiley, 2003).

Calhoun, Craig, »Civil Society and the Public Sphere: History of the Concept«, in International Encyclopedia of the Social & Behavioral Sciences, 2. Aufl., hrsg. von James D. Wright (London, Elsevier, 2015), S. 701–706
DOI: 10.1016/B978-0-08-097086-8.03070-1.

Campbell, Julieann, Setting the Truth Free: The Inside Story of the Bloody Sunday Justice Campaign (Dublin, Liberties Press, 2014).

Carey, John, William Golding: The Man Who Wrote Lord of the Flies (London, Faber & Faber, 2012).

Carle, Susan, »Debunking the Myth of Civil Rights Liberalism: Visions of Racial Justice in the Thought of T. Thomas Fortune, 1880–1890«, Fordham Law Review 77 (4), (September 2008), S. 1479–1533.

Carsten, Janet, »The Substance of Kinship and the Heat of the Hearth: Feeding, Personhood, and Relatedness among Malays in Pulau Langkawi«, American Ethnologist 22 (2), (1995), S. 223–241.

— After Kinship (Cambridge, Cambridge University Press, 2004).

Cassanelli, Lee, »Speculations on the Historical Origins of the Total Somali Genealogy«, in Peace and Milk, Drought and War: Somali Culture, Society and Politics: Essays in Honour of I. M. Lewis, hrsg. von Markus V. Hoehne und Virginia Luling (London, Hurst, 2010).

Castles, Stephen, Hein de Haas und Mark J. Miller, The Age of Migration: International Population Movements in the Modern World, 5. Aufl. (Basingstoke, Palgrave Macmillan, 2014).

Catlos, Brian A., Kingdoms of Faith: A New History of Islamic Spain (Oxford, Oxford University Press, 2018).

Chiao, Joan Y., und Vani A. Mathur, »Intergroup Empathy: How Does Race Affect Empathic Neural Responses?«, Current Biology 20 (11), (2010), R478–480
DOI: 10.1016/j.cub.2010.04.001.

Clarke, Harold D., Matthew Goodwin und Paul Whiteley, Brexit: Why Britain Voted to Leave the European Union (Cambridge, Cambridge University Press, 2017).

Clements, Ben, und Clive D. Field, »Abortion and Public Opinion in Great Britain: A 50-Year Retrospective«, Journal of Beliefs & Values (März 2018) tandfonline.com/doi/full/10.1080/13617672.2018.1441351.

Coates, Rodney D., »Covert Racism in the USA and Globally«, Sociology Compass 2 (1), (2008), S. 208–231
DOI: 10.1111/j.17519020.2007.00057.x.

Cohen, Anthony, »Of Symbols and Boundaries, or, Does Ertie's Greatcoat Hold the Key?«, in Symbolising Boundaries: Identity and Diversity in British Cultures, hrsg. von Anthony Cohen (Manchester, Manchester University Press, 1986).

Cohen, Anthony Paul, The Symbolic Construction of Community (Chichester, Ellis Horwood Limited, 1985).

Cohen, Geoffrey L., »Party over Policy: The Dominating Impact of Group Influence on Political Beliefs«, Journal of Personality and Social Psychology 85 (5), (2003), S. 808–822
DOI: 10.1037/0022-3514.85.5.808.

Cohen, Joshua, »Covid-19 Vaccine Hesitancy Is Worse In E. U. Than U. S.«, Forbes, 8. März 2021 forbes.com/sites/joshuacohen/2021/03/08/covid-19-vaccine-hesitancy-is-worse-in-eu-than-us/.

Coleman, Roger, The Art of Work: An Epitaph to Skill (London, Pluto Press, 1988).
Cook, John, Naomi Oreskes, Peter T. Doran, William R. L. Anderegg, Bart Verheggen, Ed W. Maibach, J. Stuart Carlton et al., »Consensus on Consensus: A Synthesis of Consensus Estimates on Human-Caused Global Warming«, Environmental Research Letters 11 (4), (2016), 048002
DOI: 10.1088/1748-9326/11/4/048002.
Cronin, Thomas W., und Michael J. Bok, »Photoreception and Vision in the Ultraviolet«, Journal of Experimental Biology 219 (18), (2016), S. 2790–2801
DOI: 10.1242/jeb.128769.
Csibra, Gergely, und György Gergely, »Social Learning and Social Cognition: The Case for Pedagogy«, in Processes of Change in Brain and Cognitive Development: Attention and Performance XXI, hrsg. von Yuko Munakata und Mark Johnson (Oxford, Oxford University Press, 2006).
Czaika, Mathias, und Hein de Haas, »The Globalization of Migration: Has the World Become More Migratory?« International Migration Review 48 (2), (2014), S. 283–323
DOI: 10.1111/imre.12095.
Davidoff, Jules, Ian Davies und Debi Roberson, »Colour Categories in a Stone-Age Tribe«, Nature 398 (6724), (1999), S. 203–204
DOI: 10.1038/18335.
Davies, Sharyn Graham, Gender Diversity in Indonesia: Sexuality, Islam and Queer Selves (Abingdon, Routledge, 2010).
Davis, Mike, Late Victorian Holocausts: El Niño Famines and the Making of the Third World (London & New York, Verso, 2001).
Decety, Jean, und Philip L. Jackson, »The Functional Architecture of Human Empathy«, Behavioral and Cognitive Neuroscience Reviews 3 (2), (2004), S. 71–100
DOI: 10.1177/1534582304267187.
DeChristopher, Tim, »It's Not as Simple as Rebellion«, YES! Magazine, 11. Mai 2020; yesmagazine.org/issue/coronavirus-community-power/2020/05/11/its-not-as-simple-as-rebellion.
Denich, Bette, »Dismembering Yugoslavia: Nationalist Ideologies and the Symbolic Revival of Genocide«, American Ethnologist 21 (2), (1994), S. 367–390
DOI: 10.1525/ae.1994.21.2.02a00080.
Deveney, Paul J., Callaghan's Journey to Downing Street (Basingstoke, Springer, 2010).
Díaz-Morales, Juan F., »Gender-Based Perspectives About Women's and Men's Health«, in The Psychology of Gender and Health, hrsg. von M. Pilar Sánchez-López und Rosa M. Limiñana-Gras (San Diego, Academic Press, 2017), S. 55–83
DOI: 10.1016/B978-0-12-803864-2.00002-X.
Dickens, Linda, »Gender, Race and Employment Equality in Britain: Inadequate Strategies and the Role of Industrial Relations Actors«, Industrial Relations Journal 28 (4), (1997), S. 282–291
DOI: 10.1111/1468-2338.00064.
Dinesen, Peter Thisted, Merlin Schaeffer und Kim Mannemar Sønderskov, »Ethnic

Diversity and Social Trust: A Narrative and Meta-Analytical Review«, Annual Review of Political Science 23 (1), (2020), S. 441–465
DOI: 10.1146/annurev-polisci-052918-020708.

Doak, Peter, »Beyond Derry or Londonderry: Towards a Framework for Understanding the Emerging Spatial Contradictions of Derry~Londonderry – UK City of Culture 2013«, City 18 (4–5), (2014), S. 488–496
DOI: 10.1080/13604813.2014.939469.

— »Cultural Policy as Conflict Transformation? Problematising the Peacebuilding Potential of Cultural Policy in Derry~Londonderry – UK City of Culture 2013«, International Journal of Cultural Policy 26 (1), (2020), S. 46–60
DOI: 10.1080/10286632.2018.1445727.

Dobbin, Frank, Inventing Equal Opportunity (Princeton, Princeton University Press, 2009).

Du Bois, W. E. B., Black Reconstruction in America 1860–1880 (New York, Free Press, 1998).

Dunbar, R. I. M., »Neocortex Size as a Constraint on Group Size in Primates«, Journal of Human Evolution 22 (6), (1992), S. 469–493
DOI: 10.1016/0047-2484(92)90081-J.

— »Coevolution of Neocortical Size, Group Size and Language in Humans«, Behavioral and Brain Sciences 16 (4), (1993), S. 681–694
DOI: 10.1017/S0140525X00032325.

Dunbar, R. I. M., »The Social Brain: Mind, Language, and Society in Evolutionary Perspective«, Annual Review of Anthropology 32 (1), (2003), S. 163–181
DOI: 10.1146/annurev.anthro.32.061002.093158.

Dunbar, Robin, The Human Story (London, Faber & Faber, 2011).

Dunbar, Robin I. M., »The Social Brain Hypothesis«, Evolutionary Anthropology: Issues, News, and Reviews 6 (5), (1998), S. 178–190
DOI: 10.1002/(SICI)1520-6505(1998)6:5<178::AID-EVAN 5>3.0.CO;2-8.

Dunham, Yarrow, Andrew S. Baron und Mahzarin R. Banaji, »The Development of Implicit Intergroup Cognition«, Trends in Cognitive Sciences 12 (7), (2008), S. 248–253
DOI: 10.1016/j.tics.2008.04.006.

Elchardus, Mark, und Bram Spruyt, »Populism, Persistent Republicanism and Declinism: An Empirical Analysis of Populism as a Thin Ideology«, Government and Opposition 51 (1), (2016), S. 111–133
DOI: 10.1017/gov.2014.27.

Elfenbein, Hillary Anger, und Nalini Ambady, »On the Universality and Cultural Specificity of Emotion Recognition: A Meta-Analysis«, Psychological Bulletin 128 (2), (2002), S. 203–235
DOI: 10.1037/0033-2909.128.2.203.

Epley, Nicholas, und Juliana Schroeder, »Mistakenly Seeking Solitude«, Journal of Experimental Psychology: General, 143 (5), (2014), S. 1980–1999
DOI: 10.1037/a0037323.

Epstein, Arnold Leonard, Politics in an Urban African Community (Manchester, Manchester University Press, 1958).

EUROM, »John Kelly, Education and Outreach Officer at the Museum of Free Derry, Ireland/UK«, European Observatory on Memories (2015); vimeo.com/134717451.

Evans, G., Educational Failure and Working Class White Children in Britain (Basingstoke, Springer, 2006).

Evans, Gillian, »›The Aboriginal People of England‹: The Culture of Class Politics in Contemporary Britain«, Focaal: Journal of Global and Historical Anthropology (62), (2012), S. 17–29
DOI: 10.3167/fc1.2012.620102.

Evans-Pritchard, E. E., Witchcraft, Oracles and Magic among the Azande, gekürzte Ausgabe (Oxford: Oxford University Press, 1976).

Farhat, Eamon Akil, »London's Suburbs Draw Young People Looking for Space in Pandemic«, BloombergQuint, 18. Juli 2021; bloombergquint.com/global-economics/london-s-suburbs-drawyoung-people-looking-for-space-in-pandemic.

Finley, M. I., »Athenian Demagogues«, Past & Present Nr. 21, (1962), S. 3–24.

Flahaux, Marie-Laurence, und Hein de Haas, »African Migration: Trends, Patterns, Drivers«, Comparative Migration Studies 4 (1), (2016), S. 1
DOI: 10.1186/s40878-015-0015-6.

Fletcher, Richard, und Rasmus Kleis Nielsen, »Are News Audiences Increasingly Fragmented? A Cross-National Comparative Analysis of Cross-Platform News Audience Fragmentation and Duplication«, Journal of Communication 67 (4), (2017), S. 476–498
DOI: 10.1111/jcom.12315.

Flom, Ross, und Sarah Johnson, »The Effects of Adults' Affective Expression and Direction of Visual Gaze on 12-Month-Olds' Visual Preferences for an Object Following a 5-Minute, 1-Day, or 1-Month Delay«, British Journal of Developmental Psychology 29 (Pt 1), (2011), S. 64–85
DOI: 10.1348/026151010X512088.

Foa, Roberto Stefan, Andrew Klassen, Michael Slade, Alex Rand und Rosie Collins, »The Global Satisfaction with Democracy Report 2020«, Cambridge, Centre for the Future of Democracy (2020).

Fortes, Meyer, und Edward Evan Evans-Pritchard, African Political Systems (Redditch, Read Books, 2006).

Freeman, Joshua, »Delivering the Goods: Industrial Unionism during World War II«, Labor History 19 (4), (1978), S. 570–593
DOI: 10.1080/00236567808584513.

Frey, William H., Diversity Explosion: How New Racial Demographics Are Remaking America (Washington DC, Brookings Institution Press, 2014).

Friesen, Justin P., Kerry Kawakami, Larissa Vingilis-Jaremko, Regis Caprara, David M. Sidhu, Amanda Williams, Kurt Hugenberg, Rosa Rodríguez-Bailón, Elena Canadas und Paula Niedenthal, »Perceiving Happiness in an Intergroup Context: The Role of

Race and Attention to the Eyes in Differentiating between True and False Smiles«, Journal of Personality and Social Psychology 116 (3), (2019), S. 375–395
DOI: 10.1037/pspa0000139.

Frimer, Jeremy A., Linda J. Skitka und Matt Motyl, »Liberals and Conservatives Are Similarly Motivated to Avoid Exposure to One Another's Opinions«, Journal of Experimental Social Psychology 72 (September 2017), S. 1–12
DOI: 10.1016/j.jesp.2017.04.003.

Frith, Chris D., und Uta Frith, »Mechanisms of Social Cognition«, Annual Review of Psychology 63 (1), (2012), S. 287–313
DOI: 10.1146/annurev-psych-120710-100449.

Frumkin, Lara A., und Anna Stone, »Not All Eyewitnesses Are Equal: Accent Status, Race and Age Interact to Influence Evaluations of Testimony«, Journal of Ethnicity in Criminal Justice 18 (2), (2020), S. 123–145
DOI: 10.1080/15377938.2020.1727806.

Fryer, Peter, Staying Power: The History of Black People in Britain (Edmonton, University of Alberta, 1984).

Full Fact, »Don't Trust Claims about the Change in the Number of Churches and Mosques in London«, Full Fact, 3. Oktober 2019; fullfact.org/online/churches-and-mosques-london/.

Galesic, Mirta, und Rocio Garcia-Retamero, »The Risks We Dread: A Social Circle Account«, PLOS ONE 7 (4), (2012), e32837
DOI: 10.1371/journal.pone.0032837.

Gallagher, Sophie, »Escape to the Country: Will People Leave Cities behind Post-Pandemic?« Independent, 13. August 2020, sec. Lifestyle; independent.co.uk/life-style/people-leaving-cities-londonmanchester-coronavirus-pandemic-lockdown-a9612116.html.

Gallup, »Abortion: Gallup Historical Trends«, Gallup.com, 22. Juni 2007; news.gallup.com/poll/1576/Abortion.aspx.

Gates, Henry Louis, »The Fire Last Time«, New Republic, 1. Juni 1992; newrepublic.com/article/114134/fire-last-time.

Gellner, Ernest, Nations and Nationalism (Ithaca, Cornell University Press, 2008).

Gereke, Johanna, Max Schaub und Delia Baldassarri, »Ethnic Diversity, Poverty and Social Trust in Germany: Evidence from a Behavioral Measure of Trust«, PLOS ONE 13 (7), (2018), e0199834
DOI: 10.1371/journal.pone.0199834.

Gershenson, Seth, und Nicholas Papageorge, »The Power of Teacher Expectations: How Racial Bias Hinders Student Attainment«, Education Next 18 (1), (2018), S. 65–70.

Getachew, Adom, Worldmaking after Empire: The Rise and Fall of Self-Determination (Princeton, Princeton University Press, 2019).

Gidley, Ben, »Landscapes of Belonging, Portraits of Life: Researching Everyday Multiculture in an Inner City Estate«, Identities 20 (4), (2013), S. 361–376
DOI: 10.1080/1070289X.2013.822381.

Gilbert, Margaret, »Remarks on Collective Belief«, in Socializing Epistemology: The Social Dimensions of Knowledge, hrsg. von Frederick F. Schmitt (London & New York, Rowman & Littlefield, 1994).

Gilroy, Paul, Against Race: Imagining Political Culture Beyond the Color Line (Cambridge, MA, Harvard University Press, 2000).

Golding, William, und James R. Baker, »An Interview with William Golding«, Twentieth Century Literature 28 (2), (1982), S. 130–170
DOI: 10.2307/441151.

González Gálvez, Marcelo, »The Truth of Experience and Its Communication: Reflections on Mapuche Epistemology«, Anthropological Theory 15 (2), (2015), S. 141–157
DOI: 10.1177/1463499614560947.

Gordon-Nesbitt, Rebecca, »Analysing UK City of Culture: The Implications of Culture-Led Regeneration«, Fugitive Papers (2013).

Greenberg, Robert D., Language and Identity in the Balkans: Serbo-Croatian and Its Disintegration (Oxford, Oxford University Press, 2004).

Griffiths, David J., »Fragmentation and Consolidation: The Contrasting Cases of Somali and Kurdish Refugees in London«, Journal of Refugee Studies 13 (3), (2000), S. 281–302
DOI: 10.1093/jrs/13.3.281.

— Somali and Kurdish Refugees in London: New Identities in the Diaspora (Aldershot, Ashgate Publishing, Ltd., 2002).

Guess, Andrew M., Pablo Barberá, Simon Munzert und JungHwan Yang, »The Consequences of Online Partisan Media«, Proceedings of the National Academy of Sciences 118 (14), (2021), e2013464118
DOI: 10.1073/pnas.2013464118.

Habermas, Jürgen, »Three Normative Models of Democracy«, Constellations 1 (1), (1994), S. 1–10
DOI: 10.1111/j.1467-8675.1994.tb00001.x.

Habyarimana, James, Macartan Humphreys, Daniel N. Posner und Jeremy M. Weinstein, Coethnicity: Diversity and the Dilemmas of Collective Action (New York, Russell Sage Foundation, 2009); jstor.org/stable/10.7758/9781610446389.

Hage, Ghassan, White Nation: Fantasies of White Supremacy in a Multicultural Society (Sydney, Pluto Press, 1999).

Haider, Asad, Mistaken Identity: Race and Class in the Age of Trump (London & New York, Verso Books, 2018).

Haidt, Jonathan, und Greg Lukianoff, The Coddling of the American Mind: How Good Intentions and Bad Ideas Are Setting Up a Generation for Failure (New York, Penguin, 2018).

Hall, Jacquelyn Dowd, »The Long Civil Rights Movement and the Political Uses of the Past«, Journal of American History 91 (4), (2005), S. 1233–1263
DOI: 10.2307/3660172.

Hall, Stuart, »Culture, Community, Nation«, Cultural Studies 7 (3), (1993), S. 349–363
DOI: 10.1080/09502389300490251.

Hall, Stuart, Chas Critcher, Tony Jefferson, John Clarke und Brian Roberts, Policing the Crisis: Mugging, the State and Law and Order (New York, Holmes & Meier, 1978).

Halpern, Joel Martin, und David A. Kideckel, Neighbors at War: Anthropological Perspectives on Yugoslav Ethnicity, Culture, and History (University Park, Pennsylvania State University Press, 2000).

Hammer, Dean, »Plebiscitary Politics in Archaic Greece«, Historia: Zeitschrift für Alte Geschichte 54 (2), (2005), S. 107–131.

Hanchard, Michael G., The Spectre of Race (Princeton, Princeton University Press, 2018).

Hancock, A., Solidarity Politics for Millennials: A Guide to Ending the Oppression Olympics (New York, Palgrave Macmillan, 2011).

Hardin, Garrett, »The Tragedy of the Commons«, Science 162 (3859), (1968), S. 1243–1248
DOI: 10.1126/science.162.3859.1243.

Hardin, Garrett, »Lifeboat ethics: the case against helping the poor«, Psychology Today, 8, (1974), S. 38–43.

Haraway, Donna J., Staying with the Trouble: Making Kin in the Chthulucene (Durham, Duke University Press, 2016).

Harsin, Jayson, »Regimes of Posttruth, Postpolitics, and Attention Economies«, Communication, Culture and Critique 8 (2), (2015), S. 327–333
DOI: 10.1111/cccr.12097.

Hatton, Timothy J., »Public Opinion on Immigration in Europe: Preference versus Salience«, IZA DP No. 10838, Bonn, IZA Institute of Labour Economics (2017).

Hewstone, Miles, und Hermann Swart, »Fifty-Odd Years of Inter-Group Contact: From Hypothesis to Integrated Theory«, British Journal of Social Psychology 50 (3), (2011), S. 374–386
DOI: 10.1111/j.2044-8309.2011.02047.x.

Hickman, Christine B., »The Devil and the One Drop Rule: Racial Categories, African Americans, and the U.S. Census«, Michigan Law Review 95 (5), (1997), S. 1161–1265
DOI: 10.2307/1290008.

Hickman, M., N. Mai und H. Crowley, Migration and Social Cohesion in the UK (Basingstoke, Palgrave Macmillan, 2012).

Hill, Herbert, »The Problem of Race in American Labor History«, Reviews in American History 24 (2), (1996), S. 189–208.

Hill, Rebecca, »Fosterites and Feminists, or 1950s Ultra-Leftists and the Invention of AmeriKKKa«, New Left Review Nr. I/228 (April 1998), S. 67–90.

Hockett, Charles F., »The Origin of Speech«, in Human Communication: Language and Its Psychobiological Bases: Readings from Scientific American, hrsg. von William S.-Y. Wang (San Francisco, W. H. Freeman, 1982).

Hoewer, M., Crossing Boundaries during Peace and Conflict: Transforming Identity in Chiapas and in Northern Ireland (Basingstoke, Palgrave Macmillan, 2014).

Honig, Esther, und designboom, »25 Countries Photoshop Esther Honig to Make Her

Beautiful«, designboom, 26. Juni 2014; designboom.com/art/25-countries-photoshop-esther-honig-make-herbeautiful-06-26-2014/.

Honneth, Axel und Nancy Fraser, Umverteilung oder Anerkennung? Eine politisch-philosophische Kontroverse (Berlin, Suhrkamp, 2003).

Honneth, Axel, Kampf um Anerkennung. Zur moralischen Grammatik sozialer Konflikte (Berlin, Suhrkamp, 1996).

hooks, bell, »Homeplace (A Site of Resistance)«, in Yearning: Race, Gender, and Cultural Politics (Boston, South End Press, 1990).

Hooks, Katarzyna B., und Maureen A. O'Malley, »Dysbiosis and its Discontents«, MBio 8 (5), (2017)
DOI: 10.1128/mBio.01492-17.

Hopkins, Gail, »Somali Community Organizations in London and Toronto: Collaboration and Effectiveness«, Journal of Refugee Studies 19 (3), (2006), S. 361-380
DOI: 10.1093/jrs/fe1013.

Horner, Victoria, und Andrew Whiten, »Causal Knowledge and Imitation/Emulation Switching in Chimpanzees (Pan Troglodytes) and Children (Homo Sapiens)«, Animal Cognition 8 (3), (2005), S. 164-18
DOI: 10.1007/s10071-004-0239-6.

Horowitz, Donald L., »Ethnic Identity«, in Ethnicity: Theory and Experience, hrsg. von Nathan Glazer, Daniel Patrick Moynihan und Corinne Saposs Schelling (Cambridge, MA, Harvard University Press, 1975).

Howe, Christine, und Manzoorul Abedin, »Classroom Dialogue: A Systematic Review across Four Decades of Research«, Cambridge Journal of Education 43 (3), (2013), S. 325-356
DOI: 10.1080/0305764X.2013.786024.

Hutchins, Edwin, Cognition in the Wild (Cambridge, MA, MIT Press, 1995).

Ingold, Tim, The Perception of the Environment: Essays on Livelihood, Dwelling and Skill (London & New York, Routledge, 2000).

Ipsos Mori, »Perils of Perception 2015«, London, Ipsos Mori (2015).

— »Have We Had Enough of Climate Experts?«, London, Ipsos Mori (2017).

— »The Perils of Perception 2017«, London, Ipsos Mori (2017).

— »Britons Hugely Underestimate How Hot Planet Has Become«, London, Ipsos Mori (2019).

— »The Perils of Perception 2020: Causes of Death«, London, Ipsos Mori (2020).

— »Ipsos Perils of Perception: climate change«, London, Ipsos Mori (2021).

Jasanoff, Sheila, »Science and Democracy«, in The Handbook of Science and Technology Studies, 4. Aufl., hrsg. von Ulrike Felt, Rayvon Fouché, Clark Miller und Laurel Smith-Doerr (Cambridge, MA, MIT Press, 2017).

Jefferson, Thomas, »A Bill for the More General Diffusion of Knowledge«, in The Papers of Thomas Jefferson, vol. 2, 1777-18 June 1779, hrsg. von Julian P. Boyd (Princeton, Princeton University Press, 1950).

— Notes on the State of Virginia (London, J. Stockdale, 1787); books.google.pt/books?id=i3fSzN5RRy0C&.

Jhally, Sut, und Stuart Hall, »Race, the Floating Signifier, Featuring Stuart Hall, Transcript«, Northampton: Media Education Foundation (1997).

Jonsson, Kenisha Russell, und Neli Demireva, »Does the Ethno-Religious Diversity of a Neighbourhood Affect the Perceived Health of Its Residents?«, Social Science & Medicine 204 (Mai 2018), S. 108–116
DOI: 10.1016/j.socscimed.2018.03.011.

Jordan, William, »Little Public Support for Slave Trade Reparations«, YouGov (Blog), 15. März 2014; yougov.co.uk/topics/politics/articles-reports/2014/03/15/little-support-slave-trade-reparations.

Kahan, Dan M., »Ideology, Motivated Reasoning, and Cognitive Reflection: An Experimental Study«, SSRN Scholarly Paper ID 2182588, Rochester, NY, Social Science Research Network (2012); DOI: 10.2139/ssrn.2182588.

Kahan, Dan M., Ellen Peters, Erica Dawson und Paul Slovic, »Motivated Numeracy and Enlightened Self-Government«, SSRN Scholarly Paper ID 2319992. Rochester, NY, Social Science Research Network (2013)
DOI: 10.2139/ssrn.2319992.

Kahan, Dan M., Ellen Peters, Maggie Wittlin, Paul Slovic, Lisa Larrimore Ouellette, Donald Braman und Gregory Mandel, »The Polarizing Impact of Science Literacy and Numeracy on Perceived Climate Change Risks«, Nature Climate Change 2 (10), (2012), S. 732–735
DOI: 10.1038/nclimate1547.

Kahan, Dan, David Hoffman, Donald Braman, Danieli Evans und Jeffrey Rachlinski, »›They Saw a Protest‹: Cognitive Illiberalism and the Speech-Conduct Distinction«, Stanford Law Review 64 (4), (2012), S. 851–906.

Kalyvas, Andreas, und Ira Katznelson, Liberal Beginnings: Making a Republic for the Moderns (Cambridge, Cambridge University Press, 2008).

Kanovsky, Martin, »Essentialism and Folksociology: Ethnicity Again«, Journal of Cognition and Culture 7 (3–4), (2007), S. 241–281
DOI: 10.1163/156853707X208503.

Kantar Media, »Brand and Trust in a Fragmented News Environment«, Reuters Institute for the Study of Journalism, University of Oxford (2017).

Kao, Rowland R., »The Role of Mathematical Modelling in the Control of the 2001 FMD Epidemic in the UK«, Trends in Microbiology 10 (6), (2002), S. 279–286
DOI: 10.1016/S0966-842X(02)02371-5.

Katz, Phyllis A., und Jennifer A. Kofkin, »Race, Gender, and Young Children«, in Developmental Psychopathology: Perspectives on Adjustment, Risk, and Disorder (New York, Cambridge University Press, 1997), S. 51–74.

Kaufmann, Eric, und Gareth Harris, »›White Flight‹ or Positive Contact? Local Diversity and Attitudes to Immigration in Britain«, Comparative Political Studies 48 (12), (2015), S. 1563–1590
DOI: 10.1177/0010414015581684.

Keane, Webb, »Signs Are Not the Garb of Meaning: On the Social Analysis of Material

Things«, in Materiality, hrsg. von Daniel Miller (Durham, Duke University Press, 2005).
— Ethical Life: Its Natural and Social Histories (Princeton, Princeton University Press, 2015).
Kearney, Dominic, »Frank Cottrell Boyce on The Return of Colmcille«, Culture Northern Ireland, 7. Februar 2013; culturenorthernireland.org/features/performing-arts/frank-cottrell-boyce-return-colmcille.
Keen, Suzanne, Empathy and the Novel (Oxford, Oxford University Press, 2007).
Keller, Heidi, Joscha Kärtner, Joern Borke, Relindis Yovsi und Astrid Kleis, »Parenting Styles and the Development of the Categorical Self: A Longitudinal Study on Mirror Self-Recognition in Cameroonian Nso and German Families«, International Journal of Behavioral Development 29 (6), (2005), S. 496–504
DOI: 10.1080/01650250500147485.
Kelly, David J., Paul C. Quinn, Alan M. Slater, Kang Lee, Alan Gibson, Michael Smith, Liezhong Ge und Olivier Pascalis, »Three-Month-Olds, but Not Newborns, Prefer Own-Race Faces«, Developmental Science 8 (6), (2005), S. F31–F36
DOI: 10.1111/j.1467-7687.2005.0434a.x.
Kendi, Ibram X., Stamped – Rassismus und Antirassismus in Amerika (München, dtv, 2021).
Keupp, Stefanie, Tanya Behne und Hannes Rakoczy, »Why Do Children Overimitate? Normativity Is Crucial«, Journal of Experimental Child Psychology 116 (2), (2013), S. 392–406
DOI: 10.1016/j.jecp.2013.07.002.
King, Martin Luther, »I Have a Dream«, National Public Radio (1963); npr.org/2010/01/18/122701268/i-have-a-dream-speechin-its-entirety. soundcloud.com/portland-state-library/portland-state-black-studies-1?mc_cid=7a27cfd978&mc_eid=e2efbcffa9.
Knuth, Hannah, »Extinction Rebellion: ›Fast ein normales Ereignis‹«, Die Zeit, 20. November 2019, sec. Wirtschaft; zeit.de/2019/48/extinction-rebellion-roger-hallam-klimaaktivist.
Koning, Edward A., Immigration and the Politics of Welfare Exclusion: Selective Solidarity in Western Democracies (Toronto, University of Toronto Press, 2019).
Koopmans, Ruud, und Susanne Veit, »Cooperation in Ethnically Diverse Neighborhoods: A Lost-Letter Experiment«, Political Psychology 35 (3), (2014), S. 379–400
DOI: 10.1111/pops.12037.
Korstad, Robert, und Nelson Lichtenstein, »Opportunities Found and Lost: Labor, Radicals, and the Early Civil Rights Movement«, Journal of American History 75 (3), (1988), S. 786–811
DOI: 10.2307/1901530.
Krieger, Heike, The Kosovo Conflict and International Law: An Analytical Documentation 1974–1999 (Cambridge, Cambridge University Press, 2001).
Kusow, Abdi M., »The Somali Origin: Myth or Reality?«, in The Invention of Somalia, hrsg. von Ali Jimale Ahmed (Lawrenceville, NJ, Red Sea Press, 1995).

Laidlaw, James, The Subject of Virtue: An Anthropology of Ethics and Freedom (Cambridge, Cambridge University Press, 2013).

Lamm, Claus, und Jasminka Majdandžić, »The Role of Shared Neural Activations, Mirror Neurons, and Morality in Empathy – a Critical Comment«, Neuroscience Research 90 (Januar 2015), S. 15–24
DOI: 10.1016/j.neures.2014.10.008.

Latour, Bruno, Wir sind nie modern gewesen. Versuch einer symmetrischen Anthropologie (Frankfurt am Main, Suhrkamp, 2018). Aus dem Französischen von Bernd Schwibs.

— Das terrestrische Manifest (Berlin, Suhrkamp, 2018).

Laugrand, Frédéric, und Jarich Oosten, Hunters, Predators and Prey: Inuit Perceptions of Animals (New York, Berghahn Books, 2014).

Law, John, und Vicky Singleton, »ANT, Multiplicity and Policy«, Critical Policy Studies 8 (4), (2014), S. 379–396
DOI: 10.1080/19460171.2014.957056.

Lenz, Gabriel S., Follow the Leader?: How Voters Respond to Politicians' Policies and Performance (Chicago, University of Chicago Press, 2013).

Lewis, I. M., Blood and Bone: The Call of Kinship in Somali Society (Lawrenceville, NJ, Red Sea Press, 1994).

— Understanding Somalia and Somaliland: Culture, History, Society (New York, Columbia University Press, 2008).

Li, Danying, Miguel R. Ramos, Matthew R. Bennett, Douglas S. Massey und Miles Hewstone, »Does Ethnic Diversity Affect Well-Being and Allostatic Load among People across Neighbourhoods in England?«, Health & Place 68 (März 2021)
DOI: 10.1016/j.healthplace.2021.102518.

Lilla, Mark, The Once and Future Liberal: After Identity Politics (Oxford, Oxford University Press, 2018).

Lomax, Nik, Paul Norman, Philip Rees und Pia Wohland, »What the UK Population Will Look like by 2061 under Hard, Soft or No Brexit Scenarios«, Conversation (2019); http://theconversation.com/what-the-uk-population-will-look-like-by-2061-under-hard-soft-orno-brexit-scenarios-117475.

London Datastore and Office for National Statistics, »Population by Religion, Borough«, London Datastore (2018); data.london.gov.uk/dataset/percentage-population-religion-borough.

Lorde, Audre, Sister Outsider (München, Carl Hanser Verlag, 2021).Übersetzt von Eva Bonné und Marion Kraft.

Luhrmann, T. M., »Mind and Spirit: A Comparative Theory about Representation of Mind and the Experience of Spirit«, Journal of the Royal Anthropological Institute 26 (S1), (2020), S. 9–27
DOI: 10.1111/1467-9655.13238.

Lyons, Derek E., Diana H. Damrosch, Jennifer K. Lin, Deanna M. Macris und Frank C. Keil, »The Scope and Limits of Overimitation in the Transmission of Artefact Cul-

ture«, Philosophical Transactions of the Royal Society B: Biological Sciences 366 (1567), (2011), S. 1158–1167
DOI: 10.1098/rstb.2010.0335.

Mack, K. W., »Rethinking Civil Rights Lawyering and Politics in the Era before Brown«, Yale Law Journal 115 (November 2005), S. 256–354.

Main, Douglas, »We Knew Platypuses Were Incredible. Now We Know They Glow, Too«, National Geographic, 11. November 2020; nationalgeographic.com/animals/article/glowing-platypus.

Markell, Patchen, Bound by Recognition (Princeton, Princeton University Press, 2003).

Martinez-Alier, Verena, Marriage, Class, and Colour in Nineteenth-Century Cuba: A Study of Racial Attitudes and Sexual Values in a Slave Society (Ann Arbor, University of Michigan Press, 1989).

Massey, Doreen, »A Global Sense of Place«, Marxism Today, Juni 1991.

Mattingly, Cheryl, Moral Laboratories: Family Peril and the Struggle for a Good Life (Oakland, University of California Press, 2014).

Mazzarella, William, »The Anthropology of Populism: Beyond the Liberal Settlement«, Annual Review of Anthropology 48 (1), (2019), S. 45–60
DOI: 10.1146/annurev-anthro-102218-011412.

McGarry, Lucy M., und Frank A. Russo, »Mirroring in Dance/Movement Therapy: Potential Mechanisms behind Empathy Enhancement«, The Arts in Psychotherapy 38 (3), (2011), S. 178–184
DOI: 10.1016/j.aip.2011.04.005.

McGuigan, Nicola, Jenny Makinson und Andrew Whiten, »From Over-Imitation to Super-Copying: Adults Imitate Causally Irrelevant Aspects of Tool Use with Higher Fidelity than Young Children«, British Journal of Psychology 102 (1), (2011), S. 1–18
DOI: 10.1348/000712610X493115.

Meissner, Fran, und Steven Vertovec, »Comparing Super-Diversity«, Ethnic and Racial Studies 38 (4), (2015), S. 541–555
DOI: 10.1080/01419870.2015.980295.

Meltzoff, Andrew N., »›Like Me‹: A Foundation for Social Cognition«, Developmental Science 10 (1), (2007), S. 126–134
DOI: 10.1111/j.1467-7687.2007.00574.x.

Meredith, Martin, The Fortunes of Africa: A 5000-Year History of Wealth, Greed, and Endeavor (London, Simon and Schuster, 2014).

Merry, Sally Engle, Getting Justice and Getting Even: Legal Consciousness Among Working-Class Americans (Chicago, University of Chicago Press, 1990).

Milam, Erika Lorraine, Creatures of Cain (Princeton, Princeton University Press, 2019); press.princeton.edu/books/hardcover/9780691181882/creatures-of-cain.

Milgram, Stanley, Obedience to Authority: An Experimental View (New York, Harper & Row, 1969).

Mill, John Stuart, Über die Freiheit (Stuttgart, Reclam, 2008).

Mills, Charles Wade, Black Rights/White Wrongs: The Critique of Racial Liberalism (Oxford, Oxford University Press, 2017).

Mitchell, James Clyde, The Kaleka Dance: Aspects of Social Relationships Among Urban Africans in Northern Rhodesia (veröffentlicht im Auftrag des Rhodes-Livingstone Institute durch Manchester University Press, 1956).

Mitchell, Lisa, Language, Emotion, and Politics in South India: The Making of a Mother Tongue (Bloomington, Indiana University Press, 2009).

Mithen, Steven J., The Prehistory of the Mind: The Cognitive Origins of Art, Religion and Science (New York, Thames and Hudson, 1996).

Mohamed, Jama, »Kinship and Contract in Somali Politics«, Africa: Journal of the International African Institute 77 (2), (2007), S. 226–249.

Mol, Annemarie, The Logic of Care: Health and the Problem of Patient Choice (Abingdon, Routledge, 2008).

Mol, Annemarie, Ingunn Moser und Jeannette Pols, »Care: Putting Practice into Theory«, in Care in Practice: On Tinkering in Clinics, Homes and Farms, hrsg. von Annemarie Mol, Ingunn Moser und Jeanne Pols (Bielefeld, transcript Verlag, 2010).

Montes, Leonidas, »Adam Smith's Foundational Idea of Sympathetic Persuasion«, Cambridge Journal of Economics 43 (1), (2019), S. 1–15
DOI: 10.1093/cje/bex090.

Morrison, Toni, »Portland State, Black Studies Center Public Dialogue. Pt. 2« (Portland State University, 1975). Verfügbar unter: soundcloud.com/portland-state-library/portland-state-black-studies-1?mc_cid=7a27cfd978&mc_eid=e2ef bcffa9.

Mukerjee, Subhayan, Sílvia Majó-Vázquez und Sandra González-Bailón, »Networks of Audience Overlap in the Consumption of Digital News«, Journal of Communication 68 (1), (2018), S. 26–50
DOI: 10.1093/joc/jqx007.

Mukhtar, Mohamed Haji, »Islam in Somali History: Fact and Fiction«, in The Invention of Somalia, hrsg. von Ali Jimale Ahmed (Lawrenceville, NJ, Red Sea Press, 1995).

Müller-Wille, Ludger, und Igor Krupnik, »Franz Boas and Inuktitut Terminology for Ice and Snow: From the Emergence of the Field to the ›Great Eskimo Vocabulary Hoax‹«, in SIKU: Knowing Our Ice: Documenting Inuit Sea Ice Knowledge and Use, hrsg. von Igor Krupnik, Claudio Aporta, Shari Gearheard, Gita J. Laidler und Lene Kielsen Holm (Dordrecht, Springer Science & Business Media, 2010).

Munson, Ziad W., The Making of Pro-Life Activists: How Social Movement Mobilization Works (Chicago, University of Chicago Press, 2010).

Nagle, John, Multiculturalism's Double-Bind: Creating Inclusivity, Cosmopolitanism and Difference (Farnham, Ashgate Publishing, Ltd., 2012).

Nancy, Jean-Luc, The Inoperative Community (Minneapolis & Oxford, University of Minnesota Press, 1991).

— Being Singular Plural (Stanford, Stanford University Press, 2000).

Nayak, Anoop, »Race, Religion and British Multiculturalism: The Political Responses of

Black and Minority Ethnic Voluntary Organisations to Multicultural Cohesion«, Political Geography 31 (7), (2012), S. 454–463
DOI: 10.1016/j.polgeo.2012.08.005.

Ndobo, André, Alice Faure, Jeanne Boisselier und Stella Giannaki, »The Ethno-Racial Segmentation Jobs: The Impacts of the Occupational Stereotypes on Hiring Decisions«, Journal of Social Psychology 158 (6), (2018), S. 663–679
DOI: 10.1080/00224545.2017.1389685.

Nelson, Jacob L., und Harsh Taneja, »The Small, Disloyal Fake News Audience: The Role of Audience Availability in Fake News Consumption«, New Media & Society 20 (10), (2018), S. 3720–3737
DOI: 10.1177/1461444818758715.

Nic Craith, Máiréad, »Living Heritage and Religious Traditions: Reinterpreting Columba/Colmcille in the UK City of Culture«, Anthropological Journal of European Cultures 22 (1), (2013), S. 42–58
DOI: 10.3167/ajec.2013.220104.

Njoroge, Wanjiku, Tami Benton, Marva L. Lewis und Njoroge M. Njoroge, »What Are Infants Learning about Race? A Look at a Sample of Infants from Multiple Racial Groups«, Infant Mental Health Journal 30 (5), (2009), S. 549–567
DOI: 10.1002/imhj.20228.

Oatley, Keith, »Worlds of the Possible: Abstraction, Imagination, Consciousness«, Pragmatics & Cognition 21 (3), (2013), S. 448–468
DOI: 10.1075/pc.21.3.02oat.

O'Grady, Tom, »How Politicians Created, Rather than Reacted to, Negative Public Opinion on Benefits«, British Politics and Policy at LSE (Blog), 7. November 2017; http://blogs.lse.ac.uk/politicsandpolicy/public-opinion-towards-welfare/.

Olson, David R., »Literacy and the Languages of Rationality«, Pragmatics & Cognition 21 (3), (2013), S. 431–447
DOI: 10.1075/pc.21.3.01ols.

O'Malley, Maureen A., »Microbiology, Philosophy and Education«, FEMS Microbiology Letters 363 (17), (2016)
DOI: 10.1093/femsle/fnw182.

O'Malley, Maureen A., und Orkun S. Soyer, »The Roles of Integration in Molecular Systems Biology«, Studies in History and Philosophy of Science Part C: Studies in History and Philosophy of Biological and Biomedical Sciences 43 (1), (2012), S. 58–68
DOI: 10.1016/j.shpsc.2011.10.006.

Orleck, Annelise, Common Sense and a Little Fire: Women and Working-Class Politics in the United States, 1900–1965 (Chapel Hill & London, University of North Carolina Press, 2000).

Ostrom, Elinor, Governing the Commons (Cambridge: Cambridge University Press, 1990).

Ouazad, Amine, »Assessed by a Teacher Like Me: Race and Teacher Assessments«, Education Finance and Policy 9 (3), (2014), S. 334–372
DOI: 10.1162/EDFP_a_00136.

Over, Harriet, »The Origins of Belonging: Social Motivation in Infants and Young Children«, Philosophical Transactions of the Royal Society B, Biological Sciences 371 (1686), (2016), 20150072
DOI: 10.1098rstb.2015.0072.

Overing, Joanna, »In Praise of the Everyday: Trust and the Art of Social Living in an Amazonian Community«, Ethnos 68 (3), (2003), S. 293–316
DOI: 10.1080/0014184032000134469.

Overing, Joanna, und Alan Passes, The Anthropology of Love and Anger: The Aesthetics of Conviviality in Native Amazonia (London, Routledge, 2002).

Panero, Maria Eugenia, Deena Skolnick Weisberg, Jessica Black, Thalia R. Goldstein, Jennifer L. Barnes, Hiram Brownell und Ellen Winner, »Does Reading a Single Passage of Literary Fiction Really Improve Theory of Mind? An Attempt at Replication«, Journal of Personality and Social Psychology 111 (5), (2016), S. e46–e54
DOI: 10.1037/pspa0000064.

Papageorge, Nicholas W., Seth Gershenson und Kyung Min Kang, »Teacher Expectations Matter«, Review of Economics and Statistics 102 (2), (2020), S. 234–251
DOI: 10.1162/rest_a_00838.

Pardy, Maree, »The Shame of Waiting«, in Waiting, hrsg. von Ghassan Hage (Carlton, Melbourne University Press, 2009).

Parry, Suzanne, »Identifying the Process: The Removal of ›Half-Caste‹ Children from Aboriginal Mothers«, Aboriginal History 19 (1/2), (1995), S. 141–153.

Patino, Marie, Aaron Kessler, Sarah Holder, Mira Rojanasakul und Jackie Gu, »Where Americans Are Moving«, Bloomberg.com. (o. J.), abgefragt am 3. Juli 2021; bloomberg.com/graphics/2021-citylab-how-americans-moved/.

Patnaik, Utsa, »Revisiting the ›Drain‹, or Transfers From India to Britain in the Context of Global Diffusion of Capitalism«, in Agrarian and Other Histories: Essays for Binay Bhushan Chaudhuri, hrsg. von Shubhra Chakrabarti und Utsa Patnaik, S. 277–318 (New Delhi, Tulika Books, 2017).

Paul, Kathleen, Whitewashing Britain: Race and Citizenship in the Postwar Era (Ithaca, Cornell University Press, 1997).

Peletz, Michael G., »Transgenderism and Gender Pluralism in Southeast Asia since Early Modern Times«, Current Anthropology 47 (2), (2006), S. 309–340
DOI: 10.1086/498947.

Pellikaan, Huib, Sarah L. de Lange und Tom W. G. van der Meer, »The Centre Does Not Hold: Coalition Politics and Party System Change in the Netherlands, 2002–12«, Government and Opposition 53 (2), (2018), S. 231–255
DOI: 10.1017/gov.2016.20.

Perraudin, Frances, »Council Ban on Protests Outside Abortion Clinic Upheld by Appeal Court«, Guardian, 21. August 2019; theguardian.com/law/2019/aug/21/council-ban-on-protests-outside-abortionclinic-upheld-by-court-of-appeal.

Perry, Gina, Behind the Shock Machine: The Untold Story of the Notorious Milgram Psychology Experiments (New York, New Press, 2013).

— »The View from the Boys«, Psychologist, 2014.
— The Lost Boys: Inside Muzafer Sherif's Robbers Cave Experiment (Brunswick, Scribe Publications, 2018).

Pettigrew, Thomas F., und Linda R. Tropp, »A Meta-Analytic Test of Intergroup Contact Theory«, Journal of Personality and Social Psychology 90 (5), (2006), S. 751–783
DOI: 10.1037/0022-3514.90.5.751.

Phelps-Roper, Megan, »I Grew Up in the Westboro Baptist Church. Here's Why I Left«, TEDNYC, Februar 2017;. ted.com/talks/megan_phelps_roper_i_grew_up_in_the_westboro_baptist_church_here_s_why_i_left.
— Unfollow: a Memoir of Loving and Leaving the Westboro Baptist Church (New York, Farrar, Strauss and Giroux, 2019).

Pickett, Kate E., und Richard G. Wilkinson, »Income Inequality and Health: A Causal Review«, Social Science & Medicine 128 (März 2015), S. 316–326
DOI: 10.1016/j.socscimed.2014.12.031.

Pildes, Richard H., »Romanticizing Democracy, Political Fragmentation, and the Decline of American Government«, SSRN Scholarly Paper ID 2546042, Rochester, NY, Social Science Research Network (2015); papers.ssrn.com/abstract=2546042.

Pison, Gilles, und Agata V. D'Addato, »Frequency of Twin Births in Developed Countries«, Twin Research and Human Genetics 9 (2), (2006), S. 250–259
DOI: 10.1375/twin.9.2.250.

Plato, Plato in Twelve Volumes, hrsg. von Harold North Fowler, W.R.M. Lamb, Robert Gregg Bury und Paul Shorey (London & Cambridge, William Heinemann Ltd.; Harvard University Press, 1969).

Portes, Alejandro, und Erik Vickstrom, »Diversity, Social Capital, and Cohesion«, Annual Review of Sociology 37 (1), (2011), S. 461–479
DOI: 10.1146/annurev-soc-081309-150022.

Povinelli, Elizabeth A., The Cunning of Recognition: Indigenous Alterities and the Making of Australian Multiculturalism (Durham, Duke University Press, 2002).
— »Beyond Good and Evil, Whither Liberal Sacrificial Love?«, Public Culture 21 (1), (2009), S. 77–100
DOI: 10.1215/08992363-2008-022.
— Economies of Abandonment: Social Belonging and Endurance in Late Liberalism (Durham, Duke University Press, 2011).

Powell, John Enoch, Freedom and Reality (Farnham, Elliot Right Way Books, 1969).

Press, Alex, und Barbara Ehrenreich, »On the Origins of the Professional-Managerial Class: An Interview with Barbara Ehrenreich«, Dissent, 22. Oktober 2019; dissentmagazine.org/online_articles/on-the-origins-of-the-professional-managerial-classan-interview-with-barbara-ehrenreich.

Profit, Jochen, Jeffrey B. Gould, Mihoko Bennett, Benjamin A. Goldstein, David Draper, Ciaran S. Phibbs und Henry C. Lee, »Racial/Ethnic Disparity in NICU Quality of Care Delivery«, Pediatrics 140 (3), (2017)
DOI: 10.1542/peds.2017-0918.

Quillian, Lincoln, Devah Pager, Ole Hexel und Arnfinn H. Midtbøen, »Meta-Analysis of Field Experiments Shows No Change in Racial Discrimination in Hiring over Time«, Proceedings of the National Academy of Sciences 114 (41), (2017), S. 10870–10875.

Rappaport, Roy A., Ritual and Religion in the Making of Humanity (Cambridge, Cambridge University Press, 1999).

Ravin, Yael, und Claudia Leacock, »Polysemy: An Overview«, in Polysemy: Theoretical and Computational Approaches, hrsg. von Yael Ravin und Claudia Leacock (Oxford, Oxford University Press, 2000).

Reddy, Vasudevi, »On Being the Object of Attention: Implications for Self-Other Consciousness«, Trends in Cognitive Sciences 7 (9), (2003), S. 397–402
DOI: 10.1016/S1364-6613(03)00191-8.

Regier, Terry, und Paul Kay, »Language, Thought, and Color: Whorf Was Half Right«, Trends in Cognitive Sciences 13 (10), (2009), S. 439–446
DOI: 10.1016/j.tics.2009.07.001.

Renne, Elisha P., und Misty L. Bastian, »Reviewing Twinship in Africa«, Ethnology 40 (1), (2001), S. 1–11
DOI: 10.2307/3773885.

Richeson, Jennifer A., und Sophie Trawalter, »Why Do Interracial Interactions Impair Executive Function? A Resource Depletion Account«, Journal of Personality and Social Psychology 88 (6), (2005), S. 934–947
DOI: 10.1037/0022-3514.88.6.934.

Richeson, Jennifer A., Sophie Trawalter und J. Nicole Shelton, »African Americans' Implicit Racial Attitudes and the Depletion of Executive Function after Interracial Interactions«, Social Cognition 23 (4), (2005), S. 336–352
DOI: 10.1521/soco.2005.23.4.336.

Roberson, Debi, Jules Davidoff, Ian R. L. Davies und Laura R. Shapiro, »Color Categories: Evidence for the Cultural Relativity Hypothesis«, Cognitive Psychology 50 (4), (2005), S. 378–411
DOI: 10.1016/j.cogpsych.2004.10.001.

Robinson, Andrew, The Last Man Who Knew Everything (London, Oneworld Publications, 2007).

Robotham, Don, »Cosmopolitanism and Planetary Humanism: The Strategic Universalism of Paul Gilroy«, South Atlantic Quarterly 104 (3), (2005), S. 561–582
DOI: 10.1215/00382876-104-3-561.

Rooduijn, Matthijs, Wouter van der Brug und Sarah L. de Lange, »Expressing or Fuelling Discontent? The Relationship between Populist Voting and Political Discontent«, Electoral Studies 43 (September 2016), S. 32–40
DOI: 10.1016/j.electstud.2016.04.006.

Rose, Sara, Brigitte Amiri und Jennifer Lee, »Consolidated Brief of Amici Curiae Julian Bond, the American Civil Liberties Union and the American Civil Liberties Union of Pennsylvania in Support of Defendants-Appellants and Urging Reversal« (New York,

American Civil Liberties Union Foundation, 2014); aclu.org/sites/default/files/field_document/06.17.14_aclu_amicus_brief.pdf.

Rosenbaum, Martin, »Local Voting Figures Shed New Light on EU Referendum«, BBC News, 6. Februar 2017, sec. UK Politics; bbc.com/news/uk-politics-38762034.

Ross, Josephine, Mandy Yilmaz, Rachel Dale, Rose Cassidy, Iraz Yildirim und M. Suzanne Zeedyk, »Cultural Differences in Self-Recognition: The Early Development of Autonomous and Related Selves?«, Developmental Science 20 (3), (2017)
DOI: 10.1111/desc.12387.

Rubie-Davies, Christine, John Hattie und Richard Hamilton, »Expecting the Best for Students: Teacher Expectations and Academic Outcomes«, British Journal of Educational Psychology 76 (3), (2006), S. 429–444
DOI: 10.1348/000709905X53589.

Rudder, Christian, »Race and Attraction, 2009–2014«, OkTrends (Blog), 10. September 2014; web.archive.org/web/20150123110804/http://blog.okcupid.com/index.php/race-attraction-2009-2014/.

Ruedin, Didier, »Attitudes to Immigrants in South Africa: Personality and Vulnerability«, Journal of Ethnic and Migration Studies 45 (7), (2019), S. 1108–1126
DOI: 10.1080/1369183X.2018.1428086.

Rumi, Mevlana Celaleddin, Crazy As We Are, übersetzt von Nevit O. Ergin (Chino Valley, Hohm Press, 2017).

Ryan, Louise, und Wendy Webster, Gendering Migration: Masculinity, Femininity and Ethnicity in Post-War Britain (Aldershot, Ashgate Publishing, Ltd., 2008).

Schall, James V., Schall on Chesterton: Timely Essays on Timeless Paradoxes (Washington DC, Catholic University of America Press, 2010).

Schläpfer, Markus, Luís M. A. Bettencourt, Sébastian Grauwin, Mathias Raschke, Rob Claxton, Zbigniew Smoreda, Geoffrey B. West und Carlo Ratti, »The Scaling of Human Interactions with City Size«, Journal of the Royal Society Interface 11 (98), (2014), S. 20130789
DOI: 10.1098/rsif.2013.0789.

Schmidgen, Henning, »The Last Polymath«, Nature 561 (7722), (2018), S. 175
DOI: 10.1038/d41586-018-06613-9.

Schmitt, Angie, »Public Health Experts Give America an ›F‹ on Walkability«, StreetsBlog USA (Blog), 27. September 2017; usa.streetsblog.org/2017/09/27/public-health-experts-give-americaan-f-on-walkability/.

Scholten, Peter, Maurice Crul und Paul van de Laar, Coming to Terms with Superdiversity: The Case of Rotterdam (Cham, Springer, 2018).

Scruton, Roger, »Why I Became a Conservative«, New Criterion, Februar 2003; newcriterion.com/issues/2003/2/why-i-became-a-conservative.
— In Defense of Elitism, Hoffberger Center for Professional Ethics, University of Baltimore, 2014; futuresymphony.org/in-defense-of-elitism/.

Sevenhuijsen, Selma, Citizenship and the Ethics of Care: Feminist Considerations on Justice, Morality, and Politics (London & New York, Routledge, 1998).

Sewell, Tony, »Commission on Race and Ethnic Disparities: The Report«, Commission on Race and Ethnic Disparities, London (2021).
Sharp, John, »Tribe«, in The Social Science Encyclopaedia, hrsg. von Adam Kuper und Jessica Kuper (London, Routledge, 2003).
Shore, Bradd, Culture in Mind: Cognition, Culture, and the Problem of Meaning (Oxford, Oxford University Press, 1998).
Shoshan, Nitzan, The Management of Hate: Nation, Affect, and the Governance of Right-Wing Extremism in Germany (Princeton, Princeton University Press, 2016).
Sidders, Jack, »London Home Buyers Are Heading for the Suburbs in Record Numbers«, Bloomberg, 2. August 2021; bloomberg.com/news/articles/2021-08-01/london-home-buyers-are-heading-forthe-suburbs-in-record-numbers.
Skocpol, Theda, Diminished Democracy: From Membership to Management in American Civic Life (Norman, University of Oklahoma Press, 2013).
Slothuus, Rune, und Claes H. de Vreese, »Political Parties, Motivated Reasoning, and Issue Framing Effects«, Journal of Politics 72 (3), (2010), S. 630–645
DOI: 10.1017/S002238161000006X.
Smith, Adam, Der Wohlstand der Nationen: eine Untersuchung seiner Natur und seiner Ursachen (München, Beck, 1974). Aus dem Englischen von Horst Claus Recktenwald.
Smith, Neil Amin, David Phillips, Polly Simpson, David Eiser und Michael Trickey, »A Time of Revolution? British Local Government Finance in the 2010s«, Institute for Fiscal Studies, London (o. J.).
Smith, Zadie, London NW (Köln, Kiepenheuer & Witsch, 2014). Aus dem Englischen von Tanja Handels.
Sorhagen, Nicole S., »Early Teacher Expectations Disproportionately Affect Poor Children's High School Performance«, Journal of Educational Psychology 105 (2), (2013), S. 465–477
DOI: 10.1037/a0031754.
Soto, José Angel, und Robert W. Levenson, »Emotion Recognition across Cultures: The Influence of Ethnicity on Empathic Accuracy and Physiological Linkage«, Emotion (Washington DC) 9 (6), (2009), S. 874–884
DOI: 10.1037/a0017399.
Soussignan, Robert, Nicolas Dollion, Benoist Schaal, Karine Durand, Nadja Reissland und Jean-Yves Baudouin, »Mimicking Emotions: How 3–12-Month-Old Infants Use the Facial Expressions and Eyes of a Model«, Cognition & Emotion 32 (4), (2018), S. 827–842
DOI: 10.1080/02699931.2017.1359015.
Spencer, Leland G., und G. Patterson, »Abridging the Acronym: Neoliberalism and the Proliferation of Identitarian Politics«, Journal of LGBT Youth 14 (3), (2017), S. 296–316
DOI: 10.1080/19361653.2017.1324343.
Stasch, Rupert, Society of Others: Kinship and Mourning in a West Papuan Place (Berkeley, Los Angeles & London, University of California Press, 2009).

Staszak, Jean-Francois, »Other/Otherness«, in International Encyclopedia of Human Geography, hrsg. von Rob Kitchin und Nigel Thrift (London, Elsevier, 2009).
Steuteville, Robert, »Preference for Walkable Communities Strong, but Young Families Want a Bigger Home«, Public Square, 28. Januar 2021; cnu.org/publicsquare/2021/01/28/walkable-community-stock-rises-young-families-want-bigger-home.
Stoler, Ann Laura, Carnal Knowledge and Imperial Power: Race and the Intimate in Colonial Rule (Berkeley & Los Angeles, University of California Press, 2010).
Stonebridge, Lyndsey, Placeless People: Writings, Rights, and Refugees (Oxford, Oxford University Press, 2018).
Strand, Steve, »The White British–Black Caribbean Achievement Gap: Tests, Tiers and Teacher Expectations«, British Educational Research Journal 38 (1), (2012), S. 75–101
DOI: 10.1080/01411926.2010.526702.
Suiter, Jane, und Richard Fletcher, »Polarization and Partisanship: Key Drivers of Distrust in Media Old and New?«, European Journal of Communication 35 (5), (2020), S. 484–501
DOI: 10.1177/0267323120903685.
Swaminathan, Srividhya, »Adam Smith's Moral Economy and the Debate to Abolish the Slave Trade«, Rhetoric Society Quarterly 37 (4), (2007), S. 481–507.
Taylor, Charles, Multiculturalism: Examining the Politics of Recognition (Princeton, Princeton University Press, 1994).
Taylor, Nick, »Review of the Use of Models in Informing Disease Control Policy Development and Adjustment«, School of Agriculture, Policy and Development, University of Reading (2003); researchgate.net/publication/242463316_Review_of_the_use_of_models_in_informing_disease_control_policy_development_and_adjustment.
Tenenbaum, Harriet R., und Martin D. Ruck, »Are Teachers' Expectations Different for Racial Minority than for European American Students? A Meta-Analysis«, Journal of Educational Psychology 99 (2), (2007), S. 253–273
DOI: 10.1037/0022-0663.99.2.253.
Tewksbury, David, und Julius Matthew Riles, »Polarization as a Function of Citizen Predispositions and Exposure to News on the Internet«, Journal of Broadcasting & Electronic Media 59 (3), (2015), S. 381–398
DOI: 10.1080/08838151.2015.1054996.
Thibault, Pascal, Patrick Bourgeois und Ursula Hess, »The Effect of Group-Identification on Emotion Recognition: The Case of Cats and Basketball Players«, Journal of Experimental Social Psychology 42 (5), (2006), S. 676–683
DOI: 10.1016/j.jesp.2005.10.006.
Tocqueville, Alexis de, *Über die Demokratie in Amerika* (Ditzingen, Reclam, 2021).
Tomasello, Michael, Alicia P. Melis, Claudio Tennie, Emily Wyman und Esther Herrmann, »Two Key Steps in the Evolution of Human Cooperation: The Interdependence Hypothesis«, Current Anthropology 53 (6), (2012), S. 673–692
DOI: 10.1086/668207.

Tronto, Joan C., Moral Boundaries: A Political Argument for an Ethic of Care (New York, Routledge, 1993).

Ungar, Sanford J., »Campus Speech Protests Don't Only Target Conservatives, and When They Do, It's Often the Same Few Conservatives, Georgetown Free Speech Tracker Finds«, Informed and Engaged (Blog), 26. März 2018; medium.com/informed-and-engaged/campus-speech-protests-dont-onlytarget-conservatives-though-they-frequently-target-the-same-fewbda3105ad347.

Valentine, Gill, »Living with Difference: Reflections on Geographies of Encounter«, Progress in Human Geography 32 (3), (2008), S. 323–337
DOI: 10.1177/0309133308089372.

Västfjäll, Daniel, Paul Slovic, Marcus Mayorga und Ellen Peters, »Compassion Fade: Affect and Charity Are Greatest for a Single Child in Need«, PLOS ONE 9 (6), (2014), e100115
DOI: 10.1371/journal.pone.0100115.

Vowel, Chelsea, Indigenous Writes: A Guide to First Nations, Métis, and Inuit Issues in Canada (Winnipeg, Portage & Main Press, 2016).

Wallman, Sandra, Eight London Households (London, Tavistock Publications, 1984).

Waters, Chris, »›Dark Strangers‹ in Our Midst: Discourses of Race and Nation in Britain, 1947–1963«, Journal of British Studies 36 (2), (1997), S. 207–238.

Weathers, Monica D., Elaine M. Frank und Leigh Ann Spell, »Differences in the Communication of Affect: Members of the Same Race Versus Members of a Different Race«, Journal of Black Psychology 28 (1), (2002), S. 66–77
DOI: 10.1177/0095798402028001005.

Weidman, Nadine, »Do Humans Really Have a Killer Instinct or Is That Just Manly Fancy?«, August 2020; psyche.co/ideas/do-humans-really-have-a-killer-instinct-or-is-that-just-manly-fancy.

Werker, Janet F., und Richard C. Tees, »Cross-Language Speech Perception: Evidence for Perceptual Reorganization during the First Year of Life«, Infant Behavior & Development 7 (1), (1984), S. 49–63
DOI: 10.1016/S0163-6383(84)80022-3.

Whitehead, Alfred North, Process and Reality: An Essay in Cosmology (London, Free Press, 1978).

Wilkes, Rima, und Cary Wu, »Ethnicity, Democracy, Trust: A Majority-Minority Approach«, Social Forces 97 (1), (2018), S. 465–494
DOI: 10.1093/sf/soy027.

Willcox, Walter F., International Migrations, Volume I: Statistics (Cambridge, Massachusetts, NBER, 1929).

Willerslev, Rane, »Not Animal, Not Not-Animal: Hunting, Imitation and Empathetic Knowledge Among the Siberian Yukaghirs«, Journal of the Royal Anthropological Institute 10 (3), (2004), S. 629–652
DOI: 10.1111/j.1467-9655.2004.00205.x.

— Soul Hunters: Hunting, Animism, and Personhood among the Siberian Yukaghirs

(Berkeley, Los Angeles & London, University of California Press, 2007).

Williams, Corey, und Noreen Nasir, »AP-NORC Poll: Most Americans Oppose Reparations for Slavery«, AP News, 25. Oktober 2019, sec. VA State Wire; apnews.com/article/va-state-wire-us-news-aptop-news-slavery-mi-state-wire-76de76e9870b45d 38390cc40e25e8f03.

Williams, Thomas Chatterton, »The French Origins of ›You Will Not Replace Us‹«, New Yorker, November 2017; newyorker.com/magazine/2017/12/04/the-french-origins-of-you-will-not-replace-us.

Williamson, Thad, Sprawl, Justice, and Citizenship: The Civic Costs of the American Way of Life (Oxford, Oxford University Press, 2010).

Wimmer, Andreas, Ethnic Boundary Making: Institutions, Power, Networks (Oxford, Oxford University Press, 2013).

Winant, Howard, The World Is a Ghetto: Race and Democracy Since World War II (New York, Basic Books, 2001).

Woolford, Andrew, This Benevolent Experiment: Indigenous Boarding Schools, Genocide, and Redress in Canada and the United States (Lincoln, University of Nebraska Press, 2015).

Zebrowitz, Leslie A., und Joann M. Montepare, »Social Psychological Face Perception: Why Appearance Matters«, Social and Personality Psychology Compass 2 (3), (2008), S. 1497–1517
DOI: 10.1111/j.1751-9004.2008.00109.x.

Zschirnt, Eva, und Didier Ruedin, »Ethnic Discrimination in Hiring Decisions: A Meta-Analysis of Correspondence Tests 1990–2015«, Journal of Ethnic and Migration Studies 42 (7), (2016), S. 1115–1134
DOI: 10.1080/1369183X.2015.1133279.

Dank

Es braucht ein ganzes Dorf, um ein Kind großzuziehen, und so ist es nicht weiter verwunderlich, dass dieses Buch, in dem gemeinsam Geleistetes ein solch zentrales Thema darstellt, das Ergebnis unzähliger Gespräche, Inspirationen und anderer Geschenke ist, die mir über viele Jahre hinweg zuteilgeworden sind.

Unermesslich dankbar bin ich den Menschen in Kilburn, die mir Einblick in ihr Leben gewährt haben. Das Versprechen, Namen zu verschleiern, mag zwar ganz im Sinne guter Forschungsethik sein, macht die Danksagung aber schwierig. Es gibt so viele Menschen, denen ich gern namentlich danken würde – nicht nur für die Geschichten, die in diesem Buch wiedererzählt werden, sondern auch für die Freundschaft, Herzlichkeit und Herausforderungen, mit denen sie mir begegneten und vor die sie mich stellten. Meine sechzehn Monate in Kilburn haben mich verändert, im Großen wie im Kleinen. Bei all denjenigen, die dafür verantwortlich sind, kann ich nur hoffen, dass sie sich hiermit angesprochen fühlen und dass sie wissen, wie dankbar ich ihnen bin.

Zudem gibt es viele, viele Geschichten aus meiner Zeit in Kilburn, die es nicht in dieses Buch geschafft haben. Doch auch denjenigen, die sich oder ihre Organisation auf den vergangenen Seiten nicht gefunden haben, gilt mein großer Dank. Jeder und jede in Kilburn hat die hier erzählte Geschichte mitgeprägt.

Doch nicht nur den Einwohnerinnen und Einwohnern von Kilburn schulde ich Dank. Dieses Buch wäre nur ein Schatten seiner selbst ohne die Begleitung, das Wissen und die Erkenntnisse von Hugh Williamson, Rosie Jones McVey und Taras Fedirko sowie von Maha Atal, Pauline Kiesow und Katrina Harris. In der Anthropologie wird gern Claude Lévi-Strauss zitiert und davon gesprochen, dies oder jenes sei »gut, um damit zu denken«. Ich würde sogar sagen: Ohne solche Begleiter wäre ich wohl kaum fähig gewesen, dieses Buch überhaupt zu durchdenken. Das trifft besonders auf Hugh, Rosie und Taras zu, drei der klügsten Köpfe auf dem Gebiet der Anthropologie, die ich kenne: Ihre reichlichen Kommentare zum ersten Entwurf des Manuskripts waren ungeheuer wertvoll.

Carrie Plitt bei Felicity Bryant und Cecily Gayford bei Profile haben schon an dieses Buch geglaubt und es gefördert, da wusste ich noch nicht einmal, worum genau es darin gehen sollte. Ohne ihre Anstrengungen und ihre Weisheit würde es das Buch nicht geben. Unterstützung vom Gates Cambridge Trust machte die anfänglichen Recherchen möglich, ein Stipendium vom Max-Planck-Institut zur Erforschung multireligiöser und multiethnischer Gesellschaften ermöglichte es mir, das Buch zu schreiben. Jack Ramm und Graeme Hall trugen entscheidend zur Redaktion des Textes bei.

Zahlreiche Forscherinnen und Forscher in ganz Großbritannien und Deutschland haben mit ihren Gedankengängen dabei geholfen, das Buch zu einem großen Ganzen zu verflechten. In Cambridge gilt mein Dank meiner Supervisorin Sian Lazar sowie Jonathan Woolley, Ed Pulford, Lily Tomson, Ethan Rubin, Johannes Lenhard und Marlen de la Chaux für ein wahres Kaleidoskop an Scharfsinnigkeit und Witz. Zutiefst dankbar bin ich auch Jennie Middleton, nicht nur dafür, dass sie es mit mir riskiert und mich als Nicht-Geografen an die School of Geography and the Environment in Oxford gebracht hat, sondern auch für eine intellektuelle Zusammenarbeit, die dieses Buch wesentlich geformt hat. In Oxford habe ich darüber hinaus von den Gedanken, der Unterstützung und den Vorschlägen von Bharath Ganesh, Ian Klinke, Ersilia Verlinghieri und Brendan Doody profitiert. Ähnlicher Dank gebührt Steve Vertovec dafür, dass er mich ans Max-Planck-Institut zur Erforschung multireligiöser und multiethnischer Gesellschaften gebracht und mir mit seinem Wissen und seiner Unterstützung geholfen hat. Am Institut fand ich, vor allem in den seltsamen Jahren der Pandemie, ein intellektuelles Zuhause sowie die unschätzbar wertvolle Gelegenheit zum konzentrierten, intensiven Austausch mit Sabine Mohamed, Derek Denman, Lucas Drouhot, Michalis Moutselos, Tanita Engel und Elisa Lanari – die ebenfalls deutliche Spuren in diesem Buch hinterlassen haben.

Und schließlich hatte ich in der letzten Phase dieses Buchs das Glück, gemeinsam mit Mitgliedern der Community-Organisationsgruppe Citizens UK an einem neuen Projekt arbeiten zu dürfen – sie lieferten mir beim Schreiben noch einmal neue Quellen der Erkenntnis und der Inspiration. Mein besonderer Dank dabei gilt Alistair Rooms, Daniel Mackintosh, Charlotte Fischer, Claire Rodgerson, Jonathan Cox und Hannah Gretton: Sie alle interessierten sich sehr für dieses Buch und machten wichtige Vorschläge dafür.

Anderer Dank, den ich schulde, lässt sich, wiederum passend für dieses Buch, weniger an einer bestimmten Zeit oder einem bestimmten Ort festmachen. Susannah Crockford war mir unschätzbare amerikanische Korrespondentin. Sophie Watson hat die Gabe, die Dinge in die richtige Perspektive zu rücken – dafür und für ihre Freundschaft bin ich ihr sehr dankbar. Nikita Simpson gab mir als Teil des LSE-Covid-and-Care-Forschungsteams großzügig Feedback. Christina Woolner und Kenedid Hassan prüften meine Darstellung der somalischen Clandynamiken in Kapitel 3, Julia Steinhardt und Michelle Quay unterstützten mich beim Verstehen der subtileren Punkte der persischen Poesie in Kapitel 7.

Ich habe mein Bestes getan, um dieses Buch weltlich zu machen, voller Leben, Geschichten und Alltagsweisheit, die aufgenommen und weitergereicht werden können. Ich habe versucht, Ideen zu verfolgen, die bei den Problemen unserer komplizierten Welt bleiben und die vielleicht das Potenzial haben, diese Welt von innen heraus zu verändern. Ich kann also nur hoffen, dass dieses Buch dazu einlädt, anders zu denken, zu handeln und zu leben. Möge es an einen erstrebenswerten Ort führen.